BEITRÄGE ZUR GESCHICHTE
VON KRONSTADT IN SIEBENBÜRGEN

SIEBENBÜRGISCHES ARCHIV

ARCHIV DES VEREINS FÜR SIEBENBÜRGISCHE LANDESKUNDE
DRITTE FOLGE · IM AUFTRAG DES ARBEITSKREISES FÜR
SIEBENBÜRGISCHE LANDESKUNDE
HERAUSGEGEBEN VON PAUL PHILIPPI

BAND 17

BEITRÄGE ZUR GESCHICHTE VON KRONSTADT IN SIEBENBÜRGEN

Herausgegeben
von
PAUL PHILIPPI

1984
BÖHLAU VERLAG KÖLN WIEN

> Beiträge zur Geschichte von Kronstadt in Siebenbürgen /
> hrsg. von Paul Philippi. — Köln ;
> Wien : Böhlau, 1984.
> (Siebenbürgisches Archiv ; Bd. 17)
> ISBN 3-412-01782-5
> NE: Philippi, Paul [Hrsg.]; GT

Copyright © 1984 by Böhlau Verlag GmbH & Cie, Köln

Alle Rechte vorbehalten

Ohne schriftliche Genehmigung des Verlages ist es nicht gestattet, das Werk unter Verwendung mechanischer, elektronischer und anderer Systeme in irgendeiner Weise zu verarbeiten und zu verbreiten. Insbesondere vorbehalten sind die Rechte der Vervielfältigung — auch von Teilen des Werkes — auf photomechanischem oder ähnlichem Wege, der tontechnischen Wiedergabe, des Vortrags, der Funk- und Fernsehsendung, der Speicherung in Datenverarbeitungsanlagen, der Übersetzung und der literarischen oder anderweitigen Bearbeitung.

Printed in Germany
ISBN 3-412-01782-5

Satz: Zeh, Nürnberg
Druck: Locher GmbH, Köln

INHALT

Vorwort VII

Alfred Prox
   Corona, Kronstadt, Braşov, Brassó. Zur Etymologie und
   Herkunft des Stadtnamens 1
   Resumé 31
   Summary 32

Franz Killyen (†)
   Die Anfänge der Stadtwerdung Kronstadts 35
   Resumé 88
   Summary 89

Maja Philippi
   Die Bevölkerung Kronstadts im 14. und 15. Jahrhundert.
   Siedlungsverhältnisse und ethnische Zusammensetzung 91
   Resumé 154
   Summary 155

Maja Philippi
   Die Sozialstruktur Kronstadts im Mittelalter 157
   Resumé 176
   Summary 177

Maja Philippi
   Kronstädter und Burzenländer Studenten an der Wiener
   Universität 1382—1525. Ein Beitrag zur Sozial- und
   Kulturgeschichte des Bürgertums von Kronstadt im
   späten Mittelalter 179
   Resumé 224
   Summary 224

Maja Philippi
   Der Bürgeraufstand von Kronstadt 1688. Ein Beitrag zur
   Geschichte Siebenbürgens am Ende des 17. Jahrhunderts 225
   Resumé 332
   Summary 333

Synoptisches Verzeichnis 335

VORWORT

Die Herausgabe dieses Sammelbandes mit Beiträgen über die ältere Geschichte von Kronstadt hat sich extrem lange hinausgezögert. Darum muß sich der Herausgeber zu allererst bei den Autoren für die lange Liegezeit ihrer Manuskripte entschuldigen. Einer der Verfasser hat die Drucklegung nicht mehr erlebt. Mit dankbarem Respekt sei hier des unvermutet verschiedenen Historikers Franz Killyen († 1974) gedacht, des liebenswürdigen Mannes, der als Lehrer und Schulleiter des Honterusgymnasiums sowie als wissenschaftlicher Publizist manche Last mutig auf sich genommen und getragen hat.

Der Leser wird sich für sein Warten auf den seit Jahren angekündigten Band gewiß entschädigt fühlen. Die stadtgeschichtliche Erforschung des europäischen Südostens, im besonderen natürlich diejenige Siebenbürgens, dürfte durch die hier vorgelegten Arbeiten entscheidend gefördert werden. Nicht nur die neuen Fakten, die hier bekannt gemacht und diskutiert werden, auch die Fragestellungen und Methoden, mit denen die Struktur dieser „Stadt im Osten" durchleuchtet wird, können dazu beitragen, die geschichtlich gewordene, aber heute erlebte Wirklichkeit des veränderten Kronstadt neu zu verstehen, neu zu deuten — und vielleicht neu damit umzugehen. Eine anregende Wirkung zu weiteren Forschungen ähnlicher Art über Kronstadt selbst, aber auch für andere Städte Siebenbürgens, wäre zu wünschen.

Die Umstände der Drucklegung haben dazu geführt, daß eine terminologisch-orthographische Vereinheitlichung der Manuskripte nicht oder nur begrenzt erfolgen konnte. Auch wurde aus Kostengründen auf eine nachträgliche Anpassung der Zeichensetzung aller Aufsätze und auf stilistische Glättungen verzichtet, obwohl jeder Autor nach längerem Abstand von seinem Manuskript auf solche Eingriffe Wert legt. Dieser Verzicht ist für das Siebenbürgische Archiv nicht die Regel. Darum wird es hier, fremder Kritik von vornherein die Hand reichend, selbstkritisch vermerkt. Bleibt jedoch zu hoffen, daß die wissenschaftliche Qualität des Inhalts diese editorischen Mängel reichlich ausgleicht.

Für die kartographische Mitarbeit sind wir Gerhardt Binder, Mosbach-Sulzbach, zu Dank verpflichtet.

Heidelberg im Frühjahr 1983   P. Ph.

CORONA, KRONSTADT, BRAŞOV, BRASSÓ

Zur Etymologie und Herkunft des Stadtnamens

Von Alfred Prox

Abkürzungen

abg.	altbulgarisch	magy.	magyarisch
ahd.	althochdeutsch	mua.	mundartlich
asl.	altslovenisch	nsl.	neuslovenisch
b.	bulgarisch	p.	polnisch
čech.	čechisch	rum.	rumänisch
dr.	dakoromanisch	russ.	russisch
ie.	indoeuropäisch	s.	serbisch
ind.	indisch	ss.	siebenbürg.-sächsisch
		*	erschlossene Form

1. Der Ortsname Kronstadt nach Herkunft und Bedeutung

»Es ist sonderbar, daß nirgends etwas darüber zu finden ist, was *Kronstadt* eigentlich bedeuten soll. Heißt es die *Stadt der Krone*, oder die *Krone des Landes*?«

Albert Arz von Straussenburg stellt diese Frage in einer seiner letzten Arbeiten[1] und erhofft von ihrer Beant-

---

[1] Albert Arz von Straussenburg, Das Wappen von Kronstadt. Mitteilungen des Burzenländer sächsischen Museums. V. Jg. Kronstadt 1944, S. 4 ff.

wortung eine Klärung gewisser Probleme. Er findet keine Antwort und schließt seine Ausführungen, indem er seiner Hoffnung Ausdruck verleiht, daß reichere und bessere Quellen noch gefunden werden mögen, um mit mehr Erleuchtung und Beweiskraft zu den von ihm behandelten Fragen abschließend Stellung nehmen zu können.

Wir halten uns nicht für »erleuchteter« als der kluge und über ein umfassendes einschlägiges Wissen verfügende Verfasser jenes Aufsatzes. Wir wollen versuchen, mit etwas weiter ausgreifenden sprachlichen und siedlungsgeschichtlichen Überlegungen, zusammen mit einigen Mosaiksteinchen neuerer Erkenntnisse in das Zwielicht um den Ortsnamen hineinzuleuchten.

Zur Zeit des Erscheinens des o.g. Aufsatzes von S t r a u s s e n b u r g galt der Ortsname *Barasu*[2] für *Kronstadt* als der Ältere. Er erschien erstmalig in einer Urkunde von 1252. Das erste Auftreten des Themas »Krone« im (deutschen) Ortsnamen war damals erst für 1336 in der lateinischen Form *corona* belegt[3].

Im wesentlichen auf diese zwei Fakten stützten sich einige Überlegungen, auf die im einzelnen nicht eingegangen werden soll; soweit sie auf der alten chronologischen Reihenfolge *Barasu – Corona* beruhten, sind sie widerlegt. Es sei nur kurz eine der damaligen Streitfragen gestreift, weil sie den Ortsnamen *Kronstadt* unmittelbar berührt. Der bedeutende Heraldiker J o s e p h v o n S e b e s t y é n[4] der u.a. das Thema des Kronstädter Wappens

---

[2] F r a n z Z i m m e r m a n n und K a r l W e r n e r, Urkundenbuch zur Geschichte der Deutschen in Siebenbürgen (hinfort: UB). Hermannstadt, 1892. Urkunde 86 (sog. »Fulkunurkunde«).

[3] a.a.O. Urkunde 530. Inzwischen gilt für das erste Vorkommen des ON »Corona« das Jahr 1234 (siehe weiter unten im Text).

[4] J o s e p h v o n S e b e s t y é n (genau: K e ö p e c z y S e b e s t y é n J ó z s e f). Das Wappen von Kronstadt. Mitteilungen des Burzenländer sächsischen Museums. II. Jg. 1937, S. 11 ff. Der Székler Joseph von Sebestyén war einer der letzten überragenden Heraldiker und Zeichner. Er schuf u.A. das Krönungswappen des letzten Habsburger Herrscherpaares, Karl und Zitta, ferner, nach 1918, das neue rumänische Staatswappen. Letzteres nach vergeblichen, unbefriedigenden Versuchen französischer Heraldiker. Sebestyén wurde damals zu diesem Zweck unmittelbar aus dem Kronstädter Militärgefängnis (Schloßberg, wo er wegen aktiver Mitgliedschaft in der gegen den Anschluß Siebenbürgens an

mit viel Liebe und Sachkenntnis behandelt hat, nahm für das frühe XIV. Jahrhundert eine Wappenverleihung durch Karl Robert von Anjou[5] an die aufblühende und wichtige Grenzstadt *Kronstadt* an. Dieser Herrscher habe einen Teil seines Hauswappens, die Lilienkrone, der Stadt als Wappen verliehen, worauf die Bevölkerung, in dankbarer Würdigung der königlichen Huld, den Namen ihrer Stadt von dem bisher gebräuchlichen magy. *Brassó* für den deutschen Sprachgebrauch in *Krone — (Corona) — Kronstadt* umwandelte.

S t r a u s s e n b u r g möchte die Ansicht Sebestyéns nur mit Vorbehalten gelten lassen[6] und hält eine Wappenverleihung zwar für möglich, für wahrscheinlicher jedoch, daß die Krone im Stadtsiegel[7] als »sprechendes Siegelbild«, eben nur den Ortsnamen *Krone (corona)* illustriere. Das eigentliche Stadtwappen sei zu einem späteren Zeitpunkt, im XVI. Jahrhundert, aus diesem Siegelbild entstanden.

Anders als für die slavisch (?) — magyarisch — rumänischen Bezeichnungen *(Barasu — Brassó — Braşov)* für *Kronstadt*, die immer wieder Gegenstand zahlreicher Deutungsversuche waren, wurde für *Kronstadt (Kronen, Corona,* ss. *Krunen — Krīnen — Kriunen)* eine Gleichsetzung mit *Krone* kaum jemals ernstlich in Frage gestellt, wenn wir von der bestechenden, doch kaum aufrecht zu erhaltenden Etymologisierung G u s t a v K i s c h ' s absehen. K i s c h erklärt *Barasu — Brassó — Braşov* rumänisch. Es läge ihm der gleiche Stamm zugrunde wie rum. brad = » T a n n e «, brădiş = » T a n n e n w a l d «, brădişor = » W a c h o l d e r ̠ g e b ü s c h «. *Krunen — Kronen — Kronstadt* gehe auf mhd.

Rumänien kämpfenden sog. *Székler Division* einsaß) an den königlichen Hof nach Bukarest gebracht. Nach Vollendung seiner Aufgabe wurde er hoch dekoriert entlassen.

[5]) König von Ungarn 1310-1342.

[6]) A. A r z v. S t r a u s s e n b u r g, Joseph von Sebestyén: Das Wappen von Kronstadt. Eine Besprechung. Siebenbürgische Vierteljahresschrift, LXI. Jahrgang 1938, S. 281 ff., und: Mitteilungen des Burzenländer sächsischen Museums. V/1944, S. 2 ff.

[7]) 1396 ist das erste Stadtsiegel mit einer Lilienkrone frei im Siegelfeld erstmalig nachweisbar; 1429 ein zweites Siegel mit einer Blätterkrone frei im Siegelfeld und 1507 das dritte Stadtsiegel mit der Blätterkrone in einem Schilde.

krane = »W a c h o l d e r b e e r s t r a u c h« zurück und wäre somit eine Begriffsdoublette[8].

Ein nennenswertes Vorkommen von Wacholdergebüsch auf dem Areal der im frühen XIII. Jahrhundert hier entstehenden und sich ausbreitenden Stadtsiedlung dürfte jedoch sehr unwahrscheinlich gewesen sein. Standort und Bodenbeschaffenheit (damals überwiegend mehr-weniger feuchte Gebirgsbachablagerungen), auch das völlige Fehlen dieses Strauches in den Pflanzenvereinen vergleichbarer Gebiete der näheren Umgebung sprechen dagegen. Erst einige hundert Meter höher, im Bereiche der Schulerau und ihrer sonnigeren Hänge und Ausläufer tritt der Wacholder (Iuniperus communis), gegenüber anderem Pflanzen- und Buschwerk nur untergeordnet, etwas auffälliger in Erscheinung. Auch Nadelholzbestände hat es damals in dieser Höhenregion (500-600 m) nicht gegeben, es dominierten die ausgedehnten Eichen- und Buchenwälder[9]. Erst der Wiederaufforstung und größerer Wirtschaftlichkeit verdanken die Nadelhölzer ihre heutige Verbreitung auch in den tieferen, früher den Laubwäldern vorbehaltenen Regionen. Auch die Sprachforschung ist seit längerem von der Etymologie K i s c h' s abgerückt, worüber gesondert zu berichten sein wird. *Krane – Krone* (siehe oben) ist einer wichtigen Stütze beraubt. Wir wollen versuchen, auf anderen Wegen zu einer befriedigenderen Lösung zu gelangen, wenn wir auch überzeugt sind, uns damit auf recht schwankenden Boden zu begeben. Doch sei's drum! Ortsnamenetymologien haftet oft das Odium des Abenteuerlichen an, und wo wäre solches berechtigter, als in Siebenbürgen: Relikte verschollener Sprachen der Frühgeschichte und Völkerwanderungszeit, slavische Idiome, verschiedene Turksprachen, Magyarisch, Deutsch und Rumänisch erheben mitunter gleichberechtigten Anspruch auf Berücksichtigung beim Freilegen verschütteter sprachlicher Quellen und Ursprünge.

---

[8]) G u s t a v K i s c h, Siebenbürgen im Lichte der Sprache. Archiv des Vereins für Siebenbürgische Landeskunde (= AVSL). Neue Folge, XLV/S. 131 ff. Hermannstadt 1929.

[9]) O t t o W i t t i n g, in: Das Burzenland, Band V/1: Die Wirtschaftsgeschichte des Burzenlandes. Hrsg. E r i c h J e k e l i u s. Kronstadt, 1929. S. 25 ff.

Wir sind darüber im Unklaren, wie die deutschen Gründer ihre neue Gründung im Zinnental nannten. Gewiß gebrauchten sie nicht das lateinische *Corona* der (lateinischen) Urkunden (1234), doch aus dem Umstand, daß in den anfangs nur spärlich fließenden deutschen Urkunden des XIV. Jahrhunderts und später an *Kronen* und seinen Spielarten festgehalten wird, können wir mit einiger Sicherheit schließen, daß auch in den verflossenen hundert Jahren diese Form die gebräuchliche war, und da wohl allgemein und ausschließlich mundartlich gesprochen wurde, ist wohl das mua. ss. *Krūnen* — *Krīnen* — *Kriunen*[10] das Primäre, das sich, zäh und konservativ, in der Mundart bis heute erhalten hat und verdeutscht in den deutschen Urkunden seit dem XIV. Jahrhundert als *Kronen* erscheint, endlich über einige Zwischenformen zum hochdeutschen *Kronstadt* hinführt, aber auch bereits sehr früh in lateinischer Übersetzung in entsprechenden Urkunden als *Corona* erscheint.

Was bedeutet nun dieses *Krūnen*, *Krīnen* oder *Kronen*? Ist das Stammwort *Krūn-* = » K r o n e « in seinem ursprünglichen Sinngehalt mit » K r o n e « gleichzusetzen, oder liegt ihm eine ursprünglich andere Bedeutung zu Grunde, gehört es in ein völlig anderes Begriffsfeld, ist es von einer anderen Sprache abgeleitet, und, weil lautlich ähnlich, ohne Rücksicht auf seine ursprüngliche Bedeutung, dem eigenen Sprachgefühl angepaßt, zu *Krūn* verfremdet[11]? Auch K i s c h' s Etymologie (siehe oben) geht in diese Richtung, und hier möchten wir mit einigen Überlegungen und Untersuchungen ansetzen.

1957 wurde der Text einer Urkunde aus der ersten Hälfte des XIII. Jahrhunderts veröffentlicht, einem um das Jahr 1234 angelegten Verzeichnis der P r a e m o n s t r a t e n s e r - K l ö s t e r[12].

---

[10]) In Kronstadt wird *krūnen* gesprochen, davon abweichend in einigen Gemeinden des Burzenlandes und des übrigen ss. Sprachbereiches *krīnen* und *kriunen*, auch *krîinen* (analog zum rum. *pîine*: doppelgipfliger »i«-Laut. Vgl. auch die Lauttafel des Siebenbg. Sächs. Wörterbuches, III. Band, 1971, S.L.)

[11]) Schriftlich erscheint am häufigsten die Form *Cronen* bzw. *Kronen*. Es folgen *Kron, Cronn, Khronen, Stat Cron, Stadt Kron, Cronen-Stadt, Kronen-Stadt, Cronnen-Stadt, Cron-Stadt, Cronnenstadt* usw.

[12]) *Catal. Ninivensis*. Veröffentlicht nach einer Übersetzung von N o r b e r t B a c k m u n d in: Müvészettörténeti értesítő, dem Organ

Hier finden wir die (bisher) erste bekannte (lateinische) Erwähnung K r o n s t a d t s : » ..... genannt *Corona*, einem im *episcopatus Cumanorum* gelegenen Ort, wo ein Kloster der Praemonstratenser Nonnen stand .....«.

Dieses Praemonstratenser Nonnenkloster im Orte *Corona (Kronstadt)* überdauerte den ersten (1241), den zweiten (1278) und anscheinend auch den dritten (1285) Mongolensturm, denn in einem weiteren, um 1290 gefertigten Klosterverzeichnis wird es abermals aufgeführt. Für den 1234 genannten Ortsnamen *Corona* steht nun *Drozza*[13].

Bisherige Forscher ignorierten dieses *Drozza*[14], oder taten es als verschriebenes *Brassó* ab[15]. Von diesem nicht beachteten *Drozza* des ausgehenden XIII. Jahrhunderts wollen wir ausgehen und von der Unterstellung, daß der Ortsname ursprünglich von einem einfachen, gewöhnlichen Begriff ausging, von einem Hydronym, einer Geländeform o.Ä., und keinesfalls etwa eine M e t a p h e r beinhalte, wie ... K r o n e ... Für eine solche fänden wir auf Anhieb in Siebenbürgen kein Beispiel.

Auf der Suche nach Synonymen stießen wir nun im Slavischen auf einen Terminus, den wir mit unserem *Drozza* identifizieren möchten: *zdroja* »Quelle«, »von einer Quelle fließender Bach«[16]. Wenn wir das nur kurz anlautende *z* weglassen, entspricht dieses *(z-)droja* phonetisch auffallend unserem *Drozza*. Das doppelte, weiche *zz* entspricht, als Umschreibung und lautlich nahe, dem *j*

---

der »Magyar régészeti, müvésztörténeti és éremtani társulat«. Budapest 1957, Seite 237 und in Fragment durch G y ö r f f y G y ö r g y: *Az Árpádkori Magyarország történeti földrajza*. Budapest 1963: 1234 k(örül): » ... claustra sororum ... in Hungaria ... dyoc. Cumaniae *Corona* ... « (Catal. Ninivensis/Liber monumentorum Ecclesiae ss Cornelii et Cipriani iuxta Ninive. Archiep. Mechliniense, Cartularium Ninivense saec. XV. fol. 235.40).

[13]) G y ö r f f y G y ö r g y, a.a.O.: » ... *Drozza* sororum ... « *(Catal. Scheftlariensis*. Staatsarchiv München. Klosterliteratur Schäftlarn Nr.2 fol. 72-79).

[14]) P a u l B i n d e r, *Etimologia, sensul initial şi evolutia numelui topic »Braşov«*. Limbă şi literatură, Vol. VIII, 411 ff. Bukarest 1964.

[15]) G y ö r f f y G y ö r g y a.a.O.

[16]) P e t e r N i t s c h e, *Geografische Terminologie des Polnischen*. Slavistische Forschungen, Band IV, 163 und 182. Köln-Graz. 1964.

(wie in *'journal'*). Die dem Lateinischen fremde Häufung von Konsonanten, insbesondere das anlautende *z* mußte bei der Niederschrift im lateinischen Text der Urkunde von 1290 entfallen, auch der dem Lateinischen fremde Laut *j* mußte umschrieben werden, wie geschehen, mit *zz*[17].

Über die Etymologie dieses slavischen Wortes entnehmen wir einem Werk von P e t e r N i t s c h e :[18]

p.	*zdroj,*	*-oju* m. alt: *wzdroj, -oju* m.
mua.	*zdroja, -i* f.	= »Quelle«, »Quellbach«.
mua.	*zdrojczisko, zdrojowczisko,*	= »Ort, wo Quellen sprudeln«, »Boden voller Quellen«.
čech.	*zdroj*	= »Quelle«, »Born«.
slk.	*zdroj*	= »Quelle«

Der bedeutende Slavist Franz Miklosich etymologisierte wie folgt[19]:

ie.	**sru-*;	durch Steigerung und Einschaltung des *-t-*
asl.	*struja*	= »fließendes Wasser«, »Strömung«, »Flut«, »Fluß«, »Strom«.

Weiter:

asl.	*struga*	= »Fluten«, »Wogen des Wassers«
nsl.	*struga*	= »Flußbett«
russ.	*struja*	= »Strömung«
abg.	*struja*	= »fließen«
ahd.	*stroum*	= »Strom«, »Fluß«.

L u k a s i k[20] geht ebenfalls vom ie **sru-* aus und hält das eingeschaltete *-t-* für eine Gepflogenheit der thrakischen, germanischen und balto-slavischen Sprachen.

---

[17]) Ein Analogon finden wir in einer mehr − weniger gleichzeitigen Urkunde von 1264 (Z i m m e r m a n n - W e r n e r, UB, Urkunde Nr. 106 und E r n s t W a g n e r, *Quellen zur Geschichte der Siebenbürger Sachsen*, 1976, Urkunde Nr. 19): der ON magy. *Zsólna*, rum. *Jelna* wird in genannten (lateinischen) Urkunden *Zolosim* g e s c h r i e b e n. Auch hier für den *j*-Laut (wie Journal) in lateinischer Umschreibung der Phonetik = *z*, dem auch das magyarische *zs* entspricht.

[18]) P e t e r N i t s c h e, a.a.O. S. 182.

[19]) F r a n z M i k l o s i c h, *Etymologisches Wörterbuch der slavischen Sprachen*. Wien 1886. Stichwort.

[20]) S t a n i s l a s L u k a s i k, *Pologne et Roumanie. Aux confins des deux peuples et des deux langues*. Paris-Warschau-Krakau 1938. S. 307 ff.

Das asl. *struja* = *Fluß, Strom* usw. liegt einer ganzen Anzahl von Ortsnamenformen im heutigen und einstigen slavischen Lebensraum zugrunde. Für Siebenbürgen sei nur der *Streiu (Strell)* westlich von Broos genannt. Im großen slavischen Siedlungsraum des Ostens, aber auch im Südosten sind Flüsse und Orte des Wortstammes *srou-, strou-* nicht gerade selten *(Stryj, Strymon, Struga, Struma, Strumica, Strykowo, Stryjowka, Stryjov* usw.)

Auf das prothetische i- sei noch hingewiesen. Nach L u k a - s i k[21] hat es einen unorganischen Aspekt und geht wahrscheinlich auf indoeuropäischen Einfluß von **eis:* ind. *ish, ishati* = »in schnelle Bewegung versetzen« zurück. Hierher gehört die Bezeichnung ιστρος für den unteren Lauf der Donau, dem *Ister, Hister, Histros* bei H e s i o d und H e r o d o t. In diesem Zusammenhang sei ein Gewässer namens *Istriţa* bei Valeni-Prahova, nicht allzuweit von Kronstadt, erwähnt. Das prothetische *h-* in *Histria* entspricht den gehäuften Konsonanten nach -i-.

Gleichzeitig entwickelt sich im dr. *h/b*, im Slavischen prothetisches *w (w-istra)* und aus der thrakischen Wurzel ein slavisches Adjektivum *(b- (e-) i- str- (-ou) -os)*

abg. *bystr* = »schnell«, »klar«
b. *bystbr* = »klar«, »rein«
čech. *bystry* = »schnell«
p. *bystry* = »schnell«

Somit *Bistritz, Bistriţa*, wenn wir alle Komponenten dieses Wortes berücksichtigen, »der schnell fließende Strom, bzw. Fluß«, im Grunde aus derselben Wurzel wie unser *zdroja* bzw. lautlich latinisiert *Drozza*.

Das urkundlich überlieferte *Drozza* des ausgehenden XIII. Jahrhunderts könnte somit ein altes Hydronym und - möglicherweise - auch eine frühe, verschollene Bezeichnung K r o n s t a d t s gewesen sein.

Das oben besprochene *Drozza* bzw. *zdroja* hat mit dem Ortsnamen *Krunen — Krīnen — Kronen — Kronstadt* unmittelbar natürlich nichts gemein. Wir setzten es voran, weil es — wie es scheint — zu diesem hinführen könnte.

Der besondere Reichtum an slawischen Bezeichnungen für einige Landschaftsformen, wozu die Gewässer unbedingt und an erster Stelle zu zählen sind, ließ uns nach weiteren Synonymen suchen.

---

[21] S t a n i s l a s L u k a s i k, a.a.O.

Wir fanden ein Synonym zu *zdroja* und wollen dieses nun zum Zentralthema unserer Überlegungen machen: die Form *krynica*. Bei Nitsche finden wir unter dem Stichwort[22]:
   p.   *krynica* = »Quelle«
Nach M i k l o s i c h können wir ergänzen[23]:
   klr. *kernica* = »Quelle«
   s.   *crbnica* = »Bach«
Nach Miklosich wird das *c* im Ortsnamen häufig durch *k* ersetzt[24]. Die Bedeutung des Wortes *krynica* reicht von »Q u e l l e« bis » B a c h « und » F l u ß « und deckt sich vollkommen mit jener von *zdroja* bzw. *Drozza* der Praemonstratenserurkunde.

Von besonderer Bedeutung scheint uns die Phonetik des *-y-* in *krynica*. Wohl vertritt es im allgemeinen das slavische *i*, doch ist es, nach M i k l o s i c h[25], durch Dehnung des *-u-* entstanden. Im Deutschen vermissen wir ein lautliches Äquivalent zu diesem spezifisch slavischen Halbvokal. Als südslavisches, rumänisches î (früher auch: â) wird er in der internationalen Lautschrift mit ɨ umschrieben, im Siebenbg.Sächs.Wörterbuch mit î (s.o.Anm.10). Er liegt lautlich zwischen i und u, besser: zwischen dumpfem e (wie in Hammer, internationale Lautschrift) und u, dem es lautlich sehr nahe liegt. Die Siebenbürger Sachsen sprachen ihn[26], da er ihrer Mundart ebenfalls fremd ist, zumeist als *-u-* aus: rum. *pîine* − *puine* (»Brot«), *mîndru* − *mundru* (»stolz«) usw., im Anlaut jedoch meist als *-i-*: *înțeleg* − *ințeleg* (»ich verstehe«), *întreg* − *intreg* (»ganz«) usw., folglich auch *krynica* (lautschriftlich: *krɨnitsa*) − *krunica* (lautschriftlich: *krunitsa*). Im übrigen gibt es in G a l i z i e n / P o l e n, südöstlich von N e u s a n d e z, in einem schönen Tale der N o r d k a r p a t e n eine Stadt dieses Namens, altbekannter Badeort mit sehr zahlreichen Mineralquellen, worauf der Name ja hinweist (siehe oben).

Ein Hydronym *krynica* (ss. *krunica*) für den alten, einst K r o n s t a d t durchfließenden Fluß oder Bach (diesbezüglich weiter un-

---

[22]) P e t e r N i t s c h e, a.a.O.
[23]) F r a n z M i k l o s i c h, a.a.O.
[24]) F r a n z M i k l o s i c h, a.a.O.
[25]) F r a n z M i k l o s i c h, a.a.O.
[26]) Wir beziehen uns hier auf die Sprechweise der Siebenbürger Sachsen vor 1945. Ihre Kenntnisse des Rumänischen haben sich seither natürlich grundlegend gewandelt.

ten) ist nach Lage der Dinge durchaus vorstellbar. Mit der slavischen Endung -ica konnten die deutschen Siedler nicht viel anfangen. Das Stammwort *krūn (-ica)* entsprach ihrem Sprachgefühl in der genauen Bedeutung von »Krone«. Sie fügten diesem *Krūn* das häufige toponyme Suffix -en hinzu, »*Krūnen*«. Ein analoges Beispiel haben wir in der alten ss. bzw. deutschen Bezeichnung für die unfern Kronstadts gelegene rumänische Ortschaft *Zerneşti:* sie wurde im Mittelalter oft *Zernen* genannt und geschrieben. Auch hier wurde das rumänische *-eşti-* durch ein ss. bzw. deutsches *-en* ersetzt[27].

Verschiedene Bezeichnungen für dasselbe Objekt fänden Erklärung in dem außerordentlichen Reichtum an Termini für Gewässer in den salvischen Sprachen, auch zeitlich und/oder ethnisch differenzierte Siedlungs-Schichtungen können sich damit dokumentieren.

Nachdem wir uns oben mit dem erschlossenen *drozza – zdroja* und einem möglichen *krynica* als allerdings spekulative Gewässer- und Ortsnamen auseinandergesetzt haben, ist es an der Zeit, dieses Gewässer selbst anzuleuchten. Die heutige Wasserführung des einstmals bedeutenderen Wasserlaufes ist allerdings nur noch sehr bescheiden, nachdem nahezu alle seine Zuflüsse und Quellen in den Dienst der städtischen Wasserversorgung gestellt wurden; sie rechtfertigt höchstens die Bezeichnung eines kleinen Baches. Die rasche Reduzierung des ehemals angehenden Flusses zu einem unbedeutenden Gewässer mag auch mit ein Grund sein, daß die alten Hydronyme, die wir voraussetzen müssen, in Vergessenheit gerieten, sie wurden zum weiten, schlotternden Mantel auf dem Körper eines zur Bedeutungslosigkeit geschrumpften Wässerchens. Wohl auch diesem Umstand ist es zuzuschreiben, daß dieser, heute die Stadt durchfließende Bach, keinen einheitlichen Namen hat. Der etwa zwei km lange Oberlauf in der Oberen Vorstadt Kronstadts heißt *Tocile*[28], sein etwa ein km langer Mittellauf unmittelbar der westlichen Stadtmauer entlang heißt *Graftbach* oder auch nur »die

---

[27]) *Quellen zur Geschichte der Stadt Kronstadt*, Band II., R e c h - n u n g e n (1 5 2 6 - 1 5 4 0). Kronstadt 1889. Es kommen vor: *Zerne* und *Zernen*.

[28]) Nach P a u l B i n d e r, a.a.O. Rumänisch *tocile* ist » S c h l e i f - s t e i n «. Nach Binder (mündlich) seien am entsprechenden Ufer Messer- u.ä.-Schleifer mit ihren Schleifsteinen tätig gewesen, daher die Bezeichnung. Wir sind eher geneigt, ein slavisches Appelativum *točilo* = » B a c h «, » F l u ß « als Ausgang zu nehmen. Es ist immerhin auffal-

Graft«, der Restabschnitt durch die Kronstädter Aitstadt (Bartholomae) bis zu seiner Einmündung in den Tömöschkanal heißt »Mittelgässer Bach«. Demgegenüber war Kronstadt in früheren Jahrhunderten wegen seines Wasserreichtums berühmt, was von manchem Reisenden besonders hervorgehoben wurde. So schreibt Georg Reichestorffer, der Geheimschreiber König Ferdinands in einem 1550 in Wien erschienenen Werk[29] über Kronstadt u.a.: ».... fast durch alle Straßen strömen Bächlein, die beständig fließen bei dem gesunden Wasserreichtum ihrer Quellen ....«.

Der Wasserreichtum wurde früh genutzt und mittels zahlreicher Kanäle durch die Straßen der Stadt geleitet, als Industriewässer für Mühlen, Färber, Lederer, Tuchmacher usw., aber auch zahlreiche Fischteiche im Vorfeld der Stadt wurden gespeist und ein verzweigtes Röhrensystem versorgte eine große Anzahl öffentlicher Brunnen mit Trinkwasser. Vor der Fassung der Zuflüsse und Quellen kam der Bach von den Hängen der Schulerau und hatte mehrere Zuflüsse: die *Habenquellen*, den *Heldenbach*, die Wässer aus dem *Pulvergrund* und der *Teufelsschlucht*, ferner weitere 15 Quellen mit größerer Schüttung in der Talsohle entlang des Flußlaufes durch die Obere Vorstadt[30]. An Hand einiger Unterlagen und Schätzungen haben wir versucht, die ursprüngliche Wasserführung zu berechnen und kommen, mit einiger Vorsicht, auf eine einstige Schüttung, die einem sehr starken Bach, einem angehenden Fluß entspricht, der an Umfang kaum oder nur sehr wenig jenem des *Weidenbaches* nachgestanden haben mochte. Es ist verständlich, daß ein Gewässer dieses Umfangs bereits in frühesten Zeiten einer auch nur sehr dünnen Besiedlung einen seiner Bedeutung gemäßen Namen führen mußte, wie die meisten der sieben-

---

lend, daß die Obervorstädter Rumänen anscheinend den ganzen Bachabschnitt (siehe oben, bez. der drei Abschnitte mit jeweils anderen Namen) auch heute noch so nennen.

[29]) Georg Reichestorffer. *Chorographia Transylvaniae*. Wien 1550.

[30]) Nach Angaben, welche die Wasserwirtschaft Kronstadts betreffen. Vgl. Erich Jekelius in: *Das Burzenland*, Band III/1, Kronstadt 1928. S. 220 ff.

bürgischen Hydronyme, die als Reliktberge alter, verschollener Sprachgemeinschaften, bis in die Neuzeit hineinragen. Viele dieser Namen sind, meist volksetymologisch, umgedeutet worden, Sinngehalte und Begriffsfelder haben gewechselt. Darin liegt letztlich die Problematik der Ortsnamendeutung in geographischen Räumen wie S i e b e n b ü r g e n es einer ist, wo nicht nur eine Vielzahl von z.T. untereinander völlig fremden Sprachen als mögliche Quellen berücksichtigt werden müssen, sondern gar zu oft auch, bei der Ausdeutung, nationale Interessen und Chauvinismen in der Rangordnung vor den wissenschaftlichen Erkenntnissen rangieren mußten.

Die so spezifischen Formen wie *zdroja (drozza)* − *krynica* − *(tocile?)* für » Q u e l l e «, » Q u e l l g e b i e t «, » B a c h «, » F l u ß « kennzeichneten ursprünglich wohl den am meisten ins Auge fallenden geographischen Aspekt des O b e r v o r s t ä d e r T a l e s, den außergewöhnlichen Wasserreichtum und die nicht alltägliche Vergesellschaftung so zahlreicher, kräftiger Quellen auf verhältnismäßig engem Raum (siehe oben, p. mua. *zdrojczisko* = » B o d e n v o l l e r Q u e l l e n «). Der Bach oder Fluß mag *Zdroja (Drozza), Krynica*, eventuell auch *Tocile* geheißen haben, in ihrer Bedeutung sind es alles Synonyme. *Drozza* ist verschollen, *Krynica* könnte sich als *Krūnen, Kronen, Kronstadt* im ss. bzw. deutschen Sprachgebrauch konserviert haben. *Tocile*, mit Vorbehalten (siehe oben) ist vielleicht im rumänischen Bachnamen heute noch gegenwärtig, möglicherweise mit anderem Sinngehalt *(»Schleifstein«)*.

Doch zurück zu K r o n s t a d t. Die Entstehung aus dem alten, ss. *Krūnen* haben wir oben ausgeführt und ein altes, slavisches Hydronym *krynica* als möglichen Ursprung angenommen. *Krūnen* hatte also ursprünglich mit »Krone« nichts gemein, es ist vielmehr der alte Wortstamm des slavischen Hydronyms des im XIII. Jahrhundert noch bedeutenden Wasserlaufes, an dessen Ufer K r o n s t a d t als Stadtsiedlung errichtet wurde[31]

Wir haben natürlich keinen urkundlichen Beleg für ein Hydronym *Krynica − Krunica − Krūnen*. Sollten wir aber nicht eine über-

---

[31]) Der Brauch, Hydronyme auf Ortschaften zu übertragen, war allgemein. Für das Burzenland nennen wir *Tartlau, Rotbach, Nußbach* und *Weidenbach*.

lieferte Ortsbezeichnung dafür gelten lassen ? Der Geograph J. L. M a r i e n b u r g nannte jenes Gebiet der O b e r e n V o r s t a d t, wo ein Bach bzw. Zufluß seinen Ursprung nahm, den Bereich der zahlreichen Zuflüsse und Quellen, den » O r t, w o K r u n e n e n t s p r i n g t³². Man hielt diese Bezeichnung für eine romantisch-poetische Umschreibung. Sollte dies » w o K r u n e n e n t s p r i n g t « Marienburgs nicht eine nüchterne Fixierung des Quellgebietes des K r u n e n b a c h s, der *Krunen*, der alten *Krynica* sein ? Daß daraus *Krunen, Kronen* und Kronstadt wurde, geschah, man könnte sagen zwangsläufig. Jede Sprachgemeinschaft sucht die fremden Ortsnamen zu verdeutlichen, sie ihrem Sprachgebrauch anzupassen, selbst auf Kosten einer inhaltlichen Änderung des ursprünglichen Wortfeldes, ohne sich dieser Sinnänderung bewußt zu sein³³. Daß die Kronstädter deutsche (sächsische) Bevölkerung und Sprachgemeinschaft ein mögliches *krynica – krunica* vorzog und daraus, nach Opferung des ihr unverständlichen slavischen Suffixes *-ica Krūnen* machte, mag insofern Zufall sein, als sich diese Bezeichnung der Anpassung an die eigene Sprache vor den anderen Bezeichnungen förmlich anbot.

Bei der Beschäftigung mit den südslavischen Hydronymen mit Bezug auf den anderen Orts behandelten Ortsnamen Brassó – Braşov³⁴ stießen wir auf zwei Termini, die wir ebenfalls in den Rahmen unserer Ausführungen, das ominöse Kron, Stadt Kron, Krunen, Kronen etc. betreffend einbeziehen möchten.

Da ist vor allem ein etwa 20 km langer, angehender Fluß namens Korana. Er mündet nordöstlich der Stadt Karlovacz rechtsseitig in die Kupa (Kulpa). Das Gewässer wird bereits im XIII. Jahrhundert als *Corona* (= »Krone«) urkundlich erwähnt³⁵:

---

[32] L. J. M a r i e n b u r g, *Geographie des Großfürstenthums Siebenbürgen*. Hermannstadt 1813. S. 314.

[33] O t t o F r a n k, *Studien zur serbo-kroatischen Ortsnamenkunde*. Veröffentlichungen des slavistischen Instituts der Friedrich-Wilhelm-Universität. Berlin, 1932.

[34] A l f r e d P r o x, Zur Etymologie des Ortsnamens Brassó – Brasov. Im zweiten Teil dieser Arbeit.

[35] Ernst D i c k e n m a n n, Studien zur Hydronymie des Save-Systems. Heidelberg 1966 S. 184.

1224 ».…in rivum dictum Coranna…«
1259 ».…cadit in rivum Corona.…«, ».…ad Coronam.…«
1273 ».…ad caput putei quo intrat fluvium Corona.…«
».…in aqua Corona.…«
1292 ».…juxta aquam Corona.…«, ».…ultra aquam Corona.…«, ».…meatus aque tocius Corona.…«, ».…de dicta aqua Corona.…« usw.

Die Bedeutung des Wortes Korana (Corona ist die übliche umgangssprachliche Latinisierung) ist unklar[36]. Eine gelegentlich erwogene Ableitung von serbokroatisch kora = »Rinde«[37] bzw. bulgarisch koren = »Wurzel« ist unbefriedigend, nicht zuletzt auch, weil Gewässernamen aus nicht wasserbezogenen Appellativen im Slavischen weitgehend ungebräuchlich sind[38]. Da die Corana – Korona ein größeres Gewässer, ein angehender Fluß ist, könnte der Name auch vorslavisch sein und einem illyrischen Sprachsubstrat angehören[39]. Nach einer anderen Version ist von einer indogermanischen Wurzel *(s)ker = »drehen«, »biegen« auszugehen mit dem slavischen toponymen Suffix -ana[40]. Jedenfalls war die Form Korana im XIII. Jahrhundert von den Slaven nicht mehr als fremd empfunden, man findet sie auch als Coranica – Koranica deminuiert, als Bezeichnung für ein kleineres Gewässer in demselben Raum.[41].

Als weiteres Etymon bietet sich das albanische kronje an[42]. Es bedeutet »Quelle« und würde gut in unsere Vorstellung passen: Die Wässer einer starken Quelle rieseln im Einschnitt zwischen Zinne und Goritza zu Tale, unmittelbar in den Bereich der im Entstehen begriffenen Siedlung, es ist Marienburgs »Gegend, wo Kronen (Krynica, Korana, Corona, Kronje ?) entspringt«[43].

---

[36]) Ernst Dickenmann, a.a.O. S. 185.
[37]) Ernst Dickenmann, a.a.O. S. 185.
[38]) Ernst Dickenmann, a.a.O. S. 11.
[39]) Ernst Dickenmann, a.a.O. S. 185.
[40]) Ivan Duridanov, Die Hydronymie des Vardarsystems als Geschichtsquelle. Böhlau-Köln, 1975. S. 277.
[41]) Ernst Dickenmann, a.a.O. S. 184.
[42]) Ernst Dickenmann, a.a.O. S. 185.
[43]) L. J. Marienburg, a.a.O. S. 314.

Die zwei letzten Beispiele (Korana — Corona, Cronje) weisen in Richtungen, die u.E. über die Herkunft früher Siedler aus Balkangebieten möglicherweise neue Aspekte eröffnen könnten.

Die von S t r a u s s e n b u r g aufgeworfene und diesem Aufsatz vorangestellte Frage nach dem Sinn von K r o n - S t a d t erledigt sich somit von selbst. K r o n s t a d t war (oder ist) weder eine S t a d t d e r K r o n e, noch eine K r o n e d e s L a n d e s. Wir haben in seinem Wortstamm das Relikt eines alten slavischen Hydronyms konserviert, den verschollenen Namen eines angehenden Flusses, an dessen Ufer im XIII. Jahrhundert die Stadt errichtet wurde, die wie viele andere auch, dessen Namen trug: K r u n e n a n d e r K r u n e n (k r y n i c a).

Damit sind auch alle Spekulationen um eine Wappenverleihung K a r l R o b e r t d e s A n j o u e r s an die Stadt, im XIV Jahrhundert, hinfällig. Bereits 100 Jahre früher erscheint der Stadtname als C o r o n a (= » K r o n e «) und das erste Kronstädter Stadtsiegel war, wie S t r a u s s e n b u r g richtig annahm, eben nur ein » s p r e c h e n d e s S i e g e l b i l d « : eine Krone im Stile der herrschenden Mode, eine Lilienkrone. Erst viel später, wahrscheinlich erst im XVI. Jahrhundert bekam K r o n s t a d t ein Wappen.

Zum Schluß noch einige Worte zu den Besiedlungsverhältnissen im frühen XIII. Jahrhundert, zur Zeit der Verleihung des Burzenlandes an den D e u t s c h e n R i t t e r o r d e n im Jahre 1211. Eine gewiße Publizistik ist seit Jahren bestrebt, das B u r - z e n l a n d zu dem genannten Zeitpunkt als von R u m ä n e n dicht besiedeltes Gebiet herauszustellen. Die deutschen Siedler hätten » a u t o c h t h o n e « B e w o h n e r verdrängt, ihre alten Siedlungen, Orte und Burgen (!) überdeckt (s u p r a p u s) usw. Diesen und ähnlichen Behauptungen muß mit Entschiedenheit entgegengetreten werden. Die Verleihungsurkunde[44] nennt das B u r z e n l a n d 1211 eine » t e r r a d e s e r t a e t i n - h a b i t a t a «, auch » v a c u a «, nennt in diesem Gebiet keinerlei Weiler, Orte, funktionsfähige Burgen o.Ä., wie das sonst üblich war[45]. Die Hofkanzlei hatte im frühen XIII. Jahrhundert bestimmt keinen Anlaß, etwa als Vorwegnahme einer erst Jahrhun-

---

[44]) UB. Band I, Urkunde 19, 37 und 350.
[45]) UB. Urkunde 3 und 6.

derte später einsetzenden Nationalitätenpolitik, rumänische oder andere Volksteile und deren Siedlungen, so diese von einiger Relevanz gewesen sein mochten, zu unterschlagen, und auch die ältesten unserer Volkszählungen können für die deutschen Siedlungsgebiete im Burzenland kaum nennenswerte Zahlen von Nichtdeutschen nennen. Natürlich war das B u r z e n l a n d schon immer, selbst in vorgeschichtlichen Zeiten, wenn auch sehr dünn, besiedelt. Gegen Ende des XII. und Anfang des XIII. Jahrhunderts dürfte es, als Folge wiederholter Kumaneneinbrüche und -Durchzüge, gegen welche der Deutsche Ritterorden ja expressis verbis hier angesetzt wurde, tatsächlich unbesiedelt gewesen sein. Es sollte eigentlich heißen: e n t v ö l k e r t. Man hat lange dem ominösen » d e s e r t a (bzw. v a c u a) e t i n h a b i t a t a « einen Sinn unterstellt, der den Gegebenheiten nicht ganz entsprach. Der Schlüssel zum Verständnis könnte in einer Urkunde von 1440 liegen[46]: Königin Elisabeth vergab ein c a s t r u m d e s e r t u m seu locum castri desolati Radna ..... seu villas in maiori parte ut dicitur v a c u a s e t i n h a b i t a t o r i b u s destitutas .....« etc. E s i s t d i e S c h e n k u n g e i n e s d u r c h k r i e g e r i s c h e E r e i g n i s s e e n t v ö l k e r t e n u n d h e r r e n l o s v e r b l i e b e n e n G e b i e t e s. Bedeutungsvoll scheinen uns hier dieselben Adjektiva hinsichtlich des Gebietszustandes: *deserta, vacua, inhabitata*. Es könnte die amtsgängige Formel gewesen sein, einen solchen, damals nicht gerade seltenen Um- und Zustand der Entvölkerung und Entblößung eines Gebietes durch kriegerische Ereignisse zu etikettieren. Die Überlieferung alter Ortsnamen, insbesondere von Hydronymen, wird durch solche Ereignisse erfahrungsgemäß nicht tangiert.

2. Zur Etymologie des Ortsnamens
Brassó – Braşov

Die vielfältige und farbige Sprachenlandschaft Siebenbürgens, das Spiegelbild eines ethnisch abwechslungsreichen Besiedlungsablaufs seit der Zeitwende, stellt Ortsnamenforscher mitunter vor

---

[46]) UB. Bd. V. (auch Böhlau-Wien 1975). Urkunde 2365.

Probleme, deren Lösung ohne die Aufhellung noch nicht überschaubarer siedlungsgeschichtlicher Vorgänge schwierig ist.

Ein Musterbeispiel ist die magyarische bzw. rumänische Bezeichnung für das bekannte, südostsiebenbürgische Kronstadt: *Brassó* bzw. *Braşov*. Auf der Suche nach einer aussagekräftigen Wurzel beteiligten sich Wissenschaftler, Publizisten und der Heimatkunde verpflichtete Laien durch vier Jahrhunderte hindurch, ohne bisher eine allseits befriedigende Lösung gefunden zu haben.

Ausgegangen wurde von den ältesten überlieferten Formen: 1252 *Barasu*[47], 1271 *Brasu*[48], 1288 *Braso*[49], 1295 erstmals die später amtlich gültige Form *Brassó*[50]. Die metathetische Entwicklung von *bar* zu *bra-* war durch die Übernahme in das Magyarische, im letzten Drittel des XIII. Jahrhunderts, sprachgesetzlich zwingend. Die Urform *Barassó* war in den benachbarten S z e k l e r g e b i e t e n vor 40 Jahren jedoch noch gebräuchlich und ist es wohl auch heute noch mancherorts.

Die große Anzahl der Deutungsversuche, es mögen gut über zwei Dutzend sein, erklärt sich aus der ungewöhnlichen Bandbreite der Ansatzmöglichkeiten: Es ist ein weitgespannter Bogen von Vorlagen des Klassischen Altertums zu komplizierten sprachwissenschaftlichen Auslotungen.

Bereits E u t r o p i u s F l a v i u s, ein römischer Geschichtsschreiber des IV. nachchristlichen Jahrhunderts »... tut einer Provinz Erwähnung, die er *Burziao* nennt...«. J o s e p h T e u t s c h identifiziert dieses *Burziao* mit »Burzenland« (1795), einer möglichen Vorlage auch für *Brassó* – *Braşov*[51].

Bei P t o l o m a e u s (II. nachchristliches Jahrhundert) ist ein Ort namens *Patroissa* angeführt. Nach F r i e d r i c h P h i l i p p i könnte dieses *Patroissa* die Urform für *Brassó* gewesen sein[52].

---

[47]) UB. Band I, Urkunde Nr. 86 (»Fulkun-Urkunde«).
[48]) UB I/139.
[49]) UB I/225.
[50]) UB I/271. Allerdings taucht der Name hier in der Form eines substantivierten Adjektivs auf: B r a s s o v i e n s i s.
[51]) J o s e p h T e u t s c h, Chorographie von Burzenland. Siebenbürgische Quartalsschrift. Hermannstadt 1795. Band IV, S. 105.
[52]) F r i e d r i c h P h i l i p p i, Aus Kronstadts Vergangenheit und Gegenwart. Kronstadt 1874. S. 14.

Einige Autoren, wie J o h a n n e s T r ö s t e r (1666) dachten an deutsche Herkunft:

... Ungarisch und Wallachisch *Barrassovia*, so von den ersten Teutschen *Buris-Au (Buriorum Campus)* jetzt aber verderbet *Barasso* geheißen wird ...[53].

Im Geiste deutscher Uransässigkeit denkt T r ö s t e r an die germanischen *Burier*, die für T r a j a n s Kampf gegen die D a k e r zeitweilig Hilfstruppen stellten. Was T r ö s t e r hier in aller Unschuld anspricht, wird für manchen Gelehrten späterer Jahrhunderte zum politischen Engagement um die ethnische Fixierung des Toponyms zur Unterstreichung von Siedlungsprioritäten. S a m u e l B o r o w s z k y etymologisiert mit althochdeutsch *brahha*, mittelhochdeutsch *brache* = »Aufbrechen der Felder« (urbar machen)[54].

M i s c h O r e n d versucht auf Umwegen eine deutsche Herkunft des Namens zu belegen, wenn er schreibt: »...die rumänische und magyarische Bezeichnung ist von der *Braschovia* - B u r g abzuleiten...«[55] und diese mit dem schlesischen *Braszowitz* in Beziehung setzt. Aus Schlesien stammende deutsche Siedler könnten den Namen, nach O r e n d, hierher verpflanzt haben.

Eine Ableitung des Stadtnamens von der mittelalterlichen Burg auf dem die Stadt überragenden Z i n n e n b e r g zieht bereits um die Mitte des XVI. Jahrhunderts der Mediascher Humanist und Stadtpfarrer C h r i s t i a n S c h e s a e u s in Erwägung: »...haec a Prasobo Braschouia monte vocatur...«[56]. Gleicher

---

[53]) J o h a n n e s T r ö s t e r, Das Alt- und Nue-Teutsche Dacia. Nürnberg 1666. S. 397.

[54]) S a m u e l B o r o w s z k y, A honfoglalás története [Die Geschichte der (magyarischen) Landnahme]. Budapest 1894. S. 88.

[55]) M i s c h O r e n d, Zur Heimatfrage der Siebenbürger Sachsen. AVSL, XLIII, 1926. S. 252.

[56]) C h r i s t i a n S c h e s a e u s. Ruinae Pannonicae. Wittenberg 1571. Band I, S. 376-378.

Ansicht sind auch J. C. E d e r[57] und J o s e p h T r a u s c h[58].
Allein der siebenbürgisch-sächsische Germanist G u s t a v
K i s c h ging bei seiner Deutung von einem rumänischen Appelativum aus. Dem Ortsnamen *Braşov* läge derselbe Wortstamm zugrunde, wie dem rumänischen *brad* = »Tanne«, *brădiş* = »Tannenwald«, *brădişor* = »Wacholdergebüsch«. Dieses wiederum wäre eine Begriffsdoublette zu dem deutschen *Krunen – Kronen – Kronstadt*[59], dessen Bezug zum mittelhochdeutschen *krane* = »Wacholderstrauch« bereits J o h a n n W o l f f herausgestellt hatte[60].

Besonderer Beliebtheit erfreuten sich slavische Erklärungsversuche unseres Ortsnamens. Zum einen mag das scheinbare slavische Suffix *-ov* in der rumänischen Namensform dazu verleitet haben, zum anderen auch der seltsame Hang mancher Autoren, Slavisch als Vorform des Rumänischen zu suggerieren.

Älteren Kronstädtern ist jene Sage vom K ö n i g S a l o m o n bekannt, derzufolge er, nach Verzicht auf die Königswürde (1081), auf der Flucht, seine Krone im Bereiche K r o n s t a d t s auf einem Baumstumpf hinterlassen habe[61]. Ein Burzenländer Schulmeister hat dieses Märchen für seine slavomanischen Schrullen auszubeuten versucht. Er übersetzte Krone auf dem Tannen-(Baum-)

---

[57]) J o s e p h u s C a r o l u s E d e r, Script. Rer. Transsilvanicarum, Hermannstadt 1797. Band I. Es handelt sich hierbei im wesentlichen um eine Neuauflage von Schesaeus »Ruinae pannonicae« (siehe Fußnote 56) mit den »gelehrten Anmerkungen und Excursen J. C. Eders« (nach F r. W. S e r a p h i n in seinem Aufsatz: Des Christian Schesaeus »Ruinae Pannonicae«, im Korrespondenzblatt des Vereins für siebenbürgische Landeskunde, Hermannstadt 1907, XXX. Jahrgang, Nr. 2-3, S. 17).

[58]) J o s e p h T r a u s c h, Alte Namen des Kronstädter und Burzenländer Distrikts und seiner Ortschaften, aus Urkunden verzeichnet. AVSL, Alte Folge. Hermannstadt 1845. S. 163 ff.

[59]) G u s t a v K i s c h, Siebenbürgen im Lichte der Sprache. AVSL, XLV, 1929. S. 131-132.

[60]) J o h a n n W o l f f, Deutsche Dorf- und Stadtnamen in Siebenbürgen. Mühlbacher Gymnasialprogramm. Mühlbach 1890/91 S. 24.

[61]) Das Wappen Kronstadts, ursprünglich eine Krone, erscheint erst ab Mitte der XVI. Jahrhunderts mit einem aus derselben hängenden, bewurzelten Baumstamm. Diese Wappendarstellung stand wohl der Sage Pate.

Stumpf in ein unmögliches Slavisch: »kruna na brad čop«. Aus *brad - čop* wäre *Bra - șov* entstanden[62].
J o h a n n W o l f f bemerkt a.a.O. in einer Fußnote:
... der Name *(Brassó – Brașov)* ist unzweifelhaft slawischer Abkunft, wie der altschlesische Ortsnamen *Brasovice (Braszowitz,* s.o.) und viele andere; ... er gehört wahrscheinlich zu altslavisch *bŕěza* = »Birke«, tschechisch *brezi, brezovi* = »Birkenwald«, adj. *brezovy,* polnisch *brzoza* = »Birke«.
Es gibt im Rumänischen recht zahlreiche »Birken«- Orte, doch heißen diese, soweit sie auf das slavische *brěza* Bezug haben, durchweg *Breaza.*
In einem »Führer durch Brassó und dessen Umgebung«[63], der 1915 in *Kronstadt* erschienen ist, heißt es:
... nach einer verbreiteten Meinung heiße der Hauptfluß des *Burzenlandes* (deutsch *Burzen,* magyarisch *Barca,* rumänisch *Bîrsa*) bulgarisch *Barzei,* was »Wildbach« bedeute. Hiervon auch *Barzeiov* = »Brassó – Brașov« ...
Der bedeutende rumänische Historiker N i c o l a e J o r g a dachte an ein slavisch-rumänisches Dorf *Brașeu,* aus welchem die Deutschen *Kronstadt,* die Magyaren *Brassó* gemacht hätten[64].
Der rumänische Linguist N. A. C o n s t a n t i n e s c u nennt außer der »berühmten Stadt *Brașov«* noch drei gleichnamige Toponyme in Siebenbürgen »und andere« südöstlich der K a r - p a t e n[65]. C o n s t a n t i n e s c u etymologisiert mit einem slavischen Anthroponym Бращъ *(Braschtsch),* das auf slavisch Братъ *(brat)* = »Bruder« fuße. Diese Deutung fand kein Echo, auch ist ein solches Anthroponym, nach M i k l o s i c h, nicht nachweisbar[66]. Das erwähnte Бращъ ist u.E. allenfalls in der südslavischen Bezeich-

---

[62]) *brad* ist, nach R á s o n y i, im Slawischen nicht möglich. Es ist vielmehr ein aus dem Albanischen stammendes rumänisches Wort. Den Namen des »slavomanischen Schulmeisters« verschweigt uns W o l f f.

[63]) Der Verfasser konnte nicht ermittelt werden.

[64]) N i c o l a e J o r g a, Die Geschichte des rumänischen Volkes im Rahmen seiner Staatenbildung. Gotha 1905. Band I, S. 149.

[65] N. A. C o n s t a n t i n e s c u, Dictionar onomastic românesc [Lexikon der rumänischen Personennamen]. Bukarest 1963. S. 214-215.

[66]) F r a n z M i k l o s i c h, Die Bildung der slavischen Personen- und Ortsnamen. Heidelberg 1927. Stichwort.

nung *bratstvo* enthalten, die »Bruderschaft«, »Sippe«, »Dorfsiedlung« bedeutet[67]. Die alte slavische Dorfsiedlung in der O b e r e n V o r s t a d t K r o n s t a d t s würde eigentlich recht gut in diesen Rahmen passen. Die von C o n s t a n t i n e s c u erwähnten anderen *Braşov*-Orte sind bedeutungslose kleine Dörfer. Sie mögen ihren Namen — wollten wir nicht eine analoge Namensgenese annehmen — dem Einfluß unserer »berühmten Stadt«, gewissermaßen per Induktion, verdanken, worauf auch Rásonyi hinweist[68].

Der magyarische Gelehrte J á n o s M e l i c h hält zu Beginn seiner Beschäftigung mit unserem Ortsnamen einen Bezug zu dem slavischen *brost* = »Färberdistel« *(Krapp, rubia tinctorum)* für möglich[69]. Später ist M e l i c h der Erste, der auch Turksprachen in seine Überlegungen mit einbezieht (s. u.).

Auch J u l i u s A. T e u t s c h etymologisiert slavisch, mit Bezug auf *baras* = »wehren« und denkt an die große, »wehrhafte« mittelalterliche Burg auf der Z i n n e[70]. Die Burg (-Ruine) wurde allgemein B r a s c h o v i a - B u r g genannt, eine späte, latinisierende Bezeichnung mit dem Ortsnamen *Brassó – Braşov* als Vorlage, doch leiteten manche, in Umkehrung der Tatsachen, den Stadtnamen von der Burg ab[71].

---

[67]) E d g a r H ö s c h, Geschichte der Balkanländer. Stuttgart-Berlin-Köln-Mainz 1968. Band 34 der Urban Bücher, S. 34.

[68]) L á s z l ó R á s o n y i N a g y, A Brassó név eredete [Der Ursprung des Ortsnamens Brassó] in: Magyar nyelv [Magyarische Sprache] Budapest 1929. XXV/27. Der Arbeit R á s o n y i' s entnehmen wir einige bibliographische Daten, die uns anderweitig leider nicht zur Verfügung standen.

[69]) J á n o s M e l i c h, Magyar Nyelvör [Magyarischer Sprachwächter] Budapest 1902. XXIX/509 ff. Auch J o s e p h T e u t s c h erwähnt a.a.O. S. 106 in diesem Zusammenhang die Färberwurzel. Nach ihm verdanke das Burzenland seinen Namen dieser Wurzel, die hier reichlich vorkomme; es müsse eigentlich Wurzelland heißen. Das einigemal wohl als Volksetymologie belegte Urtzland, Wortzland hat sich nicht durchgesetzt.

[70]) J u l i u s A l b e r t T e u t s c h, Die Salomonsfelsen bei Kronstadt. Bericht des Burzenländer sächsischen Museums 1913. Kronstadt 1913. S. 30.

[71]) Die Burg auf der Zinne war die Fliehburg der Kronstädter Bevölkerung. Sie umfaßte ein Areal von 23.000 m^2 und wurde 1450-1455 auf

· N i c o l a e D r ă g a n u[72] und nach ihm I o r g u I o r d a n[73] formulieren:
... der alte rumänische Name ist *Braşov* und ist uns aus dem Slavischen überkommen ... und weiter: ... die slavischen Formen von *Braşov* kann man nicht trennen vom serbischen *Braševo* ...
Man wird bei der Etymologisierung der zahlreichen *bara-, baras-, bra-, bras-, brasch-* usw. — Formen sicher zu differenzieren haben. Gleichlautende Formen mögen selbst in gleichen Sprachräumen nicht immer auf einen Nenner zu bringen sein. Das gilt vor allem dort, wo bereits im Sprachsubstrat verschiedene Sprachrelikte mit unterschiedlichen Entwicklungsgesetzlichkeiten zu erwarten sind. Im B u r z e n l a n d ist das der Fall.

B a l á z s O r b á n hält *Brassó* bzw. *Barassó* für einen alten Szekler Namen» ... der im S z e k l e r g e b i e t noch mancherorts vorkomme ...«, ohne jedoch näher darauf einzugehen[74].

Aus magyarisch *varas, város* = »Stadt« sei *Barasu — Brassó* entstanden, wie anderswo aus *varas* »Broos«, ein Städtchen westlich von H e r m a n n s t a d t. Diese Meinung vertreten P e s t y F r i g y e s[75] und, unabhängig und gleichzeitig, L.H. S c h w i k k e r[76], dessen These seinerzeit auch von einigen deutschen Handbüchern und Lexika übernommen wurde. Die Gleichung v = b ist nicht von der Hand zu weisen, sie war in thrakisch-slavisch-griechischen Sprachräumen durchaus üblich.

Geheiß des Reichsverwesers H u n y a d y abgetragen. Näheres über diese Burg in A l f r e d P r o x, Die Burgen des Burzenlandes. Siebenbürgisches Archiv, I Bd, Köln-Graz, 1962. S. 40 ff.

[72]) N i c o l a e D r ă g a n u, Românii în veacurile IX-XIV pe baza toponimiei şi a onomasticei [Die Rumänen in den Jahrhunderten IX-XIV auf Grund der Toponymie und der Personennamen] Bukarest 1933 S.569.

[73]) I o r g u I o r d a n, Toponimia Românească [Die rumänische Toponymie] Bukarest 1963. Stichwort.

[74]) B a l á z s O r b á n, A Székelyföld leírása [Die Beschreibung des Szeklerlandes]. Budapest 1873. Band VI Barczaság [Burzenland] S. 205.

[75]) F r i g y e s P e s t y, Az eltünt régi vármegyek [Die abgegangenen alten Landkreise]. Budapest 1881. Band II/133.

[76]) L. H. S c h w i c k e r, Die Deutschen in Siebenbürgen und Ungarn. Wien und Teschen 1881, S. 409.

K a r l F i ó k etymologisiert mit magyarisch *boros* — *jó*[77]. *Bor* = »Wein«, *-os* adjektivierendes Suffix, *jó* = altmagyarisch »Wasser«. »Weinwasser«, magyarisch *borviz* wird heute umgangssprachlich (in allen drei Landessprachen) das Mineralwasser der überaus zahlreichen Quellen im benachbarten S z e k l e r g e b i e t genannt. Diese Quellen sind jedoch zu entfernt von K r o n s t a d t, um als Bezug für den Ortsnamen in Betracht zu kommen, worauf auch A n t a l H o r g e r hingewiesen hat[78].

M e l i c h war es schließlich, der durch Einbeziehung auch türkischer Sprachelemente die entscheidende Bresche schlug[79]. Durch Analyse der verschiedenen Turkformen für »Bach«, »Fluß« usw. erschloß er eine bulgarisch-türkische Urform *$*suy$, $*suv$. Am Beispiel des westsiebenbürgischen Fluß- und Ortsnamens *Karasu*, *Karassó* usw. weist M e l i c h den bulgarisch-türkischen Ursprung nach *kara* = »schwarz«, *su* = »Bach«. Bezüglich des ersten Wortgliedes *(bara)* läßt M e l i c h uns im Zweifel und in Ungewißheit.

L á s z l ó R á s o n y i N a g y geht in einer umfangreicheren, zusammenfassenden Arbeit, der wir auch einige Angaben entnehmen, auf dem von M e l i c h eingeschlagenen Weg weiter[80]. Er hält *bra-* für »sehr slavisch«, doch ein solches Wort gebe es im Türkischen nicht und ein türkisches *bara* ebensowenig. Nur im südslavischen ist es geläufig und dies komme hier nicht in Betracht. R á s o n y i zieht die verschiedenen Turkidiome bis nach Zentralasien hinein und die von diesen Völkern bevorzugten Gewässernamen zum Vergleich heran. Er berücksichtigt auch tatarische, kirgisische und mongolische Beispiele und glaubt schließlich, in einem altbulgarisch-türkischen *bor* — *suy* die Urform für *Barasu* in der Bedeutung von »graues«, »weißes«, »fahles«, »silbriges« Wasser bzw. Bach oder Fluß erschlossen zu haben. Dieses Gewässer, $*bor$ — *suy* > *Barasu* sei der heutige W e i d e n b a c h gewesen[81].

---

[77]) K á r o l y F i ó k, Magyar Nyelvör [Magyarischer Sprachwächter] XXX. Budapest 1901, S. 20.

[78]) A n t á l H o r g e r, A Brassó név és egy magyar hangtörvény [Der Ortsnamen Brassó und ein magyarisches Lautgesetz]. Magyar nyelvör XXX, 1904, S. 489.

[79]) J á n o s M e l i c h, Honfoglaláskori Magyarország [Das Ungarn der Landnahmezeit] Budapest 1925/26. S. 25-30.

[80]) L á s z l ó R á s o n y i N a g y, XXIV/1928, S. 317.

[81]) L á s z l ó R á s o n y i N a g y, a.a.O. XXV/1929, S. 22.

Der Kronstädter Wissenschaftler P a u l B i n d e r veröffentlichte vor einigen Jahren die letzte qualifizierte Arbeit zu diesem Thema[82]. B i n d e r folgt in allem den Ausführungen R á s o n y i s und bringt zu dessen Theorie, der heutige W e i d e n b a c h sei der einstige *Barasu*, ein weiteres, vermeintliches Indiz. Wenig westlich der Gemeinde R o s e n a u streift der W e i d e n b a c h den Fuß der Kote 909, eine Bergkuppe, die von den Rumänen jener Gegend *Boroşu* bzw. *Boruşu* genannt wird[83], was B i n d e r mit *Barasu* in Verbindung setzt. Das alte, verschollene Hydronym habe sich in dem Bergnamen konserviert.

Die letzte und gleichzeitig seltsamste Deutung unseres Toponyms möchten wir nicht vorenthalten, da der Autor sie sicher ernst nimmt[84]. Ein indischer Radjah habe sich mit seinem Gefolge im B u r z e n l a n d niedergelassen, den Ort gegründet und ihm seinen Namen gegeben: *Brasiva (-Sala)*, davon leite sich *Braşov* ab. Auch *Ţara Bîrsei* (»Burzenland«) gehe darauf zurück und um die indisches Provenienz zu unterstreichen, wird die H o h e W a r t e, ein beliebter Aussichtsberg bei K r o n s t a d t, mit einem Sanskritwort etymologisiert: W a r t e sei nicht mit dem deutschen Verbum w a r t e n(!) zu erklären, sondern mit Sanskrit *varta* = »Land«. Daher auch *Brasiva – Varta* = »Land des Brasiva«, daraus auch »Burzenland«.

Nach dieser Rückschau auf die so differenzierten Deutungsversuche eines über vier Jahrhunderte sich erstreckenden Zeitabschnittes wollen wir einige neue Überlegungen zu dem strapazierten Thema entwickeln: eine befriedigende Lösung scheint uns we-

---

[82]) P a v e l B i n d e r, Etimologia, sensul iniţial şi evoluţia numelui topic Braşov [Etyomolgie, Ursprung und Entwicklung des Toponyms Braşov]. Limbă şi literatură [Sprache und Literatur]. Bukarest VIII, 1964. S. 411-420.

[83]) Im Text schreibt Binder Boroşu, in einer Planskizze Borosu. In einer geographischen Arbeit von M i h a i J a n c u, auf die auch B i n d e r sich bezieht, heißt es jedoch mehrfach Boruşu (Probleme de geografie [Probleme der Geographie] Bukarest, IV, 1957. S. 137), was wohl das Richtige ist.

[84]) N i c o l a e M i u l e s c u, Da. Ksa – Gods Country. Venedig 1975. S. 49.

niger kompliziert und fügt sich gut und problemlos in ein vielfach vorgegebenes Schema. Es bestehen heute kaum Zweifel darüber, daß der Ortsnamen ein altes, verschollenes Hydronym konserviert. R á s o n y i möchte den W e i d e n b a c h dafür in Anspruch nehmen, vielleicht weil für diesen kein vordeutscher Name nachzuweisen ist[85], aber auch, weil er, als anscheinend Ortsfremder, von dem starken, einst die Stadt durchfließenden Bach nicht wußte. Um nun die Stadt und den von ihm als namengebend angesehenen W e i d e n b a c h räumlich näherzurücken, bemüht R á s o n y i jene Sage, derzufolge die dörfliche A l t s t a d t (Bartholomae, Alt-Kronstadt) in früheren Zeiten weiter nach Westen, gegen den W e i d e n b a c h zu sich erstreckt, und später, wegen der ungeschützten Lage talaufwärts, nach Süden sich verlegt habe. Auch habe der W e i d e n b a c h, als Folge von Schollenhebungen, sein Bett westwärts verlegt, was auch zu einer Entfernung vom Weichbild der Stadt beigetragen habe. Dem muß entgegengehalten werden, daß die Kirche Mittelpunkt der A l t s t a d t war, dasselbe gilt für den W e i d e n b a c h hinsichtlich der gleichnamigen Dorfgemeinde: Bach und Dorf waren eine gewachsene, organische Einheit. Damit sind die Objekte, Stadt und W e i d e n b a c h zum mindesten für historische Zeiten im Gelände unverrückbar fixiert und die Entfernung voneinander war im XIII. Jahrhundert wie heute rund 6 km. Die von R á s o n y i, aber auch von B i n d e r angesprochenen Schollenhebungen haben zweifellos stattgefunden. Sie müssen aber in weiter zurückliegende, vorgeschichtliche Zeiten verwiesen werden.

B i n d e r sieht im » ... t e r r a S a x o n u m d e B a r a s u ... « der o.g. » F u l k u n u r k u n d e « von 1252 eine frühe Umschreibung für » B u r z e n l a n d « (was zutreffen mag). Demnach müsse der *Barasu* die B u r z e n e b e n e durchflossen haben, und das tue eben der W e i d e n b a c h, im Gegensatz zu jenem Gewässer, an dessen Ufern die Stadt K r o n s t a d t lag und das, aus dem Z i n n e n t a l kommend, nur wenig in die B u r z e n e b e n e hineinreicht. Die weitaus größere B u r z e n, der Hauptfluß des B u r z e n l a n d e s, fließt gerade in der B u r z e n e b e n e auf längere Strecke unweit und parallel zum

---

[85]) Die magyarische Bezeichnung Vidombák und die rumänische Ghimbav gehen auf das deutsche Weidenbach zurück.

W e i d e n b a c h, diesen an Bedeutung doch entwertend. Warum dann auf diesen kleineren, unbedeutenden Bruder der B u r z e n zurückgreifen, um die 6 km entfernte Stadt nach ihm zu benennen? Sie lag doch unmittelbar an den Ufern eines quantitativ gleichwertigen Gewässers. B i n d e r schreibt weiter, er habe in den einschlägigen Urkunden für einen Bach namens *Barasu* im Stadtbereich keinen Hinweis gefunden. Dem widerspricht die Aufzeichnung eines rumänischen Chronisten aus dem XV. Jahrhundert: »... *aci la sfatul Coronei, ce-i zic Braşovul, pe numele apei, ce-i zic Braşovia* ... « (» ... hier beim Rate *Coronas*[86], so man *Braşov* nennt, nach dem Namen des Gewässers, das man *Braşovia* nennt ...«[87]. Hier wird von einem Zeitgenossen der Kronstädter Bach *Brasovia* genannt, ein latinisiertes *Brasu* – *Barasu*. In einer Urkunde von 1370 finden wir einen weiteren Hinweis[88]: zusammen mit dem *fluvio Themes* (T ö m ö s c h) wird ein *fluvio Brassou* genannt, offensichtlich im nördlichen Weichbild der A l t s t a d t, beim Austritt aus dem Stadtgebiet. Nach B i n d e r müsse man unter *fluvio* einen bedeutenderen Fluß verstehen und da käme, neben der B u r z e n, nur der W e i d e n b a c h in Frage. Nun gestatten aber die in lateinischen Urkunden gebrauchten Termini *aqua, fluvius, rivulus* keinen Rückschluß auf Bedeutung und Größe eines Gewässers[89].

Einige Worte noch zu dem von B i n d e r erwähnten Berg *Boruşu* bei R o s e n a u. Toponyme mit der slavischen Wurzel *bor-* = »Kiefer« sind in Rumänien nicht gerade selten[90], besonders in Gebieten mit starkem slavischen Sprachsubstrat in der Toponymie. Man begegnet diesen Formen auch in Verbindung mit den Suf-

---

[86]) Corona ist die älteste bekannte Bezeichnung für Kronstadt, in einer Praemonstratenser-Urkunde von 1234. (S. oben!)

[87]) R a d u T e m p e a, Istoria Sfintei Beserici a scheilor Braşovului [Geschichte der Heiligen Kirche der Obervorstädter Slaven [Rumänen] Kronstadts]. Leipzig 1899. S. 1. Hrsg. Sterie Stinghe.

[88]) S a m u B a r a b á s, Székely óklevéltár [Szekler Archiv]. Magyar történeti tár [Magyarische Geschichtssammlung]. Budapest. XXXVIII, 1934. S. 24: »... super fluvio Brassou ...«.

[89] E r n s t D i c k e n m a n n, Studien zur Hydronymie des Save-Systems. Heidelberg 1966. Band I S. 21.

[90]) I o r g u I o r d a n, a.a.O. Stichwort.

fixen -*uș(u)* und *oș(u)*, wobei das gelegentliche End- *u* das umgangssprachliche Rudiment des Maskulin-Nominativ-Artikels -*ul* ist. Wir sehen in *Boruș(u)* einen slavo-rumänischen Terminus für »Kiefergehölz«, »Kieferwäldchen«; ein solches mag die Kuppe einst gekrönt haben[91].

Wir gehen davon aus, daß im Ortsnamen *Barasu*, der ältesten überlieferten Form, zwei Appelativa unverändert konserviert sind: *bara* und *su*. Das türkische *su* = »Bach«, »Wasser«, »Fluß« ist unproblematisch. *Su* — Hydronyme ziehen sich in großer Zahl vom K a s p i s c h e n M e e r über N o r d - A s e r b e i d s c h a n und die ganze T ü r k e i und verlieren sich mit einigen Ausläufern auf dem B a l k a n . Zu diesen Ausläufern zählen wir auch unsere *Karasu* und *Barasu* in Siebenbürgen, das bis in das XI. Jahrhundert ethnisch, sprachlich und kulturell starken Einflüssen aus dem Balkanraum unterworfen war[92].

Das Appelativum *bara* ist in der Bedeutung von »Bach«, »Sumpf«, »Morast«, »feuchte Stelle« usw. nach N i t s c h e ein gemeinslavisches Wort[93]. Nach M i k l o s i c h ist die Herkunft des Wortes dunkel[94], nach B e r n e k e r ist es eine Entlehnung aus dem Samojedischen[94]. R á s o n y i lehnt einen Bezug auf dieses Wort mit der Begründung ab, es sei nicht altajischen Ursprungs und passe nicht in seine türkische Etymologie[96]. Neueren Erkenntnissen von K a r l H. M e n g e s zufolge ist *bara* ein Balkanwort, in türkischen Dialekten in der Bedeutung von »Flüßchen«, »Bach« usw. entlehnt[97]. Im Bulgarischen, für die Siedlungsgeschichte des Burzenlandes von besonderer Bedeutung, ist *bara* schlicht »Bach«.

[91]) Ähnliche Formen sind stejeriș = »Eichen(jung)wald«, mestecăniș = »Birken(jung)wald« u.Ä.

[92]) Dazu auch: M a r i a C o m ș a, Die bulgarische Herrschaft nördlich der Donau während des IX. und X. Jahrhunderts im Lichte der archaeologischen Forschung. Dacia seria nouă Bukarest IV/1960. S. 393 ff.

[93] P e t e r N i t s c h e, Geographische Terminologie des Polnischen. Köln-Graz 1964, S. 72. (Slavistische Forschungen Band IV).

[94]) F r a n z M i k l o s i c h, Etymologisches Wörterbuch der slavischen Sprachen. Wien 1886. Stichwort.

[95]) E r i c h B e r n e k e r, Slavisches etymologisches Wörterbuch. Heidelberg 1908-1914. Stichwort.

[96]) L á s z l ó R á s o n y i N a g y, a.a.O. XXIV/1928, S. 317.

[97]) K a r l H. M e n g e s, Türkische Elemente im Bulgarischen etc. Zeitschrift für Balkanologie VII/1969-70 S. 172.

Bei der Suche nach Analogien erschloß sich uns im südslavischen Raum ein recht ergiebiges Feld. Zwei *Bara* – Bäche finden wir im weitverzweigten Flußsystem des *Vardar*. Der eine, 9 km lang, als Nebenfluß der *Kojnarska-Reka*, östlich von *Kumanovo*. Der zweite, 12 km lang, als rechter Nebenfluß der *Serava*, nördlich von *Skoplje*. Kennzeichnend für alle, wie auch für unseren *Barasu*, sind die kurzen Wasserläufe und ihre relativ geringe Wasserführung, d.h. ihrer Größenordnung nach sind es Bäche. Bemerkenswert ist die Terminologie eines dieser Bäche: *Bara-potok* bzw. *Barapotok*, eine Tautologie, da *potok*, wie *bara*, ebenfalls »Bach« bedeutet. Diese Tautologie ist bereits für das XII. Jahrhundert belegt[98].

Nach I v a n D u r i d a n o v gehört *bara* zur Gesamtheit jener Hydronyme, die mit Sicherheit oder doch hoher Wahrscheinlichkeit der ältesten slavischen Schicht zugerechnet werden muß[99].

Auch im weitverzweigten Flußsystem der *Save* ist das Wasser-Wort *bara* sowohl als Hydronym wie auch als Ortsnamen sehr gut vertreten. E r n s t D i c k e n m a n n nennt einen linken Nebenfluß der *Miletina-Reka*, eines linken Nebenflusses der *Bjela*, weiter einen rechten Nebenfluß der *Una*, dann 14 Ortsnamen *Bara* und über 50 der Pluralform *Bare*[100]. Die tatsächliche Zahl der *Bara*-Gewässer dürfte noch wesentlich größer sein, da D i c k e n m a n n in seinem Werk nur Wasserläufe über 10 km Länge berücksichtigt, eine Marke, die von vielen *Bara*-Objekten nicht erreicht wird, was für diese charakteristisch zu sein scheint.

In diesem Rahmen wollen wir auch unseren *Barasu* sehen, umsomehr, als das B u r z e n l a n d vom VII. bis ins XI. Jahrhundert zum slavischen Herrschaftsbereich gehörte[101], die Toponymie stark slavisch geprägt ist und verblüffende Orts- und Flurnamenparallelen zum südslavischen Raum auch heute noch festzustellen sind. Balkanslaven errichteten an den Ufern des Baches in der O b e r e n V o r s t a d t ihren Weiler, ihre Dorfsiedlung; das Gewässer hatte keinen besonderen Namen, was die rein appellativistische Bezeich-

---

[98]) I v a n D u r i d a n o v, Die Hydronymie des Vardar-Systems als Geschichtsquelle. Köln 1975, S. 89. (Slavistische Forschungen XVII).
[99]) I v a n D u r i d a n o v, a.a.O. S. 329.
[100]) E r n s t D i c k e n m a n n, a.a.O. S. 44.
[101]) C h r i s t o O g n j a n o f f, Bulgarien. Nürnberg, 1967, S. 45.

nung *bara* belegt. Es war eben der »Bach«, das »Flüßchen«. Auch die quantitative Bedeutung des *Barasu*, nach Länge und Wasserführung, lag unterhalb einer Größenordnung, die ein zähes Festhalten an einer ursprünglichen Bezeichnung gefördert hätte, er unterlag und unterwarf sich den wechselnden siedlungsgeschichtlichen Vorgängen. So hieß er später und bis heute in seinem oberen, durch rumänisches Siedlungsgebiet fließenden Extrem *Tocile*, sein Lauf entlang den Stadtmauern der einst rein deutschen I n n e r e n S t a d t heißt *Graft-Bach* und der Rest, bis zu seiner Mündung in den *Tömösch-Bach*, auch in deutschem Siedlungsgebiet, *Mittelgässer Bach*.

Das türkische *su* = »Bach« bildet mit *bara* eine altslavisch- bzw. balkanslavisch-türkische Tautologie, die eine Siedlungsgemeinschaft dieser Völker für das X. bis XII. Jahrhundert belegen mag. P e t s c h e n e g i s c h e und andere Turkstämme sind im B u r z e n l a n d für diesen Zeitraum nachgewiesen[102]. Eine Siedlungsabfolge möchten wir nicht annehmen. Die Turkbewohner übernahmen die ihnen unverständliche Bezeichnung *Bara* und fügten dieser ihr *su* an: *Bara - su* = »Bara - Bach«, »Bach - Bach«. Solche Tautologien sind durchaus keine Seltenheit und sind vielerorts zu finden, nicht nur in mehrsprachigen Räumen. Wir begegnen ihnen in Balkanländern als *Bara-potok, Rekapotok* usw., aber auch häufig in deutschen Sprachräumen als *Aach - Bäche, Graft - Bäche* (K r o n s t a d t !) u.a. Das Beispiel des *Riu-Flusses* bei Z e r n e ş t i westlich K r o n s t a d t s zeigt, daß solche Tautologien umgangssprachlich selbst dann akzeptiert werden, wenn Sinn und Bedeutung beider Komponenten den Sprechenden bewußt sind. Letztlich verbergen sich in einer Vielzahl alter, heute nicht mehr verstandener Hydronyme untergegangener Sprachen oft nichts weiter, als gewässerbezügliche Appellativa: »Bach«, »Fluß«, »Strom« usw., deren Sinn uns verlorengegangen ist und allenfalls noch sprachwissenschaftlich erschlossen werden kann.

Es mag oft auch ungewiß sein, ob ein Ortsnamen vom Gewässernamen sich ableite oder umgekehrt. Dazu schreibt D i c k e n m a n n : »Die Priorität des Gewässernamens darf als gesichert gel-

---

[102] S m a i l B a l i č, Der Islam im mittelalterlichen Ungarn. Südostforschungen. München 1964 S. 19 ff. und Istoria României [Geschichte Rumäniens]. Bukarest 1965. Band II, S. 69.

ten in geographischen Namen wie *Bara, Blato, Jezero* etc. etc., die heute alle auch als Ortsnamen geläufig sind[103].

Die obigen Ausführungen lassen siedlungsgeschichtliche Schlüsse nur sehr bedingt zu, sie ergänzen aber gut die auf anderen Wegen erschlossenen Ergebnisse. Das erste B u l g a r i s c h e Z a r e n r e i c h (681-1018) umfaßte nördlich der Donau, neben der w a l a c h i s c h e n T i e f e b e n e und dem B a n a t, auch S i e b e n b ü r g e n[104]. Einer der Einwanderungswege von Donau und Balkan führte über den T ö r z b u r g e r P a ß und das B u r z e n l a n d[105]. Die Runensteine von G h e o r g h e n i (G y e r g y ó s z e n t m i k l ó s) und altslavische Orts- und Flußnamen in Siebenbürgen wie T o p l i ț a, Z l a t n a, aber auch unser *Bara* weisen auf das IX.-X. Jahrhundert[106], ebenso einige Streufunde jener so typischen grauen Keramik mit Bodenmarken im Bereiche K r o n s t a d t s. Um diese Zeit könnten einige Sippen im siedlungstechnisch günstigen und geschützten Z i n n e n t a l an den Ufern des anscheinend bis dahin namenlosen, von ihnen nun *Bara* = »Bach« benannten Gewässers sich niedergelassen haben.

Vom XI.-XII. Jahrhundert haben wir mit der Anwesenheit p e t s c h e n e g i s c h e r, später k u m a n i s c h e r Stämme im *Burzenland* zu rechnen[107]; ob im Sinne einer Siedlungsabfolge oder eines Nebeneinanderlebens mit den seßhaften Slaven, läßt sich nicht sagen. Wir sind geneigt, Letzteres anzunehmen.

Die magyarischen und rumänischen Ortsnamenformen treten erst in der zweiten Hälfte des XIII. Jahrhunderts in Erscheinung, als offensichtliche Anpassungen an das altslavisch-türkische *Barasu*. Das spricht gegen eine zahlenmäßig relevante Anwesen-

---

[103] E r n s t D i c k e n m a n n, a.a.O. S. 20.

[104] M a r i a C o m ș a, a.a.O. S. 411.

[105] G é z a B a k ó, Încă o mărturie la dominația primului stat bulgar la nord de Dunăre [Noch ein Zeugnis zur Herrschaft des ersten bulgarischen Reiches nördlich der Donau]. Studii și articole de istorie [Geschichtliche Studien und Aufsätze]. Bukarest 1970 S. 463.

[106] M a r i a C o m ș a, a.a.O. S. 422 und G é z a B a k ó, a.a.O. S. 462.

[107] S m a i l B a l i č, a.a.O. S. 20 ff. und Istoria României, a.a.O. S. 69 ff.

heit dieser Völker vor dem XIII. Jahrhundert im *Burzenland* und die Streitfrage um die Priorität: *Brassó* oder *Braşov* verliert in diesem Zusammenhang ihre Bedeutung.

Corona, Kronstadt, Brasov, Brasso.
Origine et Etymologie du nom de la ville.

A la recherche de l'origine et de la signification du toponyme Kronstadt, l'auteur part du nom latin »Corona« (1234) et du nom saxon-transylvain »Krunen« ou »Krinen«. Il suppose qu'il s'agit à propos de ces noms d'adaptations d'un hydronyme disparu d'origine slave. L'hydronyme slave »Krynica«. »Kryn« avec le suffixe: „ica" est phonétiquement presqu'identique au mot saxon-transylvain: „Krun" ou „Krin", qui toutefois signific: couronne—. Complété par le toponyme courant-suffixe: -en, cela donne le nom de ville „Krunen", „Kronen", „Kronstadt". Comme deuxième hydronyme est cité aussi le mot originaire du sud de l'Europe centrale: Corona, Korana, Korona, d'où, d'après l'etymologie populaire, on obtient: Corona, Cronen, Stadt Cron, Cronstadt. Dans le sud de l'Europe centrale il existe dans la toponymie beaucoup de relations étroites avec le sud de la Transylvanie. L'histoire de la fondation des lieux d'habitat permet aussi d'attester des rapports allant plus loin que les rapports étymologiques.

Il est un fait certain qu'à Kronstadt et dans d'autres localités, les parties du ruisseau sont appelées différemment par les différents habitants de la région.

Pour ce qui est du nom de la localité Barasu, qui est mentionné officiellement pour la première fois en 1252, l'auteur part de deux noms signifiant »cours d'eau«. Le nom bulgare: »Bara«, dont la forme du pluriel »Bare« est souvent employée dans le sud de l'Europe centrale. Il signifie : ruisseau, cours d'eau. Le mot turc: »su« a le même sens. Il existe beaucoup de noms de localités composés avec »su« (= cours d'eau) dans la région d'influence turque, entre la mer caspienne et la Turquie européenne. Cette appellation des cours d'eau a laissé des traces dans la région des Balkans et jusqu'en Transylvanie.

Bara – Su; Barasu – Brasov – Brasso serait dans ce cas une tautologie à la fois turque, slave et bulgare, ce qui n'est pas rare pour les noms de cours d'eau ayant une très vieille étymologie. Cette tautologie apparait aussi dans les noms de localités du Burzenland fondées entre le Xe et le XIIe siècle.

Corona, Kronstadt, Brasov, Brassó.
On the etymology and origin of the city's name.

In his search for the origin and meaning of the toponym *Kronstadt* the author starts from the Latin term *Corona* (1234) and the Tran-sylvanian-Saxon *Krunen* or *Krinen*. He suspects that these names are adjustments to a lost hydronym, deriving in its turn from the Slavic. The Slavic term for water *krynica* (*kryn* with suffix *ica*) is phonetically almost identical with Transylvanian-Saxon *krun* or *krin*, which however means *crown*. Supplemented by the frequent toponym-suffix we have *-en* the place name *Krunen-Kronen-Kronstadt*. The south Slavic *Corana-Korana-Korona* is mentioned as a second hydronym. This gives the folk etymology *Corona-Cronen-Stadt Cron-Kronstadt*. In the south Slavic area there are many close links with the south Transylvanian settlement area with respect to place-names. There are also documented sources of links relating to ethnic movements going beyond mere names. It is well documented both in Kronstadt and elsewhere that the same stream was given different names at different points and by different local inhabitants.

Regarding the place-name *Barasu*, first documented in 1252, the author starts from two terms for water. The Balkan *bara* or *bare* occurs frequently in certain south Slavic regions. It means stream or waters. The Turkish – *su* has the same meaning. This suffix meaning waters is frequent in the areas between the Caspian Sea and European Turkey. The term extends into the Balkans and even into Transylvania. *Bara-su, Barasu – Brasov – Brasso* would thus be a Balkan-Slavic–Turkish tautology, which is not unusual for denominations of water with old linguistic roots. This tautology also reflects the population distribution in Burzenland (Rum.: țara bîrsei, Hung.: barcaság) from the 10th to the 12th centuries.

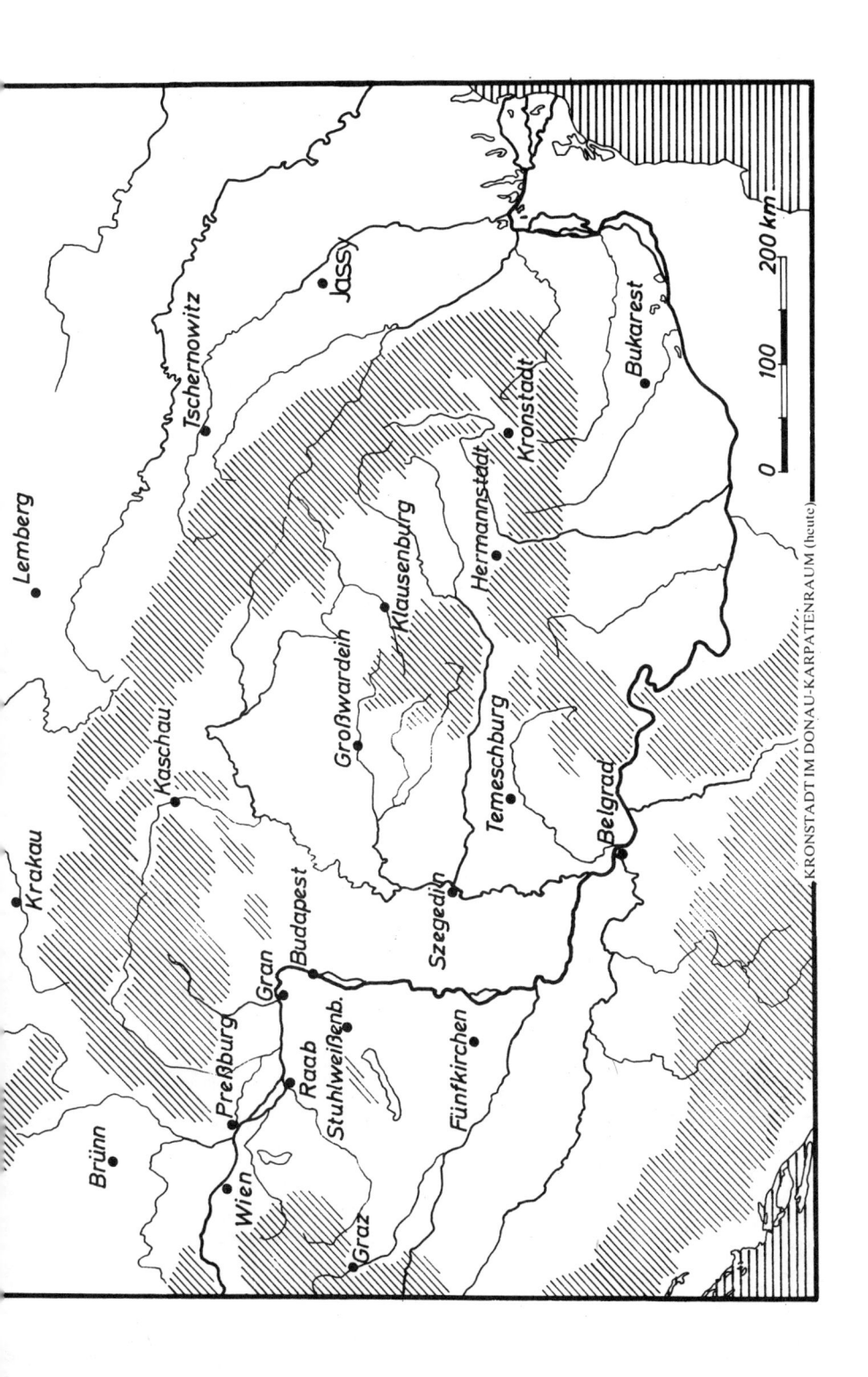

KRONSTADT IM DONAU-KARPATENRAUM (heute)

DIE ANFÄNGE DER STADTWERDUNG KRONSTADTS

Von Franz Killyen †

Die im Gebiet der unteren Donau und dem benachbarten Karpatenbogen — im besonderen im südöstlichen Siebenbürgen — bis zum Beginn des 13. Jahrhunderts herrschende politische Unstabilität und die damit verbundene Fortdauer der Verhältnisse der Völkerwanderungszeit verhinderten lange Zeit die Entstehung und Entwicklung größerer Siedlungen und stabiler bäuerlicher und handwerktreibender Bevölkerung. Erst die in den letzten Jahrzehnten besonders nach dem 2. Weltkrieg unternommenen systematischen Ausgrabungen und deren Ergebnisse haben die bisher ins Dunkel gehüllte frühmittelalterliche Geschichte dieses Raumes einigermaßen erhellt.

Im ausgedehnten Stadtgebiet des heutigen Kronstadt und seiner Umgebung (z.B. bei dem nahe gelegenen Honigberg) wurden zahlreiche aus dem 9. und 10. Jahrhundert — der sogenannten Dridukultur — stammende mit der langsamen Töpferscheibe gedrehte, gebrannte keramische Funde gemacht. Außer diesen wurden mehrere aus dem 12. Jahrhundert stammende der sogenannten Ciugud-Kultur zugehörige Gefäßteile und eine Wallburg bei Honigberg freigelegt und zeitlich bestimmt. Es ist somit naheliegend, daß dieses Gebiet während des frühen Mittelalters und vor dem Beginn der deutschen Kolonisation von einer seßhaften, aber gewiß nicht zahlreichen Bevölkerung bewohnt war[1].

---

1) Die Kenntnis der bis vor kurzem in Dunkelheit gehüllten frühmittelalterlichen Vergangenheit Siebenbürgens (4.-12.Jh.) wurde in den letzten Jahrzehnten durch umfangreiche archäologische Forschungen erheblich erhellt. Im Gebiet von Kronstadt kam in dieser Zielsetzung vor dem zweiten Weltkrieg dem um das Burzenländer sächsische Museum gescharten Arbeitskreis eine bahnbrechende Bedeutung zu. Zu den im Stadtgebiet gemachten meist keramischen Funden (am Gesprengberg, im Gespreng-

1. Unter dem Königshaus der Arpaden.

Das seit dem Ende des 10. Jahrhunderts in Siebenbürgen erobernd vordringende feudale ungarische Königtum vermochte seinen Machtbereich nur allmählich in diesen Raum vorzutragen und

sattel, in der Blumenau, bei der ehemaligen Schwefelsäurefabrik, in der Nähe des Salomonsfelsens) gesellten sich später andere aus der Umgebung Kronstadts (z.b. bei Honigberg, Neustadt, Rosenau, Zeiden) hinzu. Sie wurden in den letzten Jahren durch mit modernen wissenschaftlichen Methoden betriebene Ausgrabungen, die das Archäologische Institut Bukarest in Zusammenarbeit mit dem Kronstädter Kreismuseum unternahm, ganz wesentlich bereichert und der allgemeinen frühmittelalterlichen Geschichte Südosteuropas eingefügt. Gegenwärtig wird das vorrangige Bestreben der rumänischen Altertumsforschung offensichtlich, die aus der Zeit der Römerherrschaft in Dazien gemachten Funde in Beziehungen zu setzen zu denen des frühen Mittelalters, um dadurch das ununterbrochene Vorhandensein einer dako-romanischen Bevölkerung und einer auf sie deutenden Kultur in diesen Gebieten nachzuweisen.

Dazu: K. H o r e d t, Untersuchungen zur Frühgeschichte Siebenbürgens, Bukarest 1958. S. 87-111.

H. S c h r o l l e r, Der Gräberfund in der Schwefelsäurefabrik bei Kronstadt. In: Jahrbuch des Burzenländer Sächsischen Museums 1.Jg. Kronstadt 1925. S. 109-113.

W. H o r w a t h, Wallburgen aus dem Burzenland. In: Mitt. des Burzenländer Sächs. Museums. 5. Jg. S. 37.

J. P o p, Descoperiri arheologice pe teritoriul regiunii Braşov privind mileniul I. e.n. [Aus dem I. Jahrtausend stammende archäologische Funde auf dem Gebiet der Region Kronstadt]. In: Revista Muzeelor 1. Jg. 1964. S. 191, 3. Jg. 1966, S. 88-89.

D e r s e l b e: Date arheologice privind continuitatea populaţiei daco-romane pe teritoriul Regiunii Braşov în perioada anilor 271-600 [Archäologische Daten zur Kontinuität der dako-romanischen Bevölkerung auf dem Gebiet der Region Kronstadt für die Zeit von 271-600]. In: Culegere de Studii şi Cercetări a Muzeului Regional din Braşov. 1967, S. 93.

D e r s e l b e: Date arheologice privitoare la istoria Braşovului [Archäologische Beiträge zur Geschichte von Braşov (Kronstadt) im IX.-XII. Jahrhundert]. In: Cumidava II. Braşov 1968, S. 9-27.

Ebendort: M a r i a n a M a r c u, Săpături arheologice din Cristian-Braşov [Die archäologischen Ausgrabungen von Neustadt bei Kronstadt], S. 43-53.

sich gegenüber den wiederholten petschenegischen und kumanischen Einfällen durchzusetzen. Einige Jahrzehnte – von der Mitte des 12. bis zum Beginn des 13. Jahrhunderts – bildete der Altfluß (Aluta) die befestigte Südgrenze Ungarns. Die südlich davon – vor der Karpatenkette – gelegenen Hochebenen stellten eine Art militärisches und politisches Vorfeld des Königreiches dar, einen bevölkerungsverdünnten Raum, in dem unklare Machtverhältnisse herrschten[2].

Auch bedarf die Vorstellung von Ödlandstreifen (desertum – ung. gyepüelve), die an den Grenzen des ungarischen Reiches nach slawischem Muster im 12. und 13. Jahrhundert entstanden, einer Präzisierung: ‚Deserta' waren nicht völlig menschenleere Gebiete.[3] Der Begriff besagt, neuern Forschungen zufolge (Mályusz, Kniezsa, Fodor, Györffy) bloß, daß diese zum militärischen Schutz als Vorfeld errichteten Grenzlandstreifen, hinter der die eigentliche befestigte Grenzlinie in Form von Verhauen – indagines, gyepü – lag, militärisch, politisch und steuerlich noch nicht ins ungarische Königreich integriert waren, keineswegs aber, daß sie völlig menschenleer gewesen seien[4]. Die genaue Kenntnis der Namen der Flüsse und Berge des Burzenlandes in der Vergabungsurkunde König Andreas II. an den deutschen Ritterorden weist im übrigen ein-

---

[2]) G é z a B a k ó, Contribuţii la istoria Transilvaniei de sudest în sec. XI.-XIII. [Beiträge zur Geschichte Südost-Siebenbürgens im 11.-13. Jhdt.]. In: Studii şi Cercetări de Istorie Veche (SC IV), XII. Bukarest 1961, S. 113-129. Der Kultureinfluß des Byzantiner- und des Bulgarenreiches sowie des Kiewer Staates auf den Raum Südsiebenbürgens im X.-XII. Jhdt. wurde auf Grund neuer archäologischer Funde (z.B. beim Schatz von Cîrţişoara-Fogarasch) einwandfrei festgestellt.

[3]) Über Indagines und Desertum:
K á r o l y T a g á n y i, Alte Grenzschutzvorrichtungen und Grenzödland: gyepü und gyepüelve. Ung. Jahrbücher I. Berlin u. Leipzig 1921, S. 105-121. Zur Fragen der Gyepüforschung ist auch K a r l K u r t K l e i n zu vergleichen: Saxonica Septemcastrensia, 1971, S. 117 ff. und passim.

[4]) E l e m é r M á l y u s z, Erdély és népei [Siebenbürgen und seine Völker]. Budapest 1963, sowie K. K. K l e i n, Transsylvanica, Gesammelte Abhandlungen und Aufsätze zur Sprach- und Siedlungsforschung der Deutschen in Siebenbürgen (Buchreihe der Südostdeutschen Historischen Kommission Bd. 12). München 1963, S. 175-178.

deutig darauf hin, daß dieses Gebiet schon vor den Anfängen der deutschen Kolonisation gut bekannt war[5].

Nach dem Jahre 1200 wurde von König Andreas II. (1205-35) die Südgrenze des ungarischen Reiches, die hier die befestigte Altlinie bildete, bis zum Karpatenkamm vorverlegt und das Burzenland (urkundlich Terra Borza) zur Besiedlung und seine Nachbargebiete beiderseits zur Anlage von Grenzburgen freigegeben. Durch die Vergabungsurkunde Andreas II. vom Jahre 1211 wurde mit dieser Aufgabe der Deutsche Ritterorden betraut, der somit zu seinen vielen auswärtigen Besitzungen und Aufgaben noch eine neue, äußerst schwierige, erhielt[6]. Diese aristokratische kämpferische Vereinigung von Rittern ledigen Standes legte im Burzenland an strategisch wichtigen Punkten des vergabten Gebietes fünf befestigte Plätze (castra fortia) an, deren Lage heute ziemlich einwandfrei geklärt ist[7]. Neben dem Orden und den von ihm gegründeten Pfarrkirchen mit deutschen bäuerlichen Kolonisten scheint später auch militärisch organisierte szeklerische, magyarisch-petschenegische Bevölkerung angesiedelt worden zu sein[8]. Sie wurde später mit den vorhandenen bzw. zugelassenen Rumänen mit der Bewachung der Karpatenpässe betraut (so am Törzburger Paß, zwischen Tömösch- und Buzău-Paß)[9].

---

[5]) Castrum Almage (Halmagy), indagines Nicolai (Micloşoara-Miklósvár) Tortilou-Bach (Tartel, Tatrang).

[6]) Z i m m e r m a n n - W e r n e r, Urkundenbuch zur Geschichte der Deutschen in Siebenbürgen (= U.B.) I. Bd., Hermannstadt 1892. Nr. 19, S. 11 vom 7. Mai 1211 »terram Borza nomine ultra silvas versus Cumanos licet desertam et inhabitatam«

[7]) Am Ausführlichsten: Das Burzenland III., I. Teil, Kronstadt 1929. Im Kapitel: Die Burgen des Burzenlandes der Aufsatz W a l t e r   H o r w a t h' s :   Die fünf festen Plätze und das castrum munitissimum S. 37-42 sowie: A l f r e d   P r o x , Die Burgen des Burzenlandes. Siebenb. Archiv. 3. Folge Bd. 1, 1962, S. 29-62 und P a v e l   B i n d e r , Contribuţii la localizarea Cruceburgului (Beiträge zur Lokalisierung der Kreuzburg). Culegere de studii si cercetări [Studien und Forschungsbeiträge], Anuarul Muzeului Regional Braşov I. 1967, S. 122-129.

[8]) Bischof Wilhelm von Siebenbürgen rechnet bereits im Jahre 1213 mit Ungarn und Szeklern im Burzenland. U.B. I. Nr. 27, S. 15/16.

[9]) Zahlreiche Ortsnamen aus der Törzburger Umgebung weisen auf die militärischen Aufgaben zur Grenzverteidigung hin, z.B. Bran, Poarta, Predeal, Fundata etc.

Wenn Kronstadt 1235, also bereits 10 Jahre nach Abzug des Deutschen Ritterordens, wie es noch auszuführen sein wird, als Sitz einer Prämonstratenser Niederlassung in Erscheinung trat, ist es offensichtlich, daß seine Entstehung in die Zeit der Anwesenheit der Deutschen Ritter im Burzenland zurückreicht. So mußte bald der am Rande des vergabten Gebietes gelegene, durch die befestigte Altlinie geschützte erste Ordenssitz Marienburg an Bedeutung verlieren.

Von seiner burzenländischen Basis aus ging der Deutsche Ritterorden bald zur eigenmächtigen Erweiterung der Grenzen der ihm ursprünglich überantworteten Vergabung in das unmittelbar dem König unterstehende Grenzburgengebiet über, was freilich bereits im Jahre 1225 bekanntlich zu seiner Verjagung aus dem Burzenland führen sollte[10].

Wann aber traf das deutsche bäuerliche Kolonistenvolk ein, das diesen Raum zu besiedeln hatte? Es war bereits im Jahre 1213, also zwei Jahre nach der Niederlassung des Ritterordens im Burzenland, wenigstens zum Teil vorhanden. Denn – wie dies aus einer damaligen Urkunde des siebenbürgischen Bischofs Wilhelm hervorgeht – verwehrte dieser darin den Ungarn und Szeklern, die sich im Burzenland niederlassen wollten, die zehntrechtliche Sonderstellung, auf die der Orden in dem ihm vom König vergabten Gebiet als Patronatsherr aller von ihm bereits gegründeten und noch zu gründenden, von deutschen Siedlern bevölkerten Pfarrgemeinden Anspruch hatte[10a].

Der Weißenburger Bischof war somit nicht gesonnen, jenen gegenüber auf seine bischöflichen Rechte zu verzichten. Es ist demnach offensichtlich, daß die im Burzenland angesiedelten, bereits im Jahre 1213 vorhandenen bäuerlichen deutschen Kolonisten nicht aus den weit entfernten Auswanderungsorten Deutschlands vom Orden angefordert und herbeigeführt worden sind, sondern sich bereits in Siebenbürgen aufgehalten haben, als der Ruf des Ordens zur Besiedlung des Burzenlandes an sie erging.

---

[10]) Papst Honorius III. und sein Nachfolger Gregor IX. versuchten wiederholt König Andreas II. von Ungarn zur Rückberufung des Ordens ins Burzenland zu bewegen, ein Anliegen, dem jedoch nicht stattgegeben wurde. (U.B.I.Nr.45, S. 36/38; Nr.51, S.42/43; Nr.59, S.50/51.)

[10a]) U.B.I. Nr. 27, S. 15/16.

Es stellt ein Ergebnis und ein Verdienst der Geschichtsforschung der letzten Jahrzehnte dar, daß die Durchführung der mittelalterlichen deutschen Kolonisation nach dem Osten als Ganzes und in ihren Einzelheiten viel genauer bekannt geworden ist und somit ein viel gültigeres geschichtliches Bild von diesem zeitlich und räumlich so weit auseinanderliegenden und verschiedenartigen Vorgang gezeichnet werden kann[11]. Was für die deutsche Einwanderung nach Siebenbürgen als Ganzes festgestellt werden konnte, gilt im Einzelnen auch für die deutsche Kolonisation des Burzenlandes[12]. Sie ging um 1200 in mehreren beschränkten, zeitlich auseinandergehenden kleineren Zügen vor sich. Unterschiedlich war die bald geistliche, bald adlige Führungsspitze, die Herkunftsgebiete der einzelnen Auswanderungsgruppen sowie deren soziale und berufliche Zusammensetzung (bald bäuerliche, bald städtisch-handwerkliche Siedler).

Manche von ihnen machten auf ihrem Auswanderungszuge zuweilen halt, um in einer Zwischenheimat zu verweilen, von wo sie ihren Weg in neuer Zusammensetzung, unter neuer Führung fortsetzten. Dafür, daß ein Teil der nach dem Jahre 1200 nach Ungarn, Siebenbürgen und auch ins Burzenland einwandernden deutschen Kolonistengruppen seinen Weg über Sachsen nahm, gibt es einige Hinweise. Das Erzbistum Magdeburg und das Bistum Bamberg[13] bildeten für solche Auswanderungsgruppen seit lange einen Faktor der Anziehung und Wegweisung. Besonders war dieses in der Zeit des ungarischen Königs Andreas II. der Fall, als das ungarische Königshaus durch starke Familienbande gerade mit jenem Teil Deutschlands verbunden war.

Seit 1956 erst ist ein aus dem Ende des 15. Jahrhunderts stammendes einwandfreies Zeugnis über das Vorhandensein von Prämonstratenser-Ordensniederlassungen in Hermannstadt und Kronstadt im Jahre 1235 bekannt, das ein bezeichnendes Licht auf

---

[11]) Otto Mittelstrass: Beiträge zur Siedlungsgeschichte Siebenbürgens im Mittelalter. Verlag R. Oldenburg, München 1961.

[12]) K. K. Klein, Siedlungs- und Sprachgeschichte der mittelalterlichen deutschen Siedlungen in Siebenbürgen. Transsylvanica, S. 362.

[13]) Bischof Eckbert von Bamberg war der Bruder der Königin Gertrud, erster Gemahlin des Königs Andreas II. von Ungarn, der Mutter der heiligen Elisabeth von Thüringen.

die weitere Kolonisation des Burzenlandes wirft[14]. Der gelehrte Prämonstratenser Norbert Backmund entdeckte bei der Sammlung der Quellen zu seiner dreibändigen, unter dem Titel »Monasticon Prämonstratense« in den Jahren 1949-60 erschienenen Ordensgeschichte, eine im Mechelner erzbischöflichen Archiv verwahrte spätere Abschrift eines Visitationsberichtes aus dem Jahre 1235, der für die mittelalterliche Geschichte Siebenbürgens von erheblicher Bedeutung ist. Diese um 1498 verfertigte Abschrift trägt die Bezeichnung Catalogus Ninivensis I und II nach dem Ort Ninove, dem Heimatkloster eines offensichtlich aus Flandern stammenden Abschreibers, der einen aus dem Jahre 1235 stammenden Visitationsbericht des Prämonstratenser Abtes Friedrich (Fridericus) von Hamborn wörtlich wiedergibt. Nachdem der visitierende Abt die Ordensniederlassungen in Ungarn erwähnt, werden hier die damals noch vorhandenen Doppelklöster mit männlichen und weiblichen Mitgliedern angeführt. In diesem Zusammenhang enthält der Catalogus die Eintragung: *In Hungaria assignata est paternitas dyocesis cumaniae Corona, dyocesis ultra silvanae Villa hermanni.* In deutscher Übersetzung etwa: In Ungarn wurde zugewiesen dem Patronat des Kumanischen Bistums Corona (Kronstadt), dem von Siebenbürgen Villa Hermanni (Hermannstadt).

Es ist offensichtlich, daß es sich im Falle beider Niederlassungen der Prämonstratenser um Frauenklöster (claustra sororum) gehandelt hat. Backmund zufolge könnte es eine Gruppe von Schwestern, die aus dem Rheinland stammten, vorgezogen haben, ihre aus Sachsen weiterwandernden Landsleute ins ferne Siebenbürgen zu begleiten. Hier haben sie in den eben erbauten Städten neue Frauenklöster eingerichtet. Der Orden habe dies geduldet, um zu verhindern, daß die Schwestern zu anderen Orden übergehen.

---

[14]) N o r b e r t   B a c k m u n d, Monasticon Praemonstratense. I. Bd. Straubing 1949, S. 421 und S. 441. Der III. Bd., Straubing 1956, enthält von Seite 397-402 den Catalogus Ninivensis I. und II.
Dazu noch: O s z w a l d   F e r e n c: Adatok a magyarországi praemontreiek. Árpádkori történetéhez [Beiträge zur Geschichte der Prämonstratenser in Ungarn zur Zeit des Arpaden], Budapest. In: Müvészettörténeti Értesitö, II. 1957, S. 237 und: K a r l   R e i n e r t h, Ein bisher unbeachtet gebliebenes Verzeichnis der Klöster des Praemonstratenser-Ordens in Ungarn und Siebenbürgen in der Zeit vor dem Mongolenstrum. In: Zeitschrift für Kirchengeschichte, 1966, 87. Jg., Nr. 3-4.

Da die deutschen Ordensniederlassungen zu weit entfernt gewesen seien – oder weil man bereits keine Schwestern mehr duldete – seien sie vorsichtshalber der ungarischen Ordensprovinz (Circaria) angeschlossen worden. Doch dürften diese Klöster im Mongolensturm von 1241 zerstört worden sein, dem die Ordensmitglieder rechtzeitig nach Kroatien auszuweichen vermochten. Hier haben die siebenbürgischen Ordensschwestern im Kloster Ivanic ein neues Betätigungsfeld gefunden. So weit Backmund.

Es ist naheliegend, daß die in Corona angesiedelten Prämonstratenserinnen auch von gewerblich tätigen Laienschwestern (Beginen) begleitet waren, wie sie von diesem Orden besonders in der Diözese Lüttich gefördert wurden. Diese haben wohl aus ihrer wallonisch-flandrischen Heimat das dort hochentwickelte Textilhandwerk (Bearbeitung von Flachs und Wolle) ins Zinnental gebracht, zu dessen Entwicklung gute Voraussetzungen bestanden. Auch daß dieses Stadtviertel Kronstadts noch nach Jahrhunderten vor allem von Leinen- und Tuchwebern bewohnt war, deutet auf eine alte Tradition hin[15].

Wichtig an diesem einwandfreien Zeugnis ist, daß es die erste sichere geschichtliche Erwähnung Kronstadts, und zwar unter dem Namen Corona, darstellt. Dieser Ort war also bereits vor dem Tatareneinfall von 1241 vorhanden.

Die erste in der Siedlung Corona auf Grund baugeschichtlicher Untersuchungen feststellbare Marktanlage wies, wie in so manchen mittelalterlichen Städten West- und Mitteleuropas, die Dreieckform auf[15a] (in Corona der untere Teil des Roßmarktes). Sie setzt

---

[15]) Über die Tätigkeit der an die Prämonstratenser-Niederlassungen Ungarns angeschlossenen Laienschwestern (Beginen) im Textilhandwerk siehe: M e z e i L á s z l o, Irodalmi anyanyelvünk kezdetei az Árpádkor végén [Die Anfänge unserer Schriftsprache am Ende der Arpadenzeit]. Budapest, Akadémiai Kiadó, 1955.

[15a]) H a n s P l a n i t z, Die deutsche Stadt im Mittelalter von der Römerzeit bis zu den Zunftkämpfen. 2. Aufl., Graz-Köln 1965, S. 191. [Der Vf. hatte keine Gelegenheit mehr, die Arbeit von P a u l N i e d e r m a i e r, Siebenbürgische Städte (Siebenbürgisches Archiv 15), 1977, kennenzulernen. Die hier und im folgenden behauptete baugeschichtliche Entwicklung steht in Spannung zu den Ergebnissen Niedermaiers. Vgl. jedoch G u s t a v T r e i b e r (Anm. 28) S. 49-58.]

das Vorhandensein eines Warenaustausches zwischen bäuerlich-landwirtschaftlicher und städtisch-gewerblicher Warenproduktion bereits in der Zeit vor dem Tatareneinfall voraus.
Die älteste Stadtanlage in Corona deutet darauf hin, daß die ersten Hof- und Hausstellen sich ursprünglich in Zehner- und Fünfergruppen gliederten, die voneinander durch Quergäßchen oder Durchbrüche getrennt waren. Dies war in der östlich und südlich der späteren Schwarzen Kirche gelegenen ältesten Siedlung (Fischmarkt und Heiligleichnams- oder Waisenhausgasse) der Fall, die noch auf die Zeit vor dem Tatareneinfall von 1241 zurückgeht. Dieser Umstand läßt auf das Vorhandensein einer alten Zehntschafts- und Hundertschaftsorganisation schließen[15b], die während der Ansiedlung maßgebend war. Auch die später im 14. und anfangs des 15. Jahrhunderts bebauten und besiedelten neuen Stadtteile unter der Zinne weisen auf diese älteste Gliederung der Bevölkerung hin. Die Zehntschaftseinteilung wurde am Ende des 15. Jahrhunderts durch die Nachbarschaftsorganisation und die territoriale Einteilung der vier Steuerviertel (Quartale) abgelöst, die zugleich Besteuerungseinheiten bildeten (I. Corpus Christi, auch nur Corpus genannt, II. Portica, III. Katharina, IV. Petri).

Bei der Anlage und der Erweiterung der Siedlung Corona spielten die in die Stadt aus den nahen Bergen herabfließenden und dahin geleiteten Wasserläufe und -Adern eine erhebliche Rolle. Ihren ursprünglichen Lauf verfolgend, ergaben sich weitere Hinweise auf die Etappen, in denen die Ausdehnung der Siedlung im Zinnental erfolgte.
Im übrigen bedeutete der Mongolensturm von 1241/42 mit seinen weitgehenden, fast bis zur völligen Vernichtung reichenden Zerstörungen einen wichtigen Einschnitt in der siebenbürgischen Geschichte. Auch das Burzenland wurde davon auf das Schwerste getroffen. Nach der Chronik von Echternach wurde die Burza genannte Stadt zerstört – damit kann nur Kronstadt gemeint sein.

[15b]) Zur Zehnt- und Hundertschaftseinteilung im alten Kronstadt: Gernot Nussbächer und Geza Bako,Block-Struktur Anno 1300. Zur Siedlungsgeschichte des Burzenlandes (Karpaten-Rundschau Nr. 1027 vom 24. Dezember 1971. S. 11).

Zehntschaftseinteilung der Innern Stadt
1235 – 1400

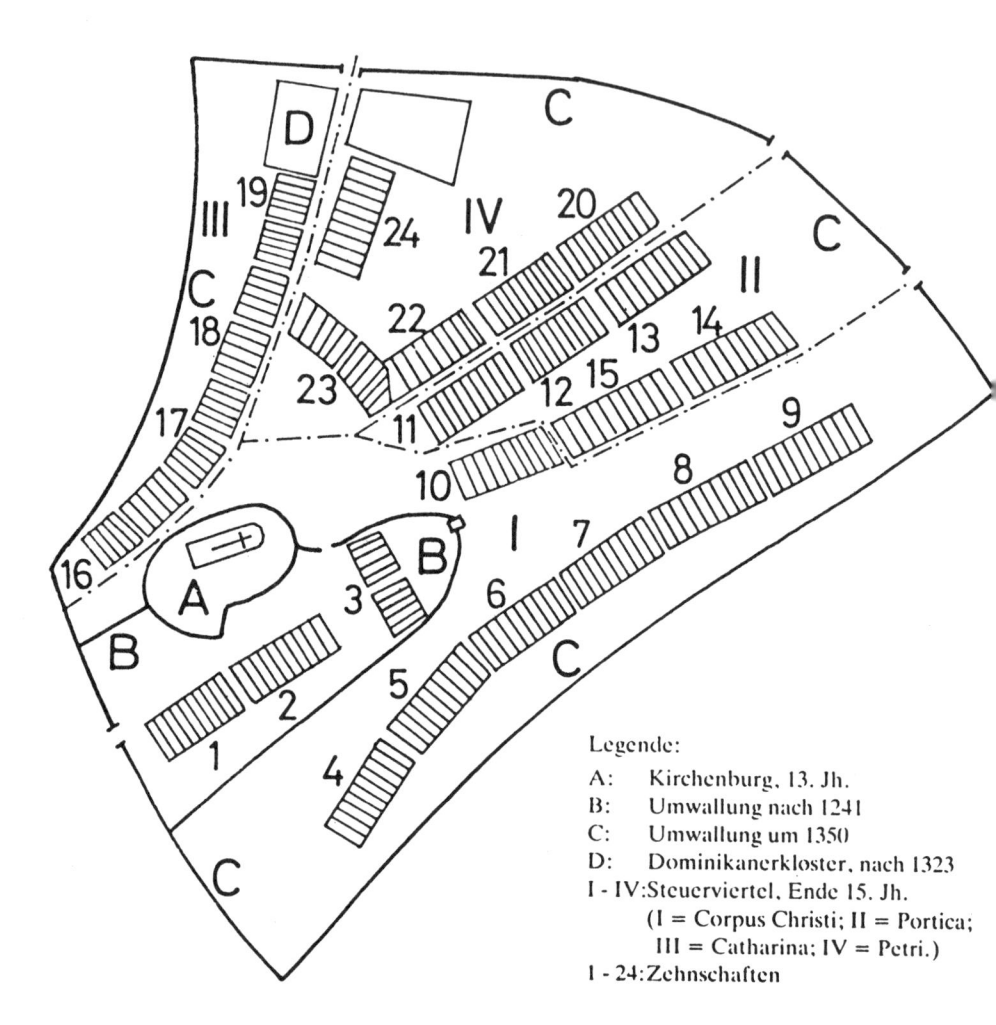

Legende:
A: Kirchenburg, 13. Jh.
B: Umwallung nach 1241
C: Umwallung um 1350
D: Dominikanerkloster, nach 1323
I – IV: Steuerviertel, Ende 15. Jh.
  (I = Corpus Christi; II = Portica;
  III = Catharina; IV = Petri.)
1 – 24: Zehnschaften

Nur langsam und zögernd setzte der von König Bela IV. in die Wege geleitete Wiederaufbau nach dem Tatareneinfall ein[16].

Die deutschen Kolonisten des Burzenlandes werden bereits in der ersten nach dem Tatareneinfall erhaltenen königlichen Urkunde von 1252 unter dem Namen »Saxones de Barasu«, also als ein geschlossener Verband erwähnt[17]. In der genannten Urkunde wird die einst dem sächsischen Adligen Fulkun gehörende Grundherrschaft »Terra Zek« rechts des Altknies am Rande des Burzenlandes erwähnt. Fulkun hatte mit seiner Familie im Mongolensturm den Tod gefunden[18]. Wenige Jahre später (1271) erwähnt eine andere königliche Urkunde die Grundherrschaft des Adligen Ebl von Brasu, dessen Prädienbesitz in der Nähe von Tartlau zwischen dem südlichen Szeklerland und dem östlichen Burzenland lag, dem königlichen Gebiet also, welches der Deutsche Ritterorden eigenmächtig an sich gerissen hatte[19].

So waren denn an der »sächsischen« Besiedlung des Burzenlandes alle mittelalterlichen Stände beteiligt (Bauern und Städter, Adlige und Geistliche).

Die Grundlage für den Zusammenschluß der im Burzenland entstandenen freien deutschen Gemeinden zu einem Verband gab ihre eigenkirchliche Sonderstellung[20], die noch dem Ritterorden als Patronatsherren zugestanden wurde.

Im Auftrag des Papstes Honorius III. hatte bereits im Jahre 1223 dessen Beauftragter an die Spitze der Geistlichkeit einen vom deutschen Orden vorgeschlagenen Archipresbyter oder Dekan ge-

---

[16]) B a k ó G é z a, Invasia tătarilor din anul 1241 în sudeştul Transilvaniei [Der Tatareneinfall von 1241 im südöstlichen Siebenbürgen]. In: Culegere de studii şi cercetări ... (s.Anm.7), S. 115-120, und: A u r e l S a c e r d o ţ e a n u, Marea invazie tătară şi sudestul european [Der große Tatareneinfall und Südosteuropa]. Bukarest 1933, S. 33-39.

[17]) U.B. I. Nr. 86, S. 78/79, vom 20. August 1252.

[18]) Dazu K. K. K l e i n: Fulco, der »Dietsche«, in: Saxonica Septemcastrensia, 1971, S. 193-196.

[19]) Urkundenbuch I. Nr. 139, S. 110/111.

[20]) Für den U. Stutz'schen Begriff der Eigenkirche, den Fr. Teutsch auf die sächsischen Kirchen angewandt hat, ist nach den differenzierenden Forschungen Hans E r i c h F e i n e' s besser der Begriff »Genossenschaftskirche« einzusetzen. So lange freilich der Ritterorden im Burzenland herrschte, handelte es sich eher um »eigenkirchliche« Verhältnisse.

setzt[21]. Im selben Jahre verbot der selbe Papst dem Bischof von Siebenbürgen, das Burzenland in seine Gerichtsbarkeit einzubeziehen[22] und übertrug im nächsten Jahr die geistliche Gerichtsbarkeit über die Geistlichkeit und die Bevölkerung des Burzenlandes dem burzenländischen Dekan[23], der auf diese Weise zu beinahe bischöflichen Befugnissen gelangte.

Dieser Umstand trug nach der Vertreibung des Deutschen Ritterordens aus dem Burzenland zum späteren politischen Zusammenschluß dieser Gemeinden wesentlich bei. Dieser sollte freilich erst nach 1241, dem Jahre des Tatareneinfalls, in Erscheinung treten und muß in seiner Beziehung zur Entstehung und dem Aufbau des Kronstädter Komitates gesehen werden.

Nach der Vertreibung der deutschen Ritter versuchte der siebenbürgische Bischof — wie dies aus mehreren päpstlichen Urkunden hervorgeht — das Burzenland unter seine oberhirtliche Gewalt zu bringen. Im darüber ausgebrochenen Streit zwischen Bischof und burzenländer Geistlichkeit, in welchem dem Territorialrecht des Bischofs sich das Personalrecht der Siedler entgegenstellte, entsandte Papst Gregor IX. den kumanischen Bischof als Schiedsrichter[24]. Dabei wurden dem siebenbürgischen Bischof bloß die vom Orden im westlichen Teil des späteren Fogarascher Distriktes gegründeten, von nichtdeutscher Bevölkerung bewohnten Pfarrgemeinden, z.B. Heviz, Dobca, Venetia, zugesprochen. Schirkanyen (Şercaia — Sárkány), das von Deutschen bewohnt war, kehrte kennzeichnenderweise bald zum Burzenländer Dekanat zurück. Das Erscheinen jenes Bischofs im Jahre 1235 scheint bei dem damals in Siebenbürgen weilenden Prämonstratenserabt Fridericus de Hamborn die Meinung hervorgerufen zu haben, daß Kronstadt (Corona) zum kumanischen Bistum gehörte. Nach dem Untergang dieses Bistums im Tatarensturm führte der Dechant des Burzenländer Kapitels einige patronatsherrliche Rechte des Ordens sowie einige Befugnisse jenes Bischofs weiter (z.B. die oberhirtliche Beaufsichtigung und Gerichtsbarkeit im südöstlichen Szeklerland — dem später besiedelten Orbaer Stuhl —, das zum ehemaligen kuma-

---

[21] U.B. I, Nr. 35, S. 24.
[22] U.B. I, Nr. 36, S. 24/25.
[23] U.B. I, Nr. 39, S. 28/29.
[24] U.B. I, Nr. 71, S. 61/62, vom 8. November 1235 Kumanenbischof war Theodosius.

nischen Bistum gehört hatte). Doch herrschten vielleicht in diesen Gebieten am Rande der Christenheit noch unklare kirchenrechtliche Verhältnisse[25].

Aus den Ringen mit dem siebenbürgischen Bischof ging das Burzenländer Dekanat — wie sich dies feststellen läßt — zunächst erfolgreich hervor[26]. Es hatte das Recht auf die Eigenkirche gegenüber dem damals maßgebenden Faktoren behauptet und ebenso wie die Hermannstädter Propstei seine direkte Unterstellung unter den Graner Erzbischof erreicht.

Damit tritt die zu einem Kapitel zusammengeschlossene Burzenländer Geistlichkeit als gewichtiger Machtfaktor in Erscheinung.

In den königlichen Urkunden des 13. und 14. Jahrhunderts erscheint Kronstadt und auch das Burzenland aber stets unter der Bezeichnung Brasso, Barasu, Brassov — und nicht als »Corona«. Wer mit den juristischen Gepflogenheiten der ungarischen Diplomatik vertraut ist, ist sich sogleich darüber im Klaren, daß es sich hier nicht um einen Zufall handelt, sondern daß damit ein anderer Verwaltungskörper und Rechtsbegriff und damit ein von Corona getrennter Siedlungskern gemeint ist, von wo aus verwaltet, vergabt, Steuer erhoben und gerichtet wurde. Der Lage der Dinge nach kann dieser nur im Stadtteil unter dem Martinsberg, einem Ausläufer des Schloßberges, gesucht werden, der auch heute noch unter dem Namen Altstadt bekannt ist.

---

[25]) Siehe dazu: J o s e f B e n k ö, Milcovia sive antiqui episcopatus Milconvensis explanatio, Bd. I. Wien 1701, S. 116, sowie: H e r b e r t S c h ö n e b a u m, Der politische und kirchliche Aufbau Siebenbürgens bis zum Tatareneinfall. Leipziger Vierteljahrschrift für Südosteuropa, 1. Jhg. 1937, S. 33/35 und K a r l R e i n e r t h, Aus der Vorgeschichte der sieb-sächs. Reformation. Ein Beitrag zur Geschichte des Milkower Bistums. In: Archiv VsL 50, 1941, S. 3-70. D e r s e l b e, Meine Fahrt zum Milkower Bistum, in: Jahrbuch 1962, Siebenbg.-sächs. Hauskalender, S. 52-54.

[26]) König Bela IV. stellte in seiner im Jahre 1240 herausgegebenen Urkunde »quasdam ecclesias« fest »in quibus diocesanus episcopus nihil jurisdictionis obtinet, sed ad nos specialiter et immediate pertinet« — (U.B. I, Nr. 76, S. 68). Demnach hatte der Weissenburger Bischof im Burzenland keine Jurisdiktion, diese unterstand unmittelbar dem König. Siehe: F r i e d r i c h T e u t s c h, Geschichte der evangelischen Kirche in Siebenbürgen. Bd. I., Hermannstadt 1921. S. 19.

Die Entstehung der Siedlung unter dem Martinsberg ist in die Zeit nach dem Tatarensturm von 1241 anzusetzen und steht im Zusammenhang mit dem von Bela IV. an den siebenbürgischen Wojwoden Laurentius ergangenen Auftrag, die Zerstörungen und Verluste des Mongolensturmes durch Herbeiführung neuer und zwar städtischer Siedler auszugleichen und wettzumachen.[27] Es ist naheliegend, daß von dieser Ansiedlungswelle in der zweiten Hälfte des 13. Jahrhunderts auch Kronstadt (Corona) berührt wurde. Zugleich fiel dem genannten Wojwoden die Aufgabe zu, die königliche Macht durch Aufstellung eines königlichen Komitates zu festigen. Da aber die zeitgenössischen Urkunden der königlichen Kanzlei die Bezeichnung Barasu (Brasov) auch für das Burzenland anwenden, liegt die Vermutung nahe, daß es sich hier um den neu ins Leben gerufenen Komitat handelt, nach dem auch dessen auf dem Stadtgebiet des heutigen Kronstadt gelegener Sitz seinen Namen erhalten hat. Der Lage nach kann dieser nur auf und unter dem Martinsberg gewesen sein[28]. Von hier scheint der allerdings urkundlich erst im 14. Jahrhundert in Erscheinung tretende Kronstädter Graf (und wohl auch der Gräwe) seine steuerlichen, richterlichen und militärischen Befugnisse anfangs ausgeübt zu haben. Hier lag noch zu Beginn des 19. Jahrhunderts das Altstädter Rathaus und eine zur Einhebung von Zoll- und Mautabgaben dienende Straßensperre, zu denen ein Doppeltor errichtet wurde[29]. (Es

---

[27]) Siehe dazu: G u s t a v R ö s l e r, Geschicht der Stadt Sächsisch-Regen (Reen). In: Siebenb. Archiv, III F., Bd. 7, Köln und Graz 1968, S. 297. – H o m a n - S z e k f ü, Magyar Történet [Ungarische Geschichte] II. Bd., Budapest 1929, S. 128/29, führt unter den Hofwürdenträgern Bela's IV. an:
1242-1252 Laurentius als Siebenbürgischen Wojwoden
1260-1267 Laurentius als Hofrichter.

[28]) G u s t a v T r e i b e r, Die Anfänge der Stadt Kronstadt. In: Das Burzenland III, Bd. 1. Kronstadt, 1928, S. 53-54, ebenda: S. 40/41 und S. 57 über Anlage und Ausdehnung der Siedlung am Martinsberg.

[29]) Bei der Kirche von St. Martin zeigte man noch im Jahre 1813 neben der Schule ein altes zweistöckiges Gebäude, welches das Rathaus des alten Kronstadt gewesen sein soll. Dazu: G. F. M a r i e n b u r g, Geographie des Großfürstentums Siebenbürgen. Kronstadt, 1813, II. Bd. S. 341.

hieß »zu den zwei Porzen³⁰). Die Aufstellung und Organisierung des Kronstädter Komitates, dem zugleich die noch nicht vergabten umfangreichen königlichen Domänen und das Kommando der Grenzburgen unterstanden, stieß von Anfang an auf Schwierigkeiten, weil gerade in dessen Mitte das Gebiet der freien sächsischen Siedler lag.

Die Siedlung in der Nähe des Martinsberges trat anfangs vor allem als S i t z d e s G r a f e n in Erscheinung. Zweifellos wurden von hier aus die dem König gebührenden Steuern der freien Gemeinden nach Zahlhäusern eingehoben und abgeführt. Hier war zugleich der Sitz des Grafengerichtes. Dem dreieckigen vor der Siedlung Corona gelegenen freien Platz (dem späteren Marktplatz) entsprach beim Martinsberg ein freies Gelände von der gleichen Form. Es diente als Marktplatz der zwischen Gesprengberg und Martinsberg siedelnden bäuerlichen Bevölkerung. Der Parallelität dieser beiden Marktanlagen — die zuerst die Kronstädter Historiker G é z a B a k ó und G e r n o t N u s s b ä c h e r erkannt haben — entsprach die anfangs nur örtliche Bedeutung des damals sich abwickelnden Warenaustausches in dieser ersten Etappe der Stadtentwicklung Kronstadts.

Die unter dem Gesprengberg gelegene deutsche bäuerliche Siedlung, die zum Stadtgebiet Kronstadts gehörte, stand anfangs in keiner ununterbrochenen räumlichen Verbindung zu der Siedlung Martinsberg. Sie breitete sich vor allem gegen die Ebene zu aus. Die am Fuße des Gesprengberges errichtete St. Bartholomäuskirche — als zweitürmige romanische Basilika angelegt — war der in der Siedlung »Corona« angelegten ähnlich.³¹ In seiner zweiten Phase wurde der Bau nach 1241 unter dem Einfluß der Zisterzienserbauhütte zu einer in Ausmaßen und Baugedanken besonderen An-

---

³⁰) Dazu auch: F r i e d r i c h P h i l i p p i, Aus Kronstadts Vergangenheit und Gegenwart. Kronstadt 1874, S. 26. Philippi erwähnt die noch am Anfang des 19. Jhdts. vorhandenen, dann aber abgebrochenen Tore (siebenbürgisch-sächsisch: „Purzen") der Altstädter Klostergasse.

³¹) Über die Baugeschichte der Kronstädter Bartholomäuskirche: E d. M o r r e s, Die Pfarrkirche von St. Bartholomä. In: Das Burzenland III, Bd. 1: Kronstadt 1928, S. 107-135 und H e r m a n n P h l e p s, Auf den Spuren der ersten Bauten des Deutschen Ritterordens im Burzenland in Siebenbürgen. Aus: Zf. für Bauwesen, Berlin, 1927, S. 12.

lage erweitert, die die Möglichkeiten der in der Nähe damals vorhandenen bäuerlichen Siedler zweifellos übertraf. Genauere Untersuchungen haben im übrigen ergeben, daß der zisterziensische Baugedanke (Kreuzkirche) im Verlaufe der Ausführung wesentlich verändert wurde[32]. Die gebündelten Dienste und die Fenster des Chores weisen durch ihre Ähnlichkeit mit denen des Karlsburger Domes auf eine unter dem Einfluß der Bamberger Dombauhütte erfolgte Fertigstellung im Jahrzehnt 1260-1270, also schon auf die Zeit nach dem Mongolensturm hin. Die Vollendung der Bartholomäer Kirche fällt somit in die Zeit nach dem Tatareneinfall von 1241[33].

Die Bewohner der ersten in der Nähe der Kirche von St. Bartholomä entstandenen deutschen bäuerlichen Siedlung sahen sich infolge der immer wiederkehrenden verheerenden tatarischen Einfälle wohl noch im 14. Jahrhundert veranlaßt, ihre Höfe und Häuser zu verlassen und sich im befestigten und geschützten Zinnental (in Corona) niederzulassen. Die späteren in der Nähe dieser Kirche angelegten deutschen bäuerlichen Siedlungen entstanden erst in einer Zeit, als die Gefahr solcher Überfälle nicht mehr in solchem Maße bestand.

Das Gleiche gilt für die Bewohner der beiden durch Ausgrabungen des Burzenländer sächsischen Museums auf Kronstädter Stadtgebiet festgestellten Wohnsiedlungen (am Gesprengberg und bei der ehemaligen Photogen-Raffinerie), die auf eine vor der deutschen Einwanderung liegende Zeit zurückgehen müssen. Deren – vermutlich rumänische – Bewohner sahen sich aus dem gleichen Grunde gezwungen, ihre Wohnstätten zu verlassen, um in der rumänisch-slawischen Siedlung der Oberen Vorstadt (Şchei-Belgerey) Schutz und Unterkommen zu finden.

Von der am Ende des 13. Jahrhunderts in Ungarn herrschenden Anarchie wurde auch das Burzenland und damit Kronstadt erfaßt. Die Schwarzburg bei Zeiden war zwischen 1262-65 das Zentrum des Widerstandes zahlreicher auswärtiger und benachbarter Oligarchen und Feudalherren, Anhänger des Juniorkönigs Stefan V.,

---

[32]) G é z a E n t z, Le chantier cistercien de Kerc (Cîrţa). Acta Historiae Artium. Tom. IX., fasc. 1-2, S. 3-38, Budapest 1968.

[33]) V i r g i l V ă t ă ş i a n u, Bisericile romanice din Panonia [Die romanischen Kirchen in Pannonien]. Bukarest, Editura Academiei, 1964.

der sich gegen seinen Vater Bela IV. erhoben hatte. Es ist naheliegend, daß bei diesem Machtkampf, der sich damals im Burzenland abspielte, das nahe Kronstadt den Hauptstützpunkt des königlichen Heeres gebildet hat und dieses von hier unter Führung des königlichen Hofrichters Laurentius zum Angriff gegen die Aufständischen überging, die sich indessen zu behaupten vermochten[34]. Ein Würdenträger gleichen Namens hatte im Auftrag Belas IV. neue deutsche Siedler nach Siebenbürgen und wohl auch nach Kronstadt geführt und die Aufstellung neuer Komitate (die beiden Szolnok, Hunyad und Kronstadt) in die Wege geleitet.

Die von König Bela IV. eingeleitete Städteförderungspolitik wurde von seinen Nachfolgern Stefan V. und Ladislaus IV. fortgesetzt. Die der Stadt Klausenburg von Karl I. 1316[35] und 1322[36] verliehenen Privilegien z.b. berufen sich ausdrücklich auf die von König Stefan gegebenen früheren Gerechtsame, die sie bestätigen oder erweitern. Derartige Handlungen werden wohl nicht vereinzelt vor sich gegangen sein, sondern auch andere siebenbürgische Städte erfaßt haben.

Die Anwesenheit König Ladislaus IV. (1272-90) in Kronstadt, von wo er im Jahre 1288 urkundete, ist gewiß in Beziehung mit der Organisierung des Kronstädter Komitates und dem Ausbau der Grenzburgen zu sehen[37].

Der Festigung seiner königlichen Macht, die in erster Linie von inneren Feinden — den großen Oligarchenfamilien des Landes — bedroht war, dienten die ersten Vergabungen, die dieser schwache

---

[34]) Nach dem Machtkampf zwischen Bela IV. und seinem Sohn Stefan kam es zu zahlreichen Güterverleihungen an die Anhänger des Juniorkönigs, die ihm bei dieser Gelegenheit Dienste geleistet hatten. Die diesbezüglichen Urkunden (U.B. I) beweisen die Bedeutung, die damals die Schwarzburg und wohl auch das Burzenland gehabt hatten (1262-1276).

[35]) U.B. I., Nr. 346, S. 319.

[35]) U.B. I., Nr. 391, S. 361/62.

[36]) U.B. I., Nr. 225, S. 159.

[37]) Documenta privind istoria României DIRC. sec. XIV, Transilvania Bd. II., Nr. 451, S. 403/404. Siehe auch: G y ö r g y G y ö r f f y, Az Árpádkori Magyarország történeti földrajza [Historische Geographie Ungarns in der Arpadenzeit], Bd. I, Budapest 1963. Akadémiai Kiadó, S. 819-26, S. 832.

Herrscher hier aus dem ausgedehnten Domänenbesitz des Burzenlandes vornahm. So wurde der Graf des Kronstädter Komitates Nikolaus, Sohn des Grafen Simon, mit dem Besitz der beiden Dörfer Tohan (Olahtelky) und Budila ausgezeichnet[37], eine Vergabung, die wenige Jahre später (1294) durch den letzten Arpadenkönig Andreas III. ihre Bestätigung erhielt.

Dem Aufstieg Kronstadts zur Stadt stellten sich am Ende des 13. und am Anfang des 14. Jahrhunderts noch widrige politische Verhältnisse in den Weg. Auch die Gefahr neuer tatarischer Einfälle aus der benachbarten Moldau hielt weiter an. Trotzdem ergab sich durch die Ansiedlung neuer handwerktreibender Siedler die Möglichkeit, die Siedlung Corona um einige weitere Gassen über die erste Anlage hinaus zu erweitern und die neuen Wohnflächen in eine zweite erweiterte Befestigungsanlage einzubeziehen. Der vor Corona gelegene Platz wurde nun in die Stadtanlage einbezogen und dabei von drei Seiten von den neuen Häuseranlagen umfaßt. Er bildete bald den neuen Mittelpunkt von Corona. In dessen Mitte befand sich ein Wachtturm, der älteste Teil des späteren Rathauses. Diese erste Erweiterung der Siedlung Corona ist auf das Ende des 13. Jahrhunderts anzusetzen[38].

Die planvolle Anlage des Siedlungskerns im Zinnental kam in der Gruppierung der Wohnhäuser nach Zehntschaften in beredter Weise zum Ausdruck. Diese aus Verteidigungsgründen gebildeten Einheiten faßte man dann ihrerseits zu Hundertschaften zusammen, die als ursprüngliche territoriale Gliederungen im 15. Jahrhundert von den Nachbarschaften abgelöst wurden. Auf die freien deutschen Gemeinden des Burzenlandes ausgedehnt, bildeten solche Zehn- und Hundertschaften zugleich neben militärischen auch Jurisdiktions- und Besteuerungseinheiten (Zahlhäuser), die in einen der in den fünf Märkten befindlichen Gerichtsstühle der Provinz eingereiht wurden (Corona, Tartlau, Rosenau, Zeiden, Marienburg). Der Stadt Kronstadt gelang es jedoch allmählich, bereits

---

[38]) Dazu die Untersuchungen G é z a B a k ó' s in den Kronstädter Periodica: »Uj Idö« VI. 25.IV.1968, S. 273; »Brassói Lapok« II. 19.IV. 1970, S. 382 und »Astra« V. Nr. 5 (48) Mai 1970, S. 17. Jetzt auch P a u l N i e d e r m a i e r , Siebenbürgische Städte (Siebenbg. Archiv 15) 1979, bes. S. 123 ff.

bis zum Ende des 15. Jahrhunderts den Marktorten die Gerichtsbarkeit über die ihnen neu unterstellten freien deutschen Landgemeinden zu entziehen.

2. Unter den Königen aus dem Hause Anjou

Auch die zweite ungarische Königsdynastie der Anjouer hatte anfangs gegenüber der übermächtigen Adelsoligarchie große Widerstände zu überwinden. In Siebenbürgen stieß König Karl Robert (1308-42) auf die Gegnerschaft des siebenbürgischen Wojwoden Ladislaus Kan, zu dessen Anhängern auch der im Burzenland begüterte Komitatsadel, an seiner Spitze die Familie Hermann-Zsombor, zählte. Erst als der Widerstand der Königsgegner, darunter des Grafen Henning von Petersdorf, in der Schlacht bei Reps im Jahre 1324 zusammenbrach, war für den König die Zeit gekommen, seine Machtgrundlage mit Hilfe neuer Verbündeter zu sichern[39]. Als natürliche Verbündete gegen das Oligarchentum boten sich neben den freien Szeklern, dem Dienstadel und den Besatzungen der königlichen Burgen vor allem die neu angesiedelten »hospites« an, deren wirtschaftliche Förderung im Interesse der feudalen Monarchie lag[40]. In dieser Lage wuchsen für den Aufstieg Kronstadts und zur Erlangung städtischer Privilegien durch das Königtum gute Voraussetzungen.

So wirkten bei dem Aufstieg und der Entwicklung Kronstadts zur Stadtgemeinde und zum Vorort des Burzenlandes mehrere Gegebenheiten erfolgreich zusammen: die vorteilhafte zentrale strategische Lage von Corona, die kirchliche Sonderstellung des Burzenlandes, der Sitz des Komitates und des königlichen Grafen in der

---

[39]) Siehe: M. D a n, C. G ö l l n e r und J. P a t a k i, Kampf der Volksmassen in Siebenbürgen gegen feudale Ausbeutung und fremde Unterdrückung. In: Forschungen zur Volks- und Landeskunde Nr. 7, 1964, S. 41. Die Kronstädter selbst scheinen in diesen Auseinandersetzungen Zurückhaltung geübt zu haben. Die dieser Stadt vom König verliehenen Stadtprivilegien deuten jedenfalls auf gute Beziehungen hin. U.B. I., Nr. 418, S. 385/87.

[40]) Zur Politik der Städteförderung und der Finanzreform in Ungarn zur Zeit König Karl Roberts: H o m a n - S z e k f ü a.a.O. II. S. 301/306.

Siedlung Braso (Martinsberg). Aus solchen Voraussetzungen konnte das Zusammenwachsen beider Siedlungen zu einer einzigen großen Stadtanlage vor sich gehen, die später neue — wesentlich erweiterte — Privilegien erhalten sollte.

Die einheimischen und auswärtigen Adelsgeschlechter, die führende Stellungen in der Verwaltung des neu gegründeten Komitates innehatten, suchte das Anjouer Königtum durch Güterzuteilungen aus königlichem, noch ungeteiltem Domänenbesitz und Verleihung von Ämtern zu gewinnen und sie in einen der Krone gefügigen Dienstadel zu verwandeln[41]. Das Vorhandensein der freien sächsischen Bevölkerung im Zentrum des Kronstädter Komitates, die starke Machtstellung der burzenländischen sächsischen Geistlichkeit machte den Ausbau eines starken Adelskomitates mit Hörigen und Leibeigenen ohnehin nicht möglich[42]. Dies lag auch nicht im Interesse des Königtums, das eine neue politische und ökonomische Konzeption vertrat und einen von den herkömmlichen patriarchalischen Formen der Arpadenzeit abweichenden Staatsaufbau anstrebte. Dabei war den Städten und den in ihnen wirkenden Handwerkern und Kaufleuten eine wichtige Rolle zugedacht.

Im Zuge der neuen, strafferen Heeresorganisation Ungarns, in der den vom feudalen Hochadel geführten Banderien immer noch ein überragender Einfluß eingeräumt blieb, fand der Anjouerkönig in den von ihm oder dem Wojwoden eingesetzten Kastellanen der Grenzburgen, die aus den Reihen des dem König ergebenen Dienstadels entnommen waren, in den Besatzungen jener Burgen sowie den Handwerkern und Bauern der deutschen Siedlungen, natürliche Verbündete. So ist es zu erklären, daß Karl Robert den lang andauernden Widerstand, auf den er gerade im Kronstädter Komitat stieß (Graf Salomon von Kronstadt trotzte dem König in der Schwarzburg bis zu seinem Tode im Jahre 1331) nicht weiter

---

[41]) Über den Umbau des ungarischen Feudalstaates zur Zeit König Karl Roberts: G y u l a   S z e k f ü, Serviensek és familiárisok [Servientes und Familiaren] Budapest 1912.

[42]) Dazu: F r.   K i l l y e n, Evoluția comitatului Brașov [Der Entwicklungsgang des Kronstädter Komitates]. In: Studii și articole de Istorie, Bukarest 1965, S. 7-41.

nachtrug[43]. Durch Gewährung von Schenkungen und Gerechtsamen an die im Burzenland vorhandenen adligen Familien (besonders an das Geschlecht Zsombor-Hermann) gewann er hier zuverlässige Stützen seiner Macht. Da die ersten bekannten Amtswalter Kronstadts zum großen Teil den Reihen dieser Adelsfamilien entstammten oder mit führenden städtischen Familien in verwandtschaftliche Beziehungen traten, wurde anfangs ein Zusammengehen beider Stände möglich.

Die Zusammenlegung der beiden räumlich getrennten Verwaltungskerne Kronstadts zu einer einzigen Anlage städtischen Charakters vollzog sich zu einer Zeit, als sich die Siedlung Corona über das ganze unter der Zinne gelegene Tal auszuweiten begann. Diese dritte Phase in der Stadtentwicklung fiel in das Ende der Regierungszeit des Anjouerkönigs Karl Robert. Sie wurde durch seine Politik der Förderung des Städtewesens ermöglicht, die er auch anderen siebenbürgischen Städten, z.B. Klausenburg und Bistritz, angedeihen ließ. Die damals Kronstadt verliehenen, im Original verlorengegangenen ersten Stadtprivilegien, auf die sich die Urkunde Ludwigs I. aus dem Jahre 1353 bezieht, müssen im Zeitraum zwischen 1331 (dem Jahr der Aussöhnung des Königs mit der führenden Adelsfamilie des Burzenlandes, Zsombor-Hermann, die vorher die Partei des dem König feindlichen siebenbürgischen Wojwoden einnahm) und 1342 (dem Todesjahr des Königs) verliehen worden sein. In diese Zeit und die darauf folgenden Regierungsjahre Ludwigs I. fällt somit die weit ausgreifende, nach einem Siedlungsplan vollzogene Anlage paralleler Straßenzüge entlang der gesamten Ausdehnung des Zinnentales. Die aus den alten Kronstädter Stadtplänen ersichtliche regelmäßige Aussteckung der Häuserfronten und der dahinterliegenden Hofstellen (entlang der Burg-, Schwarz- und Purzengasse) setzt das Vorhandensein eines wohlorganisierten Stadtregimentes bereits in der ersten Hälfte des 14. Jahrhunderts voraus, einer Grundherrschaft, in deren Auftrag und Anweisung die neuen Gassen und Hausstellen Kronstadts ausgesteckt und bestimmt wurden[44]. Auch die von dem Dominikaner

---

[43]) U.B. I, Nr. 494, S. 449/450 und H u r m u z a k i, Documente I, 2. Nr. 476, S. 600.

[44]) F r i t z   S c h u s t e r, Die alten Gassennamen Kronstadts, Siebenb. Vierteljahresschrift Jhg. 62, 1939, Heft 4, S. 323-348.

Generalkapitel in Barcelona 1309 beschlossene Gründung eines Dominikanerklosters in Kronstadt (Corona) im Jahre 1323 läßt darauf schließen[45], daß Kronstadt (Corona) bereits in der ersten Hälfte des 14, Jahrhunderts als städtische Niederlassung galt[46].
Die von König Karl I. Kronstadt verliehenen in Verlust geratenen Stadtprivilegien wurden von Ludwig I. (1342-1386) im Jahre 1353 neu herausgegeben und bestätigt[47]. Es ist dies das unter dem Namen Ludoviceum bekannte im Kronstädter Staatsarchiv aufbewahrte große Stadtprivileg, das die Grundlage für die später durch weitere Gerechtsame vermehrte Machtstellung Kronstadts bilden sollte. Dieses Privileg, dem in Kürze eine Reihe anderer folgen sollten (Gewährung des Jahrmarktrechtes, des Stapelrechtes, Regelung des 30-sten Zolles, Schutz der Kronstädter Kaufleute in der Walachei) steht in Beziehung zu der damals vor sich gehenden Ausdehnung des Einflusses des ungarischen Reiches über die südöstlichen Nachbarländer, die nach der Vertreibung der Tataren möglich wurde. In dieser Zielsetzung fiel Kronstadt wirtschaftlich — dem Kronstädter Komitat militärisch — eine wichtige Rolle zu. Bezeichnend für die von Hermannstadt abweichende Lage, in der sich Kronstadt befand, ist die Tatsache, daß sich hier die Notwendigkeit für eine besondere Stadtverfassung ergab, während Hermannstadt als Vorort der gleichnamigen Provinz in einer besseren, gesicherteren Lage war[48].

---

[45]) B e l a I v á n y i, Geschichte des Dominikanerordens in Siebenbürgen, Siebenb. Vierteljahrschrift 62/1939, S. 39-42.

[46]) Am 25. April 1342 stifteten Nikolaus Kresche und dessen Gemahlin die Hälfte einer Mühle. U.B.I, Nr. 571, S. 521. Dazu: G u s t a v T r e i b e r, Die Peter- und Paul-Kirche des einstigen Dominikaner-Männer-Konvents in Kronstadt. In: Siebenb.-Sächs. Hauskalender, 1965, S. 61-65.

[47]) Das den Kronstädtern am 28. März 1353 verliehene Ludoviceum enthält den Passus, daß er nur die Wiederherstellung früher gehabter Privilegien (»libertatem eorum antiquam«) bestätige. Ludwig I. setzte somit nur die von seinem Vater Karl Robert begonnene Politik der Städteförderung fort. U.B.II, Nr. 677, S. 93-95.

[48]) Die guten Beziehungen Ludwigs I. zu Kronstadt scheinen im Jahre 1344 angeknüpft worden zu sein, als der König seinen Feldzug nach der Moldau vorbereitete und sich, damit im Zusammenhang, in Kronstadt aufhielt. Jedenfalls waren die Kronstädter an der damals gegen ihn gerichteten

Obwohl die Urkunde von 1353 Kronstadt unter dem amtlichen Namen Brasso(w) anführt, ist es offensichtlich, daß damit auch die unter der Zinne gelegene Siedlung Corona gemeint war, die sich somit in der ersten Hälfte des 14. Jahrhunderts, über ihren ursprünglichen Siedlungskern hinausgreifend, im Tal zwischen Raupenberg, Schloßberg, Warthe und Zinne zu einer größeren Handwerks- und Handelsstadt zu entwickeln vermochte und mit der Siedlung unter dem Martinsberg zusammen als Stadtgemeinde, als politische Einheit und zugleich als Vorort der freien Gemeinden des Burzenlandes angesehen wurde. Freilich darf dabei nicht außer Acht gelassen werden, daß sich zu der Zeit ein großer Teil der Bewohner Kronstadts daneben oder ausschließlich mit Landwirtschaft beschäftigte.

Die Urkunde bestimmte die von den Bewohnern frei zu wählenden Organe der städtischen Selbstverwaltung und grenzte deren Befugnisse von denen des Grafen des Kronstädter Komitates ab. Neben dem Villicus (Hann) erscheint zum erstenmal der Gräwe, der Judex, unter der Bezeichnung *comes terrestris*, sowie die als *cives* genannten Wahlbürger im Unterschied zu den *hospites* genannten übrigen Bewohnern. Die Urkunde erkennt ferner ausdrücklich die Mitwirkung des Vertreters der städtischen Selbstverwaltung und der Vertreter der freien deutschen Dorfgemeinden des Burzenlandes bei der Grafengerichtsbarkeit in einem sie angehenden Rechtsfall an. Sie bestimmt den auf sie anfallenden Gebührenanteil sowie die steuerlichen (Königszins) und militärischen Verpflichtungen der Kronstädter der Krone gegenüber.

Diese Privilegien, die eine starke Beeinträchtigung der Rechte des Komitates und des Königsgrafen bedeuteten, wurden zu einer Zeit gewährt, als sich der gleiche Komitat in einer langandauernden, schweren Auseinandersetzung mit der Burzenländer Geistlichkeit befand. Um die Kosten zum Ausbau der Grenzverteidigung und der diesem Zweck dienenden Grenzburgen aufbringen zu können, beschlagnahmten seine Organe in den Burzenländer Dör-

---

Verschwörung nicht beteiligt. Dazu: M a r i a   H o l b a n, Țara Românească și Ungaria ..... [Die Walachei und Ungarn zur Zeit der Anjouer], Bukarest 1958, S. 330.

fern ein Viertel des den Geistlichen zustehenden Kirchenzehnten[49]. Nur nach schwerem Ringen und durch wiederholtes Eingreifen des Papstes [50] und des Königs vermochte die Burzenländer Geistlichkeit ihren Anspruch auf den ganzen Zehnten zu behaupten[51]. So erwuchsen der Stadt Kronstadt im Kampf um den Ausbau ihrer Privilegien in der Person des Königs und der Burzenländer Geistlichkeit Verbündete.

Die Kronstadt durch König Ludwig I. gegebenen, für dessen wirtschaftlichen und politischen Aufstieg entscheidend wichtigen Privilegien (in den Jahren 1353, 1358, 1364, 1368, 1369, 1370, 1373, 1374, 1377) wurden im Rahmen der damals für das Eingreifen des Königs üblichen Form des Rechtsschutzes verliehen und unter Berücksichtigung bereits erworbener Rechte Anderer (des Grafen des Komitates, der bereits vorhandenen adligen Grundherrschaften, des Zehntrechtes der Geistlichkeit). Indem aber – beginnend mit dem Stadtprivileg von 1353 – parallel mit den Rechten des Grafen die von den Bewohnern erwählten Organe der städtischen Selbstverwaltung (villicus und comes terrestris oder judex) ausdrücklich genannt wurden und ihre Mitwirkung bestimmt wurde, bahnte sich im Zuge der wachsenden wirtschaftlichen Bedeutung der Stadt allmählich eine Veränderung zu Gunsten Kronstadts an. Dazu kam, daß die Zuständigkeit des Komitatsgrafen auf den Bereich der neu gewährten Handelsrechte (Marktgerichtsbarkeit, Eingreifen bei falschen Maßen und Gewichten) nicht ausgedehnt wurde[52].

---

[49]) U.B.II, Nr. 664, S. 80 vom 18. Oktober 1351. Der Vertreter des Königs befiehlt dem Kronstädter Grafen, den Geistlichen des Kronstädter Kapitels den vollen Zehnten zu belassen.

[50]) U.B.II, Nr. 687, S. 105/106 vom 25. Oktober 1364. Papst Innozenz VI. setzt sich für den Schutz des Zehntrechtes der Burzenländer Geistlichkeit ein.

[51]) Belege bei Fr. T e u t s c h, Geschichte der evang. Kirche in Siebenbürgen, I/1921, S. 76f. König Ludwig I. bestätigt der Burzenländer Geistlichkeit auch das Recht auf die vierte Zehntquarte, die ihr vom siebenbürgischen Wojwoden bzw. vom Szeklergrafen in dessen Eigenschaft als Kronstädter Graf unter dem Vorwand vorenthalten wurde, daß sie zum Unterhalt und zum Ausbau der königlichen Burgen dienen sollte.

[52]) Siehe dazu: G. E. M ü l l e r, Die Grafen des Kronstädter Distriktes bzw. des Kronstädter Provinzialverbandes. (Archiv des Vereins für Siebenbürgische Landeskunde NF 42/1925, S. 308-380. Die Befugnisse des

So trat die Rolle des Komitates und seines Grafen im Bereich der Stadtverwaltung allmählich zurück, und die sichtliche Förderung des Städtewesens durch das Anjouer Königtum tat seine Wirkung. In der Zeit der Anjouerkönige vollzog sich die Ausdehnung und Besiedlung Kronstadts über den Siedlungskern hinaus, bis zu der Linie der anfangs mit Wall und Graben, später mit Mauern, Türmen, Basteien und Teichen umgebenen Stadtbefestigung[53]. Aus den urkundlichen Zeugnissen, sowie aus der Anlage der Straßenzüge entlang der Bäche[54], die für die Ausübung des betreffenden Handwerks notwendig waren, läßt sich schließen, daß von den in Zünfte zusammengefaßten Handwerken am raschesten sich das der Leinen- und Wollweber, der Kürschner, Lederer und Gerber sowie das der Wachszieher entwickelte und sich über die unmittelbar unter der Zinne gelegenen Straßen (Burg- und Schwarzgasse, Kotzenmarkt und Zwirngasse) ausdehnte. Später kamen die Schmiede und Schlosser, Kupferschmiede, Kannengießer und Nagelschmiede hinzu, die die anschließenden, neu errichteten Straßenzüge besiedelten und in diesen ihr Handwerk betrieben. Die sehr alten Gewerbe der Fleischer und Bäcker behielten ihren Standort im alten Stadtkern[55]. Als letztes Viertel innerhalb der von Mauern umgebenen Altstadt wurde das unter dem Wartheberg gelegene Viertel Petri und Pauli besiedelt. Doch war hier bereits im Jahre 1342 ein Kloster des Dominikanerordnes vorhanden (danach der Name

---

Königsgrafen waren in der Hauptsache auf den militärischen Schutz der Bewohner des Komitates vor kriegerischen Einfällen und auf die Behauptung der Kriegshoheit beschränkt. Dazu auch U.B.II, Nr. 948, S. 348 vom 10. Mai 1370: Ludwig I. verbot dem Kronstädter Grafen, sich in die Gerichtsbarkeit über falsche Maße und Gewichte und damit in die Marktgerichtsbarkeit einzuschalten.

[53]) G u s t a v T r e i b e r, Die Anfänge der Stadt Kronstadt. In: Das Burzenland III. Bd. 1, Kronstadt, 1928, S. 53-54.

[54]) A l f r e d P r o x, Beitrag zur Gründungsgeschichte Kronstadts. In: Korrespondenzblatt des Arbeitskreises junger Siebenbürger Sachsen. 1953, S. 71-75 (s. Korrespondenzblatt des Arbeitskreises f. siebbg. Landeskunde, 1. Jg. (1971), S. 6).

[55]) F r i t z S c h u s t e r, Die alten Gassennamen Kronstadts. Siebenb. Vierteljahrschrift 62/1939, Heft 4, S. 323-348.

Klostergasse)[56], in dessen Nähe sich eine Reihe anderer Bettelmönche niederließen (Franziskaner und Franziskanerinnen). Neben dem Handwerk wurde für das damalige Kronstadt der Handel, im besonderen der Fernhandel mit hochwertigen Waren, von großer Bedeutung. Entscheidend für den Außenhandel Kronstadts wurde die Gründung der Fürstentümer Walachei und Moldau[57]. Das vom Fürsten der Walachei Wladislaw (Vlaicu) im Jahre 1368 Kronstadt gewährte Handelsprivileg wurde in diesem Zusammenhang wegweisend für zukünftige Vorrechte[58]. Es sichert den Kronstädter Kaufleuten neben fürstlichem Schutz wichtige Zollbegünstigungen zu. Die Machtausdehnung Ludwigs I. über das Königreich Polen ermöglichte zum erstenmal die Einschaltung Kronstadts in den großen europäischen Fernverkehr nach dem Osten, zur Moldau[59] und dem Tatarenreich, in dem die Stadt Lemberg eine bedeutende Rolle spielte. Das Privileg vom 22. Juni 1368 untersag-

---

[56]) U.B.I., Nr. 571, S. 521.

[57]) Der älteste transkarpatische Verbindungsweg der Kronstädter führte zwischen den Flußtälern der Bozau (Buzău), der Prahova, des Sireth und der Jalomița zur östlichen Walachei und zur Donaumündung. Seit der Vertreibung der Tataren aus der Moldau durch Ludwig I. (1345) wurde dieser alte Weg wieder dem Handel zugänglich. Dazu U.B.II, Nr. 736, S. 153, vom 28. Juni 1358.

[58]) Das Privileg des Wojwoden Wladislaw (Vlaicu) vom 20. Januar 1368 (U.B.II, Nr. 908, S. 306/307), das den Handelsverkehr der Kronstädter mit der Walachei regelt – als einziges seiner Art in lateinischer Sprache verfaßt – ist im Zusammenhang mit der damals betriebenen Expansionspolitik Ludwigs I. zu sehen. Es räumt den Kronstädtern im Transithandel über Brăila die nur einmalige Entrichtung des 30-ten Zolles ein. Dies ist ein weiteres Argument dafür, daß der ältere Handelsweg in die Walachei über den Bozau = Buzăupaß und auch durch das Teleajental führte. Der spätere Hauptweg über den Törzburger Paß nahm an Bedeutung im Zusammenhang mit dem politischen Aufstieg des in der ersten Hälfte des 14. Jahrhunderts entstandenen Großwojwodates der Walachei zu, denn deren Herrscher residierten in den am Ausgang dieses Passes gelegenen Städten Cîmpulung (Langenau) und Tîrgoviște.

[59]) Dazu: P a v e l B i n d e r, Drumurile și plaiurile Țării Bîrsei [Die Wege und Gebirgsteige des Burzenlandes]. In: Studii și articole de Istorie XIV. Bukarest, 1969, S. 209/210.

te den deutschen über Polen kommenden Kaufleuten, über Kronstadt hinaus Tuchhandel zu treiben und gebot ihnen, ihre Ware hier feilzubieten[60]. Von hier knüpften italienische und armenische Kaufleute Handelsbeziehungen zu Kronstadt an und machten diese Stadt auf der Balkanhalbinsel und im Nahen Osten bekannt. Nach Westen aber führten die Beziehungen der Kronstädter Kaufleute in jener Zeit nach Wien und Ofen, die durch ihr Stapelrecht und ihr 30.-Zollrecht die Ausdehnung der Beziehungen Kronstadts bis zu den Handelsplätzen Deutschlands — Nürnberg und Augsburg — versperrten. Einen gewissen Ersatz dafür bot die Ausdehnung des Kronstädter Handels an die damals zu Ungarn gehörende Küste des Adriatischen Meeres, im besonderen zur Stadt Zara[61].

Die beginnende Türkengefahr veranlaßte König Ludwig I., die militärische Präsenz an seiner Südostgrenze neu zu festigen. Dabei sollte der Stadt Kronstadt eine nicht unerhebliche Rolle zufallen. Nachdem der im Frühjahr 1377 in die Walachei unternommene Feldzug des Königs, der dieses Land unter seine Botmäßigkeit zurückführen sollte, mit einer Niederlage geendet hatte, wurde die Landesgrenze vor den Karpatenkamm zurückverlegt. Der König übertrug nun der Stadt Kronstadt, ihm auf eigene Kosten mit Hilfe der freien sächsischen Gemeinden des Burzenlandes die neue

---

[60]) U.B.II, Nr. 917, S. 315. Das Privileg steht im Zusammenhang mit der Förderung des Kronstädter Handels zu der von den Tataren befreiten Moldau und zu der Wiederherstellung früher bestehender Verbindungen zum Gebiet des einstigen Milcover Bistums. Dazu: Karl Reinerth, Aus der Vorgeschichte der sieb.-sächs. Reformation: Ein Beitrag zur Geschichte des Milcover Bistums, Archiv VSL, 50. Bd. 1941, S. 3-70. — Zur Urkunde U.B.II, Nr. 937, S. 336 vom 18. Dezember 1369 (über den Handelsverkehr Kronstadts zu Polen und der Moldau) vgl. Rudolf Briebrecher, Handelsbeziehungen von Lemberger Kaufleuten zu Bistritz und Kronstadt im 15. Jhdt., Korrespondenzblatt VSL. 45. Jhg., Hermannstadt 1922, S. 50. Constantin C. Giurescu, Tîrguri sau oraşe şi cetăţi din Moldova din sec. X pînă la mijlocul sec. XII [Märkte oder Städte sowie Burgen der Moldau vom X. bis zur Mitte des XII. Jahrhunderts], Bukarest, 1967, S. 55-59. Es scheint sich dabei im wesentlichen um Handel mit feinerem Tuch gehandelt zu haben, das von Nürnberg, Krakau und Lemberg über die Moldau nach Kronstadt kam und von hier zu den Donauhäfen (Brăila) gelangte.

[61]) U.B.II, Nr. 954, S. 354/355.

Grenzfeste Törzburg aufzubauen[62]. Diese, am nördlichen Ausgang des gleichnamigen Passes gelegen, beherrschte die hier vorbeiführende Hauptverkehrsstraße zur benachbarten Walachei. Zum Kastellan der neuen, so wichtigen Feste — in die der Sitz des Komitats verlegt wurde — ernannte der König den aus Tirol stammenden Adligen Johann von Scharfeneck[63]. Der genannte Graf erhielt den gleichen Auftrag für die in der am nördlichen Ausgang des Roten-Turm-Passes gelegene Festung Landskrone, die den Verkehrsweg nach der kleinen Walachei beherrschte. Johann von Scharfeneck war zugleich Graf des Kronstädter Komitates. Diese Ernennung war zugleich eine deutliche Absage an die dem König zu mächtig gewordene Magnatenfamilie Lackfy — die bis dahin den siebenbürgischen Wojwoden und den Kronstädter Grafen gestellt hatte. Durch seine Verwandtschaftsbeziehungen zu den im Kronstädter Komitat zu ausgedehntem Feudalbesitz gelangten miteinander verwandten adligen Geschlechtern Zsombor und Dragh, nahm dieses Geschlecht eine sowohl dem König als auch den Kronstädtern nicht zusagende, überragende Machtstellung ein[64].

Andere Bindungen und Aufgaben verhinderten Ludwig I. am weiteren Ausbau seines ihm unmittelbar unterstehenden eigenen Verteidigungssystems an der Südostgrenze seines Reiches.

Als Gegenleistung übertrug Ludwig I. durch die gleiche Urkunde der Stadt Kronstadt und den 13 sächsischen Gemeinden des Burzenlandes die noch freien Wiesen, Weiden, Wälder, Jagd- und Fischereirechte. Damit war dem in diesem Gebiet noch vorhandenen Adelsbesitz die weitere Entfaltungsmöglichkeit genommen, obwohl den Adligen früher erworbene Besitzungen im Burzenland bis in die Mitte des 15. Jahrhunderts immer wieder durch Königsurkunden bestätigt und anerkannt wurden. Einige Adlige versuchten daher, ihre Führungsrolle weiter zu behaupten, indem sie sich dem Rechtsstand als Bürger Kronstadts einordneten.

---

[62]) U.B.II, Nr. 1085, S. 479/481 vom 19. November 1377. Es ist dies neben dem Ludoviceum von 1353 das bedeutendste von Ludwig I. Kronstadt und seinem Distrikt verliehene Privileg. Es machte dessen späteren Aufstieg zur autonomen Gebietskörperschaft möglich.

[63]) U.B.II, Nr. 1090, S. 497.

[64]) U.B.II, Nr. 693, S. 110, 9. Juli 1355: Magister Leukus, comes Siculorum et de Brassou.

Die gleiche Urkunde machte den Komitatsgrafen und die königlichen Kastellane für die Einhaltung der den Kronstädtern gewährten Freiheiten verantwortlich und schränkte die richterliche Rolle des Komitatsgrafen oder seines Vertreters auf zwei jährliche Gerichtstage ein, wobei die ihm zustehenden geldlichen Einkünfte und Ehrengeschenke im Vordergrund standen. So bilden denn die durch diese Urkunde verliehenen Privilegien einen weiteren Markstein auf dem Wege zur Erringung der territorialen Autonomie Kronstadts und damit zu seiner bedeutenden Machtstellung.

Die vermehrte wirtschaftliche Bedeutung Kronstadts, verbunden mit seiner weiter anwachsenden Volkszahl am Ende des 14. Jahrhunderts, drängte zur Errichtung bzw. zur Besiedlung der außerhalb der deutschen Stadtanlage gelegenen Vorstädte. Von der Vielfalt der im damaligen Kronstadt bereits ansässigen Völker zeugt die päpstliche Ablaßurkunde vom 15. Dezember 1399 zur Bekehrung der dort lebenden zahlreichen Nichtkatholiken: Rumänen, Bulgaren, Moldauer, Armenier und Griechen[65]. Von den außerhalb der späteren Stadtbefestigung gelegenen Vorstädten Kronstadts war die sogenannte Obere Vorstadt oder *Belgerey*, rumänisch *Scheiu*, ungarisch *Bolgarszeg*, die zweifellos älteste[66]. Die urkundlich nicht belegbaren Anfänge dieser von rumänischer und slawischer Bevölkerung in ein enges Gebirgstal eingeschlossenen Siedlung reichen vermutlich in frühere Jahrhunderte zurück. Sie bestand wohl lange bevor die zu Beginn des 15. Jahrhunderts errichtete Kronstädter Stadtbefestigung dieser Bevölkerung den Ausgang aus dem Zinnental und damit die unmittelbare Verbindung zur Außenwelt versperrte. Die Ansiedlung der bulgarischen Bevölkerung, von der diese Vorstadt ihren Namen erhielt, geht nach der lokalen Überlieferung auf den um das Jahr 1383 begonnenen Bau der neuen Kronstädter Stadtpfarrkirche zurück, die an der Stelle der vorher vorhandenen romanischen Basilika errichtet wurde, wozu man Bulgaren als Handlanger verwendete und ansiedelte,

---

[65]) Urkundenbuch III, Nr. 1445, S. 246/247.

[66]) »Anno mundi 6900, anno Christi 1392 sind die Bulgaren hier an diesen Ort kommen« (Chronik des Popen Vasile). Quellen zur Geschichte der Stadt Kronstadt V., Kronstadt, 1909, S. 1. Zu den Vorstädten vgl. besonders den folgenden Beitrag von M a j a P h i l i p p i, Die Bevölkerung Kronstadts im 14. und 15. Jh..

die vor der türkischen Invasion geflohen waren. Die älteste Anlage der dem heiligen Nikolaus geweihten orthodoxen Kirche dieser Vorstadt geht auf das Jahr 1392 zurück[67]. Die damals wohl schon lange vorhandene rumänische Bevölkerung verschmolz, durch den gleichen Glauben verbunden, mit den neu zugeführten Bulgaren sowie mit weiteren nachströmenden rumänischen Handwerkern und Kaufleuten zu einem eigenartigen Menschenschlag von sonst nirgend anzutreffender, durch besondere Trachten und Sitten geprägten Eigenart.

Die am nordöstlichen Ausgang des Zinnentales sich ausbreitende Vorstadt *Blumenau*, deren Name auf den in der ungarischen Bezeichnung *Bolonya* erhaltenen slawischen Wortstamm zurückgeht, entstand bereits am Ende des 14. Jahrhunderts. Sie war schon zur Regierungszeit des Königs Sigismund (1387-1437) vorhanden, der den dortigen Seuchenhof mit einer Stiftung bedachte[68]. Das

---

[67]) Nach der Lokaltradition wäre an der späteren Kirche der Vorstadt vorher ein Holzkreuz gestanden (1382).
Siehe auch: I o n H u r d u b e ţ i u, Originea şcheilor şi răspîndirea lor pe teritoriul carpato-dunărean [Herkunft der »Şchei« genannten Bulgaren und deren Verbreitung im donaukarpatischen Raum]. In: »Studii« XIV. Bukarest, 1969, S. 195-201. Sowie: S t e r i e S t i n g h e, Intemeierea oraşului Braşov şi originea Românilor din Şcheii Braşovului [Gründung der Stadt Kronstadt und die Herkunft der Rumänen in dem Şchei zu Kronstadt], 1938 S. 154.

[68]) Die Wandchronik (Annales templi Coronensis) der Schwarzen Kirche, veröffentlicht in den »Quellen zur Geschichte der Stadt Kronstadt«, IV. Band, 1903, S. 52-64, enthält einige von anderen zeitgenössischen Chronisten nicht erwähnte Daten für die Zeit von 1143-1571. Doch ist ihre Zuverlässigkeit zuweilen fraglich.
Zu den wichtigsten Kronstädter Lokalquellen für das XIV. und XV. Jahrhundert gehören:
a) Die aus dem 18. Jhdt. stammende »Kurzgefaßte Jahr-Geschichte von Siebenbürgen, besonders des Burzenlandes« von J o s e f T e u t s c h (Quellen IV, S. 98-153).
b) »Besondere Nachrichten vom Burzenland« von J. T e u t s c h und J o s. T r a u s c h, Quellen IV. S. 53 ff.
c) Notizen von T h o m a s T a r t l e r, Quellen IV, S. 153 ff.

Gleiche gilt für den im Sattel zwischen Zinne und Schneckenberg gelegenenen *Burghals* (rumänisch *Curmătură,* ungarisch *Martonfalva*)[69].

Von der mittelalterlichen Stadt durch einen breiten von Teichen und Sümpfen durchzogenen Geländestreifen getrennt, wurde die Blumenau zur Wohnstätte der vorwiegend ungarischen und rumänischen Bevölkerung, die zwar in Kronstadt Arbeit und Erwerb fand, aber zu zünftigem Handwerk und zum Hausbesitz nicht zugelassen war. In dieser von mehreren fließenden Gewässern durchzogenen Siedlung lagen auch die meisten Mühlen und ausgedehnten Gärten Kronstadts. Darüber hinaus gab es auch Mühlen in der Oberen Vorstadt, darunter die vor dem Katharinentor gelegene Tormühle, von der aus der Bach in die Stadt floß.

3. Unter König Sigismund von Luxemburg

Die von den Anjouern betriebene Politik der Förderung des Städtewesens wurde von König Sigismund von Luxemburg fortgesetzt. Dabei hatte er Kronstadt eine besondere Rolle zugedacht. Dies kam in wiederholten längeren Aufenthalten des Königs (1395, 1397, 1422 und 1427) in Kronstadt zum Ausdruck.

Die guten Beziehungen König Sigismunds zu Kronstadt wurden durch ein einheimisches Patriziat adliger Herkunft angeknüpft, und weitergeführt. Sich als Bürger dem Rechtsstatus der Stadt unterordnend und hier auf die Ausübung adliger Vorrechte verzichtend, waren diese andererseits bestrebt, eine führende Rolle im Stadtregiment durch ihren Einfluß und ihren Reichtum einzunehmen und durch ihre Beziehungen zum König neuen Güterbesitz aus dem noch nicht zur Aufteilung gelangten Domänenbesitz zu erwerben. Zu den im Kronstädter Komitat bereits vorhandenen adligen Familien kamen einige neue Geschlechter hinzu (z.B. die Familien Sander oder Sandur de Sancta Agatha, Seidenschwanz u.a.), aus deren Reihen in weitgehendem Maße auch die Mitglieder des Rates und

---

[69]) Das in der Blumenau gelegene, der heiligen Barbara gewidmete Kronstädter Hospital bestand schon zu Beginn des XV. Jahrhunderts. Von König Sigismund und von wohlhabenden Kronstädter Bürgern und Bürgerinnen mit großen Schenkungen ausgestattet, verfügte es über bedeutende Mittel. Siehe: Das Burzenland III./1. Teil; Kronstadt, 1928, S. 43/44.

die führenden Beamten der Stadt hervorgingen. Mit der burzenländer Geistlichkeit sowohl häufig durch Verwandtschaftsbeziehungen als auch durch das gemeinsame Interesse verbunden, ihre Privilegien (bei der Geistlichkeit: den Anspruch auf das volle Zehntrecht gegen die Übergriffe des Wojwoden und des Szekler oder Kronstädter Komitatsgrafen) zu verteidigen, erhielt bisher die Feudalordnung ihre besondere, in Siebenbürgen sonst nicht mehr vorkommende Note. Dieses minderte zunächst den Einfluß des Szeklergrafen, den dieser als Graf des Kronstädter Komitates in der Verwaltung Kronstadts und dessen Distriktes (Provinz) ausübte. Freilich vollzog sich dieser Vorgang unter formeller Wahrung der Gerechtsame des Grafen und der aus ihnen fließenden Einkünfte (Gerichtstaxen, Gefälle- und Wehrsteuer).

Kennzeichnend für die allmählich eingetretene Lage war die Tatsache, daß der Szeklergraf unter seinen Titeln seit dem Jahre 1408 den des Grafen von Kronstadt nicht mehr zu führen pflegte – ohne freilich auf die Ausübung seiner ihm daraus hervorgehenden und zustehenden Gerechtsame zu verzichten. Diese pflegte er aber durch seine Kastellane, besonders durch den von Törzburg, auszuüben. Dahin wurde, wie schon angedeutet, nach der Erbauung des Törzburger Schlosses auch der Verwaltungssitz des Kronstädter Komitates verlegt[70].

Daß der König Sigismund (1387-1437) Kronstadt besonders zugetan war – kein späterer Herrscher Ungarns sollte dieser Stadt in so weitem Maße Gunsterweisungen und Privilegien zuteil werden lassen – findet seine Erklärung in den abwechselnden oft widerspruchsvollen innen- und außenpolitischen Zielsetzungen dieses Herrschers. In Fortführung der Regierungsgrundsätze der Anjouerkönige sah er – angesichts des übermächtigen Einflusses der großen Oligarchenfamilien Ungarns, gegen die er als Gatte der Tochter Ludwigs I. nach zweijährigem, zähem Machtkampf sich nur allmählich durchzusetzen vermochte – in den Städten natürliche Verbündete[71]. Im Falle Kronstadt kam noch die wichtige strate-

---

[70]) Der letzte Szeklergraf, der unter seinen Titeln auch den eines Kronstädter Grafen trug, war Michael von Nádas am 4.V.1408. U.B.III, S.462.

[71]) In welchem Maße Kronstadt und das Burzenland (die Provinz) durch Geldzuwendungen und andere Geschenke die Gunst des Königs zu erlangen wußten, zeigt die Urkunde U.B.III, Nr. 1267, S. 13/14, die Sigismund

gische Lage dieser Stadt hinzu sowie die bedeutende Wirtschaftskraft dieser Stadt. Da Kronstadt am Ausgang von fünf in die beiden benachbarten Länder – Walachei und Moldau – führenden Pässen lag, war es sein besonderes Anliegen, diese Stadt als einen festen wehrhaften Stützpunkt in seine ausgreifende orientalischen Pläne einzubauen[72]. Als weitere Stützen und Verbündete erwiesen sich neben der patrizischen Führungsschicht Kronstadts die burzenländischen Geistlichen, deren Anspruch auf den Besitz des ganzen Zehnten der König voll unterstützte. Er tat dies gegenüber dem siebenbürgischen Wojwoden, gegenüber dem Szeklergrafen (in dessen Eigenschaft als Graf des Kronstädter Komitates), sowie gegenüber den Kastellanen dieses Grafen, die allesamt das direkte Eingreifen des Königs in die vorhandene feudalaristokratische innerpolitische Machtstruktur des Reiches und die sich daraus ergebende Verminderung ihres Einflusses mißtrauisch verfolgten.

Anstelle des übermächtigen, der Oligarchenfamilie Zsombor angehörenden Dechanten Nikolaus[73], der zusammen mit seinem Bruder Rudolf im Burzenland adlige Vorrechte ausübte, gelangte der Kronstädter Stadtpfarrer Thomas in der Burzenländer Geistlichkeit zu führendem Einfluß[74]. Der Persönlichkeit dieses Mannes

---

gelegentlich seines ersten Aufenthaltes in Siebenbürgen ausstellen ließ. Darin verbietet der König allen königlichen Abgabestellen, von Leuten aus dem Kronstädter Distrikt unbillig irgendwelche Strafgelder und Warenbeschlagnahmungen vorzunehmen. Ausdrücklich werden darunter auch die der königlichen Familie zugedachten Geschenke angeführt. Demnach müssen diese erheblich gewesen sein.

[72]) Im Jahre 1387 mußte König Sigismund die bis dahin übermächtige Magnatenfamilie Lackfi – obwohl diese ihm bei der Durchsetzung seiner Thronansprüche behilflich gewesen war – zugunsten des vom Palatin Michael Gara geführten Familienverbandes der Gara-Cilly fallen lassen. Gegenüber diesen suchte nun Sigismund nach neuen Stützen. Er fand sie beim niederen Adel sowie in den Städten, deren Geldquellen er in erheblichem Maße für seine Zwecke in Anspruch nahm.
Dazu: H o m a n - S z e k f ü III s.o., S. 205.

[73]) U.B.II. Nr. 808, S. 211/212, vom 30. Mai 1364.

[74]) Am 5. August 1377 bestätigte Papst Gregor XI. Thomas, Sohn des Mathias Szesz, als Stadtpfarrer von Kronstadt. U.B.II, Nr.1082, S.477/78. Bereits am 21. April 1385 stellte der Graner Erzbischof Demetrius für den begonnenen Bau der Marienkirche einen Ablaßbrief aus. U.B.II, Nr. 1201, S. 598/599.

kommt zweifellos eine bedeutende Rolle in der Anknüpfung freundschaftlicher Beziehungen König Sigismunds zu den Kronstädtern zu. Der adligen Familie Sandor (oder Sander) von Sancta Agatha angehörend, gelangte er und seine Brüder sowie seine Vettern, darunter Antonius von Sander und Nikolaus, Sohn des Gräwen Herbord von Zeiden, die ersteren in ihrer doppelten Eigenschaft als Bürger von Kronstadt und als burzenländische Adlige, zu entscheidenden Machtpositionen. Eine bedeutende Rolle hatte dabei der Stadtpfarrer Thomas, der Initiator und Bauherr des seit dem Jahre 1385 begonnenen Baues der Marienkirche[75].

Eine bedeutende Rolle in der Verbreitung und Förderung von jedweder Bildung in dem zum Wohlstand gelangten, von Handwerkern und Kaufleuten bewohnten Teil Kronstadts kommt dem Zisterzienserorden zu. Von den durch den Tatareneinfall geflüchteten Prämonstratensern übernahmen sie die der heiligen Katharina, der Schutzheiligen dieses Ordens, gewidmete Kapelle und das Katharinenkloster. Später entstand auf diesem gleichfalls nach dieser Heiligen benannten Hof die von den Zisterziensern geführte Schule[76]. An der nördlichen Chorfassade der späteren Marienkirche (der heutigen Stadtpfarrkirche) befindet sich unter den Heiligengestalten – an ihrem Symbol, dem Rade, erkenntlich – die heilige Katharina.

Da im Mittelpunkt der zisterziensischen Kultgestalten die Marienverehrung stand, ist wohl auch die Benennung des um 1385 begonnenen Baues der neuen gotischen Stadtpfarrkirche als Marienkirche auf den Einfluß dieses Ordens zurückzuführen. Auch die Errichtung der dem heiligen Leonhard gewidmeten Kapelle geht auf zisterziensischen Einfluß zurück. Die Verehrung dieses als Wettermacher geltenden Heiligen war für die Bewohner des niederschlagreichen Kronstadt besonders naheliegend.

Stadtpfarrer Thomas setzte sich zum Ziel, für das groß angelegte Bauvorhaben der neuen Marienkirche das Interesse und die mate-

---

[75] »1385 wird die große Kirche zu Kronen angefangen zu bauen«. In: Kurzgefaßte Jahrgeschichte v. J o s e f   T e u t s c h (Quellen IV S. 98). Tatsächlich muß der Baubeginn früher gewesen sein.

[76] Doch wirkten an der Kronstädter Stadtschule auch Nicht-Geistliche, so der Unterkantor Theodorias, später Rektor der Schule in Nagybánya-Baia Mare. (U.B. II, Nr. 230, S. 626/628). Allerdings stand die Kronstädter Schule unter Aufsicht der Kirche.

rielle Hilfe der katholischen Christenheit zu erwirken. Dazu diente die Gewährung der üblichen Gnadenmittel der Kirche, die allen Gläubigen zugesagt wurden, welche zu diesem Bau durch ihre Spenden beitragen würden[77]. Zugleich betrieb Stadtpfarrer Thomas Sander als Glied seiner weitverzweigten Familie – gestützt auf den ihm zugetanen König – die Vergrößerung der Güter seines Geschlechtes durch Erwerbung weiterer Vergabungen aus königlichem Domänenbesitz.

Im Februar 1395 begab sich König Sigismund zu einem längeren Aufenthalt nach Kronstadt. Es geschah dies nach einem Feldzug gegen den moldauischen Fürsten Stefan[78], der 1397 wiederholt werden mußte[79]. Die während seines mehrwöchigen Aufenthaltes in Kronstadt ausgestellten Privilegien weisen wieder auf die bedeutende Rolle hin, die er dieser Stadt im Rahmen seiner weitgespannten politischen Zielsetzungen zugedacht hatte. Zunächst galt es, die wirtschaftliche Stellung Kronstadts zu festigen. Diesem Zweck diente das am 18. Februar 1395 verliehene Privileg, das den Kaufleuten Kronstadts und des Burzenlandes freien Verkehr und Vertrieb ihrer Waren bis nach Wien zusicherte[80]. Noch wichtiger war das durch die gleiche Urkunde gewährte Stapelrecht, das fremde Kaufleute verpflichtete – ehe sie weiterzogen – hier ihre Waren eine Anzahl von Tagen auszustellen und feilzubieten. Dieses einschneidende Privileg erst machte Kronstadt zu einem wichtigen Umschlagplatz des europäischen Warenhandels nach den Südostländern. Es beseitigte zugleich die bis dahin eifersüchtig gewahrte Monopolstellung der Stadt Ofen. Diesem wichtigen Privileg folgte die Bestätigung aller Handelsprivilegien, die Kronstadt von König Ludwig I. gewährt worden waren. Es waren dies das 1358 gewährte Privileg, den freien Handelsverkehr für einen Teil der Walachei be-

---

[77]) Der päpstliche Ablaß vom 21. April 1385 sicherte eine Indulgenz von 1 Jahr und 180 Tagen für die »helfende Hand« am Bau der neuen Kirche zu. U.B.II., S. 98.

[78]) Nach der slavisch-rumänischen Chronik wurde das ungarische Heer in der Schlacht bei Hindău völlig geschlagen. Siehe: Istoria României (Geschichte Rumäniens) II. Band, Bukarest, 1962, S. 358.

[79]) K á r o l y   R á t h, A magyar királyok hadjáratai [Die Kriegszüge der ungarischen Könige]. Györ, 1961, S. 28.

[80]) U.B.III, Nr. 1335, S. 117/120.

treffend[81]; das Privileg von 1369, betreffend den Tuchhandel der polnischen und deutschen (Nürnberger) Kaufleute mitsamt dem Verbot, diesen Handel über Kronstadt auszudehnen[82]. Das wieder bestätigte Privileg von 1370 überantwortete die Gerichtsbarkeit aller aus dem Handelsverkehr hervorgegangenen Streitfälle der ausschließlichen Zuständigkeit der Gerichtsorgane Kronstadts[83]. Damit waren diese Streitfälle der Zuständigkeit des Königsgrafengerichtes entzogen. Schließlich bestimmten die Bestätigungen der 1370 und 1374[84] gewährten Gerechtsame den freien Warenverkehr zum Adriatischen Meer (Zara) über Ofen bzw. das Recht, Wachs zu verarbeiten und damit zu handeln.

In die gleiche Zielsetzung fällt das an den Szeklergrafen ergangene Verbot, für die aus der Walachei eingeführten Waren in Kronstadt den 30-sten Zoll zu erheben[85].

Die Sicherstellung weiteren wirtschaftlichen Aufstieges Kronstadts führte auch zur weiteren Einschränkung des Einflusses des Königs- (Komitats-) Grafen, dessen Funktionen damals immer noch der Szeklergraf ausübte. Diese Politik Sigismunds kam zum Ausdruck (außer in der Bestätigung der bereits von König Ludwig I. gewährten Stadtprivilegien von 1353 und 1377) auch in der Einschränkung der gerichtlichen Befugnisse des Königsgrafen in Kronstadt und in dessen Distrikt auf Fälle der Kriminalgerichtsbarkeit sowie im Berufungsverfahren als höhere Instanz[86]. In einem an die umwohnenden Adligen gerichteten Erlaß sicherte der König den Bewohnern des Kronstädter Distriktes die Unantastbarkeit der zu diesem Gebiet gehörenden Wälder, Ländereien, Gewässer und sonstigen Besitzrechte zu. Mit diesem Erlaß war ein weiterer Schritt für die territoriale Autonomie Kronstadts und des zu ihm gehörenden Distriktes gegenüber den Ansprüchen des Königsgrafen und des Feudaladels getan[87].

Weiter setzte sich König Sigismund im Zusammenhang mit Kronstadt zum Ziel, dessen militärische und politische Bedeutung

---

[81]) U.B.III, Nr. 1340, S. 125/126.
[82]) U.B.III, Nr. 1341, S. 126/127.
[83]) U.B.III, Nr. 1343, S. 128/129.
[84]) U.B.III, Nr. 1344, S. 129/130.
[85]) U.B.III, Nr. 1354, S. 142/143.
[86]) U.B.III, Nr. 1337, S. 123/124.
[87]) U.B.III, Nr. 1348, S. 134/135.

zu vergrößern. Den Freundschaftsvertrag mit dem vorübergehend von den Türken und ihrem Thronanwärter aus seinem Lande verdrängten Fürsten Mircea (1386-1418) schließt er nicht zufällig gerade in Kronstadt ab, das an der Vertreibung der Türken aus der Walachei ein eigenes Interesse hatte[88]. Dabei ergibt sich die Frage, in welchem Stadtteil Sigismund während seines Aufenthaltes in Kronstadt seine Residenz aufgeschlagen und seine Urkunden ausgestellt haben mag, die er ausnahmslos unter der Ortsangabe *Brassovia* und nicht *Corona* herausgab[89]. Sollte nicht die Verleihung einer jährlichen Messestiftung aus dem Martinszins in der beträchtlichen Höhe von 40 Gulden für die auf dem St. Martinsberg gelegene Kapelle als der Versuch zu verstehen sein, den Stadtteil, der unter dem St. Martinsberg lag, für den Verlust seiner führenden Rolle zu entschädigen? Diese Rolle war an die unter der Zinne liegende Siedlung *Corona* übergegangen! Im Martinsberger Stadtteil aber dürfte sich vor der Erbauung des Törzburger Schlosses der erste Sitz des königlichen Grafen und des Kronstädter Komitates auch befunden haben[90].

Nachdem König Sigismund Kronstadt nach längerem Aufenthalt verlassen hatte, verweilte er noch einige Zeit im Burzenland, vor allem in Zeiden, wo er weitere Urkunden ausstellte. Unter anderem verpflichtete er die Landgemeinden des Kronstädter Distriktes, den Kronstädtern bei dem Bau ihrer Stadtmauern durch Zufuhr von Steinen und Sand behilflich zu sein[90a]. Am Tage vorher hatte der König dem ihm befreundeten Kronstädter Stadtpfarrer Tho-

---

[88]) U.B.III, Nr. 1349, S. 135/136, 7. März 1395.
Zu den Ursachen und Hintergründen dieses Vertrages siehe:
P. P. P a n a i t e s c u »Mircea cel Bătrân« [Mircea der Alte]. Bukarest 1938. S. 59. Die Schwäche der damaligen Position Sigismunds zeigt sich u.a. darin, daß er den aus seinem Lande vertriebenen Wojwoden als gleichberechtigten Vertragspartner betrachtet.

[89]) Kronstadt erscheint in den Berichten der ersten deutschen Reisenden am Ende des XIV. Jahrhunderts unter verschiedenen Namen: Im Bericht von Peter Spandau und Ulrich von Tennstädt 1385 als Krone; bei Johann Schildtberger 1396 als Bassow. Dazu: N i c o l a e J o r g a, Istoria Românilor prin călători [Geschichte der Rumänen durch Reisende], Bukarest 1928. I. S. 23-24.

[90]) U.B.III, Nr. 1346, S. 131/132.

[90a]) U.B.III, Nr. 1353, S. 141/142.

mas Sander, dessen drei Brüdern und deren Verwandten Antonius, lauter Adlige und zugleich Kronstädter Bürger, sowie dem Nikolaus, Sohn des Gräwen Herbord von Zeiden, den Besitz des untertänigen Dorfes Zernescht verliehen, das vordem zum Gebiet der königlichen Dominien von Törzburg gehört hatte. Die Genannten hatten dafür jährlich eine Abgabe an den Kastellan dieses Schlosses zu zahlen[91]. Zu dieser Vergabung kam zwei Wochen später hinzu die des benachbarten, gleichfalls zum königlichen Dominium Törzburg gehörenden Dorfes Tohan an den gleichen Familienverband, wodurch dieses Geschlecht in seiner doppelten Eigenschaft als patrizische Bürger Kronstadts und als dem Adelsstand angehörende Gutsherren zu bedeutendem Einfluß gelangte[92].

Nach vorübergehenden Erfolgen in dem mit dem Fürsten Mircea dem Alten gemeinsam unternommenen Feldzug zur Zurückeroberung der Walachei und nach der darauf folgenden schweren Niederlage des Christlichen Kreuzheeres in der Schlacht von Nikopolis 1396 weilte König Sigismund (nach einer abenteuerlichen Reise, die ihn bis nach konstantinopel führte) am Ende des Jahres 1397 und zu Beginn des darauffolgenden Jahres zum zweitenmal in Kronstadt. Es galt, die königliche Machtposition mit Hilfe der ergebenen patrizischen Bürgerschaft dieser Stadt zu festigen. Es bedurfte freilich auch diesmal des direkten Eingreifens des Königs, um Kronstadt vor Übergriffen und Rechtsbeschränkungen durch den Szeklergrafen zu schützen[93] und das Weissenburger Kapitel zur vorgesehenen Einführung des Stadtpfarrers Thomas und seiner Verwandten in die ihnen verliehenen Besitzungen Zernescht und Tohan zu bewegen und damit diesen Vergabungen zur Rechtsgültigkeit zu verhelfen[94].

Der Initiative des Königs, durch Verleihung adliger Besitzungen aus dem Gebiet der königlichen Domäne an hervorragende Mitglieder des Kronstädter Rates ergebene Anhänger zu gewinnen, folgte auch der siebenbürgische Wojwode, der Pole Stibor von Stibovic[95]. Dieser vergabte im Jahre 1404 dem Kronstädter Richter

---

[91]) U.B.III, Nr. 1351, S. 139/140.
[92]) U.B.III, Nr. 1358, S. 147/148.
[93]) U.B.III, Nr. 1411, S. 212/213.
[94]) U.B.III, Nr. 1409, S. 209/211.
[95]) Stibor von Stibovic war als siebenbürgischer Wojwode ein Förderer

Johann von Seidenschwanz (Sydenswanz)[96] und dem früher genannten Antonius Sander von Sancta Agatha die am westlichen Rande des Kronstädter Distriktes gelegenen untertänigen Dörfer Hopsifen und Neudorf und deren Gemarkungen[97]. Die der Familie Sander ergebene patrizische Führungsschicht Kronstadts verstand es, unter dem Leitgedanken, die Weiterführung des Baues der Marienkirche sicherzustellen, neue Anhänger zu werben. Diesem Zweck diente die im Jahre 1408 in Erscheinung tretende Heiligleichnams-Bruderschaft. Die Mitglieder dieser aus Geistlichen und Weltlichen zusammengesetzten kirchlichen Korporation gelangten in Kronstadt zu führendem Einfluß[98].

In der Ausgestaltung des Gottesdienstes und des Kircheninneren, der Anbringung von Altären, bei Messestiftungen und pomphaften Manifestierungen des katholischen Kultes kam seit dem Ende des 14. Jahrhunderts den hauptsächlich aus Laien zusammengesetzten kirchlichen Bruderschaften eine zunehmende gesellschaftliche Bedeutung zu. Die Verehrung des heiligen Leichnams Christi, vom großen Laterankonzil im Jahre 1215 beschlossen, im Abendland zuerst in der Diözese Lüttich im Jahre 1347 eingeführt, gelangte durch die Zisterzienser, die ständige Verbindungen zu ihren Mutterklöstern in Wallonien und Nordfrankreich unterhielten, nach Siebenbürgen. Auf den großen Einfluß, den diese Bruderschaft in Kronstadt erlangte, deuten die von wohlhabenden Bürgern gemachten namhaften Messestiftungen hin. Auch der Name eines der Stadtviertel des mittelalterlichen Kronstadt *Quartale Corporis Christi*[99], sowie die Nachricht, daß ein Teil des

---

der Interessen der Kronstädter, versuchte zugleich dem übermächtigen Hochadel entgegenzutreten. Vgl. I o n L u p a ş, Un nobil polon în scaunul de voevod al Transilvaniei – voevodul Stibor [Ein polnischer Adliger auf dem siebenbürgischen Wojwodensitz]. In: Studii şi comentarii istorice II. Cluj 1940, S. 61-66.

[96]) U.B.III, Nr. 1411, S. 212/213.

[97]) U.B.III, Nr. 1411, S. 210/212. Dazu: E r h a r d A n t o n i, Hopsifen, eine deutsche Siedlung im Burzenland. Deutsche Forschung im Südosten I. 1942, S. 263/267.

[98]) U.B.III, Nr. 1635, S. 481. Am 26. Juli 1409 stellte der Erzbischof von Sultanich einen Ablaßbrief zu Gunsten des in der Kronstädter Marienkirche befindlichen Altars der Heiligleichnams-Bruderschaft aus.

[99]) Das Quartale Corpus Christi oder Gottsleichnamsviertel umfaßte

Kronstädter Stadtpfarrgebäudes zum Sitz dieser Bruderschaft bestimmt wurde, weisen in die gleiche Richtung. Stadtpfarrer Sander vermochte durch sein großes Ansehen nicht nur die teilweise sehr wohlhabenden und einflußreichen Mitglieder der Kronstädter Heiligleichnams-Bruderschaft am nur langsam fortschreitenden Bau der dortigen Marienkirche für zahlreiche Stiftungen zur Ausgestaltung des Inneren zu gewinnen. Er brachte es sogar zustande, daß der Szeklergraf Michael (gewiß widerstrebend) im Auftrag des Königs für die Donnerstagsmesse der Heiligleichnams-Bruderschaft in dieser Kirche den dritten Teil der Besitzungen von Tohan und Zernescht stiftete[100].

Das Ansehen dieser Bruderschaft sollte in erheblichem Maße wachsen, als Stadtpfarrer Thomas und sein Verwandter Antonius Sander – ohne die übrigen Mitvergabten – die Hälfte ihrer Einkünfte nach ihren Besitzungen Tohan und Zernescht der Heiligleichnams-Bruderschaft der Kronstädter Marienkirche zum Geschenk machte, wodurch neue Streitigkeiten innerhalb dieser Familie hervorgerufen wurden[101].

Die von König Sigismund im Widerspruch zum ganzen feudalen Gefüge des damaligen Ungarn vorgenommene Vergabe von untertänigen Dörfern, die in unmittelbarer Nähe seines Schlosses Törzburg gelegen waren, an Stadtbürger rief den Unmut und den Widerstand des Szeklergrafen Michael von Nadas hervor. Dieser verantwortete in seiner Eigenschaft als Graf des Kronstädter Komitates die Verteidigung dieses Gebietes und bestritt die Kosten zur Erhaltung der Grenzburgen im wesentlichen aus den Einkünften der königlichen Domänen, die nun durch die Schenkung vermindert wurden. Die Abwesenheit König Sigismunds aus dem Lande ausnützend, riß der Szeklergraf im Jahre darauf alle der Familie Sander gemachten königlichen Schenkungen, und zwar die Besitzungen Zernescht, Tohan, Neudorf (Noul) und Hopsifen (Komlos) an sich[102]. Dem auf Vorstellungen von Antonius Sander hin an ihn gerichteten Befehl des Königs trotzend, weigerte sich der Szeklergraf entschieden, diese Dörfer herauszugeben bzw. sich vor

---

den nach der Zinne zu gelegenen Teil der Stadt sowie die untere Altstadt. Dazu: Das Burzenland Bd. III. 1: Kronstadt, 1928. S. 22/23.

[100]) U.B.III, Nr. 1632 vom 29. Juni 1409.
[101]) U.B.III, Nr. 1714, S. 569, vom 19. Mai 1413.
[102]) U.B.III, Nr. 1733, S. 595, vom 21. Mai 1414.

den beiden Vikaren des Königs wegen deren Nichtausfolgung zu verantworten[103]. Dem Vertreter des Weissenburger Kapitels, der mit diesem Auftrag nach Schäßburg entsandt worden war, antwortete der Graf, der hier ein Haus besaß, daß er diese Besitzungen auf besonderen Befehl und Auftrag des Königs besetzt halte und innehabe und nicht herausgeben wolle, solange er nicht vor der Person des Königs erscheinen könne[104]. Der Szeklergraf rechnete offensichtlich mit der starken anderweitigen Inanspruchnahme des zum Römischen König gewählten Luxemburgers, dazu auf die Widerstände anderer Machtfaktoren gegen die Ansprüche der vom König geschützten Kronstädter. Als das Einschreiten des siebenbürgischen Bischofs erfolglos blieb, beauftragte der in Koblenz weilende Herrscher den Erzbischof von Gran, er, als Vertreter des Königs, möge den Szeklergrafen zum Gehorsam zwingen[105]. Wir kennen das unmittelbare Ergebnis dieses Eingreifens nicht. Die langdauernde Abwesenheit des auf dem Konstanzer Konzil (1415) mit der Ordnung kirchlicher Angelegenheiten beschäftigten Herrschers ließen energische Maßnahmen Sigismunds in Siebenbürgen nicht geraten erscheinen. Die starken freundschaftlichen Beziehungen, die König Sigismund zu der führenden Kronstädter adligen Patrizierfamilie Sander zu unterhalten für nötig hielt, gingen auch nach dem Tode von Stadtpfarrer Thomas weiter. Wenn dieser Herrscher am 14. September 1416 aus dem fernen Calais – also vom Gestade des Atlantik – in der Angelegenheit der im fernen Siebenbürgen gelegenen Besitzungen Tohan und Zernescht zugunsten des Antonius Sander zu entscheiden für richtig hielt[106], war dies ein Ausdruck dafür, welche Wichtigkeit er seiner Kronstädter Position beimaß.

Um aber die Gegensätze nicht weiter zu verschärfen, drängte die Angelegenheit zu einem Vergleich. Während die Heiligleichnams-Bruderschaft der Kronstädter Marienkirche laufend Zuwendungen aus den Einkünften von Zernescht und Tohan erhielt, wurde die Frage des Besitzrechtes dieser Dörfer schließlich in einer der letzten Regierungshandlungen Sigismunds, am 16. Oktober 1437, geregelt. Der König genehmigte die Übertragung des Besitzrechtes des Kronstädter Bürgers Antonius Sander und seines Soh-

---

[103]) U.B.III, Nr. 1733, S. 595, vom 21. Mai 1414.
[104]) U.B.III, Nr. 1741, S. 611, vom 13. Juli 1414.
[105]) U.B.III, Nr. 1752, S. 630/631, vom 29. August 1414.
[106]) U.B.IV, Hermannstadt 1937, Nr. 1799, S. 14, vom 14. Sept. 1416

nes Peter an außerhalb Kronstadts lebende und daher dem Status der Stadt nicht unterstehende Adlige. Denn hinter der allzu durchsichtigen Kulisse der Kronstädter Heiligleichnams-Bruderschaft der Marienkirche verbarg sich der Anspruch der zu beträchtlichem Reichtum gelangten Stadtbewohner auf das bisher nur dem Adel vorbehaltene Recht auf Beteiligung an königlichem Domänenbesitz, um damit Kronstadt den Aufstieg zu einem dem Adel ähnlichen Rechtsstand zu sichern[107].

Das besondere Interesse König Sigismunds an Kronstadt wuchs mit dem wirtschaftlichen Aufstieg und der damit verbundenen zunehmenden Steuerleistung und Abgabebereitschaft von dessen Bürgern. Die Thronstreitigkeiten, die das Osmanenreich nach der gegen die Tataren verlorenen Schlacht von Angora (1402) erschütterten, führten für längere Zeit zur Einstellung der türkischen Einfälle gegen Siebenbürgen. So konnten sich die Vorteile des Kronstadt verliehenen Stapelrechtes auswirken: die Stadt wurde bald zu einem wichtigen Handelsplatz für Siebenbürgen und die benachbarten rumänischen Länder. Die damals für den Handel nach der Walachei festgesetzten Zollsätze für die im Transit eingeführten ausländischen feinen Textilwaren sowie für die aus den Nachbarländern eingeführten Naturprodukte Vieh, Wein, Wolle und Spezereien waren für lange Zeit gültig. Als Grundlage dafür galt im allgemeinen der Dreißigst-Zoll, der beim Törzburger Kastell von den Leuten des Szeklergrafen eingehoben wurde[108]. So wurden damals die Grundlagen für eine Reihe ähnlicher von den Wojwoden der Walachei Kronstadt verliehener, im Laufe des 15. Jahrhunderts immer wieder bestätigter Handelsprivilegien gelegt, obwohl die Anfänge dieser Beziehungen auf die bereits im 14. Jahrhundert verliehenen – aber verloren gegangenen – Handelsprivilegien zurückgehen, auf die sich die später gewährten ausdrücklich berufen[109]. Ähnliche Absicherungen vermochte Kronstadt für seinen

---

[107]) U.B.IV, Nr. 2298, S. 643/644, vom 16. Oktober 1432.
Der Streit um die beiden untertänigen, zur Törzburger königlichen Domäne gehörenden Dörfer Zernescht und Tohan war damit keineswegs zu Ende. Er wurde in der zweiten Hälfte des 15. Jahrhunderts mit gleicher Heftigkeit weitergeführt.
[108]) U.B.III, Nr. 1692, S. 544.
[109]) Dazu: I o n B o g d a n, Relațiile Țării Românești cu Brașovul [Die Beziehungen des Walachei mit Kronstadt], Bukarest, 1905.

Handel mit der Moldau gegenüber den Ansprüchen des Szeklergrafen — gestützt auf den siebenbürgischen Wojwoden Stibor durchzusetzen[110]. Für die Ausweitung des Kronstädter Handels innerhalb Siebenbürgens war das von König Sigismund den Bewohnern des Kronstädter Distriktes im Jahre 1408 verliehene Recht bedeutsam, alle Arten von selbsterzeugten Textilwaren in Siebenbürgen nicht nur in Ballen, sondern auch nach der Elle gemessen, zu vertreiben[111].

An Stelle des Fernhandels mit ausländischen teuren und feinen Waren der Anjouerzeit, der die Grundlage für den Aufstieg des Kronstädter Handelsplatzes gebildet hatte, war mit der größeren Aufnahmefähigkeit des siebenbürgischen Marktes und der benachbarten rumänischen Fürstentümer Moldau und Walachei allmählich die Erzeugung und der Vertrieb von billigeren Warenartikeln in den Mittelpunkt getreten. Den Absatz dieser von den vielen neugegründeten Handwerkstätten Kronstadts hergestellten Waren gegen die Konkurrenz der anderen siebenbürgischen Städte, ja der freien Gemeinden des benachbarten Distriktes zu sichern (wie sie im Textilgewerbe vor allem in Erscheinung trat), bildete ein wichtiges Ziel der Handelspolitik Kronstadts. Damit trat der neue Gegensatz zwischen Kronstadt und der ihm ursprünglich völlig gleichberechtigten Provinz (des Distriktes) in Erscheinung[112].

Die mit der Thronbesteigung Murat's II. (1420) eingetretene Konsolidierung des Osmanenreiches führte zur Wiederaufnahme der türkischen Eroberungszüge in Europa und damit zur Erneuerung der Einfälle nach Siebenbürgen. Bereits 1421 wurde das noch unvollständig befestigte Kronstadt nach dem Zeugnis seiner Wandchronik der dortigen Marienkirche von einem vom Sultan selbst geführten türkischen Heer eingenommen und weitgehend geplündert und zerstört. Der auf den nahen befestigten Gesprengberg geflüchtete Kronstädter Rat wurde gefangen genommen und ver-

---

[110]) U.B.III, Nr. 1697, S. 544.
[111]) U.B.III, Nr. 1625, S. 470.
[112]) R a d u   M a n o l e s c u, Relaţiile economice ale Braşovului cu Ţara Românească şi cu Moldova în sec. XIV-XVI [Die Handelsbeziehungen Kronstadts mit der Walachei und der Moldau im 14.-16. Jh.], Bukarest, 1963.

schleppt. Durch zwei in den Jahren 1421[113] und 1422[114] herausgegebene Erlässe suchte König Sigismund dem schwer heimgesuchten Kronstadt und den umliegenden Gemeinden zu Hilfe zu eilen. Mit seinem am 4. Juni 1422 herausgegebenen Erlaß befreite er die Bewohner Kronstadts von der Entrichtung des Martinszinses für die Dauer von zehn Jahren, um diesen in seiner Gänze zum Bau der Stadtmauern verwendet zu sehen. Desgleichen wurden die Gemeinden Honigberg, Brenndorf, Heldsdorf und Weidenbach, die unter dem türkischen Einfall am meisten zu leiden hatten, für die Dauer von zehn Jahren von der Entrichtung des Martinszinses enthoben[115].

In beschleunigtem Rhythmus erhoben sich nun im Zinnental – zwischen Zinne, Warthe und Schloßberg – die durch Gräben, Palisaden, Wälle und ausgedehnte Teiche verstärkten Stadtmauern[116] Kronstadts. Sie wurden stellenweise durch Türme, Zwinger und Basteien sowie vor allem durch befestigte Stadttore verstärkt[117]. Der Ausbau und die Verstärkung der Stadtbefestigungen bildete bis in die Mitte des 17. Jahrhunderts eine ständige Aufgabe und Sorge der Stadt, während die Verteidigung der einzelnen Abschnitte der Stadtmauern den Zünften oblag. Die Einführung der Feuerwaffen machte am Ende des 15. Jahrhunderts die Errichtung von zwei außerhalb der Stadtmauern am Wartheberg gelegenen befestigten Türmen – des Schwarzen und des Weißen Turmes – notwendig. Sie sollten verhindern, daß sich der Feind dort festsetzte und aus unmittelbarer Nähe seine Brandpfeile und Handfeuerwaffen gegen das Stadtinnere richtete. Zwischen Bergspitze und Sattel gelegen, nahm die Burg auf der Zinne ein ungewöhnlich großes Areal (28000 m^2) ein[118]. Als Flieh- und Wachtburg zugleich,

---

[113]) Wandchronik in: Quellen IV. S. 2 und Joseph Teutsch's Besondere Nachricht vom Burzenland, in Quellen IV. S. 52.

[114]) U.B.IV, Nr. 1910, vom 4. Juni 1422.

[115]) U.B.IV, Nr. 1911, vom 4. Juni 1422.

[116]) H a n s G o o s, Die Baugeschichte der Befestigungswerke. In: Das Burzenland, Kronstadt, S. 76-106 und: G u s t a v T r e i b e r, Die Anlage der Befestigungswerke. Ebenda, S. 59-76.

[117]) G u s t a v T r e i b e r a.a.O., S. 75/76.

[118]) G u s t a v T r e i b e r, Die Anlage der Brassoviaburg und: F r i t z S c h u s t e r, Die Geschichte der Brassoviaburg. In: Das Burzenland IV. Die Dörfer des Burzenlandes, I.Teil, 1929. S. 78-79, S. 79-86.

sollte sie vor allem verhindern, daß sich der Feind hier festsetzte und die Stadt unmittelbar bedrohte. Da die Errichtung von Burgen und die Befehlsgewalt über ihre Besatzungen zu den Aufgaben des Kronstädter (Szekler) Grafen und seiner Kastellane gehörte, bildete die Burg auf der Zinne für die autonomen Rechte des zu eigener Wehrhaftigkeit gelangten Kronstadt eine lästige Überwachung und Bevormundung, einen ständigen Stein des Anstoßes.

Nach Errichtung dieser Befestigungsanlagen wurde Kronstadt zu einem der stärksten Plätze Siebenbürgens und als solcher auf der Balkanhalbinsel allgemein bekannt.

Doch die Bevorzugung, deren sich Kronstadt von seiten König Sigismunds erfreute, rief auch weiterhin den starken Unmut des Szeklergrafen, seiner Kastellane und Dienstleute hervor. Besonders war dies bei Petrus de Pelsöcz der Fall, dem Sohn eines ehemaligen Palatins von Ungarn, der sich der beginnenden territorialen Autonomie des Kronstädter Distriktes energisch entgegenstellte. Er sah in ihr eine Beeinträchtigung seiner Grafenrechte. Besonders bedrängte er die Bewohner des ihm unmittelbar benachbarten Marktes Marienburg, wo er ihm zustehende Gerechtsame zäh verfocht, z.B. das Salzregal[119].

Die Gegensätze zwischen Kronstadt und dem Törzburger Kastellan des Szeklergrafen gipfelten im Jahre 1427 in einer blutigen Auseinandersetzung, in deren Verlauf die Kronstädter den in ihren Mauern weilenden Kastellan Petrus von Gyapol gefangen nahmen und einkerkerten und zwei — nach anderen Angaben drei — seiner Dienstleute erschlugen[120]. Es geschah dies zu einer Zeit, als Kaiser und König Sigismund in Begleitung seiner Gemahlin Barbara, von seinem Hofstaat umgeben, mehr als ein halbes Jahr in

---

Dazu auch: A l e x. F e r e n c z i, Die Bauperiode der Burgkirche der Brassoviaburg auf der Zinne bei Kronstadt; Siebenb. Vierteljahrschrift 1936, S. 180-184.

[119]) U.B.IV, Nr. 1931, S. 190. Durch diese im Jahre 1423 erlassene Urkunde nahm Sigismund die Bewohner des Marktes Marienburg, des einstigen Verwaltungsmittelpunktes des Burzenlandes, gegen Übergriffe des Szeklergrafen wirksam in Schutz. Die Geneigtheit des Herrschers gegenüber der Provinz fand außer in der Bestätigung früherer Privilegien auch in seinen wiederholten Aufenthalten hier und in anderen Orten des Burzenlandes — wie Zeiden und Rosenau — ihren Ausdruck.

[120]) U.B.IV, Nr. 2003, S. 281/284.

Kronstadt und im Burzenland weilte. Es bedurfte des diplomatischen Geschickes des Herrschers, um dem ob dieser Gewalttat aufgebrachten Adel Genugtuung zu geben, so daß die Rechte und Interessen Kronstadts nicht beeinträchtigt wurden. Der nach zweiunddreißig Tagen freigelassene Kastellan forderte für die ihm angetane Unbill einen Schadenersatz in der Höhe von 100 Goldgulden. Sigismund betraute mit der Untersuchung des Falles ein für solche Fälle vorgesehenes Forum, und zwar das Großwardeiner Kapitel. Dessen Delegierte sollten die Klage und die Forderungen des Kastellans sowie die Gegenklagen und Forderungen des Kronstädter Richters und des Rates untersuchen und dann die Höhe des zugefügten Schadens bestimmen. Durch die Ablenkung der Streitsache auf die Ebene des Rechtsweges wurde ihr die ursprünglich innewohnende subjektive Komponente entzogen und der Fall in ein ruhiges Fahrwasser gelenkt.

Der länger als ein halbes Jahr währende Aufenthalt Kaiser Sigismunds und seines Hofstaates in Kronstadt hatte 1427 mehrere Gründe[121]. Sigismund war bestrebt, sein durch den Hussitenkrieg angeschlagenes militärisches Prestige durch eine erfolgreiche kriegerische Unternehmung gegen die bedrohlich auftretenden Türken wiederherzustellen[122]. Diese hatten gerade damals die Walachei – sein machtpolitisches Vorfeld – und dessen Wojwoden Radu unter ihre Botmäßigkeit gebracht. Den Feldzug gegen die Türken galt es lange und gründlich vorzubereiten. In dem Bestreben, diese Stadt zu einem starken und wehrhaften Stützpunkt und zu einer autonomen, ihm unterstehenden Gebietskörperschaft auszubauen, trafen sich die Interessen des Herrschers und die der Kronstädter. Daher

---

[121] J o s e f D e é r, Zsigmond király honvédelmi politikája [König Sigismunds vaterländische Verteidigungspolitik]. In der Zeitschrift: Hadtörténeti Közlemények (Kriegsgeschichtliche Mitteilungen). Budapest, 1936, Jg. 37, S. 1-57, S. 169-202.

[122] Dazu: G. B e c k m a n n, Der Kampf Kaiser Sigismunds gegen die werdende Weltmacht der Osmanen. Gotha 1902, S. 6-8 und: I. M i r c e a, Principatele Romăne și politica orientală a împăratului Sigismund [Die rumänischen Fürstentümer und die orientalische Politik Kaiser Sigismunds]. Bukarest 1919. Darin verfolgt und untersucht der Verfasser die abenteuerliche und unkonsequente Außenpolitik des Luxemburgers, durch die er seine Nachbarn mit Mißtrauen erfüllte. Es war dies eine der Ursachen für das Scheitern seiner Zielsetzungen.

war Letzteren der ungewöhnlich lange und gewiß mit erheblichen Kosten verbundene Aufenthalt des Königs und seines Hofstaates willkommen. Daß in dieser Zeit Kronstadt und das Burzenland für die Bestreitung der Auslagen große materielle Lasten auf sich nahmen, fiel bei dem von ständigen Geldnöten bedrängten Luxemburger gewiß entscheidend ins Gewicht.

In der Gewohnheit, im Unterschied zu den meisten Städten in Kronstadt nicht einen Bürgermeister (magister civium), sondern einen Stadtrichter (judex) an die Spitze der Stadtverwaltung zu stellen, kommt der besondere historische Status des Burzenlandes sinnfällig zum Ausdruck. Dieser letztere trat an die Stelle des Gräwen, des *comes terrestris*. Denn das Burzenland bildete im Unterschied zu den Stühlen einen Distrikt, der dem Gebiet eines Komitates, einer Grafschaft angehörte, die bis ins 15. Jahrhundert bestand. G. E. Müller hebt in der Interpretierung des Ludoviceums für das Jahr 1353 bereits das Vorhandensein von zwei sozialen Schichten in Kronstadt hervor (*cives* und *hospites*), ohne daß sich deren Rechtsstatus genauer bestimmen ließe[122a]. Der Kronstädter Rat bestand im Jahre 1397 aus 16 Mitgliedern, später setzte er sich nach dem Beispiel Kölns nur aus 12 Ratsherren zusammen[122b].

Eines der Regalien, die Kronstadt damals gewährt wurden, waren die Einkünfte sämtlicher Mühlen auf Kronstädter Gemarkung, soweit sie bisher dem Szeklergrafen und zur Törzburg gehört hatten[123]. Es war dies nur ein Ausdruck dafür, daß in der inneren Verwaltung Kronstadts und seiner Provinz die Zuständigkeit des den Kronstädter Grafen vertretenden Szeklergrafen aufgehört hatte und dessen Rechte nunmehr sich auf formelle Repräsentation und einige ihm zustehende Einkünfte beschränkten.

[122a]) Dazu: G. E. M ü l l e r, Stühle und Distrikte als Unterabteilungen der siebenb.-deutschen Nationsuniversität. Hermannstadt, 1943, S.73.

[122b]) Ebenda S. 60. [Vgl. auch die weiterführenden Untersuchungen von M a j a P h i l i p p i in diesem Bande.]

[123]) Das Mühlenregal, das im Burzenland sowohl der Szeklergraf, in seiner Eigenschaft als Kronstädter Graf, als auch die Stadt Kronstadt und einige freie Marktgemeinden wie Tartlau, Marienburg für sich beanspruchten, bildete den ständigen Gegenstand von Auseinandersetzungen, Sigismund mußte wiederholt eingreifen, z.B. U.B.IV, Nr. 2013, S. 308, 19. Juni 1427.

Der Aufstieg Kronstadts zum Mittelpunkt einer Gebietskörperschaft machte den Bau einer Gerichts- und Ratsstube, eines Rathauses nötig. Auf Grund einer Vereinbarung mit der Kürschnerzunft errichtete der Kronstädter Distrikt über der auf dem Marktplatz gelegenen Laube jener Zunft seine Amtsstuben. Der Distrikt übernahm im Jahre 1420 zugleich die Verpflichtung, das darüber befindliche Dach in gutem Zustand zu erhalten. So entstand in den darauffolgenden Jahren der mit einem hohen Turm versehene Kern des stattlichen Kronstädter Rathauses[124].

Trotz der schweren Einbußen, die der verheerende Türkeneinfall verursacht hatte, nahm der Umfang der Handelsbeziehungen Kronstadts zu den Nachbarländern in den darauffolgenden Jahren erheblich zu. Dies war besonders mit der Moldau der Fall, die unter den türkischen Überfällen damals noch nicht in solchem Maße zu leiden hatte wie die an das Osmanenreich unmittelbar angrenzende Walachei.

Der aus dem intensiven Warenverkehr zu den Nachbarländern sich ergebende beträchtliche Zoll verlockte die Dienstleute des Szeklergrafen im Törzburger Schloß (das nach dem Tode des Wojwoden Mircea und seines Sohnes Michael wieder in die Verwaltung des Königs zurückgefallen war) zu Behinderungen des Kronstädter Warenhandels durch Einhebung von willkürlichen Zollgebühren und Warenabgaben[125]. In gleicher Weise versuchte der benachbarte Szeklerstuhl Sepsi den Kronstädter Handel nach der Moldau zu stören. Dies führte – auf Vorstellung der Kronstädter – zum Einschreiten König Sigismunds und zur Sicherstellung der Rechte Kronstadts durch die Ausstellung neuer Privilegien[126]. Der vertraglichen Absicherung der Ein- und Ausfuhr sowie des Durchgangshandels zur Walachei diente eine Reihe von Privilegien, die die Wojwoden der Walachei (Radu II., Dan II., Vlad Dracul) den Kronstädtern ausstellten[127].

---

[124]) U.B.IV, Nr. 1886, S. 130/131 vom 23. Dezember 1420.
[125]) U.B.IV, Nr. 1864, S. 101 vom 7. Juni 1419.
[126]) U.B.IV, Nr. 1861, S. 97 vom 5. Juni 1419.
[127]) Die Kronstadt von seiten der Wojwoden der Walachei im XV. Jahrhundert gewährten Handelsprivilegien finden sich im Wortlaut bei I o n   B o g d a n, Documente privitoare la relațiile Țării Românești cu Brașovul și Țara Românească în sec. XV și XVI [Urkunden betreffend die

Die Zurücksetzung des Szeklergrafen in dessen Eigenschaft als Kronstädter Graf zu Gunsten der Bewohner Kronstadts führte zu Gegensätzen mit den anderen siebenbürgischen Ständen, was der Heeresstärke und damit den politischen und militärischen Plänen Sigismunds zur Rückgewinnung der Walachei abträglich war. Sein im Frühjahr 1427 in dieses Nachbarland unternommener Feldzug führte zu keinem Erfolg und mußte bald abgebrochen werden[128]. Der dortige Wojwode Radu II. wechselte vollends in das türkische Lager über. Mit der gründlichen Vorbereitung eines neuen Feldzuges in die Walachei beschäftigt, weilte Sigismund weitere sieben Monate im Burzenland. Emsig war er bestrebt, sich die materielle Unterstützung der Sachsen des Burzenlandes zu sichern. Aus dieser Situation und aus dieser Stimmungslage des Luxemburgers sind die zahlreichen Verleihungen und Bestätigungen von Gerechtsamen an Kronstadt und seinen Distrikt zu erklären, die er in jener

---

Handelsbeziehungen der Walachei zu Kronstadt und Ungarn im XV. und XVI. Jhdt.] I.Bd., Bukarest, 1905. Für die Jahre 1416-1437 vgl. U.B.IV. Dazu R a d u M a n o l e s c u, a.a.O. (Anm. 112).
Aber auch der innersiebenbürgische Handel sowie die Handelsverbindungen Kronstadts zu den großen mitteleuropäischen Märkten z.B. zu Ofen und Wien erfuhren in dieser Zeit einen lebhaften Aufschwung.
Auf Grund der seit dem Ende des XV. Jahrhunderts vorhandenen Kronstädter Stadtrechnungen sind Art und Umfang dieses Handels genau bekannt. Die am Ende jenes Jahrhunderts hauptsächlich vorkommenden Warenposten werden wohl auch zu Beginn des Jahrhunderts vorherrschend gewesen sein. In der Einfuhr aus den beiden benachbarten rumänischen Ländern Walachei und Moldau herrschten Weine, Vieh, Fische, Wolle, Häute und Wachs vor.
Die hauptsächlichsten Ausfuhrartikel Kronstadts in die benachbarten Donauländer bildeten Erzeugnisse aus Leder, Textilfasern und Holz. Mit den wachsenden militärischen Erfordernissen und der Entwicklung der Waffentechnik kamen im Laufe des XV. Jahrhunderts noch Waffen aller Art und Geräte aus Eisen hinzu.
Die mit der Bezeichnung »braşovenii« benannten Kronstädter Serienartikel (z.B. bemalte Truhen und Holzflaschen) machten die Stadt über das Gebiet der rumänischen Fürstentümer hinaus auch in der nördlichen Balkanhalbinsel allmählich bekannt.
[128]) Im April 1427 urkundete König Sigismund, auf einem Feldzug gegen die Türken begriffen, in Cîmpulung (Langenau), U.B.IV, Nr. 2001, S. 289.

Zeit freigebig gewährte (u.a. Verleihung des Wochenmarktrechtes an Rosenau[129]; Entscheidung im Streit um den Besitz von Zernescht und Tohan und Ausdehnung des Eigentumsrechtes Kronstadts auf deren ganzes Gebiet)[130]. Besonders dieses letzte Privileg kann wegen seines ihm eigenen warmen Tones als Ausdruck persönlicher, menschlicher Beziehungen, die dieser nationalen Regungen gegenüber gewiß unempfängliche Herrscher zu den Bewohnern Kronstadts unterhielt, gewertet werden. In überschwänglichen Wendungen werden hier die Leistungen und Opfer, die die Kronstädter in der Abwehr und in der Verteidigung der Christenheit und seiner Länder vor der schrecklichen Türkengefahr vom Kaiser und König anerkannt und gewürdigt und damit die Gewährung neuer Gerechtsame gerechtfertigt[131]. Freilich blieben die an den langen Aufenthalt Sigismunds in Kronstadt geknüpften Hoffnungen unerfüllt. Sein im Juli 1427 unternommener Feldzug gegen die Walachei[132] blieb ebenso erfolglos, wie der im darauffolgenden Jahr 1428 folgende größeren Umfangs in Serbien, in dem der Luxemburger in der Schlacht bei Golumbovatz an der Donau eine empfindliche Niederlage hinnehmen mußte.

Während dieses Feldzuges erließ König Sigismund aus seinem Feldlager bei Kubin 1428 das bedeutendste Privileg für die Kronstädter, das – in sieben Punkten ihre Gerechtsame zusammenfassend – einen wichtigen Markstein auf dem Weg des Aufstieges dieser Stadt zu einer völlig autonomen territorialen Gebietskörperschaft bedeutete und damit eine neue geschichtliche Situation einleitete.

Ohne den Rechtsstatus des mittelalterlichen feudalen Ungarns zu verletzen, legte das Privileg von 1428 den autonomen Status Kronstadts und der 13 deutschen Gemeinden des Burzenlandes fest. In starker Anlehnung an das deutsche Kolonistenrecht bestätigte er ihren Anspruch auf Benützung der innerhalb der Gemarkungen ihrer Gemeinden gelegenen freien Wälder, Gewässer, Fischteiche und Wiesen. Damit erst war die Voraussetzung zu einem Zusammenwachsen in ein zusammenhängendes Territorium, einer Gebietskörperschaft (Provinz oder Distrikt) geschaf-

---

[129]) U.B.IV, Nr. 2014, S. 314/315.
[130]) U.B.IV, Nr. 2012, S. 300 am 27. Juni 1427.
[131]) U.B.IV, Nr. 2051, S. 365/367.
[132]) U.B.IV, Nr. 2013 vom 4. Juli 1427.

fen. Aus dem gleichen Recht ging das Recht der freien Bewohner auf Wahl ihrer Geistlichen und ihrer weltlichen Amtsleiter (Richter, Hannen, Geschworenen) mit Männern aus den eigenen Reihen hervor. Daraus ergab sich das Recht auf eigene Gerichtsbarkeit, auf eigene Rechtsprechung durch Richter aus den eigenen Reihen. Die richterlichen Befugnisse des Königsgrafen wurden auf Fälle der Kapitalverbrechen beschränkt sowie auf seine Zuständigkeit als Berufungsinstanz und auf seine Beteiligung an Gerichtsgefällen und Strafgeldern. Bei Streitfällen in der Festsetzung und der entsprechenden Beteiligung an solchen Gebühren zwischen Volksrichtern und Grafen wurde durch diese Urkunde im Berufungsverfahren die Zuständigkeit des Gerichtes der Sieben Stühle dafür bestimmt. Damit wurde die Gerichtsbarkeit Kronstadts und des Burzenlandes mit geringen Einschränkungen gewährleistet und zugleich der erste Schritt zum allmählichen Hineinwachsen des Kronstädter Distriktes in den politischen Verband der Deutschen Siebenbürgens getan.

Diese Bestimmungen erfuhren ihre bedeutsame Ergänzung durch die Gewährung der militärrichterlichen Zuständigkeit des Führers des Kronstädter Heerbannes im Kriegsfall über die ihm unterstellte Mannschaft. Damit war ein wichtiger Schritt auf dem Wege zur Erlangung der Kriegshoheit und der Wehrhaftigkeit Kronstadts und seines Distriktes getan. Ihre Ergänzung erfuhren diese wichtigen Gerechtsame durch das Stapelrecht, die Gewährung der vollen Handelsfreiheit im Warenverkehr mit der Walachei (außer der Entrichtung der alten 30-st-Abgaben), den Rechtsschutz gegenüber den Ansprüchen des Szeklergrafen, dessen Leute im Törzburger Schloß willkürlich allerhand Abgaben einzuheben versuchten.

Im Besitze des Rechtes auf Selbstverwaltung, der Steuerhoheit und fast vollständiger eigener Gerichtsbarkeit und Wehrhoheit, sowie großer Handelsprivilegien, war damit Kronstadt und das Burzenland zu einer Gebietskörperschaft eigenen Rechtsstandes aufgestiegen. Die Auseinandersetzungen um die Behauptung und die Erweiterung dieser Rechte sollte sich auch im weiteren Verlauf des 15. und 16. Jahrhunderts fortsetzen.

Der von König Sigismund mit soviel Eifer betriebene Ausbau der Befestigungsanlagen Kronstadts sollte bald seine Früchte tragen. Die Stadt wurde auf diese Weise zu einer bei dem damaligen Stand der Kriegstechnik und angesichts der Schwierigkeit, bei dem Zustand der Wege Kanonen über die Karpaten zu transportieren, zu einer fast uneinnehmbaren Festung, die die Türken in den nächsten Jahren wiederholt vergebens berannten.

Dies war im Jahre 1432 der Fall, als die einfallenden Türken zwar das Burzenland schwer heimsuchten, in Kronstadt jedoch nicht einzudringen vermochten[133]. Auch ihr drei Jahre darauf (1435) wiederholter Kriegszug[134] hatte das gleiche Ergebnis.

Angesichts der beinahe ständigen Abwesenheit des durch eine Vielfalt anderweitiger vordringlicher Aufgaben in seinen vielen Ländern und Staaten beschäftigten Herrschers[135], bereitete Sigismund seine von der türkischen Expansion bedrohte siebenbürgische Südostflanke am Ende seiner Regierung eine ständige Sorge. Er war daher bestrebt, die Türkenabwehr Siebenbürgens nach Möglichkeit auf eigene Füße zu stellen. Ein Ausdruck dafür war seine im Jahre 1433 erlassene Verordnung, die die Einwohner von Bistritz, Klausenburg und Kronstadt dazu anhielt, die durch die Türkeneinfälle entstandenen Kriegsauslagen mit denen Hermannstadts zu teilen, die diesem aus der Erhaltung eines Grenzwächterkorps und aus der Ausschickung von Kundschaftern erwachsen waren[136]. Der weitere Ausbau dieser eigenständigen siebenbürgischen militärischen Verteidigungsorganisation (der Plajaschen) sollte jedoch im Gebiet von Kronstadt am besten gelingen.

---

[133]) Quellen IV S. 2.

[134]) U.B. IV, Nr. 2221, S. 561.

[135]) Durch die Türkeneinfälle von 1432 und 1435 scheint Kronstadt schwer heimgesucht worden zu sein. Den Angreifern gelang es jedenfalls, in den Stadtteil Petri, der dem Dominikanerkloster zunächst gelegen war, einzudringen und große Zerstörungen anzurichten. Der mit seiner Wahl zum Römischen Kaiser beschäftigte, in der Ferne weilende Herrscher vermochte hier kaum zu helfen. Um sein angeschlagenes Prestige einigermaßen wieder herzustellen, schenkte König Sigismund durch seine am 25.9.1437 ausgestellte Urkunde seinen in der Nähe jenes Klosters gelegenen, damals verwüsteten und aller Gebäude entblößten königlichen Hofbesitz (Nunc desertam et aedificiis destitutam in civitate nostra Brassoviensi ex opposito claustri beatorum Petri et Pauli apostolorum existentem) zugunsten der im Bau befindlichen Martinskapelle (U.B.IV, Nr. 2296, S. 642).

[136]) U.B.IV, Nr. 2169, S. 493/494, 24. Februar 1433.

Der den Siebenbürgern von König Sigismund noch kurz vor seinem Tod in Aussicht gestellte große Feldzug (7. Februar 1437) gegen die Türken sollte jedoch – wie viele andere seiner Zusagen – leere Versprechung bleiben[137]. So ergab sich im Burzenland damals die merkwürdige Lage, daß die uneingeschränkte Bewahrung des königlichen Domänenbesitzes mehr im Interesse der Szeklergrafen lag – der aus den Einkünften jener Besitzungen die Auslagen für die militärische Verteidigung dieses Gebietes zu bestreiten hatte – als in dem des Herrschers. Dem in ständigen Geldnöten steckenden Luxemburger erschien es zeitweilig wichtiger, durch solche Vergabungen sich die Gefolgschaft der maßgebendsten Bürger und auf diese Weise die reichlichere materielle Unterstützung dieser wohlhabenden Stadt zu sichern[138]. Dies war umso eher geboten, weil mit dem Ausbau der Stadtbefestigungen Kronstadts sich der Schwerpunkt der militärischen Verteidigung des Burzenlandes allmählich von den königlichen Grenzburgen nach der zentral gelegenen Stadtfestung verlagerte. Es ist nur zu verständlich, daß der Adel und auch der Szeklergraf diese zu der von ihm bisher geführten Heeresorganisation fremde, ihm nicht unmittelbar unterstehende militärische Präsenz der Stadtbürger mit Mißtrauen betrachtete und deren zunehmende Bedeutung nur widerwillig hinnahm.

Die am Ende seiner Regierung immer häufiger in Erscheinung tretenden militärischen und politischen Mißerfolge des Luxemburgers ließen es ihm indessen geraten erscheinen, sich nicht durch unüberlegte Handlungen auch noch das Vertrauen und die Unterstützung des mächtigen ungarischen Adels zu verscherzen. So waren der Kronstadt fördernden Politik Sigismunds bald enge Grenzen gesetzt; ja er blieb damit in den Anfängen stecken. Sie genügten aber, um den wirtschaftlichen, politischen und militärischen Aufstieg Kronstadts zu ermöglichen.

[137]) U.B.IV, Nr. 2278, S. 623/624, vom 7. Februar 1437.

[138]) In der Überlieferung Kronstadts blieb die sonst so umstrittene Gestalt dieses Herrschers noch für Jahrhunderte lebendig. Ein Ausdruck dafür war das im Torgewölbe des Klostergässer Tores von Kronstadt bis ins 18. Jhdt. sichtbare Fresko König Sigismunds. Es zeigte den Luxemburger mit langem rotem Bart und Haar, angetan mit den Abzeichen des römischen Kaisers. Es war dies ein Ausdruck dafür, daß Sigismund in der Erinnerung der Kronstädter als Hersteller und Wahrer der Gerechtigkeit fortlebte.

Gestützt auf solche Privilegien vermochte das im Spannungsfeld der machtpolitischen Auseinandersetzungen zwischen Osmanenreich und christlichem Abendland gelegene wehrhafte Kronstadt im Verlaufe des 15. Jahrhunderts, ein bedeutender Waffenplatz und ein Arsenal des Türkenbesiegers Johannes Corvinus (Hunyadi), als wichtigstes Handelsemporium Siebenbürgens für die benachbarten rumänischen Länder – Moldau und Walachei – zu einem fast selbständigen politischen Faktor von beinahe hanseatischen Ausmaßen und geschichtswirksamer Prägung aufzusteigen.

Les débuts de Kronstadt et son développement en cité Urbaine

La présente étude montre le développement de Kronstadt (roum. Braşov, hongr. Brassó) à partir du IXe/Xe siècle, époque de sa première colonisation connue, en tant que centre d'une corporation autonome, qui englobait Kronstadt et treize autres communes saxonnes importantes du Burzenland (roum. Ţara Bîrsei, hongr. Barcaság).

Les quatre phases les plus importantes de ce développement sont les suivantes:
1. Devant l'instabilité politique, qui régnait dans son pays, le roi hongrois André II chargea l'Ordre des chevaliers teutons, par le biais d'un acte de donation, de la défense et de la colonisation du Burzenland. A l'appel de cet ordre vinrent s'installer des colons allemands de toutes les classes sociales existant au moyen âge. Aux endroits d'importance stratégique il construisit des fortifications et fonda des églises paroissiales saxonnes. Le statut de ces communautés paroissiales autonomes constitua la base de l'association des communes saxonnes.
2. Sur l'invitation du roi Bela IV, il y eut une nouvelle vague de colonisation dans la deuxième moitié du XIIIe s., mais de nombreuses invasions taratares gênèrent le développement de Kronstadt.

3. Les nouveaux colons offrirent, avec d'autres, leur aide au roi Charles Robert, de la famille d'Anjou, pour lutter contre les envahisseurs. A la suite à cette alliance le roi encouragea généreusement le développement de Kronstadt. Ajoutons que le 'Ludoviceum', privilège de 1353, accordé par le roi Louis I, garantit aux citoyens le droit d'élire librement les responsables de leur institutions autonomes. Grâce à cette protection Kronstadt put se transformer en une véritable cité urbaine dès la première moitié du XIVe s.

Le roi Sigismund de Luxembourg, favorisa particulièrement la ville. Il était en effet conscient de sa situation stratégique favorable et de son importante force économique dans le cadre de sa politique de défense vers l'est. Elle était en outre son alliée dans sa lutte contre les puissantes familles oligarchiques hongroises. De plus il se rendait compte de la grande influence dont jouissait le clergé et tenta de gagner sa faveur par son soutien et l'octroi de privilèges. Le roi Sigismund encouragea largement la construction de remparts et de fortifications en mesure de résister à plusieurs invasions turques. Le commerce extérieur devint extrêmement florissant et contribua à l'epanouissement de l'artisanat local.

4. Le dernier pas décisif fut le privilège des 1428, accordant à la ville l'autonomie administrative, le droit de lever l'impôt, le droit, à quelques exceptions près, de rendre la justice, la souveraineté militaire ainsi que d'autres privilèges commerciaux, qui avaient pour but de rendre la Transylvanie indépendante dans sa lutte de défense contre les Turcs.

The Beginnings of Kronstadt and its Urbanization

The present study gives an outline of the development of Kronstadt from its earliest documented settlements in the 9th and 10th centuries up to its rise to a center of an autonomous corporations, comprising the area around Kronstadt and 13 other rural communities.

Four main stages can be traced out in the course of its development.

1. In 1211, the Order of German Knights (Deutscher Ritterorden) was called into the country by the Hungarian King Andrew II, because of political difficulties, and was entrusted with the colonization and defence of the Burzenland; the Knights brought in German settlers of all medieval social classes, they built fortifications at places of strategic importance and established Saxon parish churches. It was this exceptional position of ecclesiastical autonomy that became the basis of the unification of the Saxon rural communities.

2. By order of King Bela IV, a new immigration wave took place in the second half of the 13th c.; the frequent invasions of the Tartars, however, hampered Kronstadt from prospering.

3. King Karl Robert of Anjou made the new settlers his allies in his constant fight against the Tartars. The resulting generous support of the development of Kronstadt together with the so-called Ludoviceum of 1353, issued by Louis I, giving the citizens the right to elect freely the members of their autonomic administration, introduced the third stage. In the first half of the 14th century already, Kronstadt can be considered an urban settlement. King Sigismund of Luxemburg, aware of Kronstadt's advantageous strategic situation and its economic force, made it the base for his eastrn policy and also made use of the town when fighting against the mighty Hungarian oligarchic families. Realizing the great importance and influence of the clergy, he gained their favour by granting them privileges and support. As King Sigismund urges on building city walls and defence works, Kronstadt finally was able to resist several Turkish invasions. Long-distance trade expanded greatly, which made local trades flourish.

4. The last decisive step in Kronstadt's development was receiving privilege of 1428, granting the rights of administrative autonomy, self-government and taxation, almost independent jurisdiction, military sovereignty and trade privileges, thus making Transylvania independent in its fight against the Turks.

DIE BEVÖLKERUNG KRONSTADTS IM 14. UND 15. JAHRHUNDERT

Siedlungsverhältnisse und ethnische Zusammensetzung[1]

Von Maja Philippi

Abkürzungen

Ub.	»Urkundenbuch zur Geschichte der Deutschen in Siebenbürgen«, Band 1-6, Hermannstadt (1-4)-Bukarest (5+6) 1892-1981
A.S.B.	Arhivele Statului Braşov (Staatsarchiv Kronstadt)
A.B.N.B.	Arhivele Bisericii Negre Brasov (Archiv der Schwarzen Kirche, Kronstadt)
M.B.S.M.	Mitteilungen des Burzenländer Sächsischen Museums
Quellen	Quellen zur Geschichte der Stadt Kronstadt, Band 1-8/I Kronstadt 1886-1926
Archiv	Archiv des Vereins für siebenbürgische Landeskunde
Kbl.	Korrespondenzblatt des Vereins für siebenbürgische Landeskunde
Collectanea	Tartler-Tausch „Collectanea zu einer Particulär-Historie von Cronstadt", 1. Band 1741, 2. Band 1820 fg. im Staatsarchiv Kronstadt

Die mittelalterliche Geschichte Siebenbürgens ist dadurch geprägt, daß in diesem Land durch die Jahrhunderte drei Völker neben- und miteinander lebten – Rumänen, Ungarn und Sachsen –, daß sie gemeinsam in diesem Lande arbeiteten, für seine Unabhän-

---

[1]) Die Gedanken vorliegender Arbeit wurden von der Verfasserin zum erstenmal in einer vorläufigen Form in einem Aufsatz der Karpaten-Rundschau (28. März 1975) unter dem Titel »Ein Beispiel des Zusammenlebens. Die Bevölkerungsverhältnisse von Alt-Kronstadt« zusammengefaßt und in einer Aufsatzreihe über „Die Vorstädte des mittelalterlichen Kronstadt" (Karpaten-Rundschau 1979, Nrn. 21,23,26,27,29) weitergeführt.

gigkeit kämpften und sich auf mannigfaltige Weise gegenseitig beeinflußten. Wie wohl keine andere der siebenbürgischen Städte widerspiegelt das mittelalterliche Kronstadt diese Besonderheit. Denn in dieser Stadt lebten, schon in ihren ältesten Zeiten, alle drei siebenbürgischen Völker, die heute noch in der Stadt leben. Die Bevölkerungsstruktur Kronstadts im 14. und 15. Jahrhundert ist von diesem Standpunkt aus noch keiner wissenschaftlichen Untersuchung unterzogen worden. Dabei bietet gerade die Geschichte dieser Stadt die interessante Möglichkeit, das Zusammenleben verschiedener ethnischer Elemente auf dem Boden einer mittelalterlichen Stadt zu untersuchen. Das Bild Kronstadts, das wir in früheren Arbeiten in seiner sozialen Vielfalt zu zeichnen versucht haben[2], wäre unvollständig, wollten wir nicht auch die Vielfalt und Besonderheit berücksichtigen, die sich aus der nationalen Zusammensetzung ergab.

Die Darstellung nationaler Verhältnisse in der Geschichte setzt, auch wenn es sich um geschichtlich weit zurückliegende Zeiträume handelt, vom Verfasser nicht nur dokumentierte Kenntnisse, sondern auch einen besonderen Takt voraus. »Sine ira et studio«, dieser Leitsatz des Historikers gilt auf keinem Gebiete so wie dort, wo es sich um nationale Problemstellungen handelt. Nicht die Beeinflussung oder die Bezugnahme auf bestehende Verhältnisse, sondern nur die leidenschaftslose Darstellung gewesener Verhältnisse soll hier Ziel und Aufgabe des Historikers sein. Dabei gilt es, manche Vorurteile abzubauen, die aus der Sicht des 19. und beginnenden 20. Jahrhunderts in die siebenbürgische Geschichtsschreibung — aller drei Nationalitäten — Eingang gefunden haben[3].

---

[2] M. P h i l i p p i »Cives civitatis Brassoviensis. Untersuchungen über die Sozialstruktur des Bürgertums von Braşov (Kronstadt) im 14. und 15. Jahrhundert« in: Revue roumaine d'histoire, tome XV, 1976/1 S. 13-28.
— »Die Unterschichten der siebenbürgischen Stadt Braşov (Kronstadt) im 14. und 15. Jahrhundert«, ebenda, tome XVI, 1977/4 S. 657-687.

[3] In der Einstellung zur nationalen Problematik fühlt sich die Verfasserin von einem Buch bestätigt, das ähnliche Problemstellungen der mittelalterlichen Geschichte zum Gegenstand hat. Es ist das Buch »Deutsch und Undeutsch im mittelalterlichen Reval« von Paul Johansen und Heinz von zur Mühlen (Köln-Wien 1973), in dem die beiden Verfasser, von »der für

Die frühen Siedlungskerne

Vorliegende Arbeit setzt sich zum Ziel, die nationale Zusammensetzung der Bevölkerung Kronstadts im Mittelalter auf Grund der erhaltenen schriftlichen Quellen zu untersuchen. Da für die ersten eineinhalb Jahrhunderte der Stadtgeschichte diese vollkommen fehlen, können wir mit unseren Untersuchungen erst um die Mitte des 14. Jahrhunderts einsetzen; wir wollen sie bis zum Ende des 15. Jahrhunderts führen, jedoch werden wir versuchen, auch einige Ausblicke in die Weiterentwicklung der nationalen Verhältnisse im 16. Jahrhundert zu geben.

Als Ausgangspunkt unserer Untersuchungen sei es uns erlaubt, die Siedlungsverhältnisse auf dem Gebiet der späteren Stadt vor der Einwanderung der Siebenbürger Sachsen und vor der Stadtgründung im 13. Jahrhundert kurz zu umreißen. Wegen des Fehlens schriftlicher Quellen können diese nur mit Hilfe archäologischer Untersuchungen festgestellt werden. Diese sind am Anfang des 20. Jahrhunderts durch das damalige Burzenländer Sächsische Museum begonnen, nach 1944 durch das Kreismuseum von Braşov-Kronstadt fortgesetzt worden. Die Ergebnisse dieser Untersuchungen wurden von Ioan Pop 1968 folgendermaßen zusammengefaßt[4]:

Die zahlreichen archäologischen Funde in der Umgebung der Stadt beweisen eine Besiedlung dieser Gebiete in frühmittelalterlicher Zeit bis zum 12. Jahrhundert. Die Keramikscherben aus dem 12. Jahrhundert, die eine relativ primitive Verarbeitung aufweisen, gehören einer Spätform der in dieser Zeit in Siebenbürgen verbreiteten Ciugud-Kultur an[5], sind also einer Bevölkerung, die vor der Einwanderung der Siebenbürger Sachsen hier siedelte, zuzuschreiben.

---

die Historiker selbstverständlichen Forderung nach Unvoreingenommenheit und Objektivität« ausgehend, sich zum Ziel setzen, »den Deutschen und den Undeutschen in gleichem Maße gerecht zu werden«. »Deutsch und undeutsch zugleich empfinden zu können – in dieser Kunst wollen wir uns üben« ist der Leitspruch, den sie über ihr Werk stellen.

[4]) I o a n P o p, Date arheologice privitoare la istoria Braşovului in secolul IX-XII, in: Cumidava, Band II, 1968, S. 9 ff.

[5]) Verwandte Formen bei Karlsburg-Alba Iulia, Hammersdorf-Guşteriţa u.a.

Auf dem Gebiet des späteren Kronstadt zeichnen sich in dieser Zeit vor allem zwei Siedlungskerne ab: Der eine lag in der Oberen Vorstadt von Kronstadt (Şcheii Braşovului). Bei den Salamonsfelsen, am südlichen Ende der heutigen Stadt, fanden Julius Teutsch, der Begründer des Burzenländer Sächsischen Museums, und Erich Jekelius 1913 Reste menschlicher Siedlungen, die von der jüngeren Steinzeit über die Bronzezeit bis zur jüngeren Eisenzeit (La Tène) reichen. Ebenso stießen sie hier auf Keramik aus frühmittelalterlicher Zeit, die sie einer dako-romanischen Bevölkerung zuschrieben, die sich in späteren Jahrhunderten wahrscheinlich mit slawischen Ansiedlern vermischte[6].

Ebenfalls in der durch das ganze Mittelalter von einer rumänischen Bevölkerung besiedelten Oberen Vorstadt stellte Gustav Treiber auf Grund des heute noch bestehenden Straßengrundrisses »die älteste mittelalterliche Siedlung« auf Stadtgebiet fest. Sie liegt an den Abhängen des Rattenberges südlich der heutigen orthodoxen Nikolauskirche. Treiber sah in diesem ältesten Kern die Siedlung der Burgbesatzung der Burg auf der Zinne, die »schon vor der deutschen Einwanderung bestand[7]«. Die rumänische Bezeichnung für eine der hier liegenden kleinen Gassen »Cutun«[8] weist auch darauf hin, daß sich hier eine kleine selbständige Siedlung befand.

Der zweite frühmittelalterliche Siedlungskern, der sich archäologisch nachweisen läßt, lag auf dem Gebiet des heutigen Stadtviertels Bartholomae und auf dem daneben liegenden Gesprengberg. Neben zahlreichen Keramikfunden wurden hier Reste einer alten Erdenburg mit doppeltem Wall ausgegraben, die unter der aus der 2. Hälfte des 13. Jahrhunderts datierten Steinburg lagen[9]. Da die

---

[6]) Julius Teutsch, Die Salamonsfelsen bei Kronstadt in: Bericht des Burzenländer Sächsischen Museums in Kronstadt 1913, S. 24-31; I. P o p, a.a.O. S. 14 ff.

[7]) Das Burzenland, 3. Band Kronstadt, Kronstadt 1928, S. 50 f.

[8]) rumänisch *cătun* = Weiler.

[9]) Die Grabungen wurden begonnen von Gustav Treiber, siehe: Die Burg auf dem Gesprengberg, in M.B.S.M. 2. Jahrgang, 1927, S. 45. Da der Gesprengberg inzwischen für industrielle Zwecke abgetragen wird, wurden diese Grabungen 1956-1957 vom Nationalmuseum für Altertümer (Muzeul Naţional de antichităţi) in Bukarest fortgesetzt. Deren Ergebnisse in: A. D. Alexandrescu - N. Constantinescu, Săpăturile de salvare de pe dealul Sprenghi, in: Materiale şi cer-

deutsche Besiedlung des Burzenlandes erst Anfang des 13. Jahrhunderts durch den Deutschen Ritterorden erfolgte und da diese Gebiete damals auch von Ungarn und Seklern noch nicht besiedelt worden waren[10], folgert I. Pop, daß die früheren Funde bis zum späten 12. Jahrhundert der bodenständigen rumänischen Bevölkerung zuzuschreiben sind[11].

Von diesen beiden Siedlungskernen muß der zuletzt genannte bei Bartholomae spätestens beim Tatareneinfall von 1241 zugrunde gegangen sein, da sich in historisch erfaßbarer Zeit keine Spuren mehr von ihm finden. Der Siedlungskern in der Oberen Vorstadt, in dem, wie schon erwähnt, das vorauszusetzende rumänische Element sich mit slawischen Zuwanderern vermischt hatte[12], überdauerte durch seine geschützte Lage in den Bergen und abgesichert durch das inzwischen davor gebaute *Corona* den Tatarensturm und erscheint in den späteren schriftlichen Zeugnissen mit einer kompakten rumänischen Bevölkerung.

Wir müssen also annehmen, daß 1211, als König Andreas II. den Deutschen Ritterorden zum Schutz gegen die Einfälle der Kumanen ins Land rief und ihm das Burzenland als Lehen verlieh[13], in den engen und steilen Tälern der späteren Oberen Vorstadt von Kronstadt bereits eine kleine rumänische Siedlung bestand. In ihre direkte Nachbarschaft, jedoch schon am Übergang in die breite Burzenländer Ebene, legte der Deutsche Ritterorden in den folgenden Jahren wahrscheinlich **drei ursprünglich getrennte sächsische Siedlungen** an: die bäuerliche Siedlung **Bartholomae** unter dem Gesprengberg und die Siedlung unter dem **Martinsberg**, wahrscheinlich das

---

cetări arheologice 1959/VI, S. 667 ff. – A. D. A l e x a n d r e s c u, Contribuții la cunoașterea populației autohtone în feudalismul timpuriu în Țara Bîrsei, in: Cumidava, Band VII, 1973, S. 50.

[10]) Als Beweis dafür wird der Brief des siebenbürgischen Bischofs Wilhelm von 1213 angeführt, siehe Ub. I, Nr. 27.

[11]) I. P o p, a.a.O. S. 19; vgl. auch S t e f a n P a s c u, Voievodatul Transilvaniei, București 1971, S. 124 f.

[12]) Darauf weist sowohl der rumänische Name dieses Stadtviertels – Șcheii (von slavus) – als auch der größte Teil der Straßen- und Flurnamen hin; vgl. darüber auch W. H o r w a t h, Wallburgen aus dem Burzenlande, in M.B.S.M., 5. Jahrgang 1944, S. 38.

[13]) Ub. I, Nr. 19.

alte Brascho. Diese beiden Siedlungen wuchsen in späteren Jahrhunderten zusammen und bilden unter dem Namen »Altstadt« eine der Vorstädte Kronstadts. Die dritte, wahrscheinlich auch noch von den Deutschen Rittern angelegte sächsische Siedlung war das im Tal unter der Zinne gelegene, von Anfang an als Stadt gegründete C o r o n a, 1235 zum erstenmal urkundlich erwähnt[14]. Archäologische Funde aus frühmittelalterlicher Zeit sind vereinzelt auch in der »Blumenau« gefunden worden, die in historisch erfaßbarer Zeit als dritte Vorstadt Kronstadts erscheint, hauptsächlich mit ungarischer Bevölkerung.

Die Bevölkerung im 14. Jahrhundert

Im Folgenden sollen nun die S i e d l u n g s v e r h ä l t n i s s e in Kronstadt und die nationale Zusammensetzung seiner Bevölkerung i m 1 4. u n d 1 5. J a h r h u n d e r t untersucht werden, soweit sie sich auf Grund von schriftlichen Quellen ergeben.

Spätestens im 14. Jahrhundert war es Corona gelungen, sich die 4 räumlich voneinander getrennten Siedlungskerne verwaltungs- und gerichtsmäßig unterzuordnen und dadurch zu einer Stadt zusammenzuschließen, die nun in den Urkunden sowohl unter dem

---

[14]) Die Siedlungsverhältnisse für das 13. und die erste Hälfte des 14. Jahrhunderts sind, da schriftliche Quellen fehlen, auf Grund topographischer Daten von G é z a B a k ó und G e r n o t N u s s b ä c h e r untersucht worden. B a k ó - N u s s b ä c h e r, Block-Struktur anno 1300, Karpaten-Rundschau 1971, Nr. 51; d i e s e l b e n, Hundertmannschaften und Gerichtsstühle, Neuer Weg, 27.XI.1976; G. B a k ó, So wuchs die Stadt im Osten, Karpaten-Rundschau, 10.XI.1972; d e r s e l b e, Óbrassó, in: Brassói Lapok, 19.III.1970; d e r s e l b e, Brassó topográfiája a XIII-XV században, in: Brassói Lapok, 15.X.1977 (Nr.41); P a u l B i n d e r, Unde a încheiat Mircea cel Bătrîn tratatul brașovean din 1395 ?«, in: Cumidava, Band V, S. 59 ff. Das Werk von P a u l N i e d e r m e i e r, Siebenbürgische Städte, 1979 (Siebenbg. Archiv 15), konnte nicht mehr verwendet werden, da die Arbeit bei dessen Erscheinen schon abgeschlossen war.

Namen Corona, als auch unter dem Namen Brassovia erscheint. Die Führung der Stadt lag in der Hand der sächsischen Oberschicht von Corona (»Innere Stadt«), während die Bewohner der Vorstädte kein aktives Bürgerrecht hatten. Es ist daher nicht verwunderlich, daß in den wenigen schriftlichen Quellen, die aus dem 14. Jahrhundert erhalten sind und bei denen es sich meist um Privilegien politischer, wirtschaftlicher und kirchlicher Natur handelt, die Vertreter dieser sächsischen Führungsschicht erscheinen. Daraus darf jedoch noch nicht geschlossen werden, daß es schon im 14. Jahrhundert ein ausschließliches Bürgerrecht für Sachsen in der Inneren Stadt von Kronstadt gegeben hat, wie dies dann im 17. und 18. Jahrhundert tatsächlich der Fall war[15]. Die nationale Absonderung, die in der späteren sächsischen Geschichte bis in das 19. Jahrhundert zum völkischen Prinzip wurde, hat es in den früheren Jahrhunderten in dieser Schärfe nicht gegeben. Gerade die aufstrebenden Städte waren Anziehungspunkte für wirtschaftlich tüchtige Elemente, die, auch national gesehen, aus verschiedenen Einzugsgebieten stammten, wie Gustav Gündisch dies für Hermannstadt nachgewiesen hat[16]. Für Kronstadt kam noch hinzu, daß die Stadt im 14. Jahrhundert noch nicht selbständig war, daß vielmehr Verwaltung und Gerichtswesen noch zum großen Teil dem Grafen des Komitates Brascho unterstanden, der sie durch seine ungarischen Beamten ausübte. Es ist anzunehmen, daß diese Beamten auch in der Stadt Wohnung nahmen, wo sie in die führenden sächsischen Geschlechter einheirateten, die, wenigstens zum Teil, ebenfalls dem ungarischen Beamtenadel entstammten. Es ist eine bekannte

---

[15]) Das ausschließliche Bürgerrecht für Deutsche in den sächsischen Städten Siebenbürgens wurde 1781 von Joseph II. aufgehoben.

[16]) G ü n d i s c h wies nach, daß in Hermannstadt, wo die Urkunden für das 14. Jahrhundert zahlreicher sind, sich immer wieder Handelsunternehmer nicht nur aus dem damaligen Ungarn und aus Deutschland, sondern vor allem auch aus Italien (Florenz) und dem polnischen Raum niedergelassen haben, die dann in die führenden Familien einheirateten; siehe G. G ü n d i s c h, Gab es ein sächsisches Patriziat ?, in: Karpaten-Rundschau 20.IX.1974 (38). Ebenso wissen wir, daß in den nördlichen Gebieten der deutschen Ostkolonisation, sowohl im wendischen, als auch im baltischen Raum (Riga, Reval) bis in das 14. Jahrhundert die Erwerbung des Bürgerrechtes durch Nichtdeutsche durchaus möglich war; J o h a n s e n − v o n z u r M ü h l e n, a.a.O. S. 5-27.

Tatsache, daß in jener Zeit die ständische Zugehörigkeit mehr Gewicht hatte als die nationale. Es war also durchaus möglich, daß auf diesem Weg Personen ungarischer Herkunft Bürger der Stadt wurden, ja selbst in führende städtische Ämter aufsteigen konnten. Wir besitzen für das 14. Jahrhundert einige Nachrichten, die diese Annahme unterstützen.

Einer der ersten namentlich bekannten Kronstädter war Comes Jacobus, der 1353 in den Urkunden als Hann (villicus) von Kronstadt, 1364 und 1368 aber als Stadtrichter erscheint. In dem Freibrief Ludwigs I. von 1353 wird seine Ahnenreihe angeführt; er heißt hier Jacobus filius Nicolai filii Sandur[17]. Nun ist Sándor, in den Urkunden des 14. Jahrhunderts meist Sandur geschrieben, die ungarische Form von Alexander, ein Name, der bei ungarischen Adligen jener Zeit häufig, bei Sachsen jedoch kaum vorkommt. Es wäre also möglich, daß dieser bedeutende Kronstädter Stadtrichter von einem ungarischen Vorfahren abstammte, der in seiner Eigenschaft als Beamter des Grafen von Brascho sich in der Stadt niedergelassen hatte.

Dasselbe könnte auch bei der in Kronstadt am Ende des 14. und am Anfang des 15. Jahrhunderts berühmten Familie Sander de Santa Agatha der Fall gewesen sein, deren bedeutendste Vertreter der Pleban Thomas, sein Vetter Anthonius und dessen Sohn Petrus waren. Anthonius erscheint in zahlreichen Urkunden unter dem Namen Anthonius Sander oder Sanderi, jedoch kommt auch die Form Anthonius filius Michaelis dicti Sandor vor[18], so daß eine Ableitung des Namens Sander von Sándor nicht ausgeschlossen erscheint.

Aus dem Jahr 1360 ist eine Urkunde erhalten, der zufolge ein gewisser Benedictus filius Johannis filii Dominicii de Hydwegh Anspruch auf Besitztümer in Kronstadt erhebt, darunter Steinhäuser[19], die er von seinem Großvater mütterlicherseits, Nicolaus, dem Sohn des Paulus, einst Stadtrichters von Kronstadt, geerbt hatte[20]. Auch hier scheint es sich um die Verschwägerung einer ungarischen

---

[17]) Ub. I, Nr. 677.
[18]) Ub. II, Nr. 1733, 1752.
[19]) Domus lapideae constructae.
[20]) Ub. II, S. 755 f.

Adelsfamilie mit einer Kronstädter sächsischen Familie zu handeln, durch welche des Grafengeschlecht derer von Hidweg (Hăghig) in den Besitz von Häusern in Kronstadt kam.

Wenn derartige Nachrichten für Kronstadt auch sehr selten sind, so zeigen sie doch, daß es im 14. Jahrhundert auch für Nichtsachsen, in diesem Fall ungarische Adlige oder deren Nachkommen, möglich war, in Kronstadt Hausbesitz und Bürgerrecht zu erwerben. Da diese Fälle nicht häufig waren, konnten diese zugewanderten Familien leicht von der sächsischen Bevölkerung assimiliert werden. Nachrichten aus späterer Zeit beweisen — wovon unten noch zu sprechen sein wird —, daß bis zum Anfang des 16. Jahrhunderts auch Personen aus der Mittelschicht, die nichtsächsischer Abstammung waren, Hausbesitzer in der Inneren Stadt von Kronstadt werden konnten.

Eine interessante Urkunde bezüglich der Bevölkerungsverhältnisse Kronstadts vom Ende des 14. Jahrhunderts ist die Bulle Papst Bonifatius IX. von 1399[21]. In ihr wird berichtet, daß in Kronstadt, das »an der Grenze der Christenheit« liegt, neben den Rechtgläubigen (Katholiken) auch eine Menge (»multitudo«) von Griechen, Walachen, Bulgaren und Armeniern sowie andere Ungläubige (Orthodoxe) leben, die in besagter Stadt auch ihre eigene Kirche haben. Da diese Ungläubigen jedoch den Wunsch ausgesprochen hätten, zum rechten Glauben bekehrt zu werden, so verleiht der Papst allen Rechtgläubigen, die dieses Bekehrungswerk unterstützen, Ablaß ihrer Sünden für 4 Jahre und 40 Tage.

Im Zusammenhang mit dieser Urkunde muß auf die Versuche der katholischen Kirche im Mittelalter hingewiesen werden, die rumänische Bevölkerung in Siebenbürgen und in den rumänischen Fürstentümern zu ihrem Glauben zu bekehren. Schon bei der Verleihung des Burzenlandes an den Deutschen Ritterorden hatte die päpstliche Kurie ihre Hand im Spiel gehabt. Die Ausweitung ihres Machtbereiches über den Karpatenbogen hinaus war dabei ihr Ziel gewesen. Nach dem Scheitern dieser Pläne infolge der Vertreibung des Ritterordens wurde außerhalb des Karpatenbogens, spätestens 1228 das Bistum Milcov gegründet, dessen Aufgabe nicht nur die Christianisierung der heidnischen Kumanen, sondern vor allem auch die Bekehrung der »ungläubigen«, d.h. orthodoxen Rumänen

---

[21]) Ub. III, Nr. 1445.

war. Auch Kronstadt gehörte 1235 zu diesem Bistum, das jedoch durch den Tatareneinfall von 1241 zerstört wurde und trotz verschiedener Wiederbelebungsversuche seine Tätigkeit nicht wieder aufnahm[22]. Auch die Gründung katholischer Bistümer in der Walachei und Moldau führte in Bezug auf die Bekehrung der dortigen Rumänen zu keinem Ergebnis. Seiner Lage im äußersten Südosten Siebenbürgens entsprechend spielte Kronstadt bei diesen Missionsversuchen der Kurie eine besondere Rolle. Ja es wurde im 15. Jahrhundert von Rom aus auch erwogen, das Milcover Bistum mit Sitz in Kronstadt neu zu begründen. In diesem Zusammenhang muß die Urkunde von 1399 gesehen werden, die sich allerdings nur auf die Bekehrung der in Kronstadt selbst lebenden Orthodoxen bezieht, die der katholischen Kurie um so mehr ein Dorn im Auge sein mußten, als sie hier auch eine eigene Kirche hatten, die sie in ihrer Glaubensausübung bestärkte[23].

Für uns ist die Nachricht über die nationale Zugehörigkeit dieser »Ungläubigen« von Interesse. Wer waren diese »Griechen, Walachen, Bulgaren und Armenier«, die in der Bulle erwähnt wurden? Bei den Griechen und Armeniern kann es sich unseres Erachtens nach nur um Kaufleute gehandelt haben, die in der Stadt zwar häufig verkehrten, aber nicht in ihr ansässig waren. Wir besitzen keinerlei urkundliche Anhaltspunkte, die darauf hinweisen, daß es sich bei diesen um ständige Bewohner der Stadt gehandelt habe[24].

Anders steht es mit den Rumänen, die damals Walachen genannt wurden, und den Bulgaren. Auf Grund der erwähnten archäologischen Funde bis zum 12. Jahrhundert, und der schriftlichen Belege des späten 15. Jahrhunderts, zwischen denen gerade die Papstbulle

---

[22]) Über das Milcover Bistum siehe: Istoria Romaniei Band II, Bucureşti 1962, S. 161 f. – F r i e d r i c h T e u t s c h, Geschichte der evangelischen Kirche in Siebenbürgen, 1. Band, Hermannstadt 1911, S. 33 ff. K a r l R e i n e r t h, Aus der Vorgeschichte der sieb.-sächs. Reformation. Ein Beitrag zur Geschichte des Milkover Bistums. In: *Archiv*, 50. Band, 1941, S. 3-70. D e r s e l b e, Meine Fahrt zum Milkower Bistum. In: Jahrbuch 1962 des Siebenbürgischen Hauskalenders, S. 52−54.

[23]) ».... infidelium multitudo quandam ecclesiam in oppido praedicto pro eorum et cultu deorum habentium ....«, Ub. III, Nr.1445.

[24]) Der starke Zuzug griechischer, weniger armenischer Kaufleute nach Kronstadt erfolgte erst im 17. Jahrhundert.

von 1399 die Brücke schlägt, ist nicht daran zu zweifeln, daß es im Frühmittelalter in der Oberen Vorstadt von Kronstadt eine kontinuierliche slawisch-rumänische Bevölkerung gegeben hat. Die erwähnte orthodoxe Kirche könnte die Holzkirche gewesen sein, die in späteren Chroniken erwähnt wird und neben die am Ende des 15. Jahrhunderts eine Steinkirche — die Vorläuferin der heutigen Nikolaus-Kirche — gebaut wurde[25]. Über die rumänische Bevölkerung Kronstadts im 15. Jahrhundert wird weiter unten ausführlicher gehandelt werden.

Das Problem der „Bulgaren".

Die B u l g a r e n, die 1399 in der Papstbulle erwähnt werden, sind, wie aus zahlreichen, wenn auch späteren Belegen hervorgeht, am Ende des 14. Jahrhunderts in Kronstadt eingewandert. Nach der Kronstädter Überlieferung handelte es sich dabei um Hilfsarbeiter, die vom Stadtrat zum Bau der 1383 begonnenen neuen Marienkirche angeworben und in die Obere Vorstadt angesiedelt wurden. Tatsächlich finden wir in den ältesten Kronstädter Steuerregistern vom Ende des 15. Jahrhunderts in der Oberen Vorstadt 2 Straßenkomplexe, die den Namen »Bulgaria« oder »Dy belgerey« führen. Diese Bezeichnung — Belgerei (ungarisch Bolgárszeg) — wurde später auf die ganze Obere Vorstadt übertragen und hielt sich bis ins 19. Jahrhundert. Die Einwohner dieser Vorstadt wurden von den Sachsen »Belger« — lateinisch bulgarus — genannt.

Die Ansiedlung der Bulgaren in der Oberen Vorstadt von Kronstadt ist ein in der lokalen rumänischen Forschung viel diskutiertes Problem. Einige Forscher lehnen die Tatsache ihrer Ansiedlung überhaupt ab[26], andere versuchen sie früher zu datieren als das

---

[25] C o r i n a N i c o l e s c u, Die St. Nikolaus-Kirche in Şcheii Braşovului, Bukarest 1967, S. 11-13. — Siehe auch C a n d i d C. M u ş l e a, Biserica Sf. Nicolae din Şcheii-Braşovului, Band I, Braşov 1943. Die Ergebnisse der vor einigen Jahren anläßlich der Restaurierung der Kirche durchgeführten Grabungen sind leider noch nicht veröffentlicht worden.

[26] N. I o r g a, Braşovul şi Românii, Bucureşti 1905, S. 311 ff.; I o n P o d e a, Monografia judeţului Braşov, vol. I, Braşov 1938, S. 46 ff.; N. I o r g a führt — allerdings ohne die Sache näher zu untersuchen — die Bezeichnung Belgerey für die Obere Vorstadt sowie die zahlreichen slawi-

Ende des 14. Jahrhunderts[27]. Der größte Teil der Forscher läßt die Zuwanderung zwar gelten, bestreitet aber, daß es sich ethnisch um Bulgaren gehandelt habe[28].

Wie lassen sich diese Fragen auf Grund der schriftlich erhaltenen Quellen beantworten? Die ältesten Belege für die Existenz von Bulgaren in Kronstadt sind, wie erwähnt, die Papstbulle von 1399, und die etwa 80 Jahre später liegenden Eintragungen der Straßen Belgerey oder Bulgaria in den Kronstädter Steuerregistern[29]. Die weiteren Nachrichten stammen aus einer späteren Zeit und sind ein Niederschlag der mündlichen Überlieferung zu einer Zeit, da diese »Bulgaren« längst vollkommen romanisiert waren.

Der erste Bericht über den Ursprung der Bulgaren in Kronstadt findet sich in einer rumänischen Quelle aus der Mitte des 17. Jahrhunderts. Es ist die Chronik des Popen Vasile (gestorben 1659), des ersten bekannten rumänischen Chronisten der Stadt[30]. Popa Vasile begann seine Chronik mit den Worten: »Anno mundi 6900, anno Christi 1392 sind die Bulgaren hier an diesen Ort (id est bei Cronstadt) kommen.« Diese Nachricht ist dann von den rumänischen und sächsischen Chronisten des 18. Jahrhunderts sowie von der späteren Geschichtsschreibung übernommen worden[31].

---

schen Flur- und Straßenbezeichnungen hier auf wesentlich frühere slawische Einflüsse bei der Entstehung dieser rumänischen Bevölkerung zurück.

[27]) C a n d i d C. M u ş l e a, a.a.O., vol. I. Braşov 1943, S. 29.

[28]) S t e r i e S t i n g h e, Intemeierea oraşului Braşov şi originea românilor din Şcheii Braşovului, Braşov 1938, S. 11. – Ebenso N. P o p, C. L a c e a, A. P r o c o p o v i c i; ihre Ansicht zitiert bei C. M u ş l e a a.a.O. S. 20 ff.

[29]) Im Quartal Corporis Christi 1480 »Dy belgerey«, im Quartal Petri 1486 »Bulgaria«, Quellen, III., S. 692 und 751.

[30]) Diese Chronik ist in ihrer ältesten Überlieferung in deutscher Übersetzung erhalten, veröffentlicht in Quellen, 5. Band, S. 1-5.

[31]) Die älteste in rumänischer Sprache erhaltene Kronstädter Chronik des R a d u T e m p e a (gest. 1742) beruht in ihrem ersten Teil auf der Chronik des P o p a V a s i l e, Istoria sfintei biserici a şcheilor Braşovului, Cluj 1969, S. 57 ff. Von den sächsischen Chronisten übernahmen die Angaben des Popa Vasile T h o m a s T a r t l e r, Collectanea, Band 1, S. 75 f., S. 351 ff.; J o s e p h T e u t s c h, Kurzgefaßte Jahr-Geschichte von Siebenbürgen, besonders Burzenland, 1743, in: Quellen, Band 2, S.

Wenn die Angaben des Popen Vasile auch aus einer relativ späten Zeit stammen, so darf ihre Glaubwürdigkeit wohl doch nicht angezweifelt werden. Popa Vasile stammte aus einer angesehenen Familie der Oberen Vorstadt von Kronstadt, aus deren Reihen im 16. und 17. Jahrhundert fast 100 Jahre lang — 1566-1659 — die Protopopen (Oberpfarrer) der Nikolaus-Kirche gewählt worden waren. Sein Großvater Dobre, sein Vater Micha und sein Bruder Costandin hatten vor ihm dieses Amt bekleidet. Diese Kontinuität im Pfarramt bürgt für die Glaubhaftigkeit seiner Informationsquellen[32].

Im übrigen wurden die Obervorstädter Rumänen nicht nur von den Sachsen Belger oder Bulgaren genannt. Auch sie selber, sowie die Rumänen südlich der Karpaten, in der Walachei, nannten sie so[33].

Die Tatsache also, daß (etwa) 1392 Bulgaren in der Oberen Vorstadt von Kronstadt angesiedelt wurden, kann wohl nicht bezweifelt werden. Ihre Glaubwürdigkeit wird erhöht durch die etwa gleichzeitigen Ereignisse auf dem Balkan, wo 1389 das serbische Zarat in der Schlacht am Amselfeld zusammenbrach, während 1393 das bulgarische Zarat nach der Eroberung seiner Hauptstadt Tîrnovo durch die Türken dasselbe Schicksal ereilte. Die Herrschaft der Türken hatte damit die Donau erreicht. Es ist bekannt, daß in diesen Jahren ein großer Flüchtlingsstrom sich aus den Balkanländern über die Donau in die von den Türken noch unabhängigen Länder ergoß, der nicht nur die Walachei, sondern auch Siebenbür-

---

98; P a u l R o t h, Zubereitung auf des Römischen Kaysers Majestät Josephs des 2-ten Ankunft nach Kronstadt in Siebenbürgen, 1773, in: Collectanea Band 1, S. 525. Von den rumänischen Geschichtsforschern begründete vor allem Sterie Stinghe seine Forschungen auf die Angaben der erwähnten Chronisten; S t e r i e S t i n g h e, a.a.O. S. 6 f.

[32]) Über den Popen Vasile siehe S e r a p h i n, Quellen, 5. Band, S. I ff. Daß die Ansiedlung der Bulgaren für die Kronstädter Rumänen ein denkwürdiges Ereignis war, das in ihrer Überlieferung eine große Rolle spielte, beweist auch die Tatsache, daß alle Datierungen bis in das 17. Jahrhundert auf folgende drei Arten erfolgen: »anno Christi ..., ab Adamo (oder anno mundi) ..., ab adventu Bulgarorum ...«

[33]) Radu cel Mare, Fürst der Walachei, schrieb am Ende des 15. Jahrhunderts einen Brief an die Kronstädter Rumänen: »Scrie Domnia mea vouă Bulgarilor din Brașov.« I. B o g d a n, Relațiile Țării Românești cu Brașovul și cu Țara Ungurească, Band 1, București, 1905, S. 213.

gen und die Moldau erreichte. Daß in diesen Jahren in Kronstadt gleichzeitig mit dem Bau der Befestigungen und mit dem Bau der neuen Marienkirche begonnen wurde, macht die Anwerbung und Ansiedlung dieser Flüchtlinge vom Balkan als Hilfsarbeiter durchaus glaubhaft.

Eine andere Frage ist jedoch, ob es sich bei diesen Ansiedlern tatsächlich auch ethnisch um Bulgaren gehandelt hat. Gerade dieses wird von der rumänischen Forschung in Frage gestellt. St. Stinghe weist darauf hin, daß seit der Zeit des großen bulgarisch-rumänischen Zarates der Assaniden im 13. Jahrhundert, zu dem auch Teile der Walachei gehörten, der Name Bulgaria als geographischer Begriff bei den benachbarten Völkern auch für die Walachei gebraucht wurde, daß also diese sogenannten Bulgaren durchaus auch Rumänen aus der benachbarten Walachei gewesen sein könnten[34]. Dem wäre entgegen zu halten, daß um 1392 die Rumänen der Walachei, die damals von Mircea dem Alten verteidigt wurde, noch keinen Anlaß hatten, vor dem Türkendruck nach Norden auszuweichen; sowie die Tatsache, daß Rumänen aus der Walachei von den Sachsen niemals Bulgaren, sondern immer Walachen genannt wurden. Die Bezeichnung 'Bulgaren' für aus der Walachei stammende Rumänen, ein Volk, das den Sachsen aus engster Nachbarschaft gut bekannt war, ist wenig wahrscheinlich. Dagegen erscheint uns die Ansicht der meisten rumänischen Forscher durchaus wahrscheinlich, daß es sich bei diesen Ankömmlingen zwar um Balkanflüchtlinge, aber nicht um Bulgaren, sondern um Rumänen gehandelt habe, daß also ihr Herkunftsland Bulgaria als geographischer – nicht als ethnischer – Begriff verstanden werden müsse. Es ist bekannt, daß sich nach der Einwanderung der Slawen auf dem Balkan zahlreiche Enklaven der östlichen Romanität erhalten haben, die z.T. auch heute noch bestehen, in früheren Jahrhunderten aber wesentlich stärker waren. Es handelt sich um die sogenannten Aromänen, Megleno-Romänen und Mazedo-Romänen, die eine den Rumänen nördlich der Donau verwandte Sprache sprachen[35]. Die 1972 erschienene Monographie des Burzenlandes

---

[34]) St. Stinghe, a.a.O. S. 11.
[35]) Die Zusammenstellung dieser Argumentation bei C. Muşlea, a.a.O. S. 20 ff.

Die Bevölkerung im 14. und 15. Jh. 105

nimmt an, daß jene Zuwanderer Mazedo-Romänen waren, die sich außer in Kronstadt noch in Rosenau und Zeiden, sowie gleichzeitig auch in anderen Gebieten Siebenbürgens und der rumänischen Fürstentümer niedergelassen hatten und mit der dortigen rumänischen Bevölkerung verschmolzen sind[36].

Die rumänische Forschung begründet ihre Ansicht, daß es sich hier ethnisch gar nicht um Bulgaren gehandelt habe, damit, daß sich bei den Obervorstädter Rumänen in Sprache, Tracht, Sitten und Gebräuchen keinerlei Spuren bulgarischer Herkunft feststellen lassen. Tatsache ist, daß diese Zuwanderer sehr schnell mit der rumänischen Bevölkerung verschmolzen sein müssen und daß die Sachsen, selbst wenn sie diese Bevölkerung – nach ihrem Herkunftsland – Belger nannten, sie doch durchaus für Rumänen hielten. So stammt die erste Erwähnung der Obervortädter Bulgaren von sächsischer Seite außer in den Steuerregistern aus der Feder von Johannes Honterus, der als erster sächsischer Geograph anzusprechen ist. In einem Brief an den Schweizer Humanisten Sebastian Münster (1547/48) beschreibt er seine Vaterstadt und erwähnt dabei, daß eine ihrer Vorstädte von Bulgaren bewohnt sei, fügt aber ausdrücklich hinzu: »hi Valahi sunt«[37].

Die endgültige Beantwortung der Frage nach der Herkunft dieser zugewanderten »Bulgaren« der Oberen Vorstadt von Kronstadt scheint uns beim Fehlen weiterer zeitgenössischer historischer Quellen nur mit Hilfe ethnographischer und linguistischer Argumentationen möglich zu sein.

Dagegen muß auf Grund der historischen Belege die Ansicht abgelehnt werden, die bei den sächsischen Chronisten des 17. Jahrhunderts erscheint und seither die Kronstädter Tradition beherrschte, daß die Obervorstädter Rumänen i n i h r e r G e s a m t h e i t von diesen zugewanderten 'Bulgaren' abstammen, daß also vor deren Ankunft dieser Stadtteil unbewohnt gewesen sei. Die oben erwähnten archäologischen Funde beweisen dessen kontinuierliche Besiedlung, die auf eine bodenständige Bevölkerung, wie sie auch in anderen Gebieten des Burzenlandes bestand, schließen läßt. Dasselbe beweist auch die Papstbulle von 1399, die

---

[36]) Țara Bîrsei I, sub redacția N i c o l a e D u n ă r e, București 1972, S. 50.
[37]) Kbl. 1883, Nr. 6, S. 64.

KRONSTADT

Salomons-
felsen

Bei den Mühlen

Obere Vorstadt

Pe Tocile
Birkengasse (Cacova)
După
Rengasse
Valea tei
Lindental
Pajiște
Anger Hl. Leichnamsg.
Kath.
Brong
of dem
Ziganie
Rech. Str.
Cur canilor
Burggasse
Bredg.
St.
Bu

Rattenberg

△

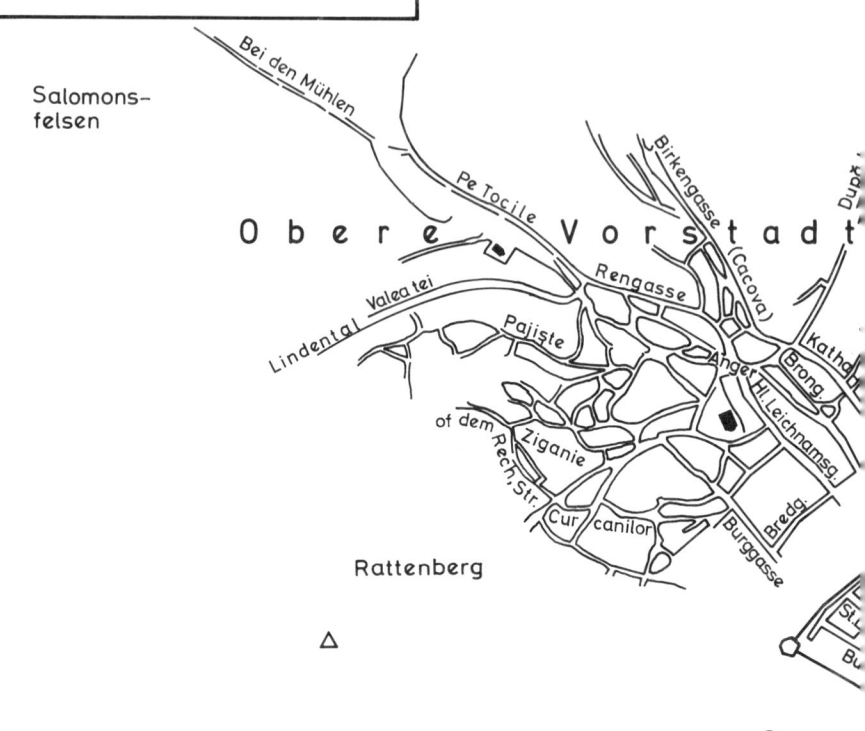

Coro

△
Zinne

Diese Übersichtskarte wurde nach Plänen des 19. Jhs. gezeichnet. Von den vier Stadtteilen war im 15./16. Jh. nur die befestigte Innere Stadt CORONA dicht bebaut. Für die ländliche ALTSTADT kann die Bebauung nach Art des siebenbürgisch sächsischen Straßendorfes, für die anderen Vorstädte eine lockere Bebauung angenommen werden, die im Bereich noch unbenannter Gassen (etwa im Umfeld des ANGERs) auch freie Flächen aufwies.

△ Gesprengberg

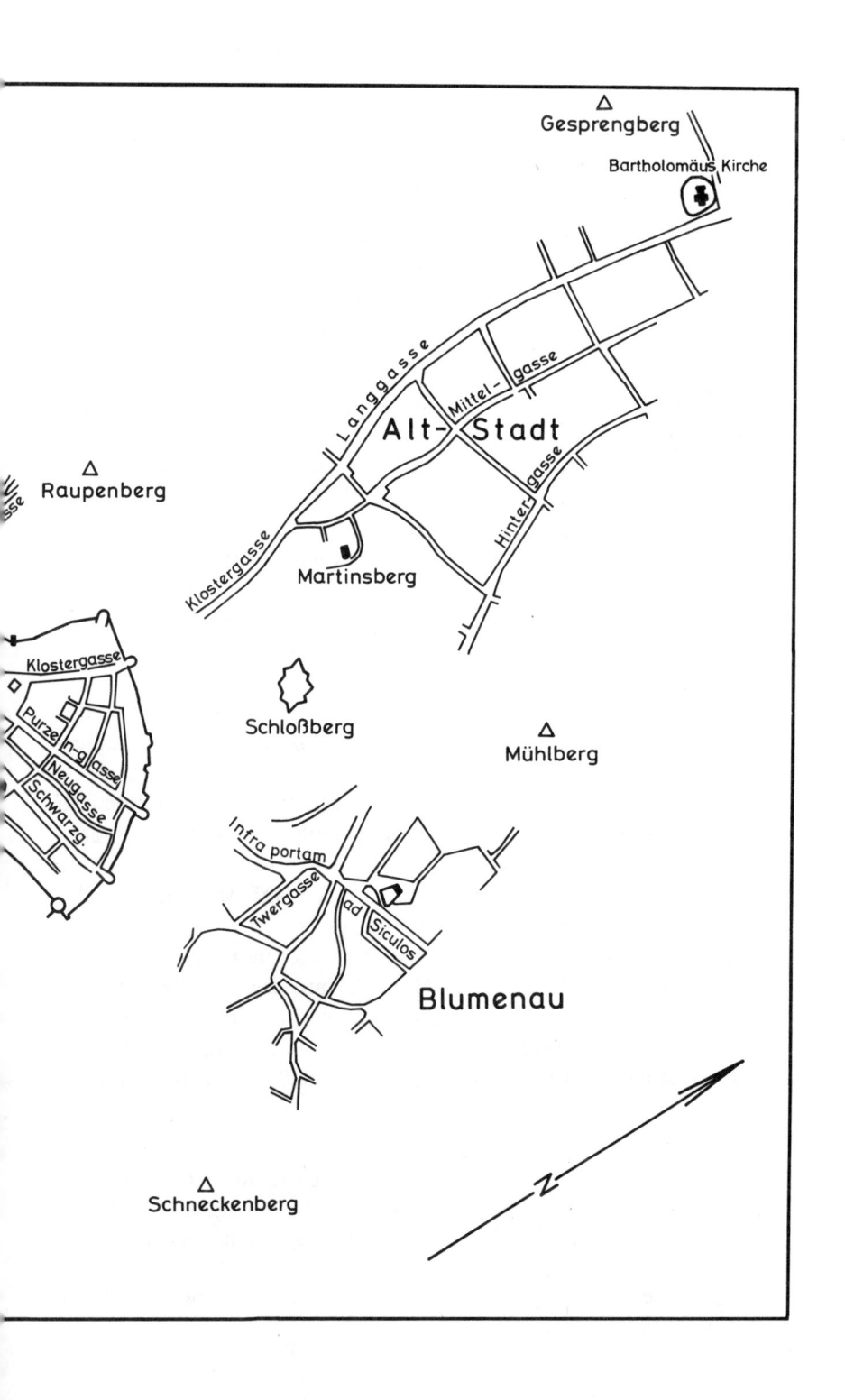

Bartholomäus Kirche

Langgasse

Mittel-gasse

Alt-Stadt

Hinter-gasse

△ Raupenberg

Klostergasse

Martinsberg

Klostergasse

Purzeln-gasse

Neugasse

Schwarzg.

Schloßberg

△ Mühlberg

Infra portam

Twergasse

ad Siculos

Blumenau

△ Schneckenberg

N

nicht nur die Bulgaren, sondern — noch vor ihnen — die Walachen als Einwohner Kronstadts erwähnt. Dieses wäre — wenige Jahre nach der Ansiedlung der 'Bulgaren' — nicht möglich gewesen, wenn nicht damals auch Rumänen, unabhängig von jenen Bulgaren, in der Stadt gewohnt hätten.

Schließlich möchten wir noch auf einen von der rumänischen Forschung bisher nicht beachteten Umstand hinweisen. In den Steuerregistern vom Ende des 15. Jahrhunderts, die also weniger als ein Jahrhundert nach der Ansiedlung der 'Bulgaren' liegen, wird keineswegs die ganze Obere Vorstadt Bulgaria oder Belgerey genannt, wie dies in späteren Jahrhunderten der Fall war, sondern nur zwei bestimmte Straßen oder Straßenkomplexe. Es gab außer diesen in der Oberen Vorstadt noch eine Reihe von Straßen, die ausschließlich oder teilweise von Rumänen bewohnt waren, und die nicht Bulgaria hießen[38]. Ja der größere Teil der Rumänen wohnte nicht in den beiden 'Belgereien', sondern in den übrigen Straßen der Oberen Vorstadt. So wohnten von den im Jahre 1489 erfaßten rumänischen Steuerzahlern nur 39 in den 2 'Belgereien', 72 dagegen in den übrigen Straßen, ein Beweis dafür, daß es in der Oberen Vorstadt eine kompakte rumänische Bevölkerung außerhalb der beiden 'Belgereien' gab.

Zu diesem Tatbestand möchten wir noch ein Argument hinzufügen, das sich aus der topographischen Untersuchung der Oberen Vorstadt ergibt. Die Straßen, in denen wir 1489 eine kompakte rumänische Bevölkerung antreffen, liegen auf der Talsohle des Haupttales, das am Bach entlang aufwärts läuft[39], und in dessen westlichen Seitentälern[40]. Die beiden Belgereien dagegen schließen sich beide südlich an das Haupttal an, die eine liegt an den Bergabhängen des Rattenberges, eines Ausläufers der Zinne, die andere in einem vom Haupttal nach Süden abzweigenden Seitental[41]. Nun ist es wohl selbstverständlich, daß zuerst das Haupttal

---

[38]) Im Quartal Petri die Straße Bey der molen herab, im Quartal Catharinae Dy Ren gasz, Der Anger, Katharingasz, Die burggasz.

[39]) Anger — Prund, Rengasse — Pe tocile, Bey der molen herab.

[40]) Sandgasse, Cacova.

[41]) Die genaue topographische Bestimmung der beiden Belgereien siehe unten S. 123 f.

und später die Bergabhänge und die Seitentäler besiedelt wurden. Als die 'Bulgaren' nach Kronstadt kamen und sich in der Oberen Vorstadt ansiedelten, war also offensichtlich das Haupttal bereits von Rumänen besiedelt, so daß die Neuankömmlinge sich am Rande dieser schon bestehenden Siedlung an den Bergabhängen und in den Seitentälern niederließen. Da sie zahlenmäßig gering waren, derselben Religion angehörten und möglicherweise auch eine ähnliche Sprache sprachen, wurden sie von den ansäßigen Rumänen bald assimiliert, indem sie diesen freilich ihren Herkunftsnamen übertrugen.

Die Steuerregister vom Ende des 15. Jahrhunderts

Die Untersuchung der genauen Siedlungsverhältnisse im alten Kronstadt ist erst vom Ende des 15. Jahrhunderts auf Grund der aus dieser Zeit erhaltenen Steuerregister möglich. Da in diese alle Hausbesitzer namentlich eingetragen sind, bieten sie die Möglichkeit, die völkische Zusammensetzung der damaligen Einwohnerschaft genau festzustellen.

Die Stadt war zum Zweck der Besteuerung in 4 Quartale eingeteilt — Portica, Corporis Christi, Catharinae, Petri — die jedoch nicht den einzelnen Stadtvierteln entsprachen[42]. Jedes Quartal umfaßte Straßen der Inneren Stadt und solche der Vorstädte. In die Steuerregister wurden nach Straßen geordnet die Namen der Hausbesitzer und der von ihnen gezahlte Steuerbetrag eingetragen, ebenso die in Miete wohnenden Personen und die von diesen gezahlte Steuer. Da aber die Mieter meist ohne ihren Namen, sondern nur als »incolae« eingetragen sind, so daß ihre Volkszugehörigkeit nicht ersichtlich ist, konnten sie für unsere Untersuchungen

---

[42]) Die Steuerregister werden im Original in dem Staatsarchiv von Braşov-Kronstadt aufbewahrt. A.S.B. Primăria Braşov, Registre impozite Ab III, Da 1 (Portica), Db1 (Corpus Christi), Dc 1 (Catharinae), Dd 1 (Petri). Auszugsweise veröffentlicht in »Quellen«, 3. Band, S. 614-817. Erläuterungen zu den Steuerregistern siehe Maja Philippi, Die Unterschichten der siebenbürgischen Stadt Braşov (Kronstadt) im 14. und 15. Jahrhundert, in: Revue roumaine d'histoire, tome XVI, 1977/4, S. 661.

nicht berücksichtigt werden. Diese beziehen sich also nur auf die Hausbesitzer, d.h. — da die Mieter eine große Fluktuation aufweisen — auf die stabile Bevölkerung Kronstadts. Wir haben in unseren Untersuchungen alle namentlich eingetragenen Hausbesitzer berücksichtigt, selbst wenn sie in dem betreffenden Jahr keine Steuer zahlten, sei es, daß sie ein städtisches Amt bekleideten, ihr Haus vorübergehend leer stand (domus deserta) oder weil sie wegen Armut oder Brandschaden von der Steuer befreit waren[43].

Da die Steuerregister aller 4 Quartale zum erstenmal aus dem Jahre 1489 vorliegen, beziehen sich die folgenden Untersuchungen auf dieses Jahr.

Das Kriterium für die Zugehörigkeit der einzelnen Hausbesitzer zu der einen oder der anderen Nationalität bieten d i e N a m e n der Betreffenden. Es soll deshalb im Folgenden eine Analyse der Namen, die wir bei der Bevölkerung des damaligen Kronstadt finden, unter dem Gesichtspunkt vorgenommen werden, inwieweit sie als Erkennungszeichen für die ethnische Zugehörigkeit verwendet werden können. Dabei ist zu unterscheiden zwischen Familiennamen und Taufnamen.

F a m i l i e n n a m e n finden wir in Kronstadt vereinzelt schon am Ende des 14. Jahrhunderts; im 15. Jahrhundert werden sie häufiger, sind jedoch noch keineswegs allgemein gebräuchlich[44]. Bei der sächsischen Bevölkerung läßt sich feststellen, daß vererbte Familiennamen, die wir mehrere Generationen hindurch verfolgen können — also nicht persönliche Beinamen — am Ende des 14. und im 15. Jahrhundert nur in Patrizierfamilien vorkommen, also eine

---

[43]) Da wir in der obenerwähnten Studie »Die Unterschichten....« a.a.O. nur die Hausbesitzer berücksichtigten, die tatsächlich eine Steuer zahlten, so wie diejenigen, bei denen aus einer besonderen Eintragung hervorgeht, daß sie wegen Armut von der Steuer befreit waren, ergibt sich ein Unterschied in der Zahl der dort angegebenen Hausbesitzer mit jener Zahl, die wir weiter unten angeben werden.

[44]) Leider berücksichtigt das Buch von F r i t z K e i n t z e l - S c h ö n, Die siebenbürgisch-sächsischen Familiennamen, Bukarest—Köln—Wien 1976 (= Studia Transylvanica, Band 3) nur die Liste der ältesten Volkszählung im Burzenland von 1526, nicht aber die Kronstädter Steuerregister, so daß es für unsere Untersuchungen nicht verwendet werden konnte.

Art Standesbezeichnung waren[45]. Am Ende des 15. Jahrhunderts werden sie zahlreicher und mannigfaltiger und am Anfang des 16. Jahrhunderts zeigte sich die Tendenz, allgemein, auch bei den niedereren Schichten, zum Gebrauch von Familiennamen überzugehen. Wenn nun in den Steuerregistern vom Ende des 15. Jahrhunderts die meisten Sachsen mit zwei Namen eingetragen sind, so handelt es sich hier noch nicht um vererbte Familiennamen, sondern in den meisten Fällen um persönliche Beinamen, Berufs- und Herkunftsnamen, die dann allerdings im 16. Jahrhundert zum größten Teil zu Familiennamen wurden. Dasselbe gilt auch für die ungarischen Steuerträger, die ebenfalls meist mit zwei Namen eingetragen sind. Da die ungarischen Einwohner selten über mehrere Generationen zu verfolgen sind, ist es schwer zu entscheiden, inwieweit es sich hier schon um Familiennamen oder nur um persönliche Beinamen handelt. Die rumänischen Steuerträger sind bis auf wenige Ausnahmen nur mit einem Namen verzeichnet.

Die am meisten verwendeten Beinamen sind Berufsbezeichnungen, vor allem Handwerkernamen. Während bei den Sachsen alle Gewerbezweige, von den Schustern bis zu den Kerzenmacherinnen vorkommen, so treffen wir bei den Ungarn häufig die Berufsnamen *Szabo* (Schneider), *Varga* (Schuster), *Szüts* (Kürschner), *Kerekes* (Wagner), *Halász* (Fischer). Bei den Rumänen finden wir als Berufsnamen in rumänischer Sprache nur Pastor (*păstor*-Hirte) und bis 1500 in einem einzigen Fall *Gremațic* (*grămaţic*-Lehrer, Schreiber). Es kommt gelegentlich auch vor, daß ein Ungar oder seltener ein Rumäne mit deutschen Berufsnamen eingetragen wird, also *Ystvan kursner, Balint schuster* oder *Kosta schneider, Manylla hyrten,* jedoch sind dieses Ausnahmen, bei denen der Vorname eindeutig auf die Volkszugehörigkeit hinweist.

Häufig kommen in den Steuerregistern Herkunftsnamen vor, die die ethnische Zugehörigkeit des Betreffenden erkennen lassen. So finden wir bei der sächsischen Bevölkerung sehr häufig die Namen Tartler, Rosenauer, Czeidner, Rotenbächer u.a., wenn es sich um

---

[45]) So z.B. Seidlin, Schade, Seydenschwanz, Eychhorn, Kylhaw, Reudel, Wyroch, Schan, Kraus, Schunkebunk u.a.

zugewanderte Burzenländer handelt, Hermansteter, Medwescher, Altemburger, Heltner, Berthalber, Budacker, Sybricher u.a., wenn es sich um Siebenbürger handelt. Kommen sie von noch weiter her, so heißen sie Moldner, Terwischter (von Tîrgovişte), Behem (Böhme) oder auch Deutschländer. Heißen die eingetragenen Personen dagegen *Prasmar Istvan*[46], *Tattrangi Balint, Czekel Balasch, Schik Janusch, Erdelj Mathe, Moldai Matias, Budai Miclosch, Thot Mathe*[47] oder *Horwath Gergel*[48], so haben wir es mit Ungarn zu tun, während *Costa de Fugarasch* oder *Petro Olten* zweifellos Rumänen sind.

Eine schwierige Frage ist die Feststellung der Volkszugehörigkeit bei den zahlreich innerhalb der sächsischen Bevölkerung vorkommenden Personen, die *Blesch* oder *Unger* heißen. Es läge nahe, diese für Rumänen[49] oder Ungarn zu halten, was jedoch nicht ohne weiteres zulässig ist. Der Name bezeichnet zwar das Herkunftsland, jedoch nicht unbedingt die ethnische Zugehörigkeit. Es lebten im damaligen Ungarn so wie in den Städten der Walachei (Bleschland), in Cîmpulung-Langenau, in Tîrgovişte u.a. viele Deutsche, und die Beziehungen Kronstadts zu diesen Orten waren durch den blühenden Handel sehr rege, so daß es sich um deutsche Zuwanderer aus diesen Ländern gehandelt haben wird. Dafür sprechen vor allem ihre sächsischen, bzw. deutschen Vornamen, Hannes, Michel, Jörg usw. Wir finden in der Inneren Stadt von Kronstadt Steuerträger, die Blesch Siegmund oder Blesch Wolfgang heißen, von denen wir nicht annehmen können, daß sie Rumänen gewesen sind.

---

[46]) Ungarisch: *Prásmar* = Tartlau
[47]) Ungarisch: *tót* = Slowake
[48]) Ungarisch: *horvát* = Kroate
[49]) Sächsisch: *blēsch* = rumänisch, *Blōch* = Rumäne

Die Bevölkerung im 14. und 15. Jh.   113

In Analogie dazu muß auf die zahlreichen Einwohner Kronstadts hingewiesen werden, die *Türk*[50] oder *Tatter* hießen und sicher nicht Türken oder Tataren gewesen sind. Ebenso eindeutig scheint es, daß *Szasz Demeter* oder *Olah Peter*[51] nicht Sachsen und Rumänen, sondern Ungarn gewesen sind.

Als persönliche Beinamen neben den Berufs- und Herkunftsnamen kommen bei den Ungarn Eigenschaftsnamen wie Kis (klein), Nagy (groß), Fekete (schwarz), Veres (rot), Feher (weiß), Fodor (kraus), Forro (heiß) vor, Tiernamen wie Farkas (Wolf), Kakas (Hahn), u.a. Bei den Rumänen sind auch die persönlichen Beinamen selten, doch kommen gelegentlich die Namen Micu (klein), Lungu (lang) vor.

Das sicherste Kriterium für die nationale Zuordnung der Einwohner Kronstadts bilden die T a u f n a m e n. Zum großen Glück für unsere Untersuchungen sind diese, selbst wenn es sich um kirchliche Taufnamen handelt, von den Steuereinhebern nicht in ihrer lateinischen Form aufgezeichnet worden, wie dies in den übrigen Urkunden meist der Fall ist, sondern in der Umgangssprache, in der diese Namen, je nach der Volkszugehörigkeit des Betreffenden, verschiedene Formen haben.

Wir bringen im Folgenden eine Liste der kirchlich-katholischen Taufnamen, die sowohl bei den Sachsen als auch bei den Ungarn vorkommen, jedoch, wie ersichtlich, in stark voneinander abweichender Form.

---

[50]) *Török*, wenn es sich um einen Ungarn, *Turcul*, wenn es sich um einen Rumänen handelt.
[51]) Ungarisch: *szász* = Sachse, *olah* = Rumäne.

Kirchliche Taufnamen in den Kronstädter Steuerregistern[52]

Lateinische Form	Sächsische Form	Ungarische Form
Johannes	Hannes, Hannus, Hantz	Janusch
Georg	Jörg	Gergel
Petrus	Pitter	Peter
Michael	Michel, Mechel	Mihal, Myhal
Mathias	Mathis, This, Thys	Matte, Matiasch
Martin	Merten	Marton
Thomas	Thomas, Thumis	Tamasch
Nicolaus	Niclas, Niclos	Miclos
Stefan	Steffen, Steffan	Istvan, Ystvan
Valentin	Weltin, Velten	Balint
Paulus	Paul, Pavel	Pal
Simon	Simon	Schimon
Andreas	Endris	Andriasch, Andreasch
Antonius	Tong, Tonch	Antal
Lucas	Lux	Lucatsch
Christian	Kerschtchen, Kersthen, Cristel	—
Laurencius	Lorenz	Lörincz
Blasius	Blasius, Blos	Balasch
Caspar	Casper	Gaspar
Ladislaus	Lassel	Laslo
Bartholomeus	Bartel, Bartelmis, Mysz	Bartha
Demetrius	—	Demeter
Servatius	Czyrwes	—
Franziscus	Franz	Frentz
Ambrosius	Bros	—
Benedictus	—	Benedek, Bencze
Marcus	Marx	—
Urbanus	Urban	Orban
Dominicus	—	Domokosch
Dyonisus	—	Denes
Melchior	Melchram	—
Barabas	—	Barlabasch
Innocencius	—	Incze
Erasmus	Erasmus	—
Joseph	Szepli	—

[52]) Bei folgender Zusammenstellung werden nicht nur die Steuerregi-

Außer diesen kirchlichen Taufnamen kommen bei der sächsischen Bevölkerung auch noch einige Taufnamen germanischen Ursprungs vor. Dabei ist zu bemerken, daß diese fast ausschließlich bei der Mittelschicht und bei den Unterschichten verwendet wurden, in ihrem Gebrauch also sozial abgewertet erscheinen, während in den vornehmen Familien nur mit kirchlichen Namen getauft wurde. Die in den Steuerregistern vom Ende des 15. Jahrhunderts vorkommenden Taufnamen germanischen Ursprungs sind folgende:

Sigmund	Emerich	Wolfgang	Ulrich
Frydrich	Gotfard	Thiettrich	Herman
Conrad	Rychart	Vylant	

Der Name Ulrich kommt auch, der Name Emerich (Imre) kommt hauptsächlich bei Ungarn vor.

Aus obiger Aufstellung ergibt sich, daß es relativ leicht ist auf Grund des Vornamens die ethnische Zugehörigkeit der in den Steuerlisten verzeichneten sächsischen und ungarischen Einwohner Kronstadts festzustellen. Noch leichter ist dieses bei den rumänischen Einwohnern. Da diese der orthodoxen Konfession angehörten, in welcher das Altslawische noch Kirchensprache war, hatten die meisten von ihnen slawische Taufnamen, die bei den Sachsen und Ungarn nicht vorkamen, also Bogdan, Dan, Dobre, Dragomir, Dragosch, Kosta, Muschat, Neagu, Radul, Scherban, Stanislaw, Stoica, Vlaicu und viele andere. Wenige Namen sind griechischen Ursprungs wie z.B. Costadin, Helie oder Ilie (Elias). Kirchliche Namen, die auch bei Katholiken vorkommen, erkennt man ebenfalls gleich an ihrer rumänischen Form, also Ion, Iancko oder Ywan (Johannes), Myhel oder Mihna (Michael), Petro, Nicula, Dymitter. Die Steuereinnehmer hatten jedenfalls ein feines Ohr für den Unterschied in der Aussprache. So heißen z.B. die Sachsen Pitter, die Ungarn Peter, die Rumänen Petro. Die Ungarn werden als Demeter registriert, die Rumänen aber immer als Dymetter oder Dymettre (Dumitru).

Trotzdem bleibt ein geringer Prozentsatz von in den Steuerregistern verzeichneten Personen, deren Namen keinen eindeutigen

---

ster vom Ende des 15., sondern, um eine breitere Vergleichsmöglichkeit zu besitzen, auch die vom 16. Jahrhundert verwendet. Die Namen sind in der Reihenfolge ihrer Häufigkeit angeführt.

Hinweis auf ihre Volkszugehörigkeit gibt. Wir haben sie in den folgenden Aufstellungen als »unbestimmbarer Herkunft« (u.H.) bezeichnet. In diese Gruppe haben wir auch alle Träger des Namens Blesch oder Plesch aufgenommen, außer wenn sie gerade mit Vornamen Sigmund oder Wolfgang hießen.

Um die nationale Zusammensetzung der Kronstädter Bevölkerung, so wie die Art, wie hier die drei siebenbürgischen Völkerschaften auf dem engen Boden einer mittelalterlichen Stadt zusammen lebten, besser beleuchten zu können, sollen im Folgenden die einzelnen Stadtteile gesondert behandelt werden.

Die Innere Stadt[52a]

Das alte Corona war das Verwaltungszentrum der Stadt. Nur dieser Teil, im engen Tal zwischen Zinne, Raupenberg und Schloßberg gelegen, war seit dem Ende des 14. Jahrhunderts mit Stadtmauern umgeben. In den Hauptstraßen, die vom Marktplatz ausgingen, wohnten die reichsten Bürger der Stadt. Es waren dies die Purzengasse, die Klostergasse, der Roßmarkt und die Heilig-Leichnamsgasse. Die übrigen Straßen waren hauptsächlich von Handwerkern bewohnt. Nur die Einwohner der Inneren Stadt waren vollberechtigte Bürger, aus ihren Reihen wurden die beiden führenden Körperschaften, der Stadtrat und die Hundertmannschaft gewählt.

Die Innere Stadt war, noch aus der Zeit der Gründung von Corona, fast ausschließlich von Sachsen bewohnt, in deren Händen die Führung der Stadt lag. Jedoch gab es, wie bereits erwähnt, in jenen Zeiten noch kein ausschließliches Bürgerrecht für Sachsen in der Inneren Stadt. In den Steuerregistern von 1489 sind 755 Hausbesitzer in der Inneren Stadt verzeichnet, davon 743 Sachsen, 8 Ungarn und 4 Personen unbestimmbarer Herkunft.

Wir weisen darauf hin, daß unsere Ergebnisse von denen in der Monographie des Burzenlandes von 1928 angegebenen[53]

[52a]) Die beiden Stadtteile 'Innere Stadt' und 'Altstadt' werden hier nur kurz behandelt; es wird nur auf die ethnische Zugehörigkeit ihrer Einwohner hingewiesen. Über deren wirtschaftliche und soziale Stellung vgl. Maja Philippi, s.o. Anm. 2 und den Aufsatz über Die Sozialstruktur Kronstadts ... in diesem Band S. 156-178.

[53]) Kronstadt a.a.O. S. 24.

Die Bevölkerung im 14. und 15. Jh. 117

stark abweichen. Erich Jekelius gab dort für die Innere Stadt 1167 Steuerträger an, davon 1084 Sachsen, 76 Ungarn und 7 Rumänen. Dieses Abweichen ist dadurch zu erklären, daß Jekelius in seine Statistik auch Mieter aufnahm, sowie dadurch, daß er zwei Straßen nicht richtig lokalisierte. So rechnete er die im Quartal Portica angegebene Twergasse und die im Quartal Catharinae eingetragene Heilig Leichnamsgasse zu der Inneren Stadt, während sie in Wirklichkeit in der Blumenau, bzw. in der Oberen Vorstadt lagen[54].

Auf jeden Fall zeigen die Steuerregister, daß es am Ende des 15. Jahrhunderts in der Inneren Stadt neben der überwiegenden Zahl von Sachsen auch noch einen kleinen Prozentsatz ungarischer Hausbesitzer gegeben hat. Auch ungarische Mieter kommen vor. Die Ungarn wohnten in den verschiedensten Straßen — auch in den Hauptstraßen — neben den Sachsen. Sie gehörten zu den mittleren und armen Steuerzahlern und waren hauptsächlich Handwerker. Es fällt auf, daß die Ungarn, im Gegensatz zu den Sachsen, nicht durch viele Jahre in den Steuerregistern zu verfolgen sind; es herrschte also unter ihnen eine starke Fluktuation. Ein einziger,

---

[54]) Die Twergasse, in der hauptsächlich Ungarn wohnten, war nicht wie J e k e l i u s annahm, die Verbindungsgasse zwischen Purzengasse und der Schwarzgasse in der Inneren Stadt, später Zwirngasse genannt. Aus der Reihenfolge der im Quartal Portica eingetragenen Gassen geht klar hervor, daß es sich um eine Verbindungsstraße — Quergasse — in der Blumenau, wahrscheinlich um die spätere Schulmeistergasse (heute str. Vlad Țepeș) gehandelt haben muß. Ebenso irrt Jekelius, wenn er die im Quartal Catharina eingetragene Hl. Leichnamsgasse für die gleichnamige Straße in der Inneren Stadt hält, die später Waisenhausgasse (heute str. Poarta Șcheii) genannt wurde. Jene Gasse lag, wie aus der Reihenfolge ihrer Eintragung hervorgeht, in der Oberen Vorstadt und ist identisch mit der seit 1572 als Ungergasse benannten Straße (später Angergasse, heute str. 30 Decembrie), in der tatsächlich viele Ungarn, aber auch Rumänen wohnten. Die Hl. Leichnamsgasse der Inneren Stadt aber müssen wir in der im Quartal Corporis Christi ohne Namen verzeichneten Hauptstraße dieses Quartals suchen. Der damaligen Gewohnheit entsprechend wurden die Hauptstraßen der Quartale ohne Namensbezeichnung als erste in das betreffende Register eingetragen. So fehlen in den Steuerregistern auch die Namen der Purzengasse, Klostergasse und Roßmarkt für die Hauptstraßen der Quartale Portica, Petri und Catharina.

Török Miklos, bzw. dessen Witwe, war Jahre hindurch, von 1475-1523 in der Purzengasse ansässig.

Ebenso fällt auf, daß gegen Ende des 15., dann aber vor allem am Anfang des 16. Jahrhunderts, die Zahl der ungarischen Hausbesitzer stark abnimmt. In den Jahren von 1490-1500 zogen zwar noch 6 weitere Ungarn zu, die aber auch nur wenige Jahre ansässig blieben. 1504, in dem Jahr aus dem wieder die Steuerregister aller 4 Quartale vorliegen, wohnte außer der Witwe Török nur noch ein Ungar, Anthonius Scheresch (Bierbrauer) in der Inneren Stadt. In den folgenden Jahren kommen sie kaum noch vor. Das deutet auf ein Aufkommen nationaler Tendenzen innerhalb des sächsischen Bürgertums, von dem weiter unten noch zu sprechen sein wird.

Rumänische Hausbesitzer sind 1489 in der Inneren Stadt nicht nachweisbar[55]. In den Jahren 1497-1506 allerdings finden wir als Hausbesitzer in der Schwarzgasse *Blosz belgersch jerg*, dessen Name auf rumänische Herkunft,und zwar aus der Vorstadt (Belgerei), hinweist, ein Zeichen dafür, daß auch Rumänen Hausbesitz in der Inneren Stadt erwerben konnten. – Einen eigenartigen Namen trägt eine Frau, die von 1480-1497 in der Burggasse als Hausbesitzerin eingetragen ist. Sie ist verzeichnet als Dospenseschen, in späteren Jahren auch Dosetschen Ursel. Es ist eine der ärmsten Frauen, die wir in der Inneren Stadt begegnen, sie zahlte 1480 nur 7 asp. Steuer, in den folgenden Jahren wenig mehr. Dieser Name erinnert so auffällig an die rumänischen Wörter douăsprezece (zwölf) und douăzeci (zwanzig), daß hier ein Zusammenhang angenommen werden muß, den wir aber nicht deuten können.

Die 'Altstadt'

Eine ähnliche ethnische Zusammensetzung wies das Stadtviertel auf, das heute mit dem Namen Altstadt bezeichnet wird. Es handelt

---

[55]) Die von J e k e l i u s angegebenen Rumänen wohnten in der Hl. Leichnamsgasse der Oberen Vorstadt, der späteren Unger- bzw. Angergasse. Die unter dem Namen Blesch eingetragenen Personen halten wir, ihrem Vornamen entsprechend nicht für Rumänien, sondern für aus Bleschland (Walachei) zugewanderte Deutsche, jedoch wurden diese in der Statistik als Personen unbestimmbarer Herkunft aufgenommen.

sich um die beiden sächsischen Siedlungskerne Martinsberg und Bartholomae, die sich in Fortsetzung der Inneren Stadt nach Norden zwischen zwei Bergzügen in die Burzenländer Ebene hinausdehnen. In den Steuerregistern bis zur Mitte des 16. Jahrhunderts bezieht sich die Bezeichnung 'Altstadt' noch nicht auf diesen ganzen Stadtteil, sondern nur auf den unter dem Martinsberg an dem Bach gelegenen oberen Teil der Mittelgasse, das frühere Brascho, das möglicherweise älter war als Corona (Innere Stadt)[56]. Jedoch waren am Ende des 15. Jahrhunderts diese ursprünglich getrennten Siedlungskerne bereits zu einer Einheit zusammengewachsen. Wie der Grundriß mit den drei großen Parallelstraßen, Langgasse, Mittelgasse und Hintergasse, zeigt, bildeten sie die bäuerliche Vorstadt Kronstadts, deren Bewohner sich bis zum 20. Jahrhundert noch zum größten Teil mit Landwirtschaft beschäftigten. Hier lagen früher auch die Meierhöfe der wohlhabenden Sachsen der Inneren Stadt.

In den Steuerregistern von 1489 sind hier neben 354 sächsischen Hausbesitzern — einschließlich der Meierhöfe — nur 17 Ungarn verzeichnet. Rumänen kommen in diesem Stadtteil nicht vor. Diese Zusammensetzung änderte sich wenig bis 1500.

Die Sachsen der Altstadt waren zum größten Teil Bauern. Honterus nannte sie in seinem Brief an Sebastian Münster »saxones agricolae«[57]. Natürlich gab es hier, wie in jedem Dorf, auch kleine Handwerker und Kaufleute, am Ende der Mittelgasse und Hintergasse auch arme Fischer und Hirten.

Wie in der Inneren Stadt sind auch in der Altstadt im 16. Jahrhundert kaum noch Ungarn anzutreffen. Dies hängt mit der allgemeinen Entwicklung dieses Stadtteils zusammen. Da er außerhalb der Stadtmauern, direkt an den Zufahrtswegen zur Stadt lag, war er den feindlichen Angriffen von außen frei ausgesetzt. So hat er in den Kriegswirren des 16. Jahrhunderts stark gelitten und ist öfter zerstört worden. Dieses führte zu einer starken Entvölkerung. Obwohl die Steuerregister der Altstadt für diese Zeit nur sehr lückenhaft vorliegen, lassen sich starke Schwankungen in der Bevöl-

---

[56]) »Dy aldstat off der bach« oder »in veteri civitate supra ripam« war steuertechnisch im Quartal Corporis Christi erfaßt, während die übrigen Straßen dieses Stadtteils zu den Quartalen Portica und Petri gehörten.

[57]) Kbl. 1883, Nr. 6, S. 64.

kerungszahl feststellen. So verzeichnen die Steuerregister des Quartals Petri, die allein vom Anfang des 16. Jahrhunderts wenigstens teilweise erhalten sind, im Jahr 1522 in der Altstadt 183 Häuser. Nachdem 1529 durch den Angriff des moldauischen Fürsten Petru Rareş die Altstadt vollkommen niederbrannte, waren es 1531 nur noch 73, von denen 10 ausdrücklich als unbewohnt (deserta) angegeben sind. Nur noch wenige der früheren Hausbesitzer finden sich in den Steuerregistern, der größere Teil sind neu Hinzugezogene. Es ist nicht zu verwundern, daß die Ungarn in diesen gefährdeten Teil nicht mehr zurückzogen. Sie siedelten, wie wir noch sehen werden, vom 16. Jahrhundert an relativ geschlossen in der Blumenau. So erhielten die Innere Stadt und die Altstadt in den folgenden Jahrhunderten einen geschlossenen sächsischen Charakter.

Die Obere Vorstadt

Ein vollkommen anderes Bild bot im 15. Jahrhundert der Stadtteil, den die Rumänen Şcheii, die Sachsen Obere Vorstadt oder einfach Vorstadt nennen. Hier finden wir nun wirklich ein Zusammenleben der drei Völker auf dem engen Raum eines Gebirgstales.

Die Obere Vorstadt ist derjenige Stadtteil Kronstadts, der sich in Verlängerung der Inneren Stadt südwestlich der Stadtmauern in einem breiteren Haupttal und mehreren, meist steilen Nebentälern in die Berge hinaufzieht. Ihrer Lage nach kann man die Obere Vorstadt in zwei Teile gliedern: in den unteren Teil, wo sich in dem relativ noch breiten Tal die drei großen Parallelstraßen, Katharinengasse, Heilig Leichnamsgasse (Angergasse) und Burggasse (Ciocrac) bis zu einem großen freien Platz, dem Anger (rumänisch: Prund) ziehen, und in den oberhalb des Angers liegenden Teil, in dem sich das Tal allmählich verengt.

Wie schon erwähnt, bezog sich der sächsische Name 'Belgerei' (ungarisch 'Bolgárszeg') ursprünglich nicht auf den ganzen Stadtteil, sondern nur auf zwei Straßenkomplexe desselben. Ebenso trifft die Vorstellung späterer Zeiten, daß die Obere Vorstadt nur von Rumänen bewohnt war, für das 15. Jahrhundert nicht zu. Tatsächlich wohnten dort auch sehr viele Sachsen und Ungarn. Die statistischen Daten von 1489 ergeben folgendes Bild: 304 sächsische, 116 rumänische, 86 ungarische und 2 Hausbesitzer unbestimmbarer

Herkunft. Während die Ungarn verstreut in allen Straßen wohnten, vor allem in der Heilig Leichnamsgasse, die deshalb auch Ungergasse[58] genannt wurde, siedelten die Sachsen relativ geschlossen in dem unteren Teil, die Rumänen in dem oberen Teil der Vorstadt. Die drei erwähnten Hauptstraßen des unteren Teils waren zum größten Teil von Sachsen bewohnt, ebenso wie die Neben- und Querstraßen dieses Teils, die Brongass, die Ruppegass, die Bredgass, der Werdt und die Fyer czentschaften.[59].

Diese Tatsache, daß im unteren Teil der Vorstadt im 15. Jahrhundert die Sachsen noch relativ geschlossen siedelten, drängt uns zu der Annahme, daß vor der Errichtung der Stadtmauern das alte Corona sich über den Umfang der späteren Inneren Stadt weiter nach Südwesten bis etwa in die Gegend des Angers erstreckte, wo es mit der Vorsiedlung zusammentraf. Diese Annahme wird auch dadurch erhärtet, daß die drei großen Parallelstraßen im unteren Teil der Vorstadt direkte Fortsetzungen der Straßen der Inneren Stadt sind und z.T. auch dieselben Namen haben. So setzt sich sowohl die Burggasse als auch die Heilig Leichnamsgasse der Inneren Stadt unter demselben Namen in der Vorstadt fort. Die Katharinengasse der Oberen Vorstadt führte ihren Namen nach der innerhalb der Stadtmauern gelegenen Katharinenkapelle und war die direkte Fortsetzung der Hauptstraße des Quartals Catharina in der Inneren Stadt, die ursprünglich wahrscheinlich auch Katharinengasse hieß[60]. Auch die kleine zwischen Burggasse und Heilig Leichnamsgasse gelegene St.Lasselsgasse (später Neugasse) der Inneren Stadt muß ursprünglich eine Fortsetzung in der Vorstadt

---

[58]) Wir weisen darauf hin, daß der spätere Name »Angergasse« die sächsische Form für Ungergasse ist und in seiner Entstehung mit dem Anger nichts zu tun hat, obwohl die Angergasse direkt auf den Anger mündet. Die Steuerregister unterscheiden auch im 17. Jahrhundert noch streng zwischen Ungergasse und Anger.

[59]) Die Brongasz heißt heute noch Rote Brunnengasse, rumänisch: str. Fântîna roşie; die Ruppegass hieß später Rahmengasse, heute str. Cibinului; die letzten drei Gassen sind nicht genau zu lokalisieren, lagen aber sicher im unteren Teil der Vorstadt.

[60]) 1520 wird eine Katharinengasse innerhalb der Stadtmauern erwähnt während der spätere Name Roßmarkt erst 1541 zum erstenmal erscheint (»Auf dem Rosz Morth«, Quellen, 3. Band, S. 127).

gehabt haben, wo es im 16. Jahrhundert eine kleine Gasse »Bey sent lassel« (»apud sct. Ladislaus«) gegeben hat[61].

Es scheint also naheliegend, daß das alte Corona sich entlang dieser Straßen noch weiter nach Südwesten ausdehnte. Als dann aber am Ende des 14. Jahrhunderts sich die Notwendigkeit ergab, die Stadt mit steinernen Mauern zu umgeben, wurde nicht mehr die ganze schon zu weit ausgedehnte Siedlung darin eingeschlossen, sondern nur der Teil, der zwischen Zinne, Schloßberg und Raupenberg wie eine natürliche Festung dalag. Im Südwesten wurde die Stadtmauer dort gezogen, wo durch den felsigen Vorsprung des Raupenberges gegen die in ihrem Mittelteil besonders steil abfallende Zinne das Tal sich auf natürliche Weise verengte, die zu befestigende Strecke also am kürzesten war, nämlich nur etwa 500 m betrug. Dadurch wurden die schon bestehenden Straßen zerschnitten, ihr oberer Teil gehörte nun nicht mehr zu der befestigten Inneren Stadt, ihre Einwohner genossen auch nicht mehr dieselben Vorteile und Rechte. Tatsächlich waren die Einwohner dieser vom Zentrum abgeschnittenen Straßen 1489, als diese Entwicklung schon etwa 100 Jahre zurücklag, zwar immer noch Sachsen, gehörten aber zum ärmsten Teil der Kronstädter Bevölkerung; ihre Steuerbeiträge gingen höchstens bis zu 1 fl., lagen aber auch stark darunter. Ihrem Namen nach zu schließen, waren es hauptsächlich kleine, wahrscheinlich unzünftige Handwerker. Denn zum Eintritt in die Zunft war der Besitz eines Hauses in der Inneren Stadt notwendig.

Im Gegensatz zu ihrem unteren Teil bildete der obere Teil der Vorstadt das kompakte Siedlungsgebiet der Rumänen. Der Übergang zwischen beiden war jedoch nicht nahtlos. Die rumänische Beteiligung begann bereits in den unterhalb des Angers gelegenen drei großen Parallelstraßen. So gab es 1489 in der Burggasse neben 31 Sachsen und 1 Ungarn im oberen Teil der Straße auch 9 rumänische Hausbesitzer, in der Heilig Leichnamsgasse waren neben 48

---

[61]) Die Annahme von Jekelius (Kronstadt a.a.O. S.33), daß diese Gasse ihren Namen nach einer St.Ladislauskapelle führte, wird richtig sein; jedoch irrt er, wenn er diese Kapelle in die Innere Stadt verlegt, wozu keinerlei Anhaltspunkte bestehen. Dagegen finden wir in den Steuerregistern der Vorstadt noch im 16. Jahrhundert öfter die Bezeichnung »bey sent lassel«, so daß wir annehmen müssen, daß diese Kapelle dort lag.

Die Bevölkerung im 14. und 15. Jh. 123

Sachsen und 24 Ungarn 4 Rumänen. In diesen Straßen entstanden Übergangszonen, in denen die einzelnen Nationen vermischt nebeneinander lebten. So wohnte in der Burggasse der Rumäne Zerban (Şerban) zwischen den Sachsen Jacob Wollenweber und Mommen Endris; in der Heilig Leichnamsgasse wohnten der Rumäne Dymetter (Dumitru), der Ungar Fodor Gergel und der Sachse Merten Schuster unmittelbar nebeneinander, usw. Ein ähnliches Bild bot die Katharinengasse. Während sie in ihrem unteren im breiten Tal liegenden Teil 1489 noch rein sächsisch war, so wohnten in ihrem oberen Teil, der sich in zwei Täler hineingabelte und die in späteren Steuerregistern unter eigenen Namen Sandgasse und Birkengasse (rumänisch Cacova) erscheinen[62], Rumänen und Sachsen, weniger Ungarn, nebeneinander.

Die geschlossene rumänische Siedlung begann am Anger (Prund). Hier waren 1489 10 rumänische, 3 sächsische, 1 ungarischer Hausbesitzer und ein Backhaus verzeichnet. Nun dürfen wir uns unter dem Anger nicht den kleinen Platz vorstellen, der er heute – stark verbaut – noch ist. Er muß früher ein großer weiter Platz gewesen sein, so daß auch die Burggasse und die Katharinengasse direkt in ihn mündeten. Das alte deutsche Wort »Anger« bedeutet »Gemeindeweide, überhaupt jede größere mit Gras bewachsene Fläche in oder bei einem Ort«[63], während die rumänische Bezeichnung »prund« (von slawisch prondu) das mit Schotter angeschwemmte Ufer eines Baches bedeutet[64]. Wir müssen uns also unter dem »Anger« eine größere Fläche, vielleicht wirklich eine Gemeindeweide vorstellen, durch die der Obervorstädter Bach floß, der an seinen Ufern Schotter ablagerte. An diesem Anger werden einzelne Gehöfte gelegen sein; die Bezeichnung in den Steuerregistern »Auf dem Anger« weist auch auf eine nicht geschlossene Siedlungsart hin.

Vom Anger aufwärts im Haupttal führte die Rengass (rumänisch Pe tocile), die hauptsächlich von Rumänen bewohnt war. Sie war einzeilig, der größte Teil des Haupttales war damals also auch noch

---

[62]) Der alte rumänische Name der Katharinengasse, *uliţa furcoaie*, widerspiegelt noch diesen Zustand; *furcoaie* – Heugabel.
[63]) Meyers Konversationslexikon 1924, Band I, Spalte 576.
[64]) Dicţionarul explicativ al limbii române, Bucureşti 1975, S. 756.

Weidefläche[65]. Ebenfalls rein rumänisch war die im Quartal Corporis Christi verzeichnete »Belgerey« und »dy ander czyll«. Wir möchten in diesen Bezeichnungen nicht Straßennamen sehen, sondern vielmehr einen Komplex von kurzen Zeilen. Eine dieser Zeilen wird in den Steuerregistern mit der sächsischen Bezeichnung »of dem rech« eingetragen, was dem rumänischen »Pe coastă« entspricht[66], wie diese Gasse heute noch im Volksmund heißt (str. Curcanilor). Dadurch kann dieser Komplex leicht lokalisiert werden. Er lag nicht im Tal, sondern südöstlich vom Anger an den Abhängen des Rattenberges, eines Ausläufers der Zinne und ist identisch mit der von Treiber festgestellten ältesten Siedlung der Stadt. Schwerer zu lokalisieren ist die zweite 1489 im Quartal Petri verzeichnete »Belgerey«. Da sie aber im Steuerregister direkt vor der Straße »Bey der molen heraber« eingetragen ist, in welcher Straße wir die Fortsetzung der Rengasse (Pe tocile) zu sehen haben, wo damals schon Walkmühlen standen, ist anzunehmen, daß diese Belgerei in dem Seitental lag, das zwischen den beiden erwähnten Straßen nach Süden abzweigt und das von den Rumänen Valea tei (Lindental) und Pajişte (Alm) genannt wird. Auffallenderweise wohnten in dieser Belgerei und in der Straße »Bey der molen heraber« weniger Rumänen als Sachsen und vor allem Ungarn, auch hier stark miteinander untermischt.

Da die Obere Vorstadt durch das Zusammenwohnen aller drei Nationalitäten der interessanteste Stadtteil ist, lassen wir eine Statistik folgen, in der alle 1489 verzeichneten Straßen mit der Zahl ihrer Hausbesitzer angeführt werden[67].

Interessant ist die Untersuchung der beruflichen Zusammensetzung der rumänischen Bevölkerung der Oberen Vorstadt von Kronstadt. Der Lage ihrer Siedlung entsprechend war wahrscheinlich ein großer Teil von ihnen Hirten und Waldarbeiter. Ausgedehnte Weideflächen dehnten sich schon im Orte selber bis hinauf

---

[65]) Die heute in diesem Teil auch noch aufwärts gehenden Straßen – str. Prundului und str. Comuna din Paris – gab es damals noch nicht. Alle bisher im Text erwähnten Straßen sind 1489 im Quartal Catharinae verzeichnet.

[66]) Sächsisch: *rêch* = Berg, Abhang; rumänisch: *coastă* = Abhang.

[67]) Die Straßen werden in der Reihenfolge des Steuerregisters 1489a aufgezählt.

Die Bevölkerung im 14. und 15. Jh. 125

Quartal	Benennung der Straße	Hausbesitzer Sachsen	Rumänen	Ungarn	unb. Herk.	heutige Benennung der Straße
Catharina	Dy Rwppegasz	23		1		str. Cibinului str. Tr. Demetrescu
	Sent kathryn (zweizeilig)	40		2		str. C. Brîncoveanu
	Dy ander czyl off d' bach	33	14			Sandgasse
	Dy ander czyl kem bergh	10	22	2		Cacova
	Dy Rengasz (Pe tocile)		11	8		Pe tocile
	Der Anger (Prund)	3	10	1		Piaţa Unirii
	Dy brongasz	15		6	1	str. Fîntîna Roşie
	Dess heligen lichnamsgasz (dreizeilig)	48	4	24	1	str. 30 Decembrie
	Der Werdt	24		3		?
	Dy bredgasz	12				str. Trotuş (?)
	Dy burgh gasz (Ciocrac) (zweizeilig)	31	9	1		str. C. Laccea
	Dy fyer czentschafften	48				?
Corpus Christi	Dy pulgerey (of dem rech)		27	1		str. Curcanilor und andere Zeilen
	Dy ander czyll	2	9			str. Valea Tei (?) str. Pajişte (?)
Petri	Bulgaria	12	6	19		
	Bey der molen her aber	3	4	18		Pe tocile (Fortsetzung)
		304	116	86	2	

in die Schulerau[68]. Ebenso aber reichten dichte Wälder, wie heute noch, bis zu den einzelnen Gehöften herab. Tatsächlich findet sich bei zahlreichen rumänischen Steuerträgern neben dem Namen die Eintragung »pastor«[69], bei anderen »laboravit in silva« oder »fuit in silva«, als Begründung für erfolgte Steuerermäßigung oder ganzen Steuernachlaß. Mit Handwerk scheinen sie sich weniger beschäftigt zu haben; ganz selten kommen Eintragungen vor, die auf den Beruf eines Handwerkers hinweisen[70]. Dagegen war sicher, wie wir aus späteren Zeiten wissen, das häusliche Handwerk gut entwickelt[71].

Die berufliche Bestimmung der Obervorstädter Rumänen kann, da, wie erwähnt, diese meist nur einen Namen hatten, allein auf Grund der Steuerregister dieser Zeit nicht vollzogen werden. Glücklicherweise besitzen wir aber noch andere Quellen, die in dieser Beziehung aufschlußreich sind. Es sind dies Bruchstücke der Kronstädter Zwanzigstrechnungen (Zollregister) vom Ende des 15. und Anfang des 16. Jahrhunderts, aus denen hervorgeht, daß sich damals bereits viele Obervorstädter Rumänen mit Handel beschäftigten. Während der Fernhandel noch ganz in sächsischer Hand lag[72], ging der Kleinhandel, die Versorgung des lokalen Marktes von Kronstadt und dem Burzenland, immer mehr in die Hand der rumänischen Kaufleute über. Unter diesen war zwar der größte Teil Rumänen aus der Walachei und der Moldau[73], aber auch viele Kronstädter Rumänen. Diese sind durch den Beinamen 'Bulgarus' leicht als solche zu erkennen. So sind bereits in dem ältesten erhaltenen Kronstädter Zollregister, einem Bruchstück der Zwanzigstrechnungen von 1480/81[74], unter den Kaufleuten, die Waren aus der Moldau handelten, 8 Kronstädter Rumänen eingetragen[75]. Sie

---

[68]) Rumänisch: *poiana* = Gebirgswiese.

[69]) Rumänisch: *păstor* = Hirte

[70]) z.B. Kosta schneider, 1504 in der Belgerei des Steuerregisters Corporis Christi.

[71]) Siehe M u ş l e a, a.a.O. S. 31 ff.

[72]) Siehe die Zwanzigstrechnungen von 1503 in Quellen, 1. Band, S. 36-46.

[73]) Ebenda, S. 46-76.

[74]) In: Quellen, 3. Band, S. 1 f. nur auszugsweise veröffentlicht.

[75]) Michael, Thodoran, Monailla, Petrus, Stanczul, Wltze, Brato, Ganko, alle mit dem Beinamen Bulgarus. Möglicherweise waren unter den

handelten hauptsächlich mit Fischen, von denen sie eine reiche Auswahl — Karpfen, Waller, Hausen, Hecht, Stör — einführten, aber auch mit Rindern, Schweinen, Häuten und Wachs. In demselben Zollregister sind auch bekannte sächsische Kaufleute eingetragen, unter anderem auch 7 Ratsherren aus führenden Kronstädter Familien[76]. Die Höhe der Zollsätze zeigt, daß die rumänischen Kaufleute, was den Umfang ihres Handels anbelangt, hinter den sächsischen Kaufleuten in keiner Weise zurückstanden. So führte Wltze bolgar auf einer seiner Geschäftsreisen außer Fischen noch 58 Ochsen aus der Moldau ein, wofür er 6 fl. 55 asp. Zoll zahlte, Petrus bolgar zahlte für 49 Ochsen 4 fl. und 40 asp. und Ganko de Bulgaria für 61 Ochsen 6 fl. Diese Summen gehören zu den höchsten in diesem Register verzeichneten Zollsätzen, was darauf schließen läßt, daß die rumänischen Kaufleute der Konkurrenz der sächsischen durchaus gewachsen waren. Höhere Zollsätze kommen kaum vor.

Leider sind aus dem 15. Jahrhundert keine weiteren Zollregister erhalten. Dafür besitzen wir ein vollständig erhaltenes Verzeichnis der Kronstädter Zwanzigstrechnungen aus dem Jahr 1503[77], aus dem wieder eine starke Beteiligung der Obervorstädter Rumänen hervorgeht. In diesem Verzeichnis sind neben zahlreichen Rumänen aus der Walachei und der Moldau, neben 80 sächsischen und 35 ungarischen Kaufleuten, auch 35 'Bulgaren' eingetragen. Da, wie aus den Steuerregistern von 1504 hervorgeht, es in jenem Jahr 131 rumänische Hausbesitzer in Kronstadt gab, so bedeutet dies, daß sich über 25 % der rumänischen Bevölkerung mit Handel beschäftigte. Viele von ihnen beteiligten sich nur am Fischhandel und zahlten dementsprechend geringe Zollsätze. Andere dagegen handelten auch mit Vieh, Häuten und Wachs, ja auch mit Seide und türkischen Kleidungsstücken, die sie einführten, und mit steyrischen Messern, die sie in die rumänischen Fürstentümer ausführten. Die meisten von ihnen finden wir nicht nur einmal an der Zollstation, sondern immer wieder; so Dobramir Bulgarus, der neunzehnmal,

---

anderen Rumänen, die ohne Beinamen eingetragen sind, auch noch Kronstädter Rumänen.

[76]) Johannes Kylhaw, Christel Benckner, Johannes Gritten, Andreas Bruleder, Johannes Hemschen, Jacobus Schramm und Petrus Tartler.

[77]) Veröffentlicht in Quellen, 1. Band, S. 1-36.

und Scholka Bulgarus, der siebzehnmal in diesem Jahr den mühevollen Weg über die Gebirgsstraßen machte.

Der starken Beteiligung der Vorstädter Rumänen am blühenden Handel Kronstadts entspricht auch ihre soziale Lage. Wie aus den Steuerregistern von 1489 hervorgeht, gehörte nur ein geringer Teil von ihnen zur armen Bevölkerung Kronstadts. Die meisten von ihnen zahlten etwa 1 fl. Steuer, viele auch darüber. Ja aus den Steuerregistern und den Zwanzigstrechnungen vom Ende des 15. und Anfang des 16. Jahrhunderts treten uns einige rumänische Familien entgegen, die zu den reichsten Steuerzahlern der Stadt gehörten.

Da war z.B. M i c h e l B o g d a n (oder Michel Belger), der Begründer einer angesehenen Kaufmannsfamilie, der seit 1488 in den Steuerregistern im oberen Teil der Katharinengasse — der Sandgasse — erscheint. Da er auch als Michel de Rosnaw eingetragen ist, ist anzunehmen, daß er aus Rosenau stammte, wo es ebenfalls eine »Belgerei« gab, deren Bewohner sich, dank der nahen Lage am Törzburger Paß, auch mit Handel beschäftigten. Wann Michel Bogdan nach Kronstadt zugewandert ist, läßt sich nicht feststellen, da die Steuerregister des Quartals Catharinae vor 1488 fehlen. Jedoch begegnet er uns bereits in den Zwanzigstrechnungen von 1480/81 mit der Einfuhr von Fischen und Wachs. Er gehörte zu den größten Steuerzahlern nicht nur der Oberen Vorstadt, sondern ganz Kronstadts. 1488 zahlte er 6 fl. 30 asp., 1489 5 fl. 10 asp., 1494 — in 2 Raten — 10 fl. Steuer, Summen, die nur noch von ganz wenigen der reichsten Kaufleute der Inneren Stadt gezahlt wurden[78]. Am 26. Februar 1503 finden wir ihn zum letztenmal in den Zwanzigstrechnungen von 1503. Im selben Jahr muß er gestorben sein, denn ab 1504 ist seine Witwe als Besitzerin des Hauses in der Sandgasse eingetragen.

Die Geschäfte des Vaters führte sein Sohn A y l d a d e R o s i n a w weiter, der seit 1506 an Stelle seiner Mutter als Hausbesitzer erscheint[79]. Auch er begann seine Laufbahn als Fischhänd-

---

[78]) 1489 war er der größte Steuerzahler der ganzen Stadt. Außer ihm zahlten noch Jörg Taschner und Crusz Johannes 5 fl., keiner darüber.

[79]) Daß Aylda der Sohn Michels war, geht aus der Eintragung des Steuerregisters von 1506 b hervor, wo er als Alde Miheln syn son eingetragen ist, in späteren Registern auch als Ailda oder Elde. Auch die Zwanzigstrechnungen von 1503 nennen ihn Aylda filius Michaelis, Quellen 1. Band, S. 1

ler[80], ging jedoch bald zu größeren Geschäften über. Im Juni und Juli 1503 reiste er, zunächst im Auftrag des sächsischen Großkaufmanns Johannes Kylhaw, nach dem Westen, woher er Tuche aus Mecheln, Görlitz und Verona, im Werte von 2730 fl. mitbrachte. Im August desselben Jahres aber ist er bereits als selbständiger Geschäftspartner von Johannes Kylhaw eingetragen, mit dem er zusammen 10 Zentner Pfeffer einführte, wofür sie einen halben Zentner als Zoll hinterließen[81]. Aylda de Rosinaw ist also der erste bekannte Kronstädter Rumäne, der in das große Fernhandelsgeschäft einstieg. Leider fehlen weitere Zollregister, so daß wir seine kaufmännische Tätigkeit nicht weiter verfolgen können. 1506 finden wir ihn jedoch in den städtischen Rechnungsbüchern eingetragen. Damals nahm er eine Anleihe von 280 fl. vom Stadtrat auf, die er nach erledigtem Geschäft wieder zurückzahlte[82]. Daß er beim Stadtrat Kredit hatte, darf uns nicht wundern, gehörte er doch zu den größten Steuerzahlern der Stadt. So zahlte er z.B. 1508 5 fl. 25 asp., eine Summe, die in jenem Jahr in dem Quartal Chatharinae nur noch sein Geschäftskompagnon Johannes Kylhaw und Jörg Hyrscher bezahlten, die in den vornehmsten Häusern der Inneren Stadt wohnten. 1517 ist Aylda de Rosinaw gestorben, denn nun erscheinen im Steuerregister im selben Haus in der Sandgasse seine Nachkommen, erst Alda martsche (Mircea), ab 1531 Aylda tochter und ab 1533 Peter aylde, der bis 1549 zu verfolgen ist.

Ein anderer reicher rumänischer Kaufmann, der in den Steuerregistern auffällt, war D o b r a m i r, der ab 1494 als Hausbesitzer in der Heilig Leichnamsgasse der Oberen Vorstadt erscheint, derselbe, der 19mal in den Zwanzigstrechnungen des Jahres 1503 eingetragen war. Auch er handelte hauptsächlich mit Fischen und Wachs, aber auch mit Rindern (72 Ochsen und 33 Kühe) und mit Seide. Leider können wir auch seine weitere Handelstätigkeit nicht verfolgen, jedoch scheint sein Geschäft vor allem ab 1510 geblüht zu haben; denn in diesem und in den folgenden Jahren gehört er zu den reichsten Steuerzahlern der Stadt (über 4 fl.). Als angesehenen Rumänen schickte ihn der Stadtrat 1520 zweimal mit geschäftlichen

---

[80]) Ebenda, S. 7 und 34.
[81]) Ebenda, S. 40.
[82]) Ebenda, S. 108.

Aufträgen in die Walachei, das zweitemal in persönlichem Auftrag des späteren Stadtrichters Lucas Hirscher. Im selben Jahr erhielt er aus der Stadtkasse eine Anleihe von 20 fl. für den Einkauf von Wein[83].

Als reicher Rumäne fällt in den Steuerregistern auch D u m i t r u F u r k a, Sohn des Mika, auf. Seit 1488 ist er in den Steuerregistern im oberen Teil der Katharinengasse, der Birkengasse (Cacova), zunächst mit seiner Mutter, seit 1512 dann allein als Hausbesitzer zu verfolgen. Durch seine hohen Steuersätze (bis 5 fl.) kann er neben die reichsten Hausbesitzer der Stadt gestellt werden. Seine Handelstätigkeit ist leider aus keinem Zollregister zu verfolgen. Dafür wissen wir aus den Stadtrechnungen, daß er in geschäftlichen Beziehungen zum Kronstädter Stadtrat stand, für den er 1520 40 fl. auslegte; weitere Eintragungen in den Stadtrechnungen weisen auf ähnliche Beziehungen hin[84].

Der wirtschaftliche Wohlstand der Kronstädter Rumänen fand seinen Niederschlag auch in dem Bildungsstand dieser Bevölkerungsgruppe. Es ist kein Zufall, daß in der Oberen Vorstadt von Kronstadt die älteste rumänische Schule Rumäniens erwähnt wird. Ihr Alter läßt sich nicht genau bestimmen, jedoch wäre es denkbar, daß neben der 1399 erwähnten orthodoxen Kirche bereits eine Schule zur Ausbildung von Geistlichen und Kopisten bestanden hat. Denn die Nikolaus-Kirche von Kronstadt war seit den ältesten Zeiten ein Zentrum der siebenbürgischen Orthodoxie, von wo aus immer wieder Pfarrer, aber auch kirchliche Bücher in die anderen rumänischen Ortschaften geschickt wurden. Nach einer wesentlich späteren Nachricht aus dem 18. Jahrhundert wurde die Schule neben der Nikolaus-Kirche erst im Jahre 1495 gegründet; in den Steuerregistern von 1485-1506 jedoch erscheint bereits als Hausbesitzer in der »Belgerei« des Quartals Corporis Christi ein Jerg gre-

---

[83]) Ebenda, S. 214, 264, 266.
[84]) Ebenda, S. 257, 261, 267. Die Eintragung vom 17. November 1538, daß ein Demitro Furka mit Briefen des Bischofs von Fünfkirchen an den Woiwoden der Walachei geschickt wurde (Quellen, 2. Band, S. 586), kann sich vielleicht auf seinen Sohn beziehen, da seit 1531 seine Witwe in den Steuerregistern als Hausbesitzerin erscheint.

matik⁸⁵, der möglicherweise schon Lehrer dieser Schule war, was auf ein früheres Bestehen der Schule schließen ließe⁸⁶.

Was die politische Stellung der Obervorstädter Rumänen innerhalb der Kronstädter Bevölkerung anlangt, so unterstanden sie verwaltungsmäßig dem Stadtrat, hatten aber, gleich den anderen Bewohnern der Vorstädte, kein aktives Bürgerrecht. Jedoch standen sie, wie alle Bewohner Kronstadts, auch unter dem Schutz des Stadtrates, der sich auch für ihre Rechte einsetzte. So befreite König Matthias Corvin auf Ersuchen des Stadtrates die „Bulgaren Kronstadts und des Burzenlandes" von der Zahlung der Steuer des Fünfzigsten für ihre Schafe⁸⁶ᵃ⁾. Zu der Stadtführung standen sie in einem guten Verhältnis, wie aus den geschäftlichen Beziehungen der reichen Rumänen zum Stadtrat und zu den Kronstädter sächsischen Kaufleuten hervorgeht. Auch mit den Fürsten der Walachei hatten sie direkte Beziehungen, teils kirchlicher, teils geschäftlicher Art⁸⁷. Als rumänische Untertanen Kronstadts spielten sie eine wichtige Vermittlerrolle in den politischen und wirtschaftlichen Beziehungen zwischen dem Kronstädter Stadtrat und den rumänischen Fürstentümern. So wurden sie als Überbringer von Botschaften an die Höfe der rumänischen Fürsten entsandt, andere begleiteten die offiziellen Gesandtschaften als Übersetzer. Die Kanzlei des Stadtrates beschäftigte ursprünglich die rumänischen Pfarrer, später eigens dafür bezahlte Beamte, die sogenannten »Stadt-Logufethen«⁸⁸, als Schreiber und Übersetzer der amtlichen rumänischen (slawischen) Korrespondenz, deren sich die Stadt im Umgang mit

---

[85]) Rumänisch: *grămatic* = Lehrer, Schreiber.
[86]) Über jerg grematik siehe C. M u ş l e a, a.a.O. 1. Band, S. 77; G e r n o t N u s s b ä c h e r, Wer war Jerg grematik?, in: Karpaten-Rundschau, 29.X.1976, (Nr. 4); d e r s e l b e, Johannes Honterus. Viaţa şi opera sa în imagini, Bucureşti 1977, S. 19.
[86a]) Ub. VI, Nr. 3720.
[87]) B o g d a n, Relaţii, a.a.O. S. 231 f., S. 334 f. Vgl. darüber auch C o r i n a N i c o l e s c u, Die St. Nikolaus-Kirche in Şcheii Braşovului, Bukarest 1967, S. 12.
[88]) Rumänisch: *logofăt* = Sekretär, Schreiber in einer Kanzlei, von griechisch: *logothetis*; siehe: Dicţionarul explicativ al limbii romăne, a.a.O., S. 507.

den benachbarten Fürstentümern bediente[89]. Ebenso hielt der Stadtrat rumänische Kundschafter, die von jenseits der Karpaten wichtige Nachrichten, vor allem über die militärischen Bewegungen der Türken oder der rumänischen Fürsten, überbrachten.

Schon die wenigen Urkunden, die wir vom Ende des 15. Jahrhunderts und vom Anfang des 16. Jahrhunderts besitzen, zeigen, daß die Obere Vorstadt von Kronstadt, trotz der räumlichen Enge des Gebirgstales, in voller Entwicklung begriffen war. Im weiteren Verlauf des 16. Jahrhunderts war es der Stadtteil Kronstadts, der die dynamischste Weiterentwicklung aufzuweisen hatte. Während die Innere Stadt, in der die Zahl der Hausstellen infolge der Umwallung mit den Stadtmauern festlag, in ihrer Bevölkerung durch die Jahrhunderte ziemlich konstant blieb, die Altstadt und die Blumenau dagegen, die ungeschützt außerhalb der Stadtmauern lagen, infolge der Kriegswirren immer wieder dezimiert wurden, hat sich die Bevölkerung der Oberen Vorstadt schon am Ende des 15., dann aber vor allem im 16. Jahrhundert sehr stark vermehrt. Dabei ist jedoch zu beachten, daß sich diese Bevölkerungszunahme nicht auf alle drei Nationalitäten gleichmäßig bezog, sondern daß sich nur das rumänische Element auffallend weiter entwickelte, während der Anteil der Sachsen und Ungarn stark zurückging. So haben wir schon von 1489 bis 1504 einen Zuwachs der rumänischen Hausbesitzer von 116 auf 131 zu verzeichnen, während die sächsische und ungarische Bevölkerung in diesen Jahren geringfügig zurückging. Im Lauf des 16. Jahrhunderts stieg die Anzahl der Rumänen sprunghaft, so daß man 1522/23 schon 200 Hausbesitzer zählte — gegenüber 233 Sachsen und 79 Ungarn —, während sie 1600 in der ganzen Vorstadt mit 384 Hausbesitzern bereits die überwiegende Mehrheit bildeten, gegenüber nur noch 183 Sachsen und 22 Ungarn. Die rumänische Bevölkerung hat sich demnach im 16. Jahrhundert mehr als verdreifacht; um 1600 wird ihre Gesamtzahl wenigstens 2000 betragen haben.

---

[89]) P a v e l   B i n d e r — A r n o l d   H u t t m a n n, Românii din Brașov în epoca reformei, in: Studii și articole de istorie, vol. XIII, București 1969, S. 80; M a j a   P h i l i p p i, Betrachtungen zum Bürgeraufstand 1688 in Brașov (Kronstadt), in: Forschungen, Band 15, 1972/2, S. 81 f.

Bevölkerungsbewegung in der Oberen Vorstadt (Scheii)

Am stärksten zeigt sich die Vermehrung der Rumänen in den Teilen der Vorstadt, in denen sie schon vorher geschlossen siedelten, so am Anger und in den von diesem aufsteigenden Tälern, also in der Rengasse (Pe tocile), der Sandgasse und der Birkengasse (Cacova); ferner in der Belgerei des Quartals Corporis Christi an den Abhängen des Rattenberges, woher sich die Sachsen und Ungarn vollkommen zurückzogen. Der starken Bevölkerungsvermehrung entsprechend erscheinen in diesen Gebieten, die ursprünglich wenig dicht besiedelt waren, in den Steuerregistern immer neue Gassen und Gäßchen, in denen ausschließlich Rumänen siedelten[91].

Hausbesitzer in den Jahren 1489-1600[90]

	1489	1522/23	1600
Rumänen	116	200	384
Sachsen	304	233	183
Ungarn	86	79	22
unbestimmbarer Herkunft	2	–	–
Zusammen	508	512	589

Aber auch in den drei großen Parallelstraßen unterhalb des Angers und in der Brunnengasse, in denen ursprünglich die Sachsen überwogen, finden wir im 16. Jahrhundert immer mehr Rumänen. Die Sachsen haben sich wahrscheinlich in die Innere Stadt, die

---

[90]) Die Zahlen beziehen sich auf die Anzahl der Hausbesitzer. Für die Statistik wurden d i e Jahre herangezogen, von denen die Steuerregister aller 3 Quartale, in denen Rumänen wohnten, vorliegen. Für das Quartal Petri liegen sie für 1522, für die Quartale Corporis Christi und Catharinae für 1523 vor.

[91]) So erscheint 1504 in der Belgerei des Quartals Corporis Christi eine neue Gasse unter der Bezeichnung »Domus hec subscripte pertinent ad belgerey«, in der 10 neue rumänische Namen verzeichnet sind, ab 1517 »Dy neder gass bei der Kirchen«, »Bey sent lassel«, »Campus florum«, »In dem dree wynckel« usw.

Ungarn in die Blumenau zurückgezogen. Auch hier zeichnet sich die Absonderung der einzelnen Bevölkerungsgruppen ab, die wir auch sonst vom 16. Jahrhundert an auf dem Gebiet der Stadt feststellen können. Allerdings blieben auch in den folgenden Jahrhunderten in der Oberen Vorstadt immer noch viele, meist arme Sachsen, ansässig, so daß 1790-94 hier eine eigene evangelische Kirche für sie gebaut wurde.

Da diese für die weitere Entwicklung entscheidenden Veränderungen in der Bevölkerungsstruktur der Oberen Vorstadt sich schon im 15. Jahrhundert ankündigten, soll im Folgenden kurz auf deren Ursachen hingewiesen werden. Außer der natürlichen Vermehrung des rumänischen Elementes scheinen uns dafür vor allem zwei Faktoren — ein politischer und ein wirtschaftlicher — ausschlaggebend zu sein: Auf politischem Gebiet war es der türkische Druck, der sich immer mehr verstärkte. Nachdem im 15. Jahrhundert auch die Walachei tributpflichtig geworden war, griff dieser Druck von den Ländern südlich der Donau auch auf dieses Land über. Zahlreiche Flüchtlinge suchten nördlich der Karpaten Schutz. Als dann im 16. Jahrhundert auch Siebenbürgen unterworfen war, hörten die türkischen Kriegs- und Raubzüge keineswegs auf, sondern verwüsteten beide Länder — die Walachei und Siebenbürgen — weiter auf das Furchtbarste. Die im Schutze der Stadtmauern von Kronstadt gelegene Obere Vorstadt aber bot den Flüchtlingen willkommenen Schutz. So finden wir schon Ende des 15. Jahrhunderts unter der rumänischen Bevölkerung immer wieder Namen, die auf Flüchtlinge hinweisen[92].

Nun war es aber nicht nur der türkische Druck, der die Obere Vorstadt von Kronstadt für die Rumänen aus der Walachei und aus Siebenbürgen so anziehend machte. Es waren ebenso die wirtschaftlichen Entwicklungsmöglichkeiten, die immer neue tüchtige rumänische Elemente veranlaßten, sich hier niederzulassen. Im 16. Jahrhundert war zwar der Fernhandel Kronstadts, der in früheren Jahrhunderten geblüht hatte, durch die schweren Kriegszeiten stark zurückgegangen. Dafür aber gewann der Handel mit den rumänischen Fürstentümern immer mehr an Bedeutung. An diesem aber hatte, wie wir gesehen haben, schon im 15. Jahrhundert

---

[92]) In den Steuerregistern von 1489 Myhel serbul, Radoslaw serbull, Stana dy sirwen, Yvan ratz (Ratz = Serbe) u.a.

die rumänische Bevölkerung einen bedeutenden Anteil, der sich im 16. Jahrhundert noch weiter steigerte, während der Anteil der Sachsen daran immer mehr zurückging. Für die Rumänen der Oberen Vorstadt war das 16. Jahrhundert eine Zeit des wirtschaftlichen Aufstiegs, was sich auch auf ihr kulturelles Leben auswirkte. Es war kennzeichnend, daß am Anfang des 16. Jahrhunderts die Rumänen sich hier anstelle der bestehenden alten Holzkirche eine Steinkirche zu bauen begannen, wobei der damalige Fürst der Walachei, Neagoe Basarab (1512-1521), sie unterstützte. Die Mittel aber dazu wurden zum größten Teil von der Bevölkerung selber aufgebracht, wobei »die Altväter und allhiesige Christen in der Bulgarei, reiche und arme, große und kleine zugesteuert haben«[93], was auf den materiellen Wohlstand dieser Bevölkerungsgruppe schließen läßt. Im Laufe des 16. Jahrhunderts aber wurde die Obere Vorstadt von Kronstadt zu einem der wichtigsten Mittelpunkte der gesamtrumänischen Kultur, wozu vor allem auch die Druckertätigkeit des Diacons Coresi, der selber auch aus der Walachei (Tîrgovişte) zugewandert war, beitrug[94]. Auch Diakon Coresi wurde in seiner Tätigkeit vom Kronstädter Stadtrat unterstützt bzw. beauftragt, was die guten Beziehungen zwischen den Kronstädter Sachsen und Rumänen auch auf kulturellem Gebiet erkennen läßt.

Die Blumenau

Das jüngste und kleinste Stadtviertel des mittelalterlichen Kronstadt war die Blumenau, die sich nordöstlich der Stadtmauern in dem zwischen Schneckenberg einerseits und Schloßberg und Mühlberg andererseits liegenden Tal erstreckte. Wann dieser Stadtteil entstanden ist, läßt sich mit Bestimmtheit nicht mehr sagen. Da jedoch durch dieses Gebiet der Handelsweg in das Szeklerland und weiter über die Karpaten in die Moldau führte, hing die Erweiterung der Stadt in dieser Richtung sicher mit dem starken wirtschaft-

---

[93]) Aus der Chronik des Popen Vasile, Quellen, 5. Band, S. 2.
[94]) A. H u t t m a n n, Date vechi privind viaţa şi activitatea tipografică a Diaconului Coresi, in: Studii şi cercetări de bibliologie, seria nouă, XII, 1972, S. 41-49; G h e ţ i e – M a r e ş, Introducere în filologia românească, Bucureşti 1924, S. 45-68.

lichen Aufstieg der Stadt und den sich entwickelnden Handelsbeziehungen zu der Moldau im 14. Jahrhundert zusammen.

Auch die Blumenau bestand ursprünglich aus zwei deutlich voneinander unterschiedenen Teilen. Der eine erstreckte sich entlang des Schloßberges und des Mühlberges[95]. Hier ging die Hauptstraße vom Purzengässer Tor aus; sie hieß in den Steuerregistern »Infra portam descendendo ad Siculos«, war also der Ausgangspunkt des Handelsweges in das Szeklerland. Dieser Teil war dementsprechend schon im 15. Jahrhundert sehr dicht besiedelt (137 Hausbesitzer), vor allem von Ungarn und Szeklern. Der andere Teil zog sich in der Verlängerung der Schwarzgasse der Inneren Stadt am Schneckenberg entlang. Er bestand hauptsächlich aus großen Gärten und war, da er nicht an der Verkehrsstraße lag, wenig besiedelt (45 Häuser). Dies war die eigentliche »Blumenau« (ungarisch Bolonya)[96]. Im 15. Jahrhundert waren hier noch keine Straßen eingetragen, was auch auf den Charakter einer Gartenvorstadt schließen läßt[97]. Die Verbindungsgasse zwischen diesen beiden ganz verschiedenen Teilen war »dy Twergassen«[98], die ebenfalls dicht besiedelt war, hauptsächlich von Ungarn. Schon im 16. Jahrhundert war jedoch der Name »Blumenau« auf das ganze Stadtviertel übertragen, wie es bis heute noch heißt.

Die Blumenau[99] war auch das ärmste Stadtviertel Kronstadts. In den Steuerregistern von 1489 waren hier 182 Hausbesitzer eingetragen, davon 106 Ungarn, 73 Sachsen und 3 Personen unbestimmbarer Zugehörigkeit. Auch hier fällt auf, daß die Sachsen, wie in der Oberen Vorstadt, vor allem am Anfang der Straßen, der Inneren Stadt zu, wohnten, während die Ungarn sich in der Fortsetzung der Straßen anschlossen. Der Übergang ist auch hier nicht nahtlos,

---

[95]) Er war steuertechnisch im Quartal Portica erfaßt.

[96]) Sie war steuertechnisch in den Quartalen Corporis Christi und Petri erfaßt.

[97]) Erst im 16. Jahrhundert werden hier Straßen erwähnt, von denen die »Schwarcze gasz extra civitatem« – später Brunnengasse (heute bul. Lenin) die wichtigste war.

[98]) Wahrscheinlich die spätere Schulmeistergasse, heute str. Vlad Țepeș.

[99]) Wir verwenden im Folgenden diesen Namen für das ganze Stadtviertel.

Die Bevölkerung im 14. und 15. Jh.   137

Sachsen und Ungarn siedelten nebeneinander. Der Wechsel der Hausbesitzer ist hier häufiger als in den anderen Stadtvierteln; die Kontinuität der Einwohner war also gering, und immer wieder kam es vor, daß Ungarn in Häuser zogen, die vorher Sachsen gehört hatten und umgekehrt.

Die Bewohner der Blumenau waren kleinste und kleine Steuerzahler; im Durchschnitt zahlten sie von einigen Aspern bis zu 1 fl. Einzelne Reiche, die sich über dieses Niveau erhoben, wie wir sie in der Oberen Vorstadt antrafen, gab es hier nicht, so daß das ganze Stadtviertel den Eindruck einer armen Vorstadtsiedlung macht.

Was die berufliche Bestimmung der Bevölkerung anlangt, so waren die sächsischen Bewohner ihrem Namen nach zu schließen fast ausschließlich kleine Handwerker. Bei den Ungarn sind Handwerkernamen selten. Immerhin gab es auch unter ihnen einige, so vor allem Schneider (szabo), aber auch Schuster (varga), Kürschner (szücs, szöcs), Weber (takács), Böttcher (kádár), Wagner (kerekes, kerékgyártó), Fleischer (mészáros). Einige von ihnen waren Fischer und gehörten zu den ärmsten Steuerzahlern. Wenn wir aus der späteren Kronstädter Geschichte rückschließen dürfen, so waren viele Blumenauer Ungarn Fuhrleute im Dienste der Stadt und der reichen Kaufleute.

Wie bei den Rumänen, läßt sich auch bei den ungarischen Einwohnern Kronstadts — allerdings in geringerem Maße — nachweisen, daß sie sich schon im 15. Jahrhundert am Kronstädter Kleinhandel beteiligten. In dem Bruchstück der Zwanzigstrechnungen von 1480/81[100] sind auch einige ungarische Kaufleute eingetragen, von denen 6 in den Steuerregistern jener Jahre als Hausbesitzer von Kronstadt identifiziert werden konnten. Allerdings wohnten von diesen nur 2 in der Blumenau, Toth Miclos und Scharoschy Pal, von den andern war einer der uns schon bekannte Török Miclos aus der Inneren Stadt, die 3 übrigen waren in der Vorstadt ansässig. Sie handelten wie die rumänischen Kaufleute mit Fischen und Rindern, machten aber nur kleine Geschäfte. Nur einer von ihnen, Scharoschy Pal, fällt gelegentlich auch durch größere Geschäfte auf. Er ist in diesem Register achtmal eingetragen, einmal mit 64 Ochsen, für die er 5 fl. und 44 asp. Zoll zahlte. In den

---

[100]) A.S.B. Socoteli alodiale a.a.O.

Zwanzigstrechnungen von 1503[101] sind ebenfalls 35 ungarische Kaufleute eingetragen, von denen wir allerdings nur von zwölfen feststellen konnten, daß ihr Wohnort in Kronstadt war. 6 von ihnen wohnten in der Blumenau, 6 in der Oberen Vorstadt. Einige von ihnen zahlten nur einige Aspern Zoll, machten also ganz kleine Geschäfte, andere aber fallen durch große Geschäfte, vor allem mit der Einfuhr von Ochsen, auf. So führten Nady Orystwan und Myssarusch Gergel, beide aus der Oberen Vorstadt, gelegentlich über 100 Ochsen ein, wofür sie entsprechend hohe Zölle (bis zu 11 fl.) zahlten. Auffallend unter den Ungarn sind die relativ vielen Musiker. Während wir bis 1500 unter den Sachsen nur Merthen Lautenschläger und Pitter horrenbleser – beide in der Altstadt – als Musiker kennen, gab es unter den Ungarn mehrere Geiger (hegedüs), Pfeifer (sipos), Trompeter (trombitas), Trommler (dobos), die meisten in der Blumenau wohnhaft. Ihre Steuersätze sind klein – einige Aspern –, da der Beruf und das Einkommen der Musiker damals auf einer niederen Stufe stand. Ferner finden wir in den Steuerregistern von 1489 unter den Ungarn 6 Schreiber (deak, litteratus), 3 von ihnen in der Vorstadt, 3 in der Blumenau. Ihre Stellung entsprach wohl der der rumänischen Logufethen, wahrscheinlich arbeiteten sie als ungarische Schreiber auch für die städtische Kanzlei. Ihr Ansehen und ihr Einkommen lag höher als das der Musiker, sie zahlten im Durchschnitt 1 fl. Steuer. Über das Vorhandensein einer ungarischen Schule ist bis in die Mitte des 16. Jahrhunderts nichts bekannt. Die Schwerpunkte der ungarischen Kultur in Siebenbürgen lagen in anderen Städten.

So wie die Obere Vorstadt ein rumänisches, so wurde die Blumenau allmählich ein vorherrschend ungarisches Stadtviertel. Der starke Zuzug der Ungarn läßt sich – soweit die Steuerregister erhalten sind – schon im letzten Viertel des 15. Jahrhunderts verfolgen. So waren in den Straßen, die im Quartal Portica verzeichnet sind, 1475 79 sächsische, 56 ungarische und 3 Hausbesitzer unbestimmbarer Herkunft verzeichnet. In den folgenden 14 Jahren zogen in diese Straßen so viele Ungarn zu, daß sich das Verhältnis mehr als umkehrte. 1489 waren bereits 80 ungarische neben nur 54

---

[101]) Quellen, 1. Band, S. 1-36.

sächsischen Hausbesitzern eingetragen. Der Zuzug von Ungarn in die Blumenau hielt auch in den folgenden Jahren unvermindert an. 1490 erscheint in den Blumenauer Steuerregistern als neue Straße »An dem Burchalcz«[102], ein steiler Bergpfad zwischen Zinne und Schneckenberg, an dem 5 Ungarn und 3 Sachsen wohnten. Der Zuzug ungarischer Elemente nach Kronstadt am Ende des 15. Jahrhunderts erfolgte zum größten Teil aus dem benachbarten Szeklerland, wie die zahlreichen Namen Czekel und Schicky[102a] beweisen. Jedoch kamen Ungarn auch von weiter her. Auch hier spielte die türkische Expansion eine Rolle. Die Gebiete am westlichen Balkan südlich der Sawe – Kroatien, Bosnien und Teile von Serbien –, die vor der türkischen Eroberung zu Ungarn gehört hatten, besaßen eine starke ungarische Bevölkerung. Nachdem die Türken diese Gebiete schon um die Mitte des 15. Jahrhunderts unterworfen hatten, ergoß sich ein Flüchtlingsstrom von da aus in das übrige Ungarn, auch bis nach Siebenbürgen. Wie bei den Rumänen in der Oberen Vorstadt kommen auch bei den Ungarn Kronstadts die Beinamen Horvat (Kroate), Ratz (Serbe), vor allem aber immer wieder Török (Türke) vor, was auf Flüchtlinge aus den von den Türken eroberten Gebieten hinweist.

Im 16. Jahrhundert allerdings erfolgte der ungarische Zustrom in die Blumenau nicht mehr in denselben Ausmaßen. Das hing damit zusammen, daß nun auch Siebenbürgen immer mehr in die kriegerischen Auseinandersetzungen hineingezogen wurde, worunter die ebenfalls ungeschützt, außerhalb der Stadtmauern liegende Blumenau ebenso zu leiden hatte wie die Altstadt. Schon die Steuerregister aus dem ersten Viertel des 16. Jahrhunderts zeigen einen merklichen Rückgang der Bevölkerung. Bis 1600 ging die Zahl der Bewohner bis auf 74 ungarische und 44 sächsische Hausbesitzer zurück. Die starke Entfaltung dieses Stadtteils ist erst ein Ergebnis der Industrialisierung des 19. Jahrhunderts, als hier zahlreiche Fabriken und der Bahnhof angelegt wurden.

---

[102]) Burghals, heute str. Dobrogeanu Gherea.
[102a]) Aus dem Csiker Stuhl. Vgl. E r n s t   W a g n e r, Historisch-statistisches Ortsnamenbuch für Siebenbürgen, S.324 ff. (Studia Transylvanica 4, 1977).

Die Zigeuner

Schließlich muß noch eine Bevölkerungsgruppe genannt werden, die weder Wohnsitz noch Rechte in der Stadt hatte, die aber doch zum mittelalterlichen Bilde Kronstadts gehörte. Es waren die Z i g e u n e r, dem Sprachgebrauch der Zeit nach auch Ägypter oder Pharaonen genannt. Sie lebten im 15. Jahrhundert nicht nur außerhalb der Stadt, sondern auch außerhalb der bürgerlichen Gesellschaft.

Die Forschung ist sich darüber einig, daß die Zigeuner aus Indien stammen, nicht aber darüber, unter welchen Umständen sie von dort nach Westasien und Europa gekommen sind[103]. Möglicherweise sind sie dem Druck der Mongolen ausgewichen, später von den Türken in Europa vorwärts getrieben worden. Ihr Weg führte über Kleinasien und das Byzantinische Reich, dann über die rumänischen Fürstentümer und Ungarn in das übrige Europa. Entlehnungen aus dem Griechischen, Rumänischen und Ungarischen in ihrer Sprache lassen darauf schließen, daß sie sich auf ihrem Wanderweg in diesen Ländern eine zeitlang aufgehalten haben müssen. Ende des 14. Jahrhunderts sind sie bereits in der Walachei bezeugt. 1385 schenkte der Fürst Dan I. dem Kloster Tismana 40 Zigeunerfamilien, sein Nachfolger Mircea der Alte schenkte 1387 dem Kloster Vodiţa 40, 1388 dem Kloster Cozia 300 Familien von Zigeunern[104].

Diese Tatsache läßt auch auf ihre rechtliche und soziale Lage schließen. Aus der Walachei sind sie wahrscheinlich schon am Ende des 14. Jahrhunderts nach Siebenbürgen und Ungarn weitergewandert, wobei einer ihrer Wage über den Törzburger Paß, also an Kronstadt vorbei führte. Dafür spricht die Tatsache, daß wir sie im 15. Jahrhundert bei Törzburg auch schon als seßhafte Zigeuner antreffen. 1416 tauchen sie bereits in Böhmen auf, 1417 erscheinen 300 Zigeuner vor den Hansestädten an Nord- und Ostsee. Hier zeigten

---

[103]) Siehe zum Folgenden Meyers Lexikon, 12. Band, Leipzig 1930, Spalte 1786 ff.; H. S c h w i c k e r, Die Zigeuner in Ungarn und Siebenbürgen, in: Die Völker Österreich-Ungarns, Band 12, Wien und Teschen, 1883.

[104]) P. P. P a n a i t e s c u, Documentele Ţării Româneşti, vol. I., Documente interne (1369-1490), Bucureşti 1938, Nr. 5, 6, 8.

sie einen Schutzbrief Kaiser Sigismunds vor, den dieser ihnen als König von Ungarn auf Grund eines Empfehlungsschreibens des ungarischen Palatins, Nikolaus von Gran, ausgestellt hatte. Von Deutschland aus wanderten sie in kurzer Zeit einerseits über Italien und Frankreich bis nach Spanien, andererseits nach Polen und Skandinavien. Während sie in den meisten Ländern ungern gesehen und verfolgt wurden, genossen sie in Ungarn einen gewissen Schutz, der ihnen auch in Privilegien bestätigt wurde. So stellte ihnen Sigismund 1423 einen zweiten Schutzbrief aus, in dem er ihnen in Ungarn die Freiheit des Wanderns unter ihrem Woiwoden Ladislaus zusicherte. Sie sollten von niemandem verfolgt, sondern gegen Angriffe und Beleidigungen geschützt werden. Ihre Streitigkeiten sollten nur von ihrem Woiwoden gerichtet werden. Ähnliche Schutzbriefe stellten ihnen auch die späteren ungarischen Könige aus.

Die Zigeuner schlugen ihre Zelte vor Städten und Dörfern auf. Die abwertende Meinung über die Zigeuner, daß ihr Handwerk hauptsächlich im Stehlen bestehe, gehört auch zu den Vorurteilen des 19. Jahrhunderts. Sie verdienten sich ihren Lebensunterhalt mit nützlichen Tätigkeiten, die sie bald sogar unentbehrlich machten. An erster Stelle stand da die Metallverarbeitung, angefangen von der Goldwäscherei über das Schmiedehandwerk bis zur Erzeugung von Musketen, Kanonen und anderen Waffen. Ihr besonderes Verhältnis zu den Pferden machte sie zu den geborenen Pferdehändlern. Aber auch zum Besorgen der Pferde, zum Beschlagen mit Hufeisen u.a. wurden in Ungarn und Siebenbürgen hauptsächlich Zigeuner verwendet. Aus späterer Zeit ist dann ihre Kunst im Wahrsagen, Tanz und Musik bezeugt. Vor allem aber waren die Zigeuner bereit, alle niederen und entehrenden Arbeiten auszuführen, für die sich sonst schwer jemand fand. Da sie sich auf grundherrlichem Boden — auch königlichem, kirchlichem und städtischem — niederließen, traten sie von Anfang an in ein Verhältnis der Abhängigkeit zu den betreffenden Grundherren und wurden von diesen, gerade wegen der Arbeiten, die sie ausführten, nicht ungern gesehen.

Die Zigeuner in Siebenbürgen und Ungarn waren durchaus nicht alle Wanderzigeuner; ein Teil von ihnen war seßhaft, durfte sich jedoch nur außerhalb der Dörfer und Städte niederlassen. Es gehörte zu der besonderen Stellung, die die Zigeuner im damaligen

Ungarn genossen, daß sie eine Art politische Organisation besaßen, die staatlich anerkannt wurde. Der Schutzbrief Kaiser Sigismunds von 1423 sah vor, daß in jedem Komitat aus ihren eigenen Reihen ein Oberhaupt — agilis genannt — ernannt wurde, das das Richteramt über sie versah. Aus der Mitte dieser Oberhäupter ernannte der Palatin von Ungarn einen Woiwoden, dem alle in Ungarn befindlichen Zigeuner unterstanden und abgabenpflichtig waren; der Woiwode führte wie alle ungarischen Adligen den Titel egregius. Die Obrigkeiten der Städte und Dörfer waren angewiesen, dem Woiwoden bei dem Einsammeln dieser Zigeunersteuer behilflich zu sein[105].

Während in Hermannstadt die Zigeuner schon in königlichen Privilegien von 1476, 1487 und 1492 erwähnt werden[106], besitzen wir für Kronstadt keine Nachrichten über Zigeuner aus dem 15. Jahrhundert. In den Steuerregistern von 1475-1500 sind zwar Personen mit dem Beinamen Cziganen eingetragen[107], jedoch ist es, da sie steuerzahlende Hausbesitzer waren, nicht wahrscheinlich, daß es sich wirklich um Zigeuner gehandelt haben kann, ebensowenig wie Kronstädter Bürger derselben Zeit, die Türk oder Tatter hießen, Türken oder Tataren waren. Dagegen kommen in den Stadtrechnungen, die erst vom Anfang des 16. Jahrhunderts vorliegen, die Zigeuner bereits so häufig vor, daß wir annehmen können, daß sie schon längere Zeit vorher vorhanden gewesen sein müssen.

Urkundlich tauchen sie zuerst in Törzburg auf. 1500 richtete König Wladislaw II. an den siebenbürgischen Woiwoden ein Schreiben, in dem er die Zigeuner erwähnt, die schon »seit alten Zeiten — ab antiquo — zu der Burg gehörten« und der Gerichtsbarkeit des Burggrafen unterstanden[108]. Aus den Törzburger Kastellansrechnungen, die ab 1504 vorliegen, geht hervor, daß die Zigeuner dem Burggrafen eine jährliche Abgabe in Geld zu leisten hatten und ihm zu gewissen Diensten verpflichtet waren[109]. Dadurch gewinnt die Nachricht an Glaubwürdigkeit, die Thomas Tartler in

---

[105]) Satellit des Siebenbürgischen Wochenblattes, 1845, S. 383.
[106]) Arhivele Statului Sibiu, U II, Nr. 369, 444, 512.
[107]) 1475 Cziganen Endris, 1491 Cziganen Michel, beide in der Blumenau, 1497 Cziganen Endris in der Langgasse.
[108]) H u r m u z a k i - I o r g a, Documente privitoare la istoria Românilor XV/1, București 1911, S. 152.
[109]) Quellen, 1. Band, S. 85, 88, 95, 98, 105, 116, 166.

seinen »Collectanea« berichtet, daß die Zigeuner 1498 gleichzeitig mit der Verpfändung der Törzburg durch König Wladislaw II. an Kronstadt Untertanen der Stadt wurden[110]. Spätestens damals werden sie sich außerhalb der Stadt niedergelassen haben, da es ihnen zunächst verboten war, auf Stadtgebiet selbst zu siedeln. Später erst scheint der Stadtrat ihnen die Bewilligung gegeben zu haben, sich in der Oberen Vorstadt, neben der »Belgerei« an den Abhängen des Rattenberges anzusiedeln. Denn 1524 erscheint hier in den Steuerregistern zum erstenmal als neue Ortsbezeichnung »By den czyganen«[111]. Diese »Ziganie« hat bis in das 19. Jahrhundert bestanden, während die neue »Ziganie« zwischen Innerer Stadt und Blumenau erst Ende des 18. Jahrhunderts angelegt wurde[112].

Was die rechtliche Stellung dieser bei oder in Kronstadt ansässigen Zigeuner betrifft, so waren sie, wie Th. Tartler dies ausdrückt, »Stadtjobagyen« (Leibeigene)[113]. Die Rechte, die der Burggraf von Törzburg über sie ausgeübt hatte, waren an die Stadt übergegangen. In den Stadthannenrechnungen von 1535 werden sie »Egipti ad civitatem pertinentes« genannt[114]. Sie waren der Stadt zu bestimmten Diensten verpflichtet, über die weiter unten noch zu sprechen sein wird.

Die eigenartige Sonderstellung, die die Zigeuner in Ungarn innehatten, läßt sich auch bei den Kronstädter Zigeunern verfolgen. Sie waren organisiert unter einem »iudex«, den die Sachsen ihren »Gräf« nannten[115]. Der Stadtrat bediente sich dieser ihrer Amtsperson sowohl bei der Verteilung der von den Zigeunern zu leistenden Arbeiten als auch bei dem Einsammeln der Abgaben. Darüber hinaus aber wurde die Oberhoheit des Zigeunerwoiwoden Ungarns auch über die Kronstädter Zigeuner durchaus anerkannt. Diese bestand darin, daß die Zigeuner dem Woiwoden nach einer — wie es in den Stadtrechnungen heißt — »von altersher bestehen-

---

[110] »Collectanea ...« a.a.O. Band 1, S. 412.
[111] Später »Bei den faronen«.
[112] Fr. Philippi, Aus Kronstadts Vergangenheit und Gegenwart, Kronstadt 1874, S. 45 ff.
[113] »Collectanea ...« a.a.O., S. 412.
[114] Quellen, 2. Band, S. 417.
[115] Ebenda, 1. Band, S. 430, 465, 2. Band, S. 430.

den Gewohnheit«[116] jährlich ein Geschenk überreichen mußten, das aus einer Bettdecke – später einem Teppich –, einem Stück Baumwollgewebe und einem oder mehreren Paaren Tschismen (Stiefeln) bestand[117]. Diese Gabe wurde nicht von den Zigeunern selber, sondern von dem Stadtrat übergeben. Zur Übernahme schickte der Woiwode seine »familiares« in die Stadt, die hier gleich anderen Abgesandten hochgestellter Persönlichkeiten auf Stadtkosten einquartiert und verköstigt wurden[118]. Die für die Geschenke ausgegebene Summe – sie betrug etwa 5-6 fl. – wurde dem Stadtrat später von den Zigeunern durch ihren »Grafen« zurückerstattet[119].

Diese Anerkennung einer gewissen Art von Selbstverwaltung durch den Kronstädter Stadtrat darf nun nicht darüber hinwegtäuschen, daß die Zigeuner auf der tiefsten sozialen Stufenleiter standen, ja als außerhalb der städtischen Gemeinschaft stehend betrachtet wurden. Dieses geht aus den Arbeiten hervor, die sie für die Stadt verrichten mußten. Sie waren zu diesen verpflichtet und wurden nicht dafür bezahlt, jedoch verzeichnen die Stadtrechnungen für die ausführenden Personen regelmäßig ein kleines Trinkgeld (bibales)[120]. Bei diesen Arbeiten wurden zunächst die Fertigkeiten der Zigeuner in der Metallverarbeitung ausgenützt. Die Herstellung von Nägeln und Rohren, das Beschlagen von Pferden mit Hufeisen wurde hauptsächlich von ihnen ausgeführt. Die Eintragungen sind zahlreich, die besagen, daß die Zigeuner, ja selbst ihre Frauen, zu Reparaturen von Stadttoren sowie Zugbrücken herangezogen wurden. Vor allem wurden sie bei der Herstellung von Waffen – Kanonen u.a. – angestellt. Weiter geht aus den Eintragungen hervor, daß die Zigeuner als Führer und Besorger von Pferden geschätzt waren. Gingen Ratsherren im Dienste der Stadt

---

[116]) »Ex consuetudine antehac super observata«, Quellen, 2. Band, S. 555.

[117]) Ebenda, 1. Band, S. 332, 453, 2. Band, S. 417, 456, 466, 511, 555, 618.

[118]) Ebenda, 2. Band, S. 511.

[119]) Ebenda, 2. Band, S. 417, 430.

[120]) So erhielt der Zigeuner Nicolaus für gewisse für die Stadt ausgeführte Arbeiten 6 asp., damit, wie der Stadtschreiber hinzufügt, »er sich wenigstens Brot kaufen kann« (ut saltem panes emat), Quellen, 1. Band, S. 673.

auf eine Reise, so hatten sie zu diesem Zweck in ihrem Gefolge immer auch Zigeuner mit. Bei dieser Gelegenheit flossen die Trinkgelder reichlicher.

Neben diesen Arbeiten gab es dann auch andere, weniger angenehme und ehrenvolle. Die Reinhaltung der Straßen, das Fegen des Marktes gehörte zu ihren Aufgaben[121], ebenso wie das Putzen von Kanal- und Latrinenrohren, das durch Ausbrennen erfolgte. Ferner wurden sie als Abdecker (sächsisch Schänner = 'Schinder'), zum Einfangen und Töten wütender und herumstreunender Hunde verwendet, die es zahlreich in der Stadt gab. Der »Henkerjozsi« war bis in das 20. Jahrhundert eine bekannte Erscheinung in der Stadt.

Häufig begegnen uns in den Urkunden die Zigeuner als Gefängniswärter und Scharfrichter. Folterungen, das Auspeitschen lasterhafter Weiber, aber auch das Abschneiden von Ohren oder das Annageln von Köpfen enthaupteter Türken wurde von ihnen durchgeführt. Zahlreich sind die Todesarten, mit denen »Malifikanten« hingerichtet wurden. Die städtischen Eintragungen über die den Zigeunern bei Hinrichtungen ausgezahlten Trinkgelder geben direkt einen Einblick in die Rechtsgewohnheiten der Stadt. Diebe wurden gehängt; dies waren durchaus die meisten Fälle. Brandstifter wurden verbrannt, Mörder von einem Pferd zu Tode geschleift; fremde Spione oder Kundschafter wurden geviertelt, wozu den durchführenden Zigeunern Handschuhe zur Verfügung gestellt wurden[122]. Enthauptet wurden anscheinend vor allem Fremde, Türken, Einwohner der Walachei u.a. Auch das Spießen wurde von Zigeunern ausgeübt. Frauen wurden lebendig begraben. 1532 ist die erste Hexenverbrennung in Kronstadt erwähnt, die auch von Zigeunern durchgeführt wurde[123].

So wie die Scharfrichter in allen mittelalterlichen Städten nahmen natürlich auch die Zigeuner eine verachtete Stellung innerhalb der Stadtgemeinde ein. Trotzdem muß gesagt werden, daß sie gerade durch all diese Dienste, die sonst niemand machen wollte, für die Stadt nützlich und unentbehrlich waren und ihren festen Platz in der Ordnung der Stadt hatten. Ihr Verhältnis zur städtischen Obrigkeit war daher auch kein schlechtes. In den städtischen

---

[121] »Collectanea...« a.a.O., 1. Band, S. 412.
[122] Quellen, 1. Band, S. 429.
[123] Quellen, 2. Band, S. 262.

Rechnungsbüchern aus der ersten Hälfte des 16. Jahrhunderts jedenfalls findet sich keine einzige Klage über das Verhalten der Zigeuner. Anläßlich der zahlreichen erwähnten Diebsaffären wird niemals ein Zigeuner als beteiligt erwähnt.

Zum mindesten seit dem Ende des 15. Jahrhunderts gehörten also die Zigeuner zu dem Bilde der Stadt und dürfen daher in einer Beschreibung der Kronstädter Bevölkerung aus dieser Zeit nicht fehlen.

Formen des Zusammenlebens

Kommen wir zurück zur ethnischen Zusammensetzung der einzelnen Stadtteile Kronstadts im 15. Jahrhundert, so können wir feststellen, daß in der Inneren Stadt und in der Altstadt die sächsischen Kolonisten relativ geschlossen wohnten, während die Rumänen sich in der Oberen Vorstadt, die Ungarn mehr in der Blumenau konzentrierten. Aber gerade in diesen beiden letztgenannten Stadtvierteln herrschte zunächst ein starkes Sprachen- und Völkergemisch, bis sich allmählich der national ausgeprägte Charakter dieser beiden Stadtteile herauskristallisierte.

Kronstädter Hausbesitzer nach den Steuerregistern von 1489

Stadtteil	Sachsen	Rumänen	Ungarn	unbest. Herkunft	Zus.
Innere Stadt	743	–	8	4	755
Altstadt	354	–	17	–	371
Obere Vorstadt	304	116	86	2	508
Blumenau	73	–	106	3	182
Zusammen	1474	116	217	9	1816

Es bliebe zu untersuchen, inwieweit bei diesem Zusammenleben der drei Völker auf dem engen Raum einer mittelalterlichen Stadt es auch zu Vermischungen etwa durch Heiraten oder Assimilation zwischen den einzelnen Bevölkerungsgruppen gekommen ist. Tatsache ist, daß alle drei ethnischen Gemeinschaften sich durch die Jahrhunderte auf dem Boden dieser Stadt nebeneinander erhalten haben, daß also der Vermischungsprozeß gering gewesen sein muß. Dies bedeutet jedoch nicht, daß die Absonderung vollständig war. Heiraten von Personen verschiedener Nationalität untereinander mögen insbesondere in den Stadtteilen stattgefunden haben, wo die Bevölkerung stark miteinander vermischt lebte.

Wir müssen bei diesen Überlegungen davon ausgehen, daß in der Zeit der mittelalterlichen Gesellschaft die Standeszugehörigkeit mehr wog als die nationale Zugehörigkeit, daß also Menschen derselben Gesellschaftsklasse sich näher standen als Menschen derselben Volkszugehörigkeit. Dies gilt in erster Linie für die herrschende Klasse, den Feudaladel. Daher sind diejenigen unter den Sachsen und Rumänen, die in dieser Zeit in die Adelsklasse aufstiegen, auch ausnahmslos im ungarischen Adel aufgegangen. Dasselbe gilt aber auch für die städtische Oberschicht, nur daß hier der Prozeß ein umgekehrter war: Hier wurden die Mitglieder des niederen ungarischen Dienstadels oder der italienischen Kaufmannschaft, die in die sächsischen Städte zuzogen und in die führende Schicht einheirateten, von dem überwiegenden sächsischen Element aufgesogen. Eine Ausnahme bildete Klausenburg, wo das ungarische Bürgertum von Anfang an eine starke Position hatte. Für Kronstadt kennen wir die oben erwähnten — wenn auch hypothetischen — Fälle der Sandor-Sander, so wie den Fall der ungarischen Nachkommen des Richters Paulus; es ist anzunehmen, daß es derartige Fälle auch sonst noch gegeben hat.

Was aber für die Menschen der führenden Gesellschaftsschicht galt, traf sicher ebenso, auf einer tieferen sozialen Stufe, für das mittlere und kleine Bürgertum zu, daß nämlich die Zugehörigkeit zur selben gesellschaftlichen Schicht und derselbe Lebenszuschnitt, insbesondere bei dem nahen Zusammenwohnen, der Vermischung Vorschub leisteten. Die wenigen ungarischen Bewohner der Inneren Stadt, die wir am Ende des 15. Jahrhunderts feststellen konnten und die sozial dem mittleren Bürgertum angehörten, sind wahrscheinlich nicht alle durch Abwanderung, vielmehr ebenso durch Assimilierung im sächsischen Bürgertum verschwunden. Nationale Mischehen hat es in dieser Zeit sicher häufiger gegeben als in den folgenden Jahrhunderten. Eine Reihe von Namen von Bewohnern der Inneren Stadt deuten auf Sprößlinge deutsch-ungarischer Mischehen, so z.B. Bodor Jörgen, Kisch Jörg, Anthals Velten, Ystvanen Hannes, Farkasch Clos[124], während Belgers Bloss Jerg, sei-

---

[124]) Bei reinen Ungarn müßten die betreffenden Vornamen Gergel, Balint, Janosch und Miklos heißen, wie es bei anderen Personen der Fall ist.

nem Namen nach zu schließen, aus einer deutsch-rumänischen Mischehe hervorgegangen ist.

Noch viel größer als beim mittleren Bürgertum in der Inneren Stadt wird die Tendenz zur Vermischung bei den armen Schichten in den Vorstädten gewesen sein, wo durch dieselben sozialen Verhältnisse sich auch menschliche Bindungen ergeben haben werden. So deuten Namen wir Balint Bulgarus, Gergel Bulgarus, Bartock Bulgarus, Kosta Bombikay u.a. auf rumänisch-ungarische, Peter Hedisch Bulgarus, Belgers Hans oder Belgers Simon auf deutsch-rumänische Mischehen hin, die in der Oberen Vorstadt geschlossen wurden. In der Altstadt finden wir Sterne Janusch, Czyrwis Benedic, Szabo Jörg, in der Blumenau Kisch Jörg, Czekel Jörg, Schimos Thys, Fekete Lassel, Illeschy Jörg, Balints Pitter u.a., deren Namen auf deutsch-ungarische Herkunft weisen[125].

Gerade aus der Oberen Vorstadt kennen wir auch einen konkreten Fall einer deutsch-rumänischen Mischehe, allerdings erst aus dem 16. Jahrhundert. Es handelt sich hier um Incze, Porcolabs Sohn[126], von dem in einem Gerichtsprotokoll von 1558 gesagt wird, daß er »von der Mutter Theutsches Arts ist unnd vom Vatter ein rechter Bulgarus«, wozu hinzugefügt wird, »welche auch Christenglaubens sind und drum angesehen Gott unnd seiner Gerechtigkeytt«. Mit dieser Begründung erteilte der Stadtrat die Erlaubnis, daß Incze in die Wollenweberzunft aufgenommen werden darf[127]. Die Art, wie in diesem Protokoll über die Ehe einer Deutschen mit einem 'Bulgaren' gesprochen wird, zeigt, daß die deutsche städtische Behörde diese Ehe nicht mißbilligte, daß also derartige Mischehen – unter sozial Gleichgestellten – nicht als etwas Außergewöhnliches angesehen wurden.

Wir können also festhalten, daß einzelne Mischehen zwischen Angehörigen der verschiedenen Nationalitäten, ja was schwerer wog, sogar der verschiedenen Konfessionen, vorgekommen sind. Jedoch waren im mittelalterlichen Kronstadt die drei ethnischen Gruppen in sich so gefestigt, daß dieses nicht zu einer allgemeinen Assimilierung, sondern immer nur zu einem Aufsaugen der betroffe-

---

[125]) Vergleiche dazu den Abschnitt über Mischehen in der baltischen Stadt Reval-Tallinn bei J o h a n s e n - v o n z u r M ü h l e n, a.a.O., S. 416 ff.

[126]) Sohn des Vizekastellans von Törzburg.

[127]) A.S.B., Gerichtsprotokolle 1558-1580, S. 13.

nen Einzelpersonen in den einen oder anderen Volkskörper führte. Nachdem wir den Anteil der einzelnen Nationalitäten an der Bevölkerung Kronstadts aufgezeigt haben, bleibt zu untersuchen, welches deren Stellung im öffentlichen Leben der Stadt war, ihr Anteil an dem politischen und wirtschaftlichen Wirkungskreis.

Die Führung der Stadt lag in der Hand der sächsischen Oberschicht. Wir haben keinerlei Nachricht, daß Nicht-Sachsen führende Ämter bekleidet hätten. Dieses ergab sich schon aus der Tatsache, daß das aktive Bürgerrecht nur die Bewohner der Inneren Stadt genossen, diese aber fast ausnahmslos Sachsen waren. Die Vorstädte, auch deren sächsische Bevölkerung, waren der Stadtführung verwaltungsmäßig untergeordnet, ohne selber an dieser beteiligt gewesen zu sein.

Lagen die politischen Rechte also ausschließlich in der Hand der Sachsen der Inneren Stadt, so genossen hingegen im 14. und 15. Jahrhundert alle Bewohner Kronstadts dieselben wirtschaftlichen Rechte. Die Handelsprivilegien, die Kronstadt in dieser Zeit, vor allem in den rumänischen Fürstentümern, erworben hatte, erstreckten sich auch auf die rumänischen und ungarischen Kaufleute der Stadt. Ebenso waren sie denselben Zoll- und Marktbestimmungen unterworfen. Die Beteiligung der rumänischen und der ungarischen Kaufleute am Kronstädter Handel und der große Aufschwung des rumänischen Handels im 15. und 16. Jahrhundert, der schließlich den sächsischen Handel überflügeln sollte, wäre nicht möglich gewesen, wenn ihnen bestimmte Einschränkungen auferlegt gewesen wären.

Dasselbe gilt für das Handwerk. Bis zum Ende des 15. Jahrhunderts konnten Handwerker, ungeachtet ihrer Nationalität in die Stadt zuziehen und genossen volle Gewerbefreiheit. Als 1428 die Kronstädter Handwerker den ersten Versuch unternommen hatten, den Zuzug auswärtiger Handwerker in die Stadt zu unterbinden, wurde ihnen dieses von König Sigismund auf Veranlassung des Stadtrates auf das strengste untersagt, ja sie wurden angewiesen »in Zukunft alle Handwerker, sowohl ausländische als auch inländische, die dazu geeignet und erfahren sind und sich eines guten Rufes erfreuen, ... aufzunehmen und sie gemäß den Freiheiten und lobenswerten Gewohnheiten der Stadt, in der Stadt wohnen, verweilen und ihr Handwerk frei ausüben zu lassen[128]. Von einer

---

[128]) Ub. IV, Nr. 2046.

nationalen Beschränkung der Zuwanderungserlaubnis war also keine Rede. Der Bedarf an Arbeitskräften öffnete auch den Nicht-Sachsen den Eintritt in die Stadt, ja sie hatten, soweit das Handwerk schon zünftig organisiert war, auch Zutritt zu den Zünften. In den Statuten der Zünfte, die noch im 15. Jahrhundert aufgestellt wurden — bekannt sind die der Kürschner von 1424 und die der Faßbinder von 1490[128] — gab es keine Bestimmung, die eine Aufnahme von Nicht-Sachsen ausgeschlossen hätte. In den Steuerregistern vom Ende des 15. Jahrhunderts sind eine Reihe ungarischer Handwerker verzeichnet, von denen einige jedenfalls auch Mitglieder der Zünfte waren[130]. Ebenso wurden Ungarn in die seit der 2. Hälfte des 15. Jahrhunderts bestehenden Gesellenbruderschaften aufgenommen. Von der 1468 gegründeten Bruderschaft der Kürschnergesellen ist eine Mitgliederliste erhalten, aus der hervorgeht, daß schon unter den 10 Gründungsmitgliedern der Bruderschaft einer, Zegedini Balint, ein Ungar war. Unter den folgenden Mitgliedern findet sich einer, dessen Name vielleicht sogar auf einen Rumänen hinweist, Nestaszi Seidner, vor allem aber immer wieder, auch im 16. Jahrhundert noch, Ungarn[131].

Wir können also festhalten, daß es bis zum Ende des 15. Jahrhunderts keinerlei Einschränkungen der Gewerbefreiheit für nichtsächsische Handwerker gegeben hat. Die Wirtschaft Kronstadts befand sich noch in vollem Aufschwung und konnte immer mehr Arbeitskräfte beschäftigen.

Gerade dieses aber änderte sich im 16. Jahrhundert. Die bis dahin blühende Wirtschaft im Donauraum begann zu stagnieren. Die Ausbreitung der türkischen Macht über die Karpaten, die ständigen inneren und äußeren Kämpfe, schließlich die, wenn auch nicht vollständige Abschnürung von Mittel- und Westeuropa wirkten sich auf die wirtschaftlichen Verhältnisse in Siebenbürgen lähmend aus. Sie vernichteten zuerst den sächsischen Fernhandel, grif-

---

[129]) A.S.B., Akten der Kürschnerzunft, und J. F r. T r a u s c h, Collectanea ... a.a.O., 2. Band, S. 63 f.

[130]) So ist z.B. der schon erwähnte Istwanen Hannes, Hausbesitzer in der Hl. Leichnamsgasse in der Inneren Stadt, in der 1478 angelegten Meisterliste der Ledererzunft eingetragen. A.S.B., Akten der Ledererzunft. Über die ungarischen Mitglieder der Bognerzunft wird noch zu sprechen sein.

[131]) A.S.B., Akten der Kürschnerzunft.

Die Bevölkerung im 14. und 15. Jh. 151

fen dann aber auch auf das Handwerk in den sächsischen Städten über. Dazu kam, daß in dieser Zeit sich das Handwerk auch in den rumänischen Fürstentümern, die bisher von siebenbürgischen Erzeugnissen abhängig gewesen waren, zu entwickeln begann und dadurch der Absatzmarkt des sächsischen Handwerkers noch mehr eingeschränkt wurde. Der dadurch entstehende verschärfte Konkurrenzkampf hatte in den Städten auch Folgen vom nationalen Standpunkt. In Kronstadt versuchten die sächsischen Handwerker sich vor allem gegen den starken Zuzug von ungarischen Handwerkern abzuschirmen. Die Kronstädter Zunftstatuten vom Anfang des 16. Jahrhunderts widerspiegeln diesen Abwehrkampf. Zunächst wurde der Eintritt von auswärtigen Handwerkern in die Zünfte durch erhöhte Eintrittsgebühren erschwert[132], schließlich der Eintritt von ungarischen Handwerkern vollkommen verboten.

Aufschlußreich sind in dieser Beziehung die Statuten der Bognerzunft von 1505. Es findet sich hier folgende Bestimmung: »Dy Unger, die yeczundt inn der Czech sein, die sollen auch hinfur dar ein bleiben mit sampt iren Synen, aber czukunfftiglich sol man keinen aus anderen Czungen auffs Handwerck nemen als nur Deutschen«[133]. Aus dieser Bestimmung geht klar hervor, daß es sich hier um eine Neuordnung handelte und daß bis zu diesem Zeitpunkt auch Ungarn Mitglieder der Zunft waren. Tatsächlich finden wir in den Steuerregistern vom Ende des 15. Jahrhunderts relativ viele ungarische Bogner, die möglicherweise Mitglieder der Bognerzunft gewesen sind.

Die Statuten der Goldschmiedezunft von 1511 enthalten dieselbe Einschränkung des Zunftrechtes für nichtdeutsche Handwerker. Hier heißt es: »Item, daß man niemanden in die obgemelte Zech Goldschmiedswerks auff soll nehmen, Er sei denn ehrlich von rechter Christlicher Geburt, von frommen ehrbaren Eltern, die da aus deutscher Zungen sein (wenn man sonst keinen Unger in die Zech aufnimmt) gebohren, und darüber briff und Sigill hab«[134].

Daß dieser Ausschluß von Nichtsachsen aus den Zünften sich nicht nur auf die Bogner und Goldschmiede bezog, sondern eine

---

[132]) Die Statuten der Goldschmiedezunft von 1511, Art. 2; bei T i h a m é r G y á r f á s, A brassai ötvösség története, Brassó 1912, S. 14.

[133]) G e r n o t N u s s b ä c h e r, Statutul breslei arcarilor din Brașov, Cumidava II, 1968, S. 49 f.

[134]) G y á r f á s, a.a.O., S. 13 f.

allgemeine Maßnahme war, zeigt die schon erwähnte Tatsache, daß Incze Porcolabs Sohn, der nur von seiner Mutter her deutscher Zunge war, 1558 einer Bewilligung des Stadtrates bedurfte, um in die Wollenweberzunft aufgenommen zu werden.

Wir sehen also, daß der wirtschaftliche Konkurrenzkampf am Anfang des 16. Jahrhunderts zu einer Wandlung im Verhältnis der verschiedenen Nationalitäten unter den Bewohnern der Stadt führte. Es begann die bewußte nationale Absonderung im Stadtbild Kronstadts, die wir, wie schon erwähnt, an Hand der Steuerregister des 16. Jahrhunderts nachweisen konnten. Denn obwohl es in dieser Zeit noch keine Bestimmung gegeben hat, die den Hauserwerb durch Nichtsachsen in der Inneren Stadt verbot, so hörte der Zuzug von Ungarn in diesen Stadtteil doch auf, da ihnen hier die zünftige Ausübung eines Handwerkes nicht mehr möglich war. In den Vorstädten dagegen scheint der Zunftzwang auch weiterhin nicht bestanden zu haben. So erhielten allmählich die einzelnen Stadtteile Kronstadts einen immer ausgeprägteren nationalen Charakter, so wie ihn Johannes Honterus schon 1547/48 in seinem Brief an Sebastian Münster beschreibt: die Innere Stadt und die Altstadt waren sächsisch, die Vorstadt rumänisch, die Blumenau ungarisch[135].

Nun ist aber das Erwachen nationaler Tendenzen im Zusammenleben der siebenbürgischen Völkerschaften nicht nur für Kronstadt kennzeichnend. In den Städten des damaligen Ungarn, sowie in der siebenbürgischen Stadt Klausenburg, die eine gemischte deutsch-ungarische Bevölkerung hatten, tritt der nationale Gegensatz schon viel früher und viel heftiger auf und hatte auch politische Motive in dem Kampf um die Stadtführung. Für ganz Siebenbürgen aber bekam die Erweckung des Nationalgefühls und die dadurch erfolgte nationale Absonderung am Anfang des 16. Jahrhunderts einen neuen Auftrieb durch die geistigen Bewegungen von Humanismus und Reformation. Es ist bekannt, daß der Humanismus, dem Europa seine geistige Erweckung verdankte, durch das Zurückgreifen auf die historischen Quellen, bei den einzelnen Völkern auch ein bis dahin nicht bekanntes Nationalbewußtsein entstehen ließ. Gerade in den südosteuropäischen Ländern mit ihrer gemischtsprachigen Bevölkerung fielen diese Tendenzen auf fruchtbaren Boden. Aber auch der deutsche Humanismus hatte

---

[135]) Kbl., 1883, Nr. 6, S. 64.

eine betont nationale Komponente, die durch die Entdeckung und Veröffentlichung antiker und mittelalterlicher Quellen zur deutschen Frühgeschichte genährt wurde. Einer der Hauptvertreter dieser Richtung innerhalb des deutschen Humanismus war Conrad Celtis, der erste Herausgeber der »Germania« des Tacitus sowie der Gedichte der deutschen Nonne Hroswith von Gandersheim. Celtis aber lehrte seit 1497 an der Wiener Universität, wo zahlreiche Söhne des sächsischen Bürgertums zu seinen Schülern gehörten. Er war befreundet mit dem Kronstädter Humanisten Valentin Kraus, der an derselben Universität als Professor wirkte und mit dem er auch nach dessen Rückkehr nach Kronstadt in brieflichem Verkehr gestanden hat[136].

Es ist unverkennbar, daß unter dem Einfluß des deutschen Humanismus auch im sächsischen Bürgertum Siebenbürgens zum erstenmal ein Nationalbewußtsein geweckt wurde, eine Besinnung auf die eigene Art, die es bis dahin in dieser Weise nicht gegeben hatte. Das Bewußtsein »teutscher Zunge« zu sein, wie es auch in den Zunftstatuten hieß, führte sowohl zu einer Betonung des Andersseins gegenüber den im selben Lande wohnenden Völkern, als auch zu dem Erwachen des Zugehörigkeitsgefühles zum größeren deutschen Sprachraum, wie wir es auch in der Beschriftung von Honterus' Siebenbürgenkarte finden.

Neben dem Humanismus hat, vielleicht noch stärker, die Reformation zur Herausbildung des Nationalbewußtseins beigetragen, indem sie die Muttersprache in den Gottesdienst und in die kirchliche Literatur einführte. Die Herausbildung der nationalen Schriftsprache war nicht nur in Deutschland eine Frucht der religiösen Bewegung. Dieselbe Erscheinung läßt sich auch bei den Ungarn und selbst bei den orthodoxen Rumänen beobachten. Gerade die Obere Vorstadt von Kronstadt wurde durch die Coresi'sche Übersetzung religiöser Texte in die rumänische Muttersprache und durch deren Drucklegung ein fruchtbarer Boden für die Entstehung des rumänischen Nationalbewußtseins.

Es gilt also festzuhalten, daß die historischen Voraussetzungen wirtschaftlicher, politischer, aber auch geistiger Art am Anfang des 16. Jahrhunderts zu einer Wandlung im Zusammenleben der drei

---

[136]) F r i e d r i c h T e u t s c h, Aus der Zeit des sächsischen Humanismus, Archiv, 16. Band, S. 272 f.

Völker auf dem Boden Kronstadts führten. Die nationale Absonderung, die wir im 16. Jahrhundert an Hand der Steuerregister klar verfolgen können, setzte sich im Stadtbild Kronstadts immer mehr durch.

Unsere Untersuchungen galten im Wesentlichen dem 14. und 15. Jahrhundert, wo es diese bewußten nationalen Ggensätze noch nicht gegeben hat. Die Unterschiede, die es dennoch auch vorher in der Stellung der Menschen innerhalb der städtischen Gemeinschaft zwischen der sächsischen Oberschicht und den andersnationalen Vorstädten gab, waren sozialer, nicht nationaler Natur, wobei bei den Rumänen auch die Zugehörigkeit zu einer anderen Konfession eine trennende Rolle spielte. Es gehört zu den Vorurteilen, mit denen die Geschichtsschreibung des 19. und beginnenden 20. Jahrhunderts behaftet war, daß sie ihre eigenen nationalen Problemstellungen auch auf frühere Jahrhunderte retrojizierte. Die Aufgabe unserer Zeit ist es, solche Vorurteile abzubauen und die historischen Quellen durch exakte Untersuchung neu sprechen zu lassen.

La population de Kronstadt au XIVe et au XVe siecle.

L'histoire de Kronstadt offre une excellente possibilité d'étudier la coexistence de différents groupes ethniques dans une ville moyenâgeuse. La présente étude analyse la situation ethnique avant la fondation de la ville au XIIIe siècle, puis son évolution au cours du XIVe et XVe siècle. Le noyau central est constitué par la cité – Corona – dont les habitants étaient seuls des citoyens à part entière. Les faubourgs parfois plus anciens (la ville haute (-roum: Scheii-) la vieille ville, Blumenau) dépendaient administrativement de Corona; leurs habitants n'avaient aucuns droits politiques. A l'aide des registres d'impôts qui remontent à la fin du XVe, nous étudions la structure ethnique de la population de Kronstadt selon les quartiers, ce qui permet de constater que le centre urbain et la vieille ville étaient habités presqu'uniquement par des Saxons, tandis que dans la ville haute et Blumenau les trois ethnies de la Transylvanie (Roumains, Hongrois, Saxons) y étaient représentées. Mais peu à peu les Roumains prédominèrent dans la ville haute es les Hongrois dans Blumenau, donnant leur caractère particulier aux quartiers. Nous étudions aussi la situation économique des Tziganes qui habitaient en dehors de la ville.

Kronstadt's Population in the 14th and 15th Centuries

The history of Kronstadt offers an interesting opportunity to examine the coexistence of different ethnic elements in a medieval city. The present study examines the population before its foundation in the 13th century, and its development in the 14th and 15th centuries. The city centre was Corona, the inhabitants of which were the only fully-fledged citizens. The outlying areas, in some cases older – the 'upper suburb' (Rum.: scheii), old town, Blumenau – were administratively under Corona and their inhabitants had no political rights.

The national composition of the population is examined separately with the aid of the tax registers existing from the late 15th century. The city centre and the old town were almost exclusively the preserve of Saxons, while all three Transylvanian nationalities lived in the upper suburb and Blumenau, until the Rumanians gradually concentrated themselves in the former and the Hungarians in the latter district. This duly marked the appearance of the city. The economic, political and social situation of the three ethnic groups is examined, with special emphasis on the economic development of the Rumanians in the upper suburb. Finally, mention is made of the gypsies living outside the city and their legal position is examined.

DIE SOZIALSTRUKTUR KRONSTADTS IM MITTELALTER *)

Von Maja Philippi

Die Tätigkeit des Heidelberger Arbeitskreises für siebenbürgische Landeskunde sieht ihren Sinn sicher nicht nur darin, die Arbeit des früheren siebenbürgischen Landeskundevereins vom jetzigen Sitz des Vereins aus fortzusetzen. Wie die vorjährige Tagung in Hermannstadt gezeigt hat und wie es auch die Teilnahme rumänischer und rumäniendeutscher Forscher an dieser Tagung wieder zum Ausdruck bringt, liegt eine seiner Hauptaufgaben wohl auch darin, die lebendige Verbindung zwischen unseren Ländern aufrecht zu erhalten und dadurch auch die Wissenschaft beider Seiten zu befruchten.

Die Sozialgeschichte, die das Hauptthema der gegenwärtigen Tagung ist, scheint mir ein Gebiet zu sein, auf dem diese wissenschaftliche Zusammenarbeit besonders willkommen ist. Vor allem auf dem Gebiet der europäischen Städteforschung ergeben sich zahlreiche Berührungspunkte. Denn, so verschieden auch die Geschichte der europäischen Städte im Mittelalter in den einzelnen Ländern gewesen sein mag, so weist diese doch vor allem in ihrer Sozialstruktur vom Ärmelkanal bis Cetatea Albă am Schwarzen Meer ähnliche Züge auf. Die deutsche Städteforschung ist ein schon seit längerer Zeit entwickelter Zweig der Geschichtsforschung. Doch auch in Siebenbürgen sind in den letzten Jahrzehnten wertvolle Arbeiten auf diesem Gebiet erschienen, die das Gesamtbild der europäischen Stadt in Bezug auf die osteuropäischen Städte ergänzen. Ich beziehe mich hier auf Publikationen der Pro-

---

*) Vortrag bei der 16. Jahrestagung des Arbeitskreises für siebenbürgische Landeskunde, Heidelberg 1978.

fessoren C. Giurescu, St. Pascu, R. Manolescu, S. Goldenberg u.a.[1].

Die Städte Siebenbürgens so wie die Städte Rumäniens im Allgemeinen sind im Vergleich zu den Städten Mittel- und Westeuropas Spätlinge der geschichtlichen Entwicklung. Durch die überaus lange Dauer der Völkerwanderung hat sich auf dem Boden des heutigen Rumänien der Übergang von der reinen Naturalwirtschaft zur Warenproduktion und zur Geldwirtschaft wesentlich verzögert. Während in Mitteleuropa die städtische Entwicklung schon im 10. Jahrhundert einsetzte, kann von Städten im eigentlichen Sinne, die innerhalb des feudalen Wirtschaftssystems den Übergang vom Früh- zum Hochfeudalismus kennzeichnen, in Siebenbürgen erst am Ende des 12./Anfang des 13. Jahrhunderts die Rede sein. Diese ersten Anfänge jedoch wurden dann noch einmal durch den großen Mongolensturm von 1241 unterbrochen, in dem die damals schon bestehenden siebenbürgischen Städte zerstört wurden. Da die Tatareneinfälle sich noch etwa 100 Jahre lang wiederholten, kann von einer Entfaltung des Städtewesens in Siebenbürgen erst in der 2. Hälfte des 14. Jahrhunderts die Rede sein. Zu dieser Zeit begann dann ein außerordentlich schneller Aufstieg vor allem der Städte Hermannstadt, Kronstadt, Bistritz, die bedeutende Handelsmittelpunkte für den Transithandel nach dem Orient wurden. In dieser Zeit zählten die Städte der Moldau und der Walachei bereits zu ihren Handelspartnern.

---

[1]) C o n s t a n t i n C. G i u r e s c u und D i n u C. G i u r e s c u, Istoria Românilor. 2.Bd., București 1976. — S t e f a n P a s c u und S a m u e l G o l d e n b e r g, Quelques problèmes concernant les villes médiévales de certains pays danubiens. Association Internationale des Etudes du Sud-est Européen: Actes du IIe congrès international des études du sud-est européen, Tome II: Histoire. Athènes 1972. — R a d u M a n o l e s c u, Comerțul Țării Romînești și Moldovei cu Brașovul (Secolele XIV-XVI). București 1965. — S (a m u e l) G o l d e n b e r g, Urbanization and Environment. The Case of Medieval Towns in Transylvania. Urbanization and Human Environment. Social and historical studies. Bucharest 1973, p.14-23. — S a m u e l G o l d e n b e r g, Die Rolle der siebenbürgisch-sächsischen Städte in den Handelsbeziehungen zur Moldau und zur Walachei im Mittelalter. Siebenbürgisches Archiv. Bd.12 Köln-Wien 1975, p.11-18.

Von den bedeutenden Städten Siebenbürgens ist K r o n -
s t a d t eine der zuletzt entstandenen.

Im Mittelalter und am Beginn der Neuzeit war Kronstadt dann
die bedeutendste und volkreichste Handelsstadt Siebenbürgens.
Diese Entwicklung hing mit ihrer geographischen Lage am
Schnittpunkt der drei Länder Siebenbürgen, Walachei, Moldau
zusammen. Eingebettet im Schutze des Karpatenbogens, öffneten
sich jedoch von hier aus die Übergangsstraßen über die Süd- und
Ostkarpaten in die Walachei und Moldau; ebenso aber führten
nach Norden und Westen die Wege über den Geisterwald ins übrige
Siebenbürgen und sicherten der Stadt so auch den handelspolitischen Anschluß an Mitteleuropa. Kronstadt lag also an einer der
mittelalterlichen Handelsstraßen, die Mitteleuropa mit dem Orient
verbanden. Dadurch war ihm die spätere Entwicklung als Fernhandelsstadt bereits vorgezeichnet.

Diese günstige Lage haben schon die Deutschen Ritter erkannt,
die neben ihrer militärischen Aufgabe von Anfang an auch wirtschaftliche Zielsetzungen verfolgten. So besaßen sie das Recht,
zollfreie Märkte und Städte zu gründen, besaßen freie Einfuhr für
ihre Waren „in das Land der Szekler und der Walachen"[2]. Da sie,
wie bekannt, ihren Herrschaftsbereich eigenmächtig über das
ihnen verliehene Burzenland bis zur Donau auszudehnen trachteten, hatten sie offensichtlich den Ausbau weitgehender Handelsbeziehungen zu den rumänischen Ländern außerhalb des Karpatenbogens im Auge. Als Mittelpunkt dieser Wirtschaftsplanung, von
wo aus die Handelswege nach allen Richtungen beherrscht werden
konnten, war wahrscheinlich die Stadt Corona ausersehen.

Diese Perspektiven wurden jedoch jäh unterbrochen durch die
Vertreibung des Ritterordens (1225) und durch den Mongolenein-
fall von 1241, durch den auch diese junge Stadt zerstört wurde. In
den folgenden 100 Jahren wurde Kronstadt noch dreimal von den
Tataren zerstört (1278, 1285 und 1345), so daß es sich begreiflicherweise nicht normal entwickeln konnte. Leider fehlen aus dieser
Zeit auch alle Urkunden. In der 2. Hälfte des 14. Jahrhunderts aber
begann sein schneller wirtschaftlicher Aufstieg. Dieser hing

---

[2]) Urkundenbuch zur Geschichte der Deutschen in Siebenbürgen 1.
Band, Hermannstadt 1892, Nr. 19, 31, 34 (hinfort zitiert: Ub.)

wesentlich mit der Entwicklung außerhalb des Karpatenbogens zusammen. Der jahrhundertlange Abwehrkampf gegen die Tataren verschob sich von Siebenbürgen nach Süden und Osten, was 1330 und 1359 zur Gründung der unabhängigen Staaten Walachei und Moldau führte. Dadurch erst wurde Kronstadt jenseits der Karpaten ein stabiler Handelspartner und gleichzeitig ein gesicherteres Durchzugsland für den Orienthandel erschlossen. Die Tatsache, daß Kronstadt (im Gegensatz zu Hermannstadt, das nur mit der Walachei, und Bistritz, das nur mit der Moldau in direkter Verbindung stand) die Paßübergänge zu beiden Fürstentümern beherrschte, sicherte ihm die Schlüsselstellung im siebenbürgischen Fernhandel. Daß die Handelsverbindungen zu diesen beiden Ländern von Anfang an in der Entwicklung Kronstadts eine bedeutende Rolle spielten, beweist die Tatsache, daß gerade die ältesten erhaltenen Handelsprivilegien und -verträge sich auf diese bezogen. 1358 sicherte König Ludwig den Kronstädter Kaufleuten freies Geleit auf den Handelswegen zwischen Prahova und Buzău bis zur Donau zu[3]. Der erste erhaltene Handelsvertrag aber ist der, den 10 Jahre später (1368) Kronstadt mit dem Fürsten der Walachei, Vlaicu, abschloß, der jedoch, wie es darin heißt, Vorrechte bestätigte, die die Kronstädter in der Walachei »ab antiquo« besaßen[4]. Daß Kronstadt seit 1369 bzw. 1395 das Stapelrecht für alle in die Walachei ausgeführten Waren besaß[5], sicherte ihm die beherrschende Stellung im Handel mit diesem Land. Der Handelsvertrag Vlaicus ist von Mircea dem Alten und allen seinen Nachfolgern im 15. Jahrhundert mit mehr oder weniger Freiheiten für die Kronstädter erneuert worden. Der älteste Handelsvertrag mit der Moldau, der allerdings nicht erhalten ist, stammt aus der Zeit Alexanders des Guten (1400-1432), und wurde von seinen Nachfolgern bis zu Stefan dem Großen ebenfalls erneuert.

Diese Handelsverträge sowie die ältesten Zollregister Kronstadts[6] bilden die Grundlage für die Erforschung der Handelstätig-

---
[3]) Ub. 2. Band, Hermannstadt 1897, Nr. 736.
[4]) Ub. 2. Band, Nr. 908.
[5]) Ub. 2. Band, Nr. 937, 3. Band, Nr. 1335.
[6]) Die ältesten erhaltenen Zollregister bestehen aus einem Bruchstück der Zwanzigst-Rechnungen von 1480/81, auszugsweise veröffentlicht in Quellen zur Geschichte der Stadt Kronstadt, 3. Band, Kronstadt 1896, S.

kiet der Kronstädter Kaufleute. Sie zeigen, daß der Handel der Kronstädter Kaufleute mit den beiden Fürstentümern zunächst vor allem ein Transit-Handel zwischen Mitteleuropa und dem Orient war. Vorherrschend sind von den aufgezählten Waren einerseits diejenigen, die Kronstädter Fernhändler »von den Sarazenen«, »vom Meer oder jenseits der Donau« brachten, also vor allem Gewürze und Südfrüchte, Baumwolle, Kamelhaar, Seide, orientalische Teppiche, u.a., andererseits die Waren, die aus Mittel- und Westeuropa kamen, vor allem feine Tuche aus Flandern, Italien und Deutschland, und Luxusgegenstände. In den Zollregistern von 1503 sind Tuche aus 21 verschiedenen europäischen Städten aufgezählt. Eine besondere Rolle − anscheinend vor allem als Zahlungsmittel − spielten die berühmten steyrischen Messer, von denen, wie R. Manolescu ausrechnete, 1503 etwa 2 1/2 Millionen im Werte von 28.852 fl. aus Kronstadt in die Walachei geführt wurden[7]. Da diese Waren nicht allein für den Verbrauch in der Walachei bestimmt sein konnten, die damals noch einen tiefen Lebensstandard besaß, geben diese Verträge also einen Einblick in das Fernhandelsgeschäft der Kronstädter Kaufleute. Dieses Bild wird noch ergänzt durch die Handelsprivilegien, die die Stadt noch am Ende des 14. Jahrhunderts erhielt. 1365 erhielt sie mit den anderen siebenbürgischen Städten gemeinsam das Recht des freien Handels nach Wien und die Befreiung vom Ofener Stapelrecht[8], 1368 wird in einer Urkunde die Zollbefreiung der Kronstädter in dem Großfürstentum Moskau erwähnt[9], 1370 erhalten Kronstädter Kaufleute Zollfreiheit für ihre in Zadar am Adriatischen Meer gelöschten Orientwaren[10]. Daraus wird ersichtlich, daß sich der Radius des Kronstädter Handels damals von Flandern bis in den Vorderen Orient, von der Adria über Polen bis nach Moskau erstreckte, daß wir es also mit einer Fernhandelsstadt zu tun haben, die sich an die Seite der bedeutenden mitteleuropäischen Handelsstädte stellen konnte. Diese Lage blieb trotz der zahlreichen Türkeneinfälle im

---

1 f. (hinfort zitiert: *Quellen*). Von 1503 sind die Zwanzigst-Rechnungen vollständig erhalten, veröffentlicht in Quellen, 1. Band S. 1-75.
[7]) R a d u M a n o l e s c u , a.a.O., S. 151 f.
[8]) Ub. 2. Band, Nr. 824.
[9]) Ub. 2. Band, Nr. 917.
[10]) Ub. 2. Band, Nr. 954.

Wesentlichen das ganze 15. Jahrhundert hindurch erhalten und ging erst im 16. Jahrhundert durch die veränderte weltpolitische und innenpolitische Konstellation allmählich verloren – Veränderungen, über welche später zu handeln sein wird.

Neben diesem ausgesprochenen Fernhandel gab es nun aber noch den Kleinhandel, der vor allem der Versorgung des lokalen Kronstädter Marktes mit Lebensmitteln und Rohstoffen diente. Auch dieser Handel vollzog sich zum großen Teil zwischen der Stadt Kronstadt und den rumänischen Fürstentümern. In den erwähnten Handelsverträgen mit der Walachei vom Anfang des 15. Jahrhunderts werden neben den Orientwaren und denen aus Westeuropa noch Fische und Rinder, Viehhäute, Pelze, Honig, Wachs, Käse u.a. erwähnt, die nach Kronstadt eingeführt wurden. Konkret greifbar wird dieser Handel in den ersten erhaltenen Kronstädter Zollregistern von 1480/81 und 1503, in denen die Kaufleute namentlich mit den von ihnen eingeführten Waren und den von ihnen entrichteten Zollsätzen – oft sehr kleine Summen (einige Aspern) – eingetragen sind. Fische und Rinder jedoch mußten so massenhaft aus den rumänischen Fürstentümern eingeführt werden, daß sie nicht nur in Kronstadt, sondern in ganz Siebenbürgen abgesetzt wurden, wahrscheinlich auch nach dem Westen exportiert wurden.

Daß die Kronstädter Kleinhändler nicht nur den Kronstädter Markt versorgten, sondern ihr Geschäft in ganz Siebenbürgen betrieben, beweist der sich durch das ganze 15. Jahrhundert ziehende Streit zwischen Kronstadt und Hermannstadt um den sogenannten Handel mit »Pfund und Elle«. Es handelt sich hier, wie es in einer Urkunde von 1412 heißt, um »Tuch, Leinwand, Barchent u.a. Waren, die mit der Elle verkauft werden, Wein, Honig und anders, was gewöhnlich mit dem Krug verkauft wird, Wachs u.a. ausgewogene und abgemessene Waren«[11], also um den Vertrieb ländlicher Agrarprodukte im städtischen Milieu. Daß in diesem Streit immer wieder die siebenbürgischen Woiwoden und ungarischen Könige bemüht wurden, zeigt, daß dieser Handel im Wirtschaftsleben beider Städte von großer Bedeutung gewesen sein muß.

---

[11]) Ub. 3. Band, Hermannstadt, 1902, Nr. 1696.

Als weiterer Beweis für die Existenz dieses Kleinhandels sei noch der jahrelange Zollstreit der siebenbürgischen Städte mit dem Großwardeiner Kapitel genannt. In den betreffenden Urkunden werden als gehandelte Waren Zwiebel, Früchte, Hopfen, Heu, Kohl, Leinen, Grautuch, geflickte und beschädigte Kleider genannt, so daß man fast von einem Trödelmarkt sprechen könnte[12].

Auffallend ist, daß in den Handelsverträgen vom Anfang des 15. Jahrhunderts Erzeugnisse Kronstädter Handwerker als gehandelte Ware kaum genannt werden. Es werden nur Seile, Leinen und Grautuch erwähnt, die in die Walachei eingeführt wurden. Daraus ist ersichtlich, daß das Kronstädter Handwerk damals hauptsächlich für den lokalen Markt arbeitete. Dieses änderte sich erst in der 2. Hälfte des 15. Jahrhunderts. Jetzt mehren sich die Nachrichten zusehends über die Ausfuhr von feineren Kronstädter Handwerkserzeugnissen in die rumänischen Fürstentümer, von fertigen Kleidungsstücken, Stickereien, Decken, Pölstern, Pferdegeschirren und Sätteln, Gürteln und Schuhen, von Möbeln, Wiegen und Wagen, von Werkzeugen, Blasebälgen, Kupferkesseln und Seife, vor allem aber von feinem Pelzwerk und Goldschmiedearbeiten. Dieses deutet darauf hin, daß die beiden rumänischen Länder in den 100 Jahren seit ihrer Gründung eine bedeutende gesellschaftliche Entwicklung mitgemacht hatten, was sich neben anderem in einer Steigerung der Bedürfnisse und der Kaufkraft, vor allem der herrschenden Klasse äußerte. Die Folge dieses neu erschlossenen Absatzmarktes war eine starke Entwicklung des Kronstädter Handwerks, das nun neben dem Handel im Wirtschaftsleben der Stadt immer mehr an Gewicht gewann. Dazu kam, daß durch die Türkenkriege die Kronstädter Waffenproduktion, vor allem auch der Feuerwaffen, einen großen Aufschwung nahm. Es ist bekannt, daß Kronstadt und Hermannstadt die Waffenschmiede für Johannes Hunyadi und Stefan den Großen in ihrem schweren Abwehrkampf gegen die Türken gewesen sind.

Während – wie wir noch hören werden – der Kronstädter Fernhandel vom 16. Jahrhundert an immer mehr zurückging, behielt das

---

[12]) G. D. T e u t s c h, Der Zollstreit der Sachsen mit dem Großwardeiner Kapitel ... im 15. Jahrhundert. Archiv des Vereins für Siebenbürgische Landeskunde. Alte Folge, 1. Band 1843/1844, S. 78-107.

Handwerk seine dominierende Stellung, auch für die Ausfuhr, bis in das 19. Jahrhundert, wodurch sich das Schwergewicht der Kronstädter Wirtschaft immer mehr zu seinen Gunsten verschob. Diese wirtschaftlichen Voraussetzungen bedingten in hohem Maße die Herausbildung und Entwicklung der Kronstädter Sozialstruktur.

Die romantische These von der Gleichheit der Bürger kann auch für die sächsischen Städte nicht mehr aufrecht erhalten werden. Aber auch die wissenschaftliche These von G. E. Müller von der Zweiteilung der städtischen Bevölkerung in hausbesitzende Vollbürger und nicht hausbesitzende Einwohner[13] ist auf Grund der neueren Untersuchungen hinfällig. Diese zeigen vielmehr ein differenzierteres Bild der Sozialstruktur. Um die beiden Pole aufzuzeigen, zwischen denen sich die mittelalterliche Gesellschaft Kronstadts bewegte, mögen zwei Beispiele herausgegriffen werden. Da steht auf der einen Seite an der Spitze der Gesellschaftspyramide der Stadtrichter Valentin Gotfard, der Freund Kaiser Sigismunds, der während seiner Amtszeit den Kaiser zu wiederholten Malen, 1427 ein halbes Jahr lang, mit seiner Gemahlin und seinem ganzen Hofstaat in Kronstadt bewirtete. Auf der anderen Seite steht das Zitat von Johannes Honterus aus seiner »Kirchenordnung aller Deutschen in Siebenbürgen« von 1547, in der er von »kranken, armen oder alten Leuten« spricht, »die in Kälte und Regen in Gassen überall liegen und mit jämmerlichen Klagen Hilf und Almosen begehren«[14]. Daraus drückt sich die große Spannungsweite innerhalb des sozialen Bildes Kronstadts aus. Um diese Wirklichkeit in der mir gebotenen kurzen Zeit zu erfassen, möchte ich mich der Einteilung bedienen, die heute in der internationalen Forschung üblich ist und nach der die städtische Gesellschaft in horizontale Schichten verschiedenen sozialen Wertgehaltes eingeteilt wird, die vertikal übereinander gelagert waren. Die Zuordnung zu diesen Schichten drückt die soziale Lage, die Wertung des Einzelindividuums und seine Stellung im Gesamtorganismus der Stadt aus. Dabei

---

[13]) G. E. M ü l l e r, Stühle und Distrikte als Unterteilungen der Siebenbürgisch-Deutschen Nationsuniversität 1141-1876, Hermannstadt 1941, S. 73.
[14]) Zitiert nach B e r n h a r d C a p e s i u s, Sie förderten den Lauf der Dinge, Bukarest 1967, S. 190 f.

müssen wir uns natürlich dessen bewußt sein, daß dieses nur ein Schema ist, da die Wirklichkeit noch zahlreiche Unterteilungen und Querverbindungen aufweist. Die Grenzen zwischen diesen Schichten sind fließend, und die Dynamik des sozialen Lebens besteht vor allem in einer großen vertikalen Mobilität, d.h. in der Aufstiegsmöglichkeit von unten nach oben. Im Folgenden werde ich mich der Einteilung bedienen, die Professor Erich Maschke (Heidelberg) in seinen Arbeiten über die Sozialstruktur der mittelalterlichen Städte benützt, denen ich wertvolle Anregungen verdanke[15]. Maschke teilt die städtische Gesellschaft in Ober-, Mittel- und Unterschichten ein.

I. Unter O b e r s c h i c h t e n (Patriziat) verstehen wir die Gesellschaftsschichten, die auf Grund ihrer wirtschaftlichen Schlüsselstellung auch die politische Macht ausübten, also Verwaltung, Finanz- und Gerichtshoheit sowie die militärische Führung in der Hand hatten. Es sind die sogenannten 'ratsfähigen', in der Kronstädter Verteidigungsordnung von 1491 die 'rathmässigen' Geschlechter genannt, die allein den Zutritt zu den höchsten Ämtern hatten. In Kronstadt waren diese der Stadtrichter, der Stadthann und die 12-16 Ratsherren, die alle jährlich neu gewählt wurden. Diese Gesellschaftsschicht tritt uns in den Urkunden unter der Bezeichnung 'cives' entgegen, auf sächsisch 'borger', worunter keineswegs im Sinne des späteren Sprachgebrauchs die ganze städtische Einwohnerschaft zu verstehen ist. Ja um 1500 verengt sich die Bedeutung des Wortes Borger zu »Ratsherr« (ursprünglich *civisi uratus* − gesworen borger), in welcher Bedeutung es sich bis ins 17. Jahrhundert gehalten hat. Das »Borgermachen« war in Kronstadt die jährlich am 26. Dezember stattfindende Wahl des Stadtrates[16].

---

[15]) E r i c h M a s c h k e, Mittelschichten in deutschen Städten des Mittelalters. In: Städtische Mittelschichten. Hrsg. E. Maschke und J. Sydow, Stuttgart 1972, S. 1-31. (Veröffentlichungen der Kommission für geschichtliche Landeskunde in Baden-Württemberg, Reihe B, Band 69). D e r s e l b e, Die Unterschichten der mittelalterlichen Städte Deutschlands, in: Die Stadt des Mittelalters, hrsg. von Carl Haase, 3. Band, Darmstadt 1973, S. 345-454.

[16]) M a j a P h i l i p p i, Cives civitatis brassovensis. Untersuchungen über die soziale Struktur des Bürgertums von Braşov im 14. und 15. Jahrhundert, in: Revue roumaine d'histoire, Bucureşti, 1976/1, S. 13 ff.

Es ist bezeichnend, daß in den Städten der Walachei und der Moldau die Ratsherren auf rumänisch *'pîrgari'* hießen — eine Bezeichnung, die sich vom s.-sächsischen *'borger'* herleitet. Es ist ein Beweis dafür, daß in diesen Städten die mittelalterliche Ratsverfassung sich unter dem Einfluß s.-sächsischer Städte herausbildete.

Da nach der Gründung der Stadt etwa 100 Jahre lang alle Urkunden fehlen, kann über die Herausbildung dieser Führungsschicht nichts ausgesagt werden. Um die Mitte des 14. Jahrhunderts, als die ersten Urkunden erscheinen, setzt sich diese Schichte aus 2 Gruppen zusammen: einerseits adlige Grundherren, andererseits die Fernhändler.

In den ältesten Kronstädter Urkunden fällt auf, daß ein großer Teil der führenden Persönlichkeiten den Titel 'comes' führt. So war der erste, der als »civis de Corona« erwähnt wird, 1342 comes Herbord[17]. Ebenso waren fast alle bis zur Mitte des 15. Jahrhunderts bekannten Stadtrichter »comites«: comes Jacobus (1352-1368), comes Johannes Seydenschwanz (1391-1412), comes Valentin Gotfard (1423-27) und schließlich Petrus Comes (1429-1440), der letzte Sproß der Familie Sander de Santa Agatha. Ein Teil der führenden Geschlechter Kronstadts war also — wie uns das auch aus zahlreichen deutschen Städten, ebenso aus Hermannstadt und Bistritz bekannt ist, adligen Ursprungs. Nun aber dürfen wir in diesen Fällen das Wort comes nicht mit dem deutschen 'Graf' übersetzen. Diese Männer gehörten nicht dem höheren Adel an. Wir müssen es, wie es auch in den deutschen Urkunden dieser Zeit geschieht, mit dem s.-sächsischen 'Graef' übersetzen und erkennen dann in diesen comites eine Schicht von kleinen Landadligen, die vom ungarischen König für ihre Verdienste mit Grundbesitz im Burzenland und mit adligen Vorrechten (z.B. Mühlenregalen u.a.) begabt worden waren, und die im 14. Jahrhundert auch führende Stellungen in den Burzenländer Landgemeinden innehatten. So können wir comes Herbord und seine Nachkommen bis 1427 als Großgrundbesitzer und Gräfen von Zeiden und gleichzeitig als »cives de Corona« verfolgen. Ebenso kennen wir den Grundbesitz von Johannes Seydenschwanz und Petrus Comes.

---

[17]) Ub. 1. Band, Nr. 571.

Wie kommen nun diese kleinen Landadligen als 'cives' nach Kronstadt ? Wir müssen dabei vorausschicken, daß Kronstadt im 14. Jahrhundert nicht eine freie Stadt war. Seit der Vertreibung der Deutschen Ritter unterstand sie dem Grafen des königlichen Komitates Brascho, der, wie man heute annimmt, seinen Sitz auf dem Martinsberg in der Altstadt von Kronstadt hatte[18], wo allerdings nur der Vizegraf residierte, da der Graf selber meist gleichzeitig auch Szeklergraf war. Es wäre denkbar, daß sich der königliche Graf bei der Verwaltung der Stadt dieser Burzenländer Adligen bediente, daß diese also etwa mit den Ministerialen in den deutschen Städten zu vergleichen sind. Diese erwerben in Kronstadt Hausbesitz und ihre Nachkommen verschmelzen allmählich mit den anderen führenden Geschlechtern. Bei Valtentin Gotfard läßt sich nachweisen, daß er der Sohn des Vizegrafen gewesen ist.

Nach 1440 verschwinden diese »comites« aus der Kronstädter Stadtführung. Dies hing wahrscheinlich damit zusammen, daß sich in dieser Zeit die Autonomie der Stadt festigte und der Graf von Brascho bzw. seine Beamten ihre früheren Funktionen in der Stadt verloren. Damit setzte eine Umstrukturierung der Kronstädter Oberschicht ein, von der weiter unten zu sprechen sein wird.

Obwohl nun die wirtschaftliche Grundlage dieser Gruppe der Grundbesitz war, so ist es doch eindeutig, daß sie auch an der handelspolitischen Entwicklung der Stadt interessiert war. Comes Jacobus war es, der 1364 das Jahrmarktsrecht für die Stadt erwirkte[19] und 1368 jenen erwähnten Handelsvertrag mit Vlaicu abschloß; Valentin Gotfard finden wir in den Urkunden zweimal persönlich am Hofe der walachischen Fürsten , 1413 in Cîmpulung bei Mircea dem Alten, 1424 bei Dan II., wo er wichtige Handelsprivilegien erwirkte. Es scheint also von Anfang an kein Gegensatz zwischen den Grundbesitzern und den handeltreibenden Geschlechtern der Stadt bestanden zu haben.

Je mehr sich jedoch Kronstadt zur Handelsstadt entwickelte, desto deutlicher traten an die Spitze der städtischen Verwaltung die Großkaufleute, die schließlich den grundbesitzenden Adel ganz

---

[18]) P a v e l   B i n d e r, Unde a încheiat Mircea cel Bătrîn tratatul brașovean din 1395 ? In: Cumidava, 4. Band, S. 63 ff.
G e z a   B a k ó, Óbrassó, in: Brassói Lapok 19.III.1970.
[19]) Ub. 2. Band, Nr. 809.

verdrängten. Die ersten in Urkunden als 'cives' erwähnten Kronstädter Kaufleute waren schon 1370 Nicolaus und Laurentius Seidlin, die von Ludwig I. ein persönliches Handelsprivileg erhielten und von denen gesagt wurde, daß sie »das Königreich Ungarn mit orientalischen Waren im Überfluß versorgen«[20]. Im 15. Jahrhundert finden wir dieselben Männer, die im Auftrag der Stadt an den Höfen der magyarischen Könige und der walachischen Fürsten wichtige Handelsprivilegien erwirkten, auch als Stadtrichter, Hannen und als Ratsherren. Es waren Mitglieder der führenden Geschlechter Rewel, Reudel, Schad, Schunkabunk, Kylhaw, Weyrauch; im 16. Jahrhundert dann Benkner, Hirscher, Schirmer u.a. Es wird daraus ersichtlich, daß die Führung der Stadt seit der Mitte des 15. Jahrhunderts in der Hand der großen Handel treibenden Geschlechter lag.

Der größte Kaufmann um 1500 war Johannes Kylhaw, dessen Warenumsatz 1503 annähernd 200 000 fl. betrug[21]. Seit 1489 war er Ratsherr, später Stadthann.

Da in Kronstadt wegen des großen Brandes von 1689 viel weniger Urkunden erhalten sind als in Hermannstadt, ist über diese führenden Geschlechter auch weniger auszusagen. Auf jeden Fall war ihr zahlenmäßiger Anteil an der Gesamtbevölkerung der Stadt nicht groß. Er ist bis zur Mitte des 15. Jahrhunderts aus der geringen Zahl von Familien zu erschließen, die wir in den Urkunden in führenden Ämtern finden. Für das Ende des 15. Jahrhunderts, für das bereits Steuerregister vorliegen[22], ist er aus diesen zu errechnen. Da in der geldwirtschaftlich orientierten Gesellschaft der mittelalterlichen Stadt der Reichtum auch die Grundlage für die sozialpolitische Stellung des Einzelnen war, können wir aus der Höhe der gezahlten Steuer die Zugehörigkeit zu der sozialen Schicht ableiten.

Rechnen wir zu der Oberschicht alle jene Hausbesitzer, die jährlich 2-6 fl. Steuer zahlten, so ergibt das für die Innere Stadt, deren Bewohner allein die vollen Bürgerrechte genossen, etwa 15 % der Hausbesitzer; gerechnet auf die steuerzahlenden Hausbesitzer der

---

[20]) Ub. 2. Band, Nr. 954.
[21]) *Quellen*, 1. Band, S. 39 ff.
[22]) Die Steuerregister von 1475-1500 sind im Auszug veröffentlicht in *Quellen*, 3. Band, S. 614-817.

ganzen Stadt jedoch ergibt dies nur etwa 8 %. Denn um ein richtiges Bild von der Sozialstruktur Kronstadts zu bekommen, dürfen wir unsere Untersuchungen nicht nur auf die Sachsen der Inneren Stadt beschränken. Der größere Teil der Bevölkerung (53,5 %) lebte am Ende des 15. Jahrhunderts extra muros, also in den Vorstädten; Sachsen in der Altstadt, Rumänen in der Oberen Vorstadt und Ungarn vor allem in der Blumenau.

Interessant und bisher wenig bekannt gewesen ist es, daß es unter den Rumänen der Oberen Vorstadt auch eine reiche Kaufmannsschicht gegeben hat. Aus den Steuerregistern geht hervor, daß einige von ihnen zu den reichsten Einwohnern der Stadt gehörten. Ihre Steuersätze lagen ebenso hoch, wie die der reichsten sächsischen Kaufleute. Ja, 1489 zahlte Michel Bogdan (Bulgarus), ein Rumäne aus der Sandgasse, den höchsten Steuersatz der ganzen Stadt (5 fl. 10 asp.). Aus den aus derselben Zeit erhaltenen Zollregistern geht hervor, daß es sich hier ebenfalls um Kaufleute handelte, die vor allem mit der Walachei und Moldau Handel trieben. Aylda (Aldea), der Sohn des Michel Bogdan, war der erste Kronstädter Rumäne, von dem wir wissen, daß er in das Fernhandelsgeschäft einstieg. 1503 war er der Geschäftscompagnon des reichsten sächsischen Großkaufmannes Johann Kylhaw[23].

Da die vollen Bürgerrechte nur die sächsischen Bewohner der Inneren Stadt besaßen, gehörten diese Obervorstädter Rumänen nicht zu der Kronstädter Oberschicht. Sie standen jedoch in gutem Verhältnis zum Stadtrat, erhielten Anleihen von ihm, streckten ihm Geld vor, tätigten Handelsgeschäfte in der Walachei in seinem Auftrag, und wurden auch in diplomatischer Mission oft dorthin geschickt. Die Kronstädter Rumänen aus der Oberen Vorstadt spielten also eine bedeutende Rolle gerade in den Beziehungen, die die Stadt zu den Ländern jenseits der Karpaten unterhielt.

Es soll noch ein kurzer Ausblick auf die Weiterentwicklung der Kronstädter Oberschicht nach 1500 gegeben werden. Dabei müssen wir wieder auf die wirtschaftliche Entwicklung zurückgreifen. Durch die Verlagerung der Handelswege infolge der geographischen Entdeckungen, ebenso aber auch durch das Vordringen der Türken und die damit verbundenen äußeren und inneren Kämpfe des Landes, büßten die Handelswege über Kronstadt ihre bisherige

---

[23]) S. oben S. 129.

europäische Bedeutung ein. Damit verlor aber die sächsische Oberschicht Kronstadts die wirtschaftliche Grundlage ihrer Macht. Die Vormachtstellung im Orienthandel ging an die levantinischen Kaufleute — Griechen, Armenier, Juden — über. In diesen Handel schalteten sich nun immer mehr die rumänischen Kaufleute aus der Walachei und Moldau ein, die die Waren in ihren Ländern von den Levantinern übernahmen und nach Kronstadt weiterleiteten. Schon in den Kronstädter Zollregistern von 1503 sind neben 13 sächsischen Großkaufleuten (mercatores magni) 67 rumänische Kaufleute, vor allem aus der Walachei, eingetragen, die mit Orientwaren handelten und deren Warenumsatz dem der Sachsen nicht nachstand[24]. Der bedeutendste von ihnen war Neacşu (Nagsul) von Cîmpulung, der mit den sächsischen Großkaufleuten Lucas Hirscher, Johannes Kylhaw und Lucas Czeresch in geschäftlichen Verbindungen stand. Es ist derselbe Neacşu von Cîmpulung, der 1521 an den Kronstädter Stadtrichter Hannes Benckner jenen berühmten Brief schrieb, in dem er ihn vor dem Herannahen türkischer Heere warnte. Dieser Brief ist das erste in rumänischer Sprache geschriebene Dokument, das bis heute bekannt geworden ist. Es zeigt die guten Beziehungen, die damals noch zwischen den rumänischen Kaufleuten und der Stadt Kronstadt bestanden.

Diese rumänischen Kaufleute von jenseits der Karpaten aber wurden nun allmählich von Geschäftspartnern der Kronstädter Sachsen zu ihren Konkurrenten. Dasselbe ist von den Obervorstädter Rumänen zu sagen, deren Beteiligung am Kronstädter Handel sich immer mehr steigerte. Die sächsischen Kaufleute wurden in den folgenden Jahrhunderten aus dem Orienthandel vollkommen ausgeschaltet. Der Handel mit Westeuropa, der zunächst noch in ihrer Hand blieb, war z.Zt. der türkischen Herrschaft sehr begrenzt. So entstand in Kronstadt eine Schicht reicher rumänischer Kaufleute, die zunächst noch in der Oberen Vorstadt wohnten, seit 1781 aber auch Hausbesitz in der Inneren Stadt erwerben konnten.

Trotzdem behielten auch weiterhin die alten sächsischen patrizischen Geschlechter die Führung der Stadt. Sie wurden nun aus den Inhabern der Macht, die ihnen durch ihre wirtschaftliche Leistung in der Stadt zugefallen war, zu Nutznießern dieser Macht. Denn sie

---

[24]) *Quellen*, 1. Band, S. 46-75.

bezogen ihre Einnahmen außer aus ererbtem Hausbesitz in und Grundbesitz außerhalb der Stadt vor allem aus der Ausübung der städtischen Ämter, die, obwohl ehrenamtlich, ihnen doch zahlreiche materielle Vorteile boten. Dieser Zustand führte vom 17. Jahrhundert angefangen einerseits zu dem Gegensatz zu den sächsischen Handwerkerkreisen, der schließlich im Aufstand von 1688 gipfelte, andererseits zu dem Widerstand der Obervorstädter Rumänen, die sich die politische Bevormundung und die wirtschaftlichen Einschränkungen, die ihnen auferlegt wurden, nicht weiter gefallen lassen wollten. Da die sächsischen Patrizierfamilien sich jedoch der Unterstützung der österreichischen Regierungsbehörden erfreuten, konnten sie sich weiter an der Macht halten. Erst im 19. Jahrhundert vollzog sich durch die Entstehung der kapitalistischen Produktionsverhältnisse hier eine Wandlung, indem sich bei den Rumänen in den Vertretern des Handels und bei den Sachsen in den Inhabern der Industrie eine neue Führungsschichte herauskristallisierte.

II. Je mehr die wirtschaftliche Basis der Kronstädter Oberschicht zurückging, desto mehr wuchs das wirtschaftliche Gewicht der M i t t e l s c h i c h t, was sich auch auf die soziale Struktur auswirken mußte.

Zu der Mittelschicht einer Stadt gehören ihre freien Bürger, Hausbesitzer, deren Beruf ihnen eine mittelmäßige Vermögenslage erlaubt. Sie erscheinen in den Kronstädter Urkunden bereits seit 1364 als 'incolae et inhabitatores' im Unterschied zu den 'cives' (in deutschen Urkunden 'inwaner'). Für Kronstadt sind vor allem 2 Gruppen erkennbar: die Handwerker und die Kaufleute.

Das größere Gewicht im Wirtschaftsleben der Stadt hatten die die Handwerker, dies besonders seit der Mitte des 15. Jahrhunderts, seit das Kronstädter Handwerk die Chancen, die ihm aus dem neuen Absatzmarkt in der Walachei erwuchsen, erkannte und für die Ausfuhr zu arbeiten begann. Dadurch stieg seine wirtschaftliche Bedeutung, was sich einerseits in der zahlenmäßigen Vermehrung der Handwerker, andererseits in einer weitgehenden Spezialisierung der Produktion äußerte. In den Steuerlisten von 1475-1500 werden 875 Handwerker in 51 verschiedenen Gewerben erwähnt. Ebenso stiegen die Einkünfte der Handwerker, so daß wir am Ende des Jahrhunderts bereits viele finden, die in den vornehmsten Straßen der Stadt wohnten, und die in ihren Steuersätzen den reichen Kaufleuten nicht nachstanden.

Das Handwerk wurde in Kronstadt, wie aus den Steuerlisten hervorgeht, fast ausschließlich von Sachsen ausgeübt. 45 % der sächsischen Bevölkerung waren Handwerker. Es gab jedoch auch ungarische Handwerker in den Vorstädten, während bei den Rumänen dieser Beruf selten war.

Die wachsende Bedeutung der Handwerker im Wirtschaftssystem Kronstadts hatte natürlicherweise ihre soziale Aufwertung und das Wachsen ihres Standesbewußtseins zur Folge. Dies äußerte sich in der 2. Hälfte des 15. Jahrhunderts vor allem in der Gründung von Zünften. Während es in den übrigen siebenbürgischen Städten – Bistritz, Klausenburg, Hermannstadt – schon im 14. Jahrhundert zahlreiche Zünfte gab, hören wir in Kronstadt erst 1420 von der ersten Zunft, bezeichnenderweise der der Kürschner, die hier immer als die vornehmste galt. Seit der 2. Hälfte des 15. Jahrhunderts wurden nun auch in Kronstadt eine Reihe von Zünften gegründet, die nun im Sozialgefüge und in dem Verteidigungswesen der Stadt ihren festen Platz einnahmen. Die Handwerker konnten nun auch von der Leitung der Stadt nicht mehr ausgeschlossen werden.

Wir kommen hier auf die erwähnte soziale Umstrukturierung der Kronstädter Oberschicht zu sprechen, die neben dem Ausscheiden der 'comites' vor allem darin bestand, daß einigen Handwerkern der Zutritt zu den ratsfähigen Geschlechtern gelang. Während es bis zur Mitte des 15. Jahrhunderts kaum vorkam, daß Handwerker im Rate saßen, und wenn, so nur Kürschner und Goldschmiede, so finden wir sie am Ende des Jahrhunderts immer häufiger in den Ratslisten; 1494 waren bereits 7 von 16 Ratsherren Handwerker. Im Gegensatz zu den meisten Städten Deutschlands ging diese Umstrukturierung ohne soziale Erschütterungen vor sich.

Kennzeichnend für diese Entwicklung ist, daß am Ende des 15. Jahrhunderts neben dem alten Stadtrat ein erweiterter Rat, die sogenannte 'Hundertmannschaft' gegründet wurde, in der auch Handwerker vertreten waren.

Nun dürfen wir diese Veränderungen in der Sozialstruktur Kronstadts aber auch nicht überschätzen. Denn erstens wurden nur die allerreichsten Handwerker in die führende Oberschicht integriert. Außerdem gelang es den alten Geschlechtern auch weiterhin, die

Schlüsselstellung der Macht in der Hand zu halten. Wir finden zwar Handwerker als Ratsherren, aber nicht als Stadtrichter oder Hannen. Auch wurden die Mitglieder der Hundertmannschaft nicht von den Zünften gewählt, sondern von dem Stadtrat auf Lebenszeit ernannt. Etwa die Hälfte davon waren Vertreter der alten Geschlechter. Die Hundertmannschaft kann also nicht als eine Vertretung der Kronstädter Mittelschicht, sondern muß vielmehr als ein erweitertes Sprachrohr der Oberschicht angesehen werden. Dieses änderte sich, wie schon erwähnt, auch nicht im Laufe der folgenden Jahrhunderte. Das Handwerk war an der Führung der Stadt bis zum 19. Jahrhundert kaum beteiligt, obwohl es, vor allem durch die Ausfuhr in die Walachei, das Schwergewicht der sächsischen Wirtschaft in Kronstadt bildete. Erst der Zollkrieg zwischen Österreich-Ungarn und Rumänien am Ende des 19. Jahrhunderts hat dem sächsischen Handwerk in Kronstadt den Todesstoß versetzt, ein Zeichen dafür, wie sehr dieses auf die Verbindung zu den rumänischen Ländern angewiesen war.

Die zweite Gruppe der Mittelschichten bildeten die Kaufleute, die sich mit dem oben erwähnten Kleinhandel beschäftigten. Aus den zahlreichen Urkunden und Privilegien, die im 15. Jahrhundert für diese ausgestellt wurden, können wir entnehmen, daß sie zahlreich in der Stadt vertreten waren. Im Gegensatz zu dem Handwerk weist der Kleinhandel auch eine starke Beteiligung der Kronstädter Rumänen und Ungarn auf.

Am Ende des 15. und am Anfang des 16. Jahrhunderts fällt besonders die wachsende Beteiligung der Obervorstädter Rumänen auf. Während in dem Bruchstück des Zollregisters von 1480/81 neben 48 Kronstädter Sachsen nur 8 Obervorstädter Rumänen erscheinen, ist aus den Zollregistern von 1503 zu entnehmen, daß sich damals schon 26,5 % dieser Bevölkerungsgruppe mit Handel beschäftigte[24a], ein Beweis für deren wirtschaftlichen Aufstieg, der sich im 16. Jahrhundert noch mehr steigerte, was seinen Niederschlag in einer bemerkenswerten kulturellen Entwicklung fand, die die Obere Vorstadt von Kronstadt zu einem Ausstrahlungspunkt für die gesamte rumänische Kultur machte.

Zahlenmäßig können wir aus den Steuerregistern vom Ende des 15. Jahrhunderts den Anteil der Mittelschichten an den Hausbesitzern der ganzen Stadt im Jahr 1489 mit 53,17 % berechnen.

[24a] S. oben, S. 170.

III. Es bleiben als letzte Gruppe im Bilde der Kronstädter Gesellschaft die U n t e r s c h i c h t e n, die freilich bisher in der Kronstädter Geschichtsschreibung inexistent waren[25].

Zu den Unterschichten einer Stadt gehören diejenigen ihrer Einwohner, die an der unteren Grenze der bürgerlichen Gesellschaft, ja sogar außerhalb dieser Grenzen lebten. In den Kronstädter Urkunden werden sie begreiflicherweise kaum erwähnt, sind aber dennoch schon seit dem 14. Jahrhundert unter der Bezeichnung 'populi' oder 'incolae plebesani' im Unterschied zu den 'cives' und den 'incolae et habitatores' greifbar[26]. Zu den Unterschichten gehören die verschiedensten Gruppen, die außer ihrer Armut nichts miteinander verband, so daß sich bei ihnen auch kein gemeinsames Standesbewußtsein wie z.B. bei den Handwerkern entwickeln konnte.

Aus den Steuerlisten erfaßbar sind zunächst die Gruppen der armen Steuerzahler, Hausbesitzer und Mieter. Wir haben zu diesen diejenigen gerechnet, die unter 50 asp. Steuer zahlten. Schon unter den sogenannten 'Hausbesitzern' sind dieses 38,73 %[27], wobei man sich freilich deren 'Häuser' eher als Hütten oder Buden vorzustellen hat. In der Inneren Stadt ist ihr Anteil geringer, macht jedoch auch 23 % aus. Berufsmäßig gehörten zu dieser Gruppe vor allem die kleinen, unzünftigen Handwerker, die in allen Stadtteilen zahlreich waren, unter ihnen auffallend viele alleinstehende Frauen, die als Näherinnen, Filzmacherinnen, Kerzenmacherinnen, viele als Schleierwirkerinnen ihren armseligen Unterhalt verdienten und danach Steuer zahlten. In der Altstadt gehörten dazu ein Teil der sächsischen Bauern, Hirten und Fischer, in der Oberen Vorstadt

---

[25]) Über die Kronstädter Unterschichten siehe M a j a P h i l i p p i, Die Unterschichten der siebenbürgischen Stadt Braşov (Kronstadt) im 14. und 15. Jahrhundert, in: Revue roumaine d'histoire, Bucureşti 1977/4, S. 657-687.
Gerade für die Erfassung der Unterschichten verdanke ich methodisch sehr viel den erwähnten Arbeiten von Professor E r i c h M a s c h k e, wofür ich an dieser Stelle meinen Dank aussprechen möchte.
[26]) Ub. 2. Band, Nr. 1135.
[27]) Auch bei den Unterschichten ist wie bei den Ober- und Mittelschichten als Grundlage der Berechnung das Jahr 1489 genommen, da dieses das erste Jahr ist, aus dem die Steuerregister lückenlos erhalten sind.

rumänische Hirten und Waldarbeiter, in der Blumenau ungarische Fuhrleute und Hilfsarbeiter.

Von dieser Gruppe der armen Steuerzahler können wir als Untergruppe die ganz Armen aussondern, die unter 10 asp. oder – obwohl in den Steuerlisten geführt – gar keine Steuer zahlten, die also bereits unter dem Existenzminimum lebten. Diese ganz Armen machen zwar nur 3,42 % der Steuerzahler aus, sind aber auf die Stadtviertel sehr unterschiedlich verteilt. In der Inneren Stadt sind es natürlich wenige, nur 6 Personen, in der Oberen Vorstadt auch nur 8 Personen. Am zahlreichsten sind sie in der Altstadt, wo sie mit 33 Personen immerhin 9,35 % der dortigen Steuerzahler ausmachen. Am Ende der Mittel- und Hintergasse gab es eine richtige Elendssiedlung von sächsischen Hirten und Fischern. Das Gewerbe der Fischerei war in Kronstadt gegen die massenhafte Einfuhr von Fischen aus der Walachei nicht konkurrenzfähig. Die Eintragungen in den Steuerregistern erlauben einen Einblick in das Leben dieser ärmsten Kronstädter. Da gab es Steuerbefreiungen 'wegen Armut', 'wegen Alter', 'wegen Gebrechlichkeit'. Andere, die ihre Steuer nicht zahlen konnten, mußten für die Stadt eine Arbeit verrichten, wieder andere mußten statt der Steuer dem unerbittlichen Steuereinheber ein Pfund geben. Derartige Fälle gab es viele. So gab Niclas schwynhirt aus der Hintergasse die »tunica mulieris«, ein anderer gab 41 »kneffel« (Knöpfe), andere ein Handtuch, oder die Heftel von der Kirchentracht ihrer Frau usw.

Außer diesen steuerzahlenden Armen gab es nun aber noch die, die keine Steuer zahlten und in den Steuerlisten auch nicht geführt wurden, da sie in beruflich abhängiger Stellung ihren Lebensunterhalt verdienten. Unter diesen waren am zahlreichsten die Handwerkergesellen, deren Zahl für das Ende des 15. Jahrhunderts auf mehrere hundert veranschlagt werden kann. Da es damals schon Gesellenhundertschaften gab, können wir uns aus denen sowie aus den Strukturen der Zünfte ein Bild über ihr Leben und ihre soziale Lage machen. Auch Fälle von Widerstand gegen die Meister sind bekannt[28]. Weiter gehören her die Knechte und Mägde in den Häusern der Reichen, deren schwere Lebensbedingungen aus den

---

[28]) Über die Handwerkergesellen siehe M. P h i l i p p i, Die Unterschichten ..., a.a.O., S. 673 ff.

Dienstboten- und Kleiderordnungen ersichtlich sind[29]. Außerdem muß es in einer Handelsstadt wie Kronstadt auch zahlreiche Hilfsarbeiter in den großen Handelsbetrieben gegeben haben, wie Träger, Packer, Kutscher usw. Im Allgemeinen gilt in der Forschung folgender Grundsatz: Je reicher und wirtschaftlich entwickelter eine Stadt ist, desto größer ist die Vermögensdifferenzierung und desto zahlreicher sind die untersten Schichten der Bevölkerung.

Neben diesen Gruppen der armen Bevölkerung, die sich immerhin noch durch ihre eigene Arbeit ernähren konnten, gab es dann aber noch diejenigen, die das nicht mehr konnten, Alte und Waisen, Kranke und Gebrechliche, für deren Unterhalt die Stadtgemeinde aufkommen mußte. Es ist ein versöhnlicher Zug im sozialen Bilde der Stadt, daß dies tatsächlich geschah und daß die Stadtführung sich auch für diese ihre ärmsten Einwohner verantwortlich fühlte. Zu diesem Zweck gab es in Kronstadt 2 Spitäler, das Armenspital innerhalb und das Aussätzigenspital außerhalb der Stadtmauern. Diese Spitäler waren durch Almosen, Spenden und Hinterlassenschaften wohlhabender Bürger reich dotiert, besaßen Mühlen, Obstgärten, Äcker und Weingärten, so daß sie ihrer Aufgabe gerecht werden konnten[30].

Um das Bild der Stadt mit jenen abzurunden, die nicht nur an dem Rande, sondern außerhalb der bürgerlichen Gesellschaft lebten, müßten wir noch die fluktuierende Masse derer erwähnen, die nicht ständig in der Stadt lebten, sondern die, angezogen durch die blühende Handelsstadt, sich hier auf der Suche nach Arbeits- und Lebensmöglichkeiten aufhielten. Daß dies gar nicht so wenige waren, beweist eine Verordnung, derzufolge »alle Müßiggänger und Lumpengesindel ... und auch sonst viel verlaufenes Volk, das allhier sich menget ... von der Stadt soll hinweggetrieben werden«[31]. Und schließlich müßten wir noch die der Stadt untertänigen Zigeuner nennen, die seit dem Anfang des 16. Jahrhunderts durchaus zum sozialen Bild der Stadt gehörten.

Der zahlenmäßige Anteil der Unterschichten an der Gesamtbevölkerung ist nicht genau zu erfassen. Da aber bereits unter den

---

[29]) Über die Knechte und Mägde siehe e b e n d a S. 679 f.
[30]) Über die Spitäler siehe e b e n d a S. 680 ff.
[31]) J. T r a u s c h, Übersichtliche Darstellung der älteren Gemeinde-Verfassung der Stadt Kronstadt, Kronstadt 1865, S.9.

Steuerzahlern der Stadt 38,73 % dazugehörten, ist anzunehmen, daß unter Einschluß aller nicht Steuer zahlenden Gruppen ihr Anteil auf mindestens 50 % steigt. Das entspricht etwa den Ergebnissen der deutschen Städteforschung, die für die deutschen Städte den Anteil der Armen auf 40-60 % errechnet hat[32].

Kronstädter Hausbesitzer 1489

	Oberschicht	Mittelschicht	Unterschichten Arme	ganz Arme	Zusammen
Steuerbeiträge	über 2 fl	1 - 2 fl	11 - 49 asp	0 - 10 asp	
Steuerzahler	140	920	611	59	1730
Anteil in %	8,10 %	53,17 %	35,31 %	3,42 %	100 %
			38,73 %		

Damit haben wir die soziale Stufenleiter der mittelalterlichen Gesellschaft Kronstadts erfaßt, von den Reichen bis zu den Ärmsten, von den Angesehensten bis zu den letzten Verachteten. Vielleicht habe ich in der kurzen mir zur Verfügung stehenden Zeit zu viele Zahlen und trockene Daten gebracht, aber der Historiker ist sich dessen bewußt, daß hinter diesen Zahlen Menschen stehen aus Fleisch und Blut, Menschen mit ihren Schicksalen, mit ihren Leistungen und mit ihren Nöten. Erst die Erforschung der Sozialstruktur einer Stadt gibt uns die Möglichkeit in dieser nicht nur einen Baukomplex oder einen Wirtschaftsfaktor zu sehen, sondern sie als einen lebendigen Organismus in ihrer Vielfalt und ihrer inneren Dynamik zu begreifen.

La structure sociale de Kronstadt au moyen âge.

Nous essayons tout d'abord de donner une vue d'ensemble de la situation économique de la ville au XIVe et XVe siècle (commerce extérieur, commerce intérieur, artisanat) en nous appuyant sur les documents du XIVe-XVe et début du XVIe siècles que nous pûmes

---

[32]) Siehe E r i c h   M a s c h k e, Die Unterschichten ..., a.a.O. S. 369, S. 431. H o r s t   J e c h t, Studien zur gesellschaftlichen Struktur der mittelalterlichen Städte, in: Die Stadt des Mittelalters, hrsg. von Carl Haase, 3. Band, Darmstadt 1973, S. 228 ff.

nous procurer (privilèges, contrats commerciaux, registres municipaux des impôts et des douanes). Les conditions économiques influencèrent fortement la structure sociale de Kronstadt et son évolution. Suivant le modèle établi par les „études municipales internationales" la population de Kronstadt est divisée en couche supérieure, couche moyenne et couche inférieure. A la couche supérieure appartenaient à l'origine les nobles terriens, la petite noblesse du Burzenland. Au XVe siècle l'expansion du commerce provoqua un changement de la structure sociale. Les habitants de Kronstadt qui se livraient au commerce extérieur commencèrent à jouer un rôle de plus en plus important. A la couche moyenne appartenaient les artisans et les petits commerçants. L'importance croissante de l'artisanat dans l'économie de Kronstadt au XVe siècle valorisa socialement la classe des artisans qui accéda aussi aux fonctions dirigeantes, ce qui entraina une restructuration de la couche supérieure de la population de Kronstadt dans la deuxième moitié du XVe siècle. Faisaient partie des couches inférieures tous les habitants qui vivaient au niveau inférieur ou au-dessous du niveau de la classe bourgeoise. C'étaient, comme en témoignent les livres d'impôts, les petits contribuables, les apprentis, les valets, les servantes, les journaliers, les vieux, les orphelins et les infirmes. Leur existence nous est attestée aussi par les statuts et les testaments. En ce qui concerne leur importance numérique par rapport au total de la population notre étude aboutit à la conclusion que les couches moyennes constituaient la majeure partie de la population, environ 53%, les couches inférieures plus de 39%, tandis que les couches supérieures représentaient à peine 8%.

The Social Structure of Kronstadt in the Middle Ages

Documents preserved from the 14th, 15th and early 16th centuries – privileges, bills of sale, municipal tax and customs registers – first serve to illustrate the economic development of the city in the 14th and 15th centuries. Long-distance and local trade, plus the crafts, largely moulded the development of Kronstadt's social structure. The population is divided into upper classes, middle and lower classes. The upper classes were the Burzenland petty aristocracy, formerly noble land-owners. In the 16th century a structural change took place, with the leading role gradually passing to the long-distance traders. The local tradesman and craftsmen belonged to the middle classes. The increasing importance of the crafts in the Kronstadt economy in the 15th century led to an upgrading of craftsmen who began to assume leading offices. This in turn meant a restructuring of the upper classes in the second half of the 15th century. The lower classes cover people on the fringe or outside of bourgois society. This included poor tax-payers, journeymen, servants, maids, labourers, the elderly, orphans and invalids. Other sources are the statutes and membership lists of gilds and craft brotherhoods, foundations and wills. The study concludes that the middle class was the largest, amounting to 53% of the population, followed by the lower classes with 39% and the upper class around 8%.

KRONSTÄDTER UND BURZENLÄNDER STUDENTEN AN DER WIENER UNIVERSITÄT 1382-1525

Ein Beitrag zur Sozial- und Kulturgeschichte des Bürgertums von Kronstadt im späten Mittelalter*

Von Maja Philippi

I. Ältere Daten über siebenbürgische Studenten in Wien.

Der langjährige Universitätsarchivar der Wiener Universität, Dr. Karl Schrauf, der sich mit der Erfassung der aus dem Gebiet des mittelalterlichen Königreiches Ungarn stammenden Studenten befaßte, veröffentlichte in seinem 1892 erschienenen Werk folgende Übersicht: In dem Zeitraum von 1377-1450 studierten aus den großen Städten des Königreiches an der Wiener Universität

    11 Studenten aus Pest
    21 Studenten aus Schäßburg
    33 Studenten aus Agram
    38 Studenten aus Gran
    72 Studenten aus Hermannstadt
    75 Studenten aus Ofen
    77 Studenten aus Kronstadt[1]

---

*Erweiterte Fassung eines Vortrags, der bei der 16. Jahrestagung des Arbeitskreises für siebenbürgische Landeskunde 1978 in Heidelberg gehalten wurde.

[1]) Károly Schrauf, Magyarországi tanulók a bécsi egyetem [Ungarländische Studierende an der Wiener Universität]. Budapest 1892. S. XXXIX ff.

In Ergänzung seines ersten Werkes veröffentlichte Schrauf 1902 die Matrikel der ungarländischen Nation an der Universität Wien von 1453-1630; in diesem Zeitraum waren in der genannten Matrikel eingetragen:
32 Studenten aus Gran
35 Studenten aus Schäßburg
51 Studenten aus Pest
58 Studenten aus Preßburg
61 Studenten aus Ofen
97 Studenten aus Kronstadt
102 Studenten aus Hermannstadt[2]

Auch die »Istoria României« beschäftigt sich in ihrem Kapitel über die Kultur in Siebenbürgen im 'Zeitalter des entfalteten Feudalismus' mit den Siebenbürger Studenten in Wien und stellt fest, daß im Zeitraum von 1380-1530 über 1000 Siebenbürger Sachsen diese Universität besuchten[3]. Zu diesen Daten muß bemerkt werden, daß nach Veröffentlichung der Hauptmatrikel der Wiener Universität, die erst 1956-1959 erfolgte[4], die Zahl der in Wien studierenden Siebenbürger noch wesentlich höher liegt als bisher angenommen wurde. Auf jeden Fall spiegeln jedoch bereits diese älteren Angaben eine derart auffallende Vorrangstellung der Siebenbürger, vor allem der Kronstädter und Hermannstädter, unter den Studenten des damaligen Ungarn an der Wiener Universität wider, daß es sich lohnt, diesem Phänomen nachzugehen.

Vorliegende Studie setzt sich zum Ziel, den Besuch der Kronstädter und Burzenländer Studenten in Wien einer näheren Untersuchung zu unterziehen. Dabei muß vorausgeschickt werden, daß dieses Problem nicht nur — wie man vielleicht annehmen möchte — von seiner kulturgeschichtlichen Seite interessiert. Die große

---

[2]) K á r o l y S c h r a u f, A Bécsi egyetem magyar nemzétének anyakönyve [Die Matrikel der ungarischen Völker an der Wiener Universität] 1453 tól 1630 -ig, Budapest 1902, S. XXXVII.

[3]) Istoria Rominiei, vol. II, Bucureşti 1962, S.689. Diese Angaben stützen sich auf F r i e d r i c h T e u t s c h, Geschichte der evangelischen Kirche in Siebenbürgen, 1. Band, Hermannstadt 1921, S. 133, wo die Zahl der von 1377-1530 in Wien studierenden Sachsen mit 1019 angegeben wird, davon 174 aus Kronstadt und 173 aus Hermannstadt.

[4]) Die Matrikel der Universität Wien, hrsg. von F r a n z G a l l im Auftrag des Instituts für österreichische Geschichtsforschung, Band 1-3 Graz-Köln, 1956-1959; hinfort zitiert M.U.W.

Beteiligung der Kronstädter Bürgersöhne am Hochschulstudium war auch eine Folge und ein Ausdruck des politischen Aufschwunges und der wirtschaftlichen Prosperität dieser Stadt im 14. und 15. Jahrhundert. Gleichzeitig aber reflektiert sie auch die soziale Struktur der Bevölkerung Kronstadts und des Burzenlandes. Auf diese Weise liefert die Behandlung dieses Themas einen Beitrag zu der geschichtlichen Entwicklung der Stadt Kronstadt in ihrer Gesamtheit[5].

II. Die historischen Voraussetzungen

Die erste Voraussetzung für den Besuch ausländischer Universitäten war für die Jugend aus Siebenbürgen natürlich das Fehlen ähnlicher Bildungsinstitute auf dem Gebiet des ungarischen Königreiches. Zur Erlangung einer höheren Bildung mußten also ausländische Universitäten aufgesucht werden. Bis zur Mitte des 14. Jahrhunderts boten sich dazu die italienischen oder die Universität von Paris an, jedoch besitzen wir keine Nachrichten darüber, daß diese in so früher Zeit schon von Studierenden aus Siebenbürgen besucht wurden. In der Mitte des 14. Jahrhunderts erfolgte dann die Gründung der Siebenbürgen näher liegenden mitteleuropäischen Universitäten, 1348 Prag, 1364 Krakau, 1365 Wien. Aber auch an diesen Universitäten finden wir in den ersten Jahrzehnten ihres Bestehens noch keine Studenten aus Kronstadt und dem Burzenland. Der Besuch der Kronstädter und Burzenländeer Jugend an ausländischen Universitäten – in unserem Fall in Wien – setzt ganz unvermittelt und gleich relativ zahlreich erst am Ende des 14. Jahrhunderts ein. Während wir Siebenbürger Sachsen bereits in früheren Jahren an der Wiener Universität finden, so immatrikuliert der erste Burzenländer, Johannes Rosenawer, erst 1382, der erste Kronstädter, Johannes Philippi de Corona, erst 1385. Von 1382-1400 jedoch immatrikulieren bereits 6 Burzenländer und 4 Kron-

---

[5]) Eine ähnliche Studie wurde kürzlich für die aus dem Banat stammenden Studenten veröffentlicht: Costin Feneșan, Studenții din Banat la universitățile străine pînă la 1552. Revista de Istorie 1976/12, S.1945-1965. Leider konnte die wertvolle Arbeit von Sándor Tonk, Erdélyek egyetemjárása a középkorban [Der Universitätsbesuch der Siebenbürger im Mittelalter], Bukarest 1979, nicht mehr berücksichtigt werden, da vorliegende Studie bereits abgeschlossen war.

städter, eine Zahl, die dann zu Beginn des 15. Jahrhunderts steil ansteigt.

Die Ursachen für diesen so plötzlich einsetzenden Bildungshunger der Kronstädter Jugend müssen wir in der politischen und wirtschaftlichen Entwicklung der Stadt suchen, die sie bis zum Ende des 14. Jahrhunderts genommen hatte. Der kulturelle Entwicklungsstand einer Gesellschaft spiegelt immer ihre politische Lage und die Entfaltung ihrer wirtschaftlichen Verhältnisse wider. Die siebenbürgischen Städte, Ende des 12. und Anfang des 13. Jahrhunderts gegründet, dann durch den Mongolensturm 1241 vollkommen zerstört, waren bis zur Mitte des 14. Jahrhunderts relativ kleine, unbedeutende Gemeinwesen. Kronstadt wurde nach 1241 noch dreimal, zuletzt 1345, von den Mongolen verwüstet. Erst unter den Königen aus dem Hause Anjou — Karl Robert (1308-1342), Ludwig I. (1342-1382) und dessen Schwiegersohn Sigismund (1387-1437) — setzte die bewußte Städtepolitik von Seiten der ungarischen Zentralgewalt ein. Diese fand ihren Ausdruck darin, daß die Autonomiebestrebungen der siebenbürgischen Städte, aber vor allem ihre wirtschaftliche Entfaltung, von den Königen selbst zielstrebig gefördert wurden.

Für Kronstadt können wir zwar nicht den Anfang, aber doch einen wesentlichen Schritt vorwärts in dieser Entwicklung in dem großen Freibrief Ludwigs I. von 1353 sehen, durch den die Rechte der Grafen von Brascho, denen die Stadt ursprünglich unterstand, zugunsten des von der Stadt selbstgewählten Richters eingeschränkt wurden. Damit war ein bedeutender Sieg im Kampf um die politische Autonomie der Stadt errungen, der dann im 15. Jahrhundert zu Ende geführt wurde. Um dieselbe Zeit, nämlich um die Mitte des 14. Jahrhunderts, hatte Kronstadt auch seine räumliche Ausdehnung aus ursprünglich kleineren Anfängen bis zu den für die folgenden Jahrhunderte feststehenden Grenzen erreicht. Ebenfalls in dieselbe Zeit fällt sein Aufstieg zu einer bedeutenden Fernhandelsstadt in Südosteuropa, den wir an Hand der Urkunden verfolgen können: 1358 erteilte Ludwig I. der Stadt das Privileg, über die Walachei bis zur Donau frei Handel treiben zu können, 1364 verlieh er ihr das Jahrmarktsrecht. Im selben Jahr erhielt sie zusammen mit den anderen siebenbürgischen Städten die Zusicherung des freien Handels auf dem Weg nach Wien. Von 1368 datiert der erste erhaltene Handelsvertrag Kronstadts mit der Walachei unter

BURZENLÄNDISCHE DÖRFER UM KRONSTADT (um 1500)

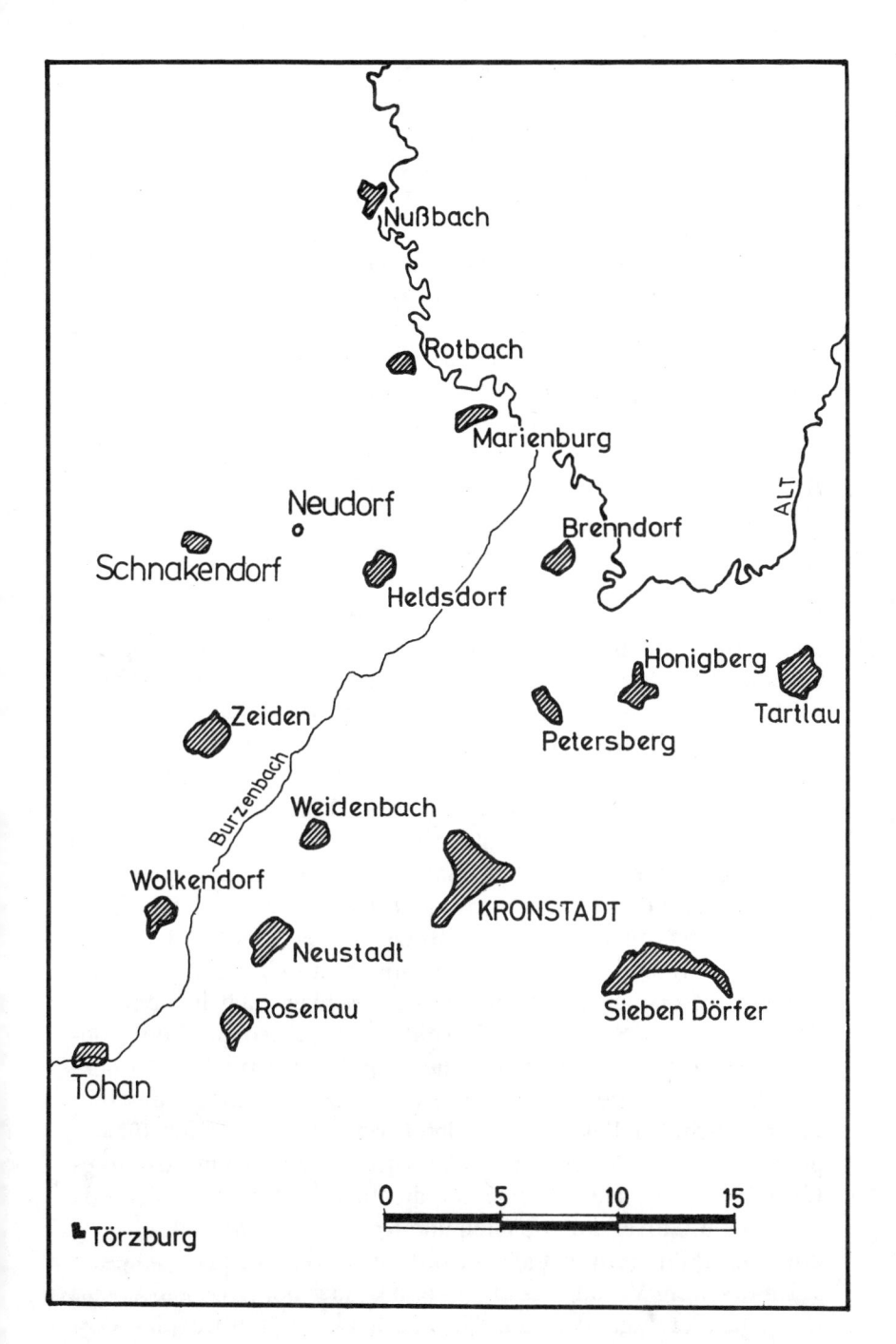

deren Fürsten Vlaicu, aus demselben Jahr die Erwähnung der Handelsfreiheit der Kronstädter Kaufleute im Großfürstentum Moskau; 1369 die Verleihung des Stapelrechtes durch Ludwig I., 1370 die Zusicherung des freien Handels bis an das Adriatische Meer und die Gewährung der freien Marktgerichtsbarkeit; 1395 schließlich die Befreiung der Kronstädter Kaufleute von jeder fremden Gerichtsbarkeit, sowie von der Zahlung des Dreißigstzolles aus der Walachei, bis dahin ein Privilegium des Königs.

Gleichzeitig hatte Kronstadt seine politische und kirchliche Führungsstellung im Burzenland erreicht. 1377 bestätigte Ludwig I. den Zusammenschluß der 13 Burzenländer Gemeinden unter Kronstadts Führung zu einem politischen Rechtsverband; bereits 1368 allerdings führte dieser Rechtsverband sein eigenes Siegel. 1380 wurde, nach einem längeren Streit mit Marienburg, der Sitz des Burzenländer Kapitels endgültig nach Kronstadt verlegt. Der Bau der neuen Marienkirche, der heutigen Schwarzen Kirche, die 1383 anstelle einer kleineren Kirche »so großartig und kostspielig zu bauen begonnen wurde«, wie es in einem päpstlichen Ablaßbrief hieß, war das sichtbare Zeichen für den politischen und wirtschaftlichen Aufstieg, den die Stadt am Ende des 14. Jahrhunderts genommen hatte.

Das Zusammentreffen dieser Entwicklung mit den ältesten Nachrichten über den Besuch der Kronstädter Studenten in Wien ist so in die Augen fallend, daß man einen inneren Zusammenhang zwischen diesen Erscheinungen nicht übersehen kann. Die Stadt Kronstadt, verbunden mit dem Burzenländer Distrikt, hatte am Ende des 14. Jahrhunderts ihren ersten politisch-wirtschaftlichen Höhepunkt erreicht, der seinen Niederschlag auch in dem Bildungswesen der Stadt fand. Sowohl für die Erledigung der politisch-administrativen Angelegenheiten, als auch für die Abwicklung der Handelsgeschäfte bedurfte die Kronstädter Gesellschaft einer Schicht intellektuell gebildeter Menschen. Es zeugt für das erwachte Selbstbewußtsein des Kronstädter Bürgertums, daß es es für nötig hielt, seine Söhne an die beiden damals in Europa berühmten Universitäten, Wien und Krakau, zu schicken, um sich dort die für ihr Gemeinwesen erforderliche Bildung anzueignen.

Eine weitere Voraussetzung für den Besuch der Kronstädter und Burzenländer Jugend an auswärtigen Universitäten war das Vorhandensein entsprechender Schulen, die die Jugend für diesen

Besuch vorbereiten konnten. Diese Schulen müssen in jener Zeit bereits bestanden haben. Wir besitzen allerdings die älteste Nachricht über eine Schule in Kronstadt erst aus dem Jahr 1388[6]. Es ist ein Leumundszeugnis, ausgestellt für Theodoricus, den Rektor der Schule in Baia Mare (Rivulus Dominarum), einst Hilfslehrer der Schule in Kronstadt, der verleumdet worden war und sich vor seiner Oberbehörde in Baia Mare rechtfertigen mußte. Es ist als sicher anzunehmen, daß diese Stadtschule schon lange vor dieser zufälligen Erwähnung bestanden hat, ja es ist auch anzunehmen, daß das 1323 gegründete Peter und Pauls-Kloster der Dominikaner ebenfalls eine Schule besaß. So viel steht jedenfalls fest, daß, wenn Theodoricus — offenbar nicht ein Sachse — an dieser Schule als Hilfslehrer fungierte, es außer ihm noch einen Lehrer und einen Rektor gegeben haben muß, diese Schule also damals mindestens mit 3 Lehrkräften versehen war. Selbst wenn wir keine weiteren Nachrichten über Schulen in Kronstadt im 14. Jahrhundert haben, so ist doch gerade der Besuch von aus Kronstadt stammenden Studenten in Wien Beweis genug für deren Bestehen und für deren Qualität[7].

III. Die Wiener Universität

Unsere Untersuchungen beschränken sich auf den Besuch Kronstädter und Burzenländer Studenten an der Universität von Wien. Da ergibt sich nun die Frage: Worin bestand die große Anziehungskraft gerade dieser Universität für die Kronstädter Jugend?[8]

---

[6]) Urkundenbuch zur Geschichte der Deutschen in Siebenbürgen, 1892-1975, II. Band 1897, Nr.1230; hinfort zitiert Ub.

[7]) Über das älteste Schulwesen in Kronstadt siehe Fr. W. Seraphin, Kronstädter Schulen vor der Reformation, in: Archiv des Vereins für siebenbürgische Landeskunde, Band 23, 1890, S.747-797; hinfort zitiert: Archiv.

[8]) Die Zahl der in Prag studierenden Siebenbürger scheint gering gewesen zu sein, vor allem im 15. Jahrhundert, wegen dem an dieser Universität herrschenden hussitischen Geist. Über den Besuch der Krakauer Universität durch Kronstädter und Burzenländer Studenten vgl. Maja Philippi, Siebenbürgisch-sächsische Studierende an der Universität von Krakau in vorreformatorischer Zeit, in: Forschungen zur Volks- u. Landeskunde 1979/2, S. 138 f..

Wien hatte zunächst einmal den Vorteil der geringsten Entfernung gegenüber allen anderen europäischen Universitäten. Über Ofen war es relativ leicht zu erreichen, ein Weg, den die Kronstädter Kaufleute häufig zurücklegten. Dazu kam aber vor allem das große Ansehen, das die Wiener Universität bereits im 14. Jahrhundert im mitteleuropäischen Raum genoß, mit einer großen Ausstrahlungskraft gerade nach Südosteuropa. Dieses Ansehen steigerte sich im 15. Jahrhundert noch mehr, da hier die neue humanistische Geistesrichtung schnell Fuß faßte, vor allem seit Enea Silvio Piccolomini, der spätere Renaissancepapst Pius II., in den 40er Jahren des Jahrhunderts im Dienste Kaiser Friedrichs III. hier wirkte. Selbst wenn in der zweiten Hälfte des Jahrhunderts noch einmal ein Rückschlag in scholastisches Denken an der Universität deren geistige Entfaltung hemmte, so erfolgte im letzten Jahrzehnt ein neuer Aufschwung und endgültiger Sieg der humanistischen Geistesrichtung. Die Berufung des bedeutenden deutschen Humanisten, des ersten vom Kaiser preisgekrönten deutschen Dichters, Conrad Celtis, der von 1497-1508 hier lehrte, sowie anderer bedeutender Gelehrter machte aus Wien am Beginn des 16. Jahrhunderts eine Hochburg humanistischer Gelehrsamkeit[9].

Zu diesen beiden oben genannten Gründen, die dazu beitrugen, daß die Kronstädter, sowie im allgemeinen die Siebenbürger Studenten die Wiener Universität vorzogen, kam noch ein dritter hinzu: Diese Universität hatte in den ersten Jahrhunderten ihres Bestehens, gerade im Gegensatz zu der Krakauer Universität, einen ausgesprochen bürgerlichen Charakter. Man muß bedenken, daß Wien erst seit 1440, seit dem Regierungsantritt Friedrichs III., Kaiserresidenz war; aber selbst damals trug Wien noch nicht den Charakter einer Reichshauptstadt. Der Besuch der Wiener Universität wurde vor allem von dem Bürgertum des damaligen Königreiches Ungarn bevorzugt, während die jagellonische Universität von Krakau, der damaligen Hauptstadt Polens, als die vornehmere galt und vor allem vom ungarischen Adel und der hohen Geistlichkeit besucht wurde. Erst seit der Begründung der Ungarischen Burse 1492, in deren Haus die ungarischen Studenten wohnen konnten,

---

[9]) Über die älteste Geschichte der Wiener Universität siehe R. K i n k, Geschichte der kaiserlichen Universität zu Wien, 2. Band, Wien 1854; J. A s c h b a c h, Geschichte der Wiener Universität, Wien 1865.

zogen breitere Kreise von Jugendlichen aus Ungarn und Siebenbürgen nach Krakau.

Das sächsiche Bürgertum fühlte sich jedenfalls stark von der Wiener Universität angezogen, an der das Studium auch relativ billig war. Die Immatrikulationsgebühr, die nur einmal am Beginn des Studiums gezahlt wurde, war nach dem Stand und den materiellen Möglichkeiten der Studierenden gestaffelt. Die Einschreibungsgebühr für den einfachen bürgerlichen Studenten betrug im 14. und 15. Jahrhundert 2-4 Groschen, während Adlige und Geistliche nach ihrem Stand bis zu mehreren Gulden zahlten. Für Bedürftige gab es außerdem Zahlungsaufschub, Zahlungserleichterungen oder völligen Nachlaß der Gebühren. Von den im 14. und 15. Jahrhundert eingeschriebenen Studenten haben mehr als ein Viertel nichts bezahlt, andere genossen große Ermäßigungen[10]. Gerade dieses soziale Empfinden bei der Taxierung der Studenten weist die Wiener Universität als die Universität des damals aufstrebenden bürgerlichen Standes aus. Wir werden weiter unten sehen, wie unsere Kronstädter und Burzenländer Studenten von diesen Vergünstigungen Gebrauch machten.

IV. Die Zahl der Studenten

Nach Durchsicht aller uns zur Verfügung stehenden Quellen kamen wir zu folgendem Ergebnis: Von 1382-1525, also in einem Zeitraum von 143 Jahren, studierten 213 Kronstädter und 145 Burzenländer an der Wiener Universität, das sind zusammen 358 Studenten. Es lohnt sich, diese Zahl mit der damaligen Bevölkerungszahl Kronstadts und des Burzenlandes zu vergleichen. Am Ende des 15. Jahrhunderts (1489) gab es in Kronstadt einschließlich der Vorstädte etwa 2000 steuerzahlende Haushalte, das wären schätzungsweise 10000 Einwohner. Die Sachsen der Inneren Stadt jedoch, des alten Corona, aus deren Reihen wahrscheinlich die Studenten stammten, waren zur selben Zeit nicht einmal die Hälfte, also weniger als 5000. In den 13 sächsischen Ortschaften des Burzenlandes gab es nach den vom Anfang des 16. Jahrhunderts erhaltenen Steuerregistern etwa 1300 Haushalte, was etwa 6500 Einwoh-

---

[10]) M.U.W., S. XX ff.

nern entspräche[11], wobei die dörfliche Bevölkerung natürlich ärmer war als die städtische. Auf jeden Fall liegt die Zahl sowohl der Kronstädter als auch der Burzenländer Studenten gemessen an der jeweiligen Einwohnerzahl hoch, insbesondere wenn man bedenkt, daß die Kronstädter und die Burzenländer Jugend nicht nur in Wien, sondern auch in Krakau, in geringerem Maße auch in Prag und an den italienischen Hochschulen studierte.

Nun erhebt die oben genannte Zahl von 213 Kronstädter und 145 Burzenländer Studenten keinen Anspruch auf absolute Richtigkeit. Sie wird wahrscheinlich etwas höher gelegen sein, da es selbst nach dem Stand der jetzigen Veröffentlichungen nicht möglich ist, wirklich alle Studenten zu erfassen.

Die großen Schwierigkeiten der Erfassung liegen gerade in der Vielzahl der sich überschneidenden Quellen. Die Grundlage bietet heute die Hauptmatrikel der Universität, die vom Rektor geführt wurde und in die sich jeder angehende Student einschreiben mußte. Die Matrikel ist 1377 angelegt und bis zum heutigen Tag in ununterbrochener Folge fortgeführt worden. Die beiden ersten Bände (bis 1518) galten jedoch lange Zeit für verschollen und sind erst 1874 in einem Wiener Antiquariat wieder aufgetaucht. Als G. D. Teutsch 1870 als erster begann, die Siebenbürger Studierenden an der Wiener Universität zu erfassen, lagen sie noch nicht vor, und er mußte sich auf andere, unvollkommenere Quellen stützen. Erst 1956 begann die Veröffentlichung dieser überaus wichtigen Quelle, von der die für unseren Zeitraum interessierenden 3 ersten Bände (bis 1579) vorliegen.

Nun haben sich, obwohl dies eigentlich verpflichtend war, nicht alle Studenten in die Hauptmatrikel eingeschrieben. Neben dem Rektorat als zentralem Verwaltungsorgan führten nämlich auch die 4 Fakultäten — die artistische, die juridische, die medizinische und die theologische — ihre eigenen Matrikel und Bücher, in die außer den Immatrikulationen auch andere Nachrichten betreffend den akademischen Betrieb, wie z.B. Prüfungsprotokolle u.a. eingetragen wurden. Es gibt Studenten, die sich in die Hauptmatrikel nicht eingetragen haben, dagegen in den Fakultätsmatrikeln zu finden

---

[11]) Die Zahlen für Kronstadt errechnet nach: Quellen zur Geschichte der Stadt Kronstadt, III. Band, Kronstadt 1896, S.772, 782, 786, 789, für die Burzenländer Dörfer nach II.Band, Kronstadt 1889, S.284 und III.Band S.7-24. Hinfort zitiert: Quellen.

sind so wie umgekehrt. Auch sonst stimmen diese beiden Matrikel nicht genau überein. Es hat den Anschein, daß die Studenten sich in die Fakultätsmatrikel meistens erst eintrugen, wenn die Prüfungen nahten, also oft Jahre nach ihrer Eintragung in die Hauptmatrikel, manchmal auch mit einem anders geschriebenen oder vom Schreiber verstümmelten Namen.

Die Fakultätsmatrikel liegen leider nur bruchstücksweise veröffentlicht vor. So hat G. D. Teutsch bei gelegentlichen kürzeren Aufenthalten in Wien die auf siebenbürgische Studenten bezüglichen Daten aus 3 Aktenbänden der artistischen und 2 Matrikelbänden der juridischen Fakultät herausgeschrieben und im Vereinsarchiv veröffentlicht[12]. Wilhelm Frankl hat ebenfalls Teile der Matrikel der artistischen, juridischen und theologischen Fakultät[13], und Karl Schrauf die Akten der medizinischen Fakultät veröffentlicht[14]. Da die Fakultätsakten noch nicht vollständig veröffentlicht vorliegen, ist es also immer noch möglich, daß der eine oder der andere Student unermittelt geblieben ist.

---

[12]) Die von ihm benützten Fakultätsakten sind folgende:
— Acta antiqua facultatis artium studii Viennensis 1385-1416.
— Secundus liber actorum facultatis artium 1416-1446. Aus diesem Buch konnte er jedoch nur einen Teil der Jahre 1418 und 1445 durchsehen.
— Matricula Inclite Facultatis artium Studii viennensis 1501-1505.
— Matricula facultatis juristarum studii viennensis.
— Matricula facultatis juris secunda (bis 1550).
G. D. T e u t s c h, Siebenbürger Studierende auf der Hochschule in Wien im 14., 15. und 16. Jahrhundert, I und II, in Archiv VsL. N.F. Band 10 und 16, 1872 und 1880. Obwohl die Veröffentlichungen Teutschs unvollkommen und lückenhaft sind, er selber nennt sie »nichts Vollständiges und Systematisches«, hat er sich mit ihnen doch ein großes Verdienst erworben, da ein Teil dieser Daten bis heute von anderer Seite noch nicht veröffentlicht ist.

[13]) V i l m o s F r a n k l, A hazai és külföldi iskolázás a XVI században, Budapest 1873. — V i l m o s F r a k n ó i, Magyarországi tanárok és tanulók a Bécsi egyetemen a XIV és XV század-ban, Budapest 1874.

[14]) K a r l S c h r a u f, Acta facultatis medicinae universitatis vindobonensis, 3 Bände, von denen mir leider nur der 3. Band, 1490-1558, Wien 1904, vorlag. In diesem Band ist ein Kronstädter, Paulus Chyrrer Coronensis, aber außerhalb des von uns untersuchten Zeitraumes, 1533, erwähnt.

Nun kommt für unsere Zwecke aber zu den beiden erwähnten Matrikeln — der Hauptmatrikel und denen der Fakultäten — noch eine dritte, nämlich die der ungarländischen Nation dazu. Die Studierenden der Wiener Universität waren seit 1384 nach ihrem Herkunftsland in 4 'Nationen' eingeteilt, in die österreichische, die rheinische, die ungarländische und die sächsische (norddeutsche). Zu der ungarländischen Nation gehörten alle aus dem Gebiet des Königreiches Ungarn stammenden Studenten, aber auch diejenigen aus den slawischen Ländern Böhmen, Mähren, Polen, Slawonien, ja auch die Griechen und Rumänen[15]. In den Statuten der ungarländischen Nation sind als zu dieser gehörig ausdrücklich angeführt »Transilvani sive Septemcastrenses, Barczenses et Bistricenses«, woraus hervorgeht, daß das Burzenland und der Bistritzer Distrikt im damaligen Sprachgebrauch nicht zu Siebenbürgen gerechnet wurden, was jedoch bei der Eintragung der Studenten nicht immer genau eingehalten wurde.

Die Matrikel der ungarländischen Nation ist erst 1453 angelegt worden. Sie wurde von Karl Schrauf veröffentlicht[16]. Tatsächlich konnten wir hier noch 14 Kronstädter und 11 Burzenländer Studenten finden, die in den beiden anderen Matrikeln nicht eingetragen waren.

Aus dem Gesagten geht hervor, wie schwierig die zahlenmäßige Erfassung der Kronstädter und Burzenländer Studenten ist. Genau wird sie erst dann möglich sein, wenn alle Universitätsakten der betreffenden Zeit eingesehen werden können.

Für die nicht vollständige Erfassung kann noch ein weiterer Umstand verantwortlich gemacht werden, nämlich die Tatsache, daß eine Reihe von Studenten bei der Immatrikulation ihren Herkunftsort nicht genau angaben, sondern sich nur als Transilvanus oder Septemcastrensis eintragen ließen. Obwohl, wie wir sahen, in den Statuten der ungarländischen Nation die Burzenländer und die Bistritzer Studenten von den Siebenbürgern getrennt erwähnt werden, so gibt es doch Fälle, wo sich Studenten als Coronensis Transil-

---

[15]) Artikel 24 der Statuten der ungarländischen Nation: »Omnes Ungaros, Bohemos, Polonos, Moravos, Slavos cum omnibus sibi anexis ydeomatibus, Grecos ... et hic eciam comprehendentur Olahi seu Walachi et omnes cetere nationes ad coronam regni Hungariae spectantes ...« S c h r a u f, A magyar nemzetének anyakönyve ...« a.a.O., S.11.

[16]) Ebenda.

vanus oder als Septemcastrensis de Corona eintragen ließen. So trug sich z.B. Valentinus Rebel 1451 in die Hauptmatrikel als Septemcastrensis, 1453 aber in die Matrikel der ungarländischen Nation als Valentinus Räwel de Corona ein. Da es derartige Fälle noch gegeben haben wird, so wäre es möglich, daß sich unter den zahlreichen nur als Transilvansus oder Septemcastrensis eingetragenen Studenten noch einige Kronstädter oder Burzenländer verbergen, die wir begreiflicherweise nicht erfassen konnten.

Nun gab es eine Reihe von Studenten, die nicht einmal, sondern – oft erst nach vielen Jahren – die Wiener Universität zum zweitenmal besuchten. Es handelt sich hier vor allem um Geistliche, die bereits das Studium an der artistischen Fakultät absolviert und den Magistertitel erworben hatten, dann in ihrer Heimat führende geistliche Ämter bekleideten, um schließlich noch einmal für mehrere Jahre nach Wien zu ziehen und auch die juridische Fakultät zu absolvieren. Die bekanntesten Beispiele sind die beiden Kronstädter Stadtpfarrer, Plebane der Marienkirche, Johannes Gut und Johannes Reudel. Jedoch sind solche Fälle auch bei den Plebanen der Burzenländer Ortschaften häufig[17]. Für ihren neuerlichen Aufenthalt in Wien und ihre mehrjährige Abwesenheit aus ihrem Amt bedurften diese Geistlichen des Dispenses des Erzbischofs von Gran, den sie, wie wir im Falle von Johannes Reudel wissen, auch bekamen, dazu noch mit der Erlaubnis, ihre vollen Einkünfte auch während ihrer Abwesenheit weiter zu beziehen[18].

Es scheint vielleicht erstaunlich, daß alle diese Geistlichen, die die artistische Fakultät bereits absolviert hatten, sich zum zweitenmal in die juridische und nicht in die theologische Fakultät einschrieben. Die theologische Fakultät galt als die höchste unter den 4 Fakultäten, sozusagen als Krönung der Wissenschaft; sie wurde anscheinend nur von jenen besucht, die sich nachher der akademischen Laufbahn widmeten. Für den Dienst des Weltgeistlichen war sie nicht erforderlich; dagegen war es bei der damaligen Stellung

---

[17]) Z.B. Tylmanus Helbich von Weidenbach, immatr. 1410 und 1421, Jeronimus Reiching, Pfarrer in Brenndorf, immatr. 1473 und 1489, Heinricus von Marienburg, immatr. 1475 und 1494, Michael von Marienburg, immatr. 1504 und 1516.
[18]) Ub. V, Nr. 2900.

und den feudalen Besitzverhältnissen der katholischen Kirche für führende Geistliche fast unerläßlich, das bürgerliche und das kanonische Recht, das an der juridischen Fakultät gelehrt wurde, zu kennen. Nun kennen wir auch Fälle von Studenten, die anstatt zweimal dieselbe Universität zu besuchen, an eine andere Universität zogen. Der Wechsel der Universität war also durchaus statthaft und ist, so wie in späteren Zeiten, sicher auch im 14. und 15. Jahrhundert häufiger gewesen als uns bekannt ist. So wäre es z.b. möglich, daß der in Wien 1454 immatrikulierte Johannes Pellificis de Cidino, der 1456 daselbst das Baccalaureat bestand, seine Studien in Padua fortsetzte und identisch ist mit dem Dominus Ioannes de Czeyden, der 1468 als Prüfender bei der juristischen Doktorprüfung in Padua erwähnt ist[19]. 1470 finden wir ihn als Doktor juris pontifici als Dechanten des Burzenlandes wieder[20]. Sicher belegt ist der Wechsel der Universität bei Matheus Ruedl de Corona, der 1461 in Wien immatrikulierte, es hier bis zum Magister der artistischen Fakultät brachte, 1472 aber in Padua zum Doktor iuris canonici promovierte[21]. Ein anderer sicher belegter Fall ist der des Henricus de Castro Marie, der 1475 zum erstenmal in Wien an der artistischen Fakultät, 1494, nun bereits als Pleban von Marienburg, zum zweitenmal an der juridischen Fakultät immatrikulierte, um sich 1495 zusammen mit seinem Famulus Lucas Bösbart de Tartlaw, der ebenfalls seine Studien in Wien begonnen hatte, an der Universität von Bologna einzuschreiben[22]. Diese beiden weitgereisten und gebildeten Männer finden wir später wieder in der Heimat, Henricus als Pleban von Marienburg und von 1500-1513 als Dechanten

---

[19]) A n d r e a s V e r e s s, A paduai egyetem magyarországi tanulóinak anyakönyve és iratai, Budapest 1915. S.14.

[20]) J. T r a u s c h, Verzeichnis der Pfarrer im Burzenland, in: Magazin für Geschichte, Literatur und alle Denk- und Merkwürdigkeiten Siebenbürgens, Kronstadt 1852, S.80.

[21]) A. V e r e s s, a.a.O., S.15.

[22]) G. D. T e u t s c h, Ungarländer und Siebenbürger an der Universität Bologna, in: Korrespondenzblatt des Vereins für siebenbürgische Landeskunde, XIII, 1890, S.28. Siehe auch Korrespondenzblatt ..., 1878, S. 9f.
– Hinfort zitiert Kbl.

des Burzenlandes, Lucas als Pleban von Tartlau[23]. Eine Vermutung muß es vorläufig bleiben, ob Ioannes Croner Parisiensis de Braschovia[24] seinen ungewöhnlichen Namen vielleicht daher führte, daß er sein Studium in Paris begonnen hatte. Denn tatsächlich war dieser in Wien nicht immatrikuliert, er tauchte dort erst 1507 auf, als er die Magisterprüfung an der artistischen Fakultät ablegte. Er brachte es dann an der Wiener Universität schnell zu hohem Ansehen; er war 1509 Prokurator der ungarländischen Nation. 1516 wird er als Kapellan der Königin Maria erwähnt[25].

Häufiger als zwischen diesen weit entfernt liegenden Universitäten war wahrscheinlich der Wechsel zwischen den Universitäten von Wien und Krakau, die, wie wir wissen, viel häufiger von Kronstädtern besucht wurden[26]. Bekannt ist der Fall des Johannes Honterus, der wahrscheinlich 1520 in Wien immatrikulierte[27], 1522 dort den Baccalaureus, 1525 den Magister machte, 1530 sich aber mit dem Titel »artium magister Viennensis« als Lehrer an der Krakauer Universität einschrieb und dort auch seine ersten wissenschaftlichen Werke veröffentlichte.

Neben den 213 Kronstädtern überrascht die große Zahl der Burzenländer Studenten in Wien. Sie rekrutierten sich aus folgenden Ortschaften:

---

[23]) J. T r a u s c h, Verzeichnis der Pfarrer im Burzenland, a.a.O., S.77, S.90.

[24]) In anderen Eintragungen: de Corona.

[25]) Die Nachrichten über Johannes Kroner Parisiensis bei S c h r a u f, A magyar nemzetének anyakönyve, a.a.O., S.28, 49, 246 f. und bei T i - h a m e r G y á r f á s, Batthyáneum, I, 1911, S.151.

[26]) 1502 trug sich Thomas de Corona als Baccalaureus Universitatis Viennensis nach Ablegung einer neuen Prüfung in die Liste der Baccalaurii von Krakau ein. »Verzeichnis derjenigen Siebenbürger Sachsen, welche an der Universität zu Krakau, Straßburg und Göttingen studiert haben«, Archiv, N.F., Band VI, S.294. Es handelt sich vielleicht um Thomas Schirmer de Corona, der 1498 in Wien immatrikuliert hatte, M.U.W., Band II,S.269.

[27]) Diese These vertritt G e r n o t N u s s b ä c h e r, Johannes Honterus. Sein Leben und Werk im Bild, 3.Aufl. Bukarest 1978, S.21.

24 aus Marienburg
21 aus Rosenau
18 aus Tartlau
16 aus Zeiden
12 aus Weidenbach
 9 aus Honigberg
 6 aus Neustadt[28]
 5 aus Rotbach[29]
 4 aus Brenndorf
 4 aus Petersberg
 3 aus Wolkendorf
 2 aus Heldsdorf
 2 aus Nußbach
 1 aus Arndorff Burcie[30]
<u>18</u> aus Burcia (Burzenland, ohne nähere Bezeichnung)
145

Diese Zusammenstellung widerspiegelt die Bedeutung der angeführten Ortschaften innerhalb des Burzenländer Distriktes. Es führte Marienburg, einst Sitz des Deutschen Ritterordens im Burzenland, das am Ende des 14. Jahrhunderts noch in mancher Beziehung mit Kronstadt konkurrierte. Es folgten Rosenau, Tartlau, Zeiden, wie Marienburg Vororte der sächsischen Gerichtsstühle im Burzenland. Diese 4 Ortschaften, an den Übergängen aus der Burzenländer Senke nach Siebenbürgen, in die Walachei und in die

---

[28]) Als Studenten aus Neustadt sind nur diejenigen mitgezählt, bei denen neben dem Herkunftsort »Nova Civitas« ausdrücklich noch erwähnt ist »in Burcia« oder »prope Coronam«, da es Ortschaften Nova Civitas auch sonst noch in Ungarn gab.

[29]) Bei diesen 5 Studenten wäre eine Fehlerquote möglich. Bei zweien von ihnen steht als Herkunftsort »Roderbach«, bei den übrigen 3 »Veresmarth«. Bei letzteren könnte es sich auch um Rotberg (Roşia) neben Hermannstadt handeln.

[30]) Eine Ortschaft dieses Namens gehörte nicht zu den 13 sächsischen Dörfern des Burzenlandes. Es handelt sich um Araci (Árapatak), eine Szekler Gemeinde, die aber auch deutsche Bevölkerung hatte. Sie liegt direkt am Alt, an der Grenze des Burzenlandes. Sie wird im 16. Jahrhundert öfter in den Kronstädter Stadtrechnungen erwähnt. Siehe »Quellen«, 1. Band, S.696, 2. Band, S.709, 3. Band, S.828.

Moldau gelegen, besaßen im 14. und 15. Jahrhundert auch eine besondere wirtschaftliche Bedeutung. Alle vier waren Marktflekken. Es ist auffallend, daß bis 1450 mehr Burzenländer als Kronstädter an der Wiener Universität eingeschrieben waren. Erst in der 2. Hälfte des 15. Jahrhunderts ging ihre Zahl im Verhältnis zu den Kronstädtern stark zurück. Auf diese Tatsache werden wir später bei der Untersuchung der sozialen Herkunft der Studenten noch zurückkommen.

Verfolgen wir den Besuch der Kronstädter und Burzenländer Studenten an der Wiener Universität von 1382 bis 1525, so können wir feststellen, daß er sich zahlenmäßig über den ganzen Zeitraum relativ gleichmäßig verteilt. Er setzte 1382, bzw. 1385 unvermittelt ein und hielt sich bis 1406 noch in bescheidenen Grenzen[31]. Ab 1407 aber verging kaum ein Jahr, in dem nicht wenigstens ein Student neu immatrikulierte, meist waren es jedoch mehrere; 4-5 Immatrikulationen in einem Jahr waren keine Seltenheit. Den Höhepunkt bildete das Jahr 1454 in dem 9 Kronstädter und 4 Burzenländer immatrikuliert wurden.

Die wenigen Jahre, in denen die Kronstädter und Burzenländer an der Wiener Universität ausblieben, widerspiegeln die schweren Notjahre der Türkenkämpfe in Siebenbürgen. Im Frühjahr 1421 erfolgte der schwere Einfall der Türken in das Burzenland. Kronstadt wurde erobert und der Stadtrat in die Gefangenschaft geschleppt; sechs der Burzenländer Gemeinden wurden so verwüstet, daß der König ihnen den Martinszins auf 10 Jahre erlassen mußte. In diesem Jahr erreichte kein Kronstädter und kein Burzenländer Student die Wiener Universität. Aber bereits im nächsten Jahr, 1422, waren wieder 3 Kronstädter da, ein Zeichen, daß der Lebenswillen der Stadt nicht gebrochen war. Das Jahr 1432 brachte einen neuen verheerenden Einfall in das Burzenland, bei dem möglicherweise Kronstadt wieder zerstört wurde. Damals blieben die Kronstädter Studenten 4 Jahre der Universität fern. Ebenso blieben sie 1440 und 1441 aus, nachdem, wie der polnische Chronist Jan Dlugosz berichtet, die Türken 1440 von neuem in das Burzenland eingefallen waren.

---

[31]) 8 Kronstädter und 16 Burzenländer.

Neben den Türkenkämpfen waren es innere und äußere Kämpfe in Ungarn, waren es die Pest und andere Katastrophen, die die Kronstädter und Burzenländer vorübergehend am Besuch der Wiener Universität hinderten. 1467, als in Ungarn ein Aufstand gegen Mathias Corvin ausgebrochen war, dessen Kampfhandlungen sich vor allem in Siebenbürgen abspielten, hat kein Kronstädter oder Burzenländer in Wien immatrikuliert.

Im Herbst 1482 brach die Pest in Wien aus, eine Katastrophe, die sich auch auf die Universität auswirkte. Wie es in den Akten der ungarländischen Nation heißt »raffte dieser furchtbare Feind des Menschengeschlechtes zahllose unserer Schüler hinweg«[32]; die Vorlesungen wurden eingestellt, Lehrer und Schüler verließen fluchtartig die Stadt. Auf die Pest folgten die jahrelangen Kämpfe zwischen Friedrich III. und Mathias Corvin, dem es 1485 gelang, Wien zu besetzen. Während dieser Kämpfe stockte der Universitätsbetrieb fast vollkommen. Auch die Kronstädter und Burzenländer Studenten mieden Wien während der Pest und in der Zeit der ungarischen Kriege. Erst 1486 kam der erste Kronstädter, 1487 kamen auch die Burzenländer wieder, um dann in den Jahren, während denen der ungarische König in Wien residierte (bis 1490) besonders zahlreich vertreten zu sein. – 1495 aber brach die Pest in Kronstadt aus. »Pestis ingens grassatur per totam terram Barcensem« berichtet die Wandchronik der Schwarzen Kirche. In den 3 Jahren von 1495 bis 1497 fand ein einziger Kronstädter den Weg nach Wien, 1498 dagegen waren es gleich wieder sieben.

Am Anfang des 16. Jahrhunderts ist ein geringes Abflauen des Zuzuges von Kronstädter und Burzenländer Studenten nach Wien zu verzeichnen. Es scheint, daß in dieser Zeit, als ein Jagellone, Wladislaw II. (1490-1516), auf dem ungarischen Thron saß, die Krakauer Universität mehr Anziehungskraft auf die Kronstädter ausübte als die Wiener[33]. Immerhin besuchten zwischen 1501 und

---

[32]) S c h r a u f, A magyar nemzetének anyakönyve ... a.a.O., S.XXVII.

[33]) Die von G. D. T e u t s c h veröffentlichte Liste der in Krakau zu Baccalaurii promovierten Siebenbürger Sachsen zeigt ein bemerkenswertes Hinaufschnellen der Kronstädter und Burzenländer nach 1500. So haben zwischen 1500-1522 in Krakau 8 Kronstädter und 3 Burzenländer das Baccalaureat bestanden, während dieses in Wien nur noch von 5 Kronstädtern und einem Burzenländer bekannt ist. »Verzeichnis derjenigen

1525 noch 38 Kronstädter und 11 Burzenländer die Wiener Universität. Die Schlacht von Mohács 1526 und die darauf folgenden Ereignisse bereiteten dem Besuch der Wiener Universität durch Kronstädter und Burzenländer Studenten ein jähes Ende. Zu den Ereignissen in Ungarn kam 1529 die Belagerung Wiens durch die Türken, durch die der Universitätsbetrieb für Jahre fast völlig lahmgelegt wurde. Wie 1482 während der Pest verließen Lehrer und Studenten die Stadt, wenige kehrten in den nächsten Jahren wieder zurück. Die Blüte der Wiener Universität war gebrochen, sie hat sich im 16. Jahrhundert von diesem Schlag nicht mehr erholen können. Die Zahl der Studenten blieb im allgemeinen beschränkt. Bis 1550 konnten wir aus Kronstadt noch drei, aus Marienburg noch einen Studenten in Wien finden. Dies bedeutet jedoch keineswegs, daß durch den Zusammenbruch Ungarns, die in Siebenbürgen nach 1526 einsetzenden schweren Kämpfe zwischen Ferdinand von Habsburg und Johann Zápolya, in die die sächsischen Städte mithineingerissen wurden, und schließlich durch den Übergang Siebenbürgens unter die türkische Herrschaft 1542 der Bildungshunger der Kronstädter erlahmt wäre. Gerade die Mitte des 16. Jahrhunderts bildet in der Kulturgeschichte der Stadt durch Humanismus und Reformation einen vorher und nachher nicht mehr erreichten Höhepunkt. Aber der Übergang der Sachsen zur Reformation hatte bewirkt, daß diese sich der katholischen Universität von Wien entfremdeten. Wir müssen also nach 1526 die studierende Kronstädter und Burzenländer Jugend nicht mehr in Wien, sondern an den protestantischen Universitäten Deutschlands, vor allem in Wittenberg suchen[34].

V. Die soziale Herkunft der Studenten

Die Untersuchung der sozialen Herkunft der Kronstädter und Burzenländer Studenten ist von besonderem Interesse, da sie Ein-

---

Siebenbürger Sachsen, welche an den Universitäten Krakau, Straßburg und Göttingen studiert haben«, Archiv, N.F. Band 6, S. 293 ff; vgl. V i l - m o s F r a n k l, A hazai és külföldi iskolazás, a.a.O., S. 256 ff.

[34]) K a r l F a b r i t i u s, Die siebenbürgischen Studierenden auf der Universität zu Wittenberg im Reformationszeitalter, Archiv, N.F. Band 2, S. 125-141.

blicke in die Gesellschaftsstruktur der Kronstädter und Burzenländer Sachsen im späten Mittelalter gestattet. Da jedoch die Sozialstruktur der bürgerlichen Gesellschaft Kronstadts sich von der der Burzenländer Landbevölkerung unterschied, ist es notwendig, in dieser Beziehung die Kronstädter und die Burzenländer Studenten getrennt zu untersuchen.

Wie in allen europäischen Städten des Mittelalters war auch das Kronstädter Bürgertum des 14.-16. Jahrhunderts in drei Schichten gegliedert: in die führende Oberschicht oder das Patriziat, in den Mittelstand, der sich vor allem aus den Handwerkern und kleinen Kaufleuten rekrutierte, und in die armen Volksschichten[35]. Welches waren nun die Gesellschaftsschichten, die ihre Söhne zum Studium nach Wien schickten? Inwieweit spiegeln die Wiener Matrikel die soziale Struktur der Stadt wieder?

Diese Frage kann mit Hilfe der Namen der Studenten und auf Grund der von ihnen bezahlten Immatrikulationsgebühren beantwortet werden. Bezüglich der Eintragung der Namen in die Matrikel gab es 4 Möglichkeiten:

1. Die Studenten wurden nur mit Vornamen und Herkunftsort eingetragen, z.B. Valentinus de Corona (1387);
2. zum eigenen Vornamen wurde noch der des Vaters hinzugefügt, z.B. Johannes Philippi de Corona (1385);
3. dem Vornamen wurde der Beruf des Vaters hinzugefügt, z.B. Petrus Sartoris de Corona (1410) oder
4. die Eintragung erfolgte mit Vor- und Familiennamen, z.B. Jacobus Herczog de Corona (1412).

Bis 1410 erfolgten die Eintragungen nur auf die beiden ersten Arten; erst 1410 taucht die erste Berufsbezeichnung, 1412 der erste Familienname auf. Dieses läßt sich daraus erklären, daß im 14. Jahrhundert Familiennamen in Kronstadt noch kaum vorkamen. Erst am Ende des Jahrhunderts tauchten sie vereinzelt auf, im 15. Jahrhundert werden sie häufiger, aber noch keineswegs allgemein gebräuchlich. Bis 1410 kann also über die soziale Herkunft der Kronstädter Studenten nichts ausgesagt werden, es sei denn, daß wir ihre Namen zufällig mit später in der Stadtgeschichte bekannten

---

[35]) Siehe darüber M a j a P h i l i p p i, Cives civitatis Brassoviensis – Untersuchungen über die soziale Struktur des Bürgertums von Braşov im 14. und 15. Jahrhundert, Revue roumaine d'histoire, XV/1976, Nr.1, S.11-28. Dazu die Seiten 156-178 dieses Bandes.

Persönlichkeiten identifizieren können, wie dies bei Petrus Anthonii (immatr. 1408) der Fall ist, dem Sohn des reichen Anthonius Sander, der selber später unter dem Namen Petrus Comes (Greff) in der Stadt eine Rolle spielen sollte.

Es fragt sich nun, welches die Familien waren, die im 15. Jahrhundert in Kronstadt Familiennamen trugen. Mit ganz wenigen Ausnahmen läßt sich feststellen, daß Familiennamen zunächst ein Attribut der reichen und vornehmen Familien, also eine Art Standesbezeichnung waren. Damit bietet sich aber bereits die Möglichkeit einer sozialen Differenzierung der in Wien immatrikulierten Studenten. Die mit Familiennamen eingetragenen Kronstädter müssen Söhne der führenden Oberschicht gewesen sein. Die Untersuchung ergibt, daß von 1410 bis 1525 86 Studenten sich mit ihrem Familiennamen oder dem Prädikat »dominus« in die Matrikel eintragen ließen; d.h. daß 42,60 % der Kronstädter Studenten als Patriziersöhne angesprochen werden können[36]. Der größte Teil dieser Namen ist uns tatsächlich aus den Urkunden des 15. und beginnenden 16. Jahrhunderts als Familiennamen führender Geschlechter bekannt. Es sind, um nur die bekanntesten zu nennen, Namen wie Revel, Schan, Reudel, Schunkabunk, Benckner, Kemmel, Kylhaw, Greff, Kraus, Clompe, Schirmer, Engel u.a., Namen führender Persönlichkeiten, mit denen bedeutende Ereignisse der Kronstädter Geschichte des 15. und beginnenden 16. Jahrhunderts verbunden sind. Manche dieser Familien schickten ihre Söhne zu wiederholtenmalen zum Studium nach Wien; so finden wir in dem von uns untersuchten Zeitraum 5 Schan, 3 Revel (Rabel), 3 Kraus, 3 Clompe, 3 Schirmer und 2 Benckner an der Wiener Universität. Von 17 Studenten läßt sich nachweisen, daß sie Söhne von Stadtrichtern, Stadthannen oder Ratsherren waren.

Eine Bestätigung unserer Annahme, daß es sich bei den Studenten mit Familiennamen um Patriziersöhne handelt, bieten die von diesen bezahlten Immatrikulationsgebühren. Fast durchwegs zah-

---

[36]) Tatsächlich wird ihr Anteil noch höher gelegen sein, da auch ein Teil der nur mit Vornamen und Vatersnamen eingetragenen Studenten dieser Kategorie zugeordnet werden kann. Es läßt sich häufig beobachten, daß bei der ersten Immatrikulation die Studenten sich nur mit Vornamen und Herkunftsort eintrugen, und erst bei der ersten Prüfung auch ihren Familiennamen, soweit sie einen besaßen, hinzufügten.

len sie die Höchsttaxe für Bürgerliche; das waren bis 1413 zwei Groschen, nach der neuen Taxierung ab 1414 vier Groschen[37]. Sie wurden also als reiche Bürgersöhne eingestuft. Gegen Ende des 15. und am Anfang des 16. Jahrhunderts trugen sich einige Kronstädter Studenten als »dominus« oder »nobilis« ein, was darauf schließen läßt, daß sie adligen Standes waren. Diese zahlten höhere Gebühren (bis zu 60 Denar), da die Einstufung an der Wiener Universität nach dem Stand des einzelnen erfolgte. Einer von diesen war Paulus Benckner, der spätere Stadtpfarrer von Kronstadt, der sich 1519 in die juridische Fakultät als »nobilis« eintrug, da sein Vater, der Kronstädter Stadtrichter Hannes Benckner 1509 von König Wladislaw II. geadelt worden war[38]. Solche Adelserhebungen unter den Kronstädter Bürgern kamen Anfang des 16. Jahrhunderts gelegentlich vor. Sie hatten die Standesaufwertung der betreffenden Familien zur Folge, bewirkten aber nicht, daß diese aus dem Kronstädter Bürgertum herauswuchsen. Diese Kronstädter »nobiles« an der Wiener Universität waren also auch nichts anderes als reiche Bürgersöhne. Tatsächlich zahlten ähnliche, erhöhte Gebühren auch noch einige andere Kronstädter, da an der Wiener Universität Studenten, die durch einen höheren Lebensaufwand auffielen, sogenannte »tenentes statuum nobilium«, bei der Immatrikulation auch höher eingestuft wurden[39]. Wir können daraus schließen, daß ein Teil der Kronstädter Bürgersöhne in Wien durchaus auf großem Fuß lebte.

Eine zweite Gruppe unter den Kronstädter Studenten in Wien bildeten diejenigen, die sich mit ihrem Vornamen und einem Berufsnamen in die Matrikel eintragen ließen. Da letztere fast durchwegs im lateinischen Genitiv stehen, muß es sich um die Berufsbezeichnung des Vaters handeln. Es sind von den nach 1410 eingetragenen Studenten 74, das wären 36,60 %. Es handelt sich hier zum weitaus größten Teil um Handwerkersöhne, also um Vertreter des Kronstädter Mittelstandes[40]. Diese Namen bezeichneten

---

[37]) Über die Immatrikulationsgebühren an der Wiener Universität siehe M.U.W., S. XXI f.
[38]) Quellen, Bd. VI, S. XLVII.
[39]) M.U.W., S. XXII, Anmerk. 98.
[40]) Einer gibt sich als Sohn eines Kaufmanns aus (Anthonius Mercatoris), ein zweiter als Sohn eines Notars (Caspar Notarii), ein dritter als Sohn

26 verschiedene Gewerbe, ein Zeichen für die im damaligen Kronstadt fortgeschrittene Spezialisierung der Gewerbe. Es fällt auf, daß unter diesen Handwerkersöhnen nicht in erster Linie die sogenannten vornehmeren Gewerbe vertreten sind, wie Goldschmiede und Kürschner, sondern die einfacheren Gewerbe wie Schneider (10), Weber (8), Schuster (7) vorherrschen. Wahrscheinlich war für die Söhne der reicheren Handwerker die Übernahme der väterlichen Werkstatt lohnender als das Hochschulstudium.

Die Wiener Universitätsmatrikel spiegeln auch die relativ späte Entwicklung des Kronstädter Handwerks. Bis 1440 waren nur 10 Handwerkersöhne eingeschrieben. Erst in den vierziger Jahren des 15. Jahrhunderts steigt ihre Zahl steil an. Diese Feststellung bestätigt auf ihre Weise die Veränderungen, die sich innerhalb der Kronstädter Bevölkerungsstruktur im 15. Jahrhundert vollzogen hatten[41].

Im Gegensatz zu den anderen siebenbürgischen Städten spielte in der Kronstädter Wirtschaft das Handwerk im 14. und am Anfang des 15. Jahrhunderts keine bedeutende Rolle. Während in den Städten der 7 Stühle bereits 1376 eine »neue« Zunftordnung erlassen wurde, die sich auf 19 Zünfte bezog, so gab es in Kronstadt am Anfang des 15. Jahrhunderts nur eine einzige Zunft, die der Kürschner, die aber innerhalb der Kronstädter Gesellschaft eine besondere, mit den anderen Handwerkern nicht zu vergleichende Stellung einnahmen. Die übrigen Zünfte sind erst in der 2. Hälfte des 15. oder am Anfang des 16. Jahrhunderts gegründet worden. Kronstadt war bis zur Mitte des 15. Jahrhunderts eine ausgesprochene Fernhandelsstadt, in der der Großkaufmann die führende Rolle spielte. Diese Lage änderte sich in der 2. Hälfte des 15. und vollends am Beginn des 16. Jahrhunderts. Durch den Einfall der Türken am Balkan und schließlich durch die großen geographischen Entdeckungen ging der Kronstädter Orienthandel wesentlich zurück. Dafür trat der Handel mit den beiden rumänischen Für-

---

eines Fuhrmanns (Paulus Vectoris), bei zwei Studenten weist der Name auf einen militärischen Beruf des Vaters hin (Nicolaus Faretra, Jacobus Vexillifer-Fahnenträger).

[41]) Vgl. darüber Maja P h i l i p p i, Cives civitatis Brassoviensis, a.a.O., S. 25 ff.

stentümern, der Walachei und der Moldau, immer mehr in den Vordergrund. In diesem jedoch spielten die in Kronstadt erzeugten Handwerkerwaren eine immer größere Rolle. Das Kronstädter Handwerk, das bis dahin fast ausschließlich für den lokalen Markt gearbeitet hatte, arbeitete nunmehr für den Export. Dadurch aber hob sich auch das gesellschaftliche Gewicht des Kronstädter Handwerkerstandes, ja es gelang einigen seiner Mitglieder der Aufstieg in die führende Oberschicht. Am Ende des 15. Jahrhunderts finden wir bereits mehrere Handwerker im Stadtrat; die ebenfalls am Ende des Jahrhunderts gegründete »Hundertmannschaft« sicherte den reichen Handwerkern ein gewisses Mitbestimmungsrecht an den öffentlichen Angelegenheiten der Stadt.

Genau diesen Zustand zeigen die Wiener Matrikel in der 2. Hälfte des 15. Jahrhunderts. Dem Kronstädter Handwerkerstand, bisher als Mittelstand von der Leitung der Stadt ausgeschlossen, war der Sprung in die führende Schicht gelungen. Das gesteigerte Selbstbewußtsein dieses Standes fand seinen Ausdruck unter anderem auch in dem immer häufiger werdenden Besuch der Handwerkersöhne an der Wiener Universität. Hier eigneten sie sich an der Seite der Patriziersöhne die Bildung der Zeit an, um später, in die Heimat zurückgekehrt, an der Seite jener als Lehrer, Pfarrer, Notare die geistige Führungsschicht der Stadt zu bilden. Man denke an Johannes Honterus, den Sohn eines Lederers aus der Schwarzgasse, der zu der bedeutendsten geistigen Persönlichkeit der sächsischen Geschichte wurde.

Dieser Aufstieg des Kronstädter Handwerkerstandes läßt sich auch an den Immatrikulationsgebühren ablesen. Von den 26 Handwerkersöhnen, die bis 1456 immatrikulierten, sind 6 als »pauper« eingetragen, zahlten also keine Taxe, 6 weitere zahlten ermäßigte Gebühr. Nach diesem Jahr ist nur noch ein einziger Kronstädter Handwerkersohn — Martinus Fabri 1473 — als »pauper« eingetragen, alle anderen zahlten die für Bürgersöhne verpflichtende Höchsttaxe von 4 Groschen, ja am Ende des 15. und Anfang des 16. Jahrhunderts finden wir neben 14 Patriziersöhnen auch 9 Handwerkersöhne, die ihrem Lebensaufwand entsprechend noch höhere Taxen zahlten. Ein großer Teil der Handwerker zählte also bereits zu den reichsten Bürgern der Stadt.

Außer den beiden genannten Gruppen, den Patriziersöhnen, die sich mit Familiennamen, und den Handwerkersöhnen, die sich mit dem Beruf des Vaters in die Matrikel eintrugen, bleibt nun noch die dritte Gruppe derer, die sich auch nach 1410 nur mit ihrem Vornamen, bzw. auch noch mit dem Vornamen des Vaters eintrugen. Es sind 42 Studenten, von denen die meisten vor 1430 immatrikulierten. Nach diesem Jahr kommen sie nur noch vereinzelt vor. Wie lassen sich diese Studenten sozial einordnen ? Auf keinen Fall können wir sie in ihrer Gesamtheit (20,80 %) der untersten sozialen Schicht der Stadtarmut zusprechen. Es gibt unter ihnen sicher wie bis 1410 auch weiter noch Söhne reicher Eltern, bei denen der Familien- oder Berufsname nur zufällig fehlte[42]. Trotzdem bleibt es nicht ausgeschlossen, daß auch einzelne Söhne ärmerer Familien, die in Kronstadt die Schule besucht hatten, sich Handelsreisenden anschlossen und so bis Wien gelangten, wo sie sich in die Universität einschrieben. Um diese Vertreter der unteren, armen Schicht der Stadtbevölkerung zu identifizieren, können wir uns nicht allein nach ihrem Namen richten. Leichter lassen sie sich nach den von ihnen gezahlten, bzw. nicht gezahlten Immatrikulationsgebühren bestimmen. 12 von den Studenten dieser Gruppe sind als »pauper« eingetragen, zahlten also nichts, 7 genossen Gebührenermäßigung. Diese könnten tatsächlich Vertreter der armen Volksschichten Kronstadts gewesen sein. Auch noch ein anderer Umstand spräche dafür. Keiner der Studenten, die Gebührenerlaß oder -ermäßigung erhielten, schloß sein Studium mit einer Prüfung ab, während der Prozentsatz der Graduierten bei den Patrizier- oder Handwerkersöhnen relativ hoch liegt. Diese Tatsache könnte so gedeutet werden, daß wir es bei diesen Studenten mit Söhnen armer Familien zu tun haben, die von zu Hause nicht die nötigen Voraussetzungen für ein Hochschulstudium mitbrachten, mit den gestellten Anforderungen nicht Schritt halten konnten und schließlich in das Dunkel ihrer Herkunft, aus dem sie für kurze Zeit hervorgetreten waren, bald wieder zurücksanken.

---

[42]) So trug sich Georius de Corona 1429 in die Hauptmatrikel nur mit seinem Vornamen, 1432 dagegen in die Matrikel der juridischen Fakultät als dominus Georius ein.

Soziale Herkunft der Kronstädter Studenten
(nach Namen)

Soziale Herkunft	Zahl	%
Patrizier	86	42,60
Handwerker	74	36,60
unbestimmter Herkunft	42	20,80
zusammen	202	100,00

Die 11 vor 1410 eingetragenen Studenten sind hier nicht berücksichtigt.

Wesentlich schwerer als bei den Kronstädtern ist die soziale Bestimmung bei den Burzenländer Studenten, da die gesellschaftliche Struktur der Burzenländer Bevölkerung im 14. und 15.Jahrhundert noch überhaupt nicht untersucht ist. Es kann sich darum hier nur um einen Versuch der Bestimmung handeln.

Wer waren diese 145 Burzenländer, die von 1382-1525 die Wiener Universität besuchten? Ihre große Zahl und vor allem die Tatsache, daß bis 1450 mehr Burzenländer als Kronstädter an der Wiener Universität zu finden sind, läßt es als ausgeschlossen erscheinen, daß es sich hier nur um einfache Bauernsöhne gehandelt habe. Ebenso scheidet für die katholische Zeit auch die Möglichkeit aus, daß es sich um Pfarrer- oder Lehrersöhne gehandelt hätte, obwohl, wie wir wissen, der Zölibat bei den sächsischen Geistlichen nicht so streng eingehalten wurde.

Wir müssen, wollen wir diese Tatsache erklären, von der Annahme ausgehen, daß es in den Burzenländer Landgemeinden neben der eigentlich bäuerlichen Bevölkerung eine gehobene soziale Oberschicht gegeben hat. Tatsächlich lassen die Urkunden des 14. und 15. Jahrhunderts diese soziale Differenzierung erkennen. Neben den »populi«, »homines« oder »villani«, den eigentlichen Bauern, erscheinen in den Urkunden wesentlich häufiger die sogenannten »provinciales« oder »seniores« des Burzenlandes, auch »hospites« genannt. Wir finden sie in den Landgemeinden als privilegierte Schicht mit gewissen Vorrechten wie Mühlenregal, Wasserrecht u.a. begabt; die Männer dieser Kreise waren es auch, die als Richter und Hann die politische und verwaltungsmäßige Führung der Dorfgemeinden innehatten. Einige von ihnen führten den Titel »comes«, gehörten also zum kleinen Landadel und wurden vom König mit Schenkungen und adligen Vorrechten begabt[43]. Ein Teil von ihnen scheint auch am Fernhandel interessiert gewesen zu sein, da ihre Vertreter immer neben Kronstädter Bürgern als Führer von Gesandtschaften an den Höfen der rumänischen Fürsten anzutreffen sind, wo sie Handelsprivilegien erwirkten und Handelsverträge abschlossen.

Diese Burzenländer »provinciales« waren sozial dem führenden Kronstädter Bürgertum gleichgestellt. Sie bildeten gemeinsam den bereits erwähnten Rechtsverband, die »universitas civium et hospitum (provincialium)«, der mit dem Erlöschen der Funktionen des königlichen Grafen von Brascho allmählich die Führung des Distriktes übernahm. Die Kompetenzen dieser Burzenländer Führungsschicht erstreckten sich auf alle Angelegenheiten des Distriktes, ja auch der Stadt Kronstadt selbst. An allen politischen Handlungen, wie Gesandtschaften an den König, Streitigkeiten mit dem Szeklergrafen usw. waren sie vertreten. Allerdings ging dieser Einfluß der Burzenländer auf die Führung des Distriktes in der 2. Hälfte des 15. Jahrhunderts zurück. Die städtischen Organe traten immer mehr in den Vordergrund und rissen schließlich die Führung ganz an sich. Damit hängt wohl auch die Tatsache zusammen, daß nach 1450 der Besuch der Burzenländer an der Wiener Universität im Vergleich zu den Kronstädtern zurückging. Während von 1382-1450 82 Burzenländer (gegen 79 Kronstädter) immatrikuliert waren, so waren es von 1450-1525, also in etwa der gleichen Zeitspanne, nur noch 63 (gegen 134 Kronstädter).

Diese Burzenländer Führungsschicht muß es in erster Linie gewesen sein, die ihre Söhne so zahlreich an die Wiener Universität schickte. Einige von ihnen sind als »dominus« in die Matrikel eingetragen, gehörten also offensichtlich zum Burzenländer Landadel.

Da im Burzenland Familiennamen noch seltener vorkamen als in Kronstadt, können wir uns für die Bestimmung der sozialen Herkunft der Burzenländer Studenten nicht an diese halten. Wir müssen zu diesem Zweck die Immatrikulationsgebühren heranziehen. Dabei ergibt sich ein überraschendes Bild, das eine scharfe soziale Differenzierung der Burzenländer Bevölkerung erkennen läßt[44].

---
[43]) M a j a P h i l i p p i, Cives civitatis Brassoviensis, a.a.O., S. 16.
[44]) Dieselbe soziale Differenzierung geht auch aus den Burzenländer Steuerlisten vom Anfang des 16. Jahrhunderts hervor; siehe Quellen, II. Band S.284, III. Band S.7-24.

Immatrikulationsgebühren der Burzenländer Studenten 1382-1525

Bezahlte Gebühren	Zahl der Studenten	%		Soziale Gruppe
1. Normalgebühr 4 gr. (bis 1414 2 gr.)	52	35,86	51,72	führende Oberschicht
2. Erhöhte Gebühr bis zu 1 fl.	23	15,86		
3. Ermäßigte Gebühr 2 - 3 gr.	21	14,48	48,28	bäuerliche Bevölkerung
4. pauperes	49	33,80		
Zusammen	145	100,00		

52 zahlten die Höchsttaxe für bürgerliche Studenten (4 gr), darunter auch die 18 ihren Namen nach als Handwerkersöhne erkennbaren Studenten. 23 zahlten ihrem Stand entsprechend höhere Gebühren, darunter auch die, die bereits als geweihte Plebane die Universität besuchten. 21 bezahlten ermäßigte Gebühren, 49 waren als pauper eingetragen, bzw. zahlten nichts. Aus dieser Aufstellung können wir folgende Schlußfolgerung ziehen: Etwas mehr als die Hälfte (51,72 %) der Burzenländer Studenten gehörten zweifellos der führenden Oberschicht dieser Landgemeinden an. Bei den restlichen (48,28 %) können wir wohl nicht umhin, sie wenigstens z.T. als einfache Bauernsöhne einzustufen, vor allem die 49 als pauperes eingetragenen Studenten.

Sollte es wirklich möglich gewesen sein, daß so viele Burzenländer Bauernsöhne die Wiener Universität besucht haben? Tatsache ist, daß sich in Siebenbürgen Dorfschulen seit dem 14. Jahrhundert nachweisen lassen[45]. Im Burzenland sind sie zwar erst am Anfang des 15. Jahrhunderts erwähnt, haben aber sicher schon früher bestanden. Was auffällt, ist die Tatsache, daß die ersten, 1429 erwähnten Burzenländer Dorfschullehrer (scholastici) den Magistertitel hatten, und zwar nicht nur in dem Marktflecken Marienburg, sondern auch in dem kleinen Dorfe Rothbach und in der

---

[45]) Friedrich Teutsch, Bilder aus der Vergangenheit der sächsischen Dorfschule, Archiv, Band 29, S.437.

ungarischen Ortschaft Hydvég (Hăghig)[46]. Dies läßt auf die Qualität der erwähnten Schulen schließen. Es scheint also als durchaus glaubhaft, daß die seit 1382 in Wien eingetragenen Burzenländer Studenten Absolventen dieser Dorfschulen gewesen sind. Wenn die Siebenbürger Sachsen sich rühmen, zu d e n Gemeinwesen in Europa zu gehören, die die ältesten Dorfschulen besessen haben, so sollte daneben diese Tatsache nicht unerwähnt bleiben, die aus den Wiener Matrikeln hervorgeht, daß am Ende des 14. und im 15. Jahrhundert 70 einfache Bauernsöhne des Burzenlandes an der Wiener Universität studiert haben. Während wir oben sahen, daß die Kronstädter »pauperes« es im Allgemeinen nicht weit brachten, so läßt sich dagegen feststellen, daß die Burzenländer Bauernjungen strebsamer waren. Zum mindesten 10 von den Burzenländer Studenten, die Gebührenerlaß oder -ermäßigung genossen, finden wir später als Plebane in ihren Gemeinden, 5 von ihnen wurden Dechanten des Burzenlandes.

VI. Studienerfolge in Wien

Um zu untersuchen, welches die Erfolge der Kronstädter und Burzenländer Studenten in Wien waren, mit welchem Ergebnis sie ihr Hochschulstudium abschlossen, muß kurz auf den Ausbildungsgang an der Wiener Universität hingewiesen werden.

Das Studium begann für alle Studenten an der artistischen (philosophischen) Fakultät, an der sie zunächst für das Hochschulstudium vorbereitet wurden. Unter der Anleitung der Baccalaurii vervollkommneten sie ihre lateinischen Kenntnisse, wurden in den Grundbegriffen der Logik ausgebildet und machten dialektische Übungen, bis sie so weit waren, den Vorlesungen folgen zu können. Hatten sie bestimmte Vorlesungen gehört und an einer festgesetzten Anzahl von Disputationen teilgenommen, so konnten sie sich zur ersten akademischen Prüfung, dem Baccalaureat, melden, was meist nach 2-3 Jahren möglich war. Als Baccalaureus konnte man entweder sein Studium an der artistischen Fakultät fortsetzen oder sich in eine der drei anderen höheren Fakultäten einschreiben. Viele jedoch schlossen ihr Studium bereits mit dem Baccalaureat ab, das ihnen einen gewissen Bildungsgrad vermittelt hatte. Blieb

---

[46]) Ub. IV, S. 385.

man aber an der Universität, so übernahm man neben seinem eigenen Studium gewisse Verpflichtungen, d.h. man mußte nun seinerseits die neu immatrikulierten Studenten vorbereiten. Unter der Aufsicht eines Professors durften die Baccalaurii auch schon selber Vorlesungen halten; ja die Unterrichtspraxis war meist so, daß ein Professor sich mehrere Baccalaurii hielt, diesen allgemeine Anweisungen gab und sie dann an seiner Stelle die Vorlesungen halten ließ. Dabei waren die Baccalaurii materiell oft sehr schlecht gestellt. Wir kennen Fälle gerade von Kronstädter Baccalauriis, die bei der Fakultät um Befreiung der Taxen und Enthebung von der Verpflichtung ansuchten, die für sie vorgeschriebene Amtstracht zu tragen, da sie sich deren Anschaffung nicht leisten konnten[47].

Nach weiterem 2-3jährigen Studium als Baccalaureus konnte man das Licenciat ablegen und darauf zum Magister der artistischen Fakultät, der dem Doktor der übrigen Fakultäten entsprach, promovieren. Damit erwarb man sich das Recht, an allen christlichen Universitäten Europas Vorlesungen zu halten. Der Fakultät, bei der man promoviert hatte, war man verpflichtet 1-2 Jahre als magister regens zu dienen, d.h. an ihr Vorlesungen zu halten[48].

Unsere Kenntnisse über den Studienverlauf der Kronstädter und Burzenländer Studenten sind leider noch unvollständiger als über die Immatrikulation. Nachrichten über Siebenbürger Graduierte an der Wiener Universität verdanken wir G. D. Teutsch, der sie aus Prüfungsprotokollen der artistischen Fakultät und anderen Quellen[49], sowie Karl Schrauf, der sie aus den Akten der ungarländischen Nation herausschrieb[50]. Immerhin läßt sich daraus doch so viel entnehmen, daß sich unsere Studenten an der Universität gut gehalten haben. Der erste in Wien zum Baccalaureus graduierte Kronstädter war 1389 laut G.D. Teutsch der 1387 immatrikulierte

---

[47]) G. D. Teutsch, Siebenbürger Studierende ... a.a.O., Archiv Band 16, S. 335 ff.

[48]) Über den Unterrichtsbetrieb an der Wiener Universität siehe Rudolf Kink, Geschichte der kaiserlichen Universität zu Wien, 1. Band, 1. Teil, Wien 1854, S. 41 ff. und G. D. Teutsch, Siebenbürger Studierende ... a.a.O., Archiv, Band 10, S. 166 f.

[49]) G. D. Teutsch, Siebenbürger Studierende ... a.a.O., Band 10, S. 167 ff. und Band 16, S. 325 ff.

[50]) K. Schrauf, A magyar nemzetének anyakönyve ... a.a.O., S. 37 ff., 56 ff., 68 ff.; die Listen der ungarländischen Nation beginnen erste 1454.

Valentinus de Corona. Von 1411-1415, aus welcher Zeit Teutsch die Prüfungsprotokolle vollständig herausschrieb, wurde jährlich wenigstens ein Kronstädter oder Burzenländer, meistens aber mehrere, zum Baccalaureus oder zum Magister promoviert. Im ganzen haben wir, selbst bei unserer lückenhaften Dokumentation, davon Kenntnis, daß 67 Kronstädter und 11 Burzenländer den Titel eines Baccalaureus der artistischen Fakultät in Wien erworben haben. 35 Kronstädter und 3 Burzenländer wurden Magister der freien Künste. 26 Kronstädter und 14 Burzenländer schrieben sich nach Absolvierung der artistischen noch in die juridische Fakultät ein, von denen 3 Burzenländer Plebane auch deren Doktortitel erwarben. 4 Kronstädter wurden Magister, bzw. Doktor der theologischen Fakultät, über die medizinische Fakultät fehlen uns die Nachrichten.

Daß bei dem großen Bildungsprozeß, den das Hochschulstudium in Wien bedeutete, die Kronstädter die Nehmenden waren, ist selbstverständlich. Es soll aber nicht unerwähnt bleiben, daß einige von ihnen an der Wiener Universität auch zu den Gebenden gehörten. Die Wiener Universität verdankte ihren Kronstädter Studenten eine stattliche Reihe von Professoren sowie höheren akademischen Beamten. Von den zahlreichen Baccalaurii, die auch in den Unterrichtsbetrieb eingeschaltet waren und den Magistern, die nur vorübergehend – ihrer Verpflichtung gemäß – Vorlesungen hielten, abgesehen, können andere über Jahre im Wiener Universitätsbetrieb verfolgt werden. Die ersten Kronstädter Professoren in Wien waren ab 1414 Nicolaus Philippi und Johannes Goldner. Um 1440 lasen wieder 2 Kronstädter als Professoren an der artistischen Fakultät, Martinus Herczog und Laurencius Antonii Sellatoris, um 1460 waren es 6; 4 von ihnen, Paulus Roetchin, Petrus Gotfart, Anthonius Bogner und Petrus Türk, hielten auch Vorlesungen an der theologischen Fakultät; ab 1488 finden wir wieder 3 Kronstädter Professoren an der artistischen Fakultät, Valentinus Craus, Mathias Knofloch und Valentinus Pellificis. In dem Zeitraum von 1414 bis 1509 wissen wir von 18 Kronstädtern, die als Universitätsprofessoren in Wien lasen, 9 von ihnen werden auch als Mitglieder von Prüfungskommissionen erwähnt. Nach Einsicht aller Universitätsakten wäre ihre Anzahl sicher noch höher.

Ihrem Ansehen entsprechend wurden diesen Kronstädter Universitätsprofessoren auch Ämter im Verwaltungsrat der Universität übertragen. 8 von ihnen waren Räte (consiliarii) der artistischen Fakultät. In dieses Amt konnte man nur gewählt werden, wenn man bereits 4 Jahre an der Universität gelehrt hatte. Die Räte erledigten zusammen mit dem Dekan die Geschäfte der Fakultät. Die höchsten Beamten der Universität nach dem Rektor waren die Prokuratoren der 4 Nationen, denen unter anderem das Recht der Wahl des Rektors zustand. Die Namen der Prokuratoren der ungarländischen Nation sind erst ab 1453, seit der Anlegung der Matrikel bekannt. Die einzigen, deren Namen aus der Zeit vor 1453 überliefert sind, waren Magister Nicolaus Wydener, Pleban von Tartlau und Magister Laurencius de Corona; unter dem ersten wurden 1414 die Statuten der Nation beschlossen, unter dem zweiten wurden sie 1430 ergänzt. Von 1453-1509 haben noch 12 weitere Kronstädter, einige von ihnen zu wiederholten Malen, dieses Amt bekleidet[51].

Schließlich muß noch erwähnt werden, daß der einzige Siebenbürger, der auch das hohe Amt des Rektors der Wiener Universität bekleidet hat, ein Kronstädter gewesen ist. Es war P e t r u s d e C o r o n a, Magister der freien Künste und Licenciat der theologischen Fakultät, 1473 Rektor der Universität. Nun fehlt leider gerade bei den Eintragungen über das Rektorat der Familienname dieses Mannes[52]. Tatsächlich wirkten zur gleichen Zeit zwei Kronstädter mit Vornamen Petrus als Professoren an der Universität. G. D. Teutsch nahm auf Grund einer älteren Angabe von J. Aschbach[53] an, daß es Petrus Suck de Corona war. Nun handelt es sich aber hier offensichtlich um einen Lesefehler Aschbachs; einen Petrus Suck finden wir in keinen der veröffentlichten Universitätsakten, dagegen öfter einen Petrus Türk de Corona, 1458 eingetragen in die Hauptmatrikel, 1459 in die Matrikel der ungarländischen Nation, 1463 Baccalaureus, 1464 Magister, seit demselben Jahr Professor

---

[51]) Oben stehende Daten verdanken wir K. S c h r a u f, A magyar nemzetének anyakönyve ..., a.a.O., S.3, S.18 ff. und V i l m o s F r a k n ó i, Magyarországi tanárok és tanulók ..., a.a.O., S. 24 ff.

[52]) M.U.W., 2. Band, S.136; K. S c h r a u f, A magyar nemzetének anyakönyve, a.a.O., S. 234-238.

[53]) G. D. T e u t s c h, Siebenbürger Studierende ..., a.a.O., Archiv Band 10, S.171; J. A s c h b a c h, Geschichte der Wiener Universität, 1. Band, S. 620.

an der artistischen Fakultät[54]. Zur selben Zeit aber finden wir noch einen anderen Kronstädter als Professor an der Universität, der wesentlich öfter in leitenden Ämtern genannt wurde. Es war Petrus Gotfart (Gotfridi) de Corona, 1451 immatrikuliert, 1454 Baccalaureus, 1457 Magister der artistischen Fakultät, ab 1456 bereits Professor an derselben Fakultät, 1464 wird er als Baccalaureus der juridischen Fakultät erwähnt; ob die Erwähnungen eines Professors an der theologischen Fakultät sich auf ihn beziehen, ist unsicher, da hier wieder nur Petrus de Corona eingetragen ist. Dagegen ist es sicher Petrus Gotfart gewesen, der 1462 Prokurator der ungarländischen Nation und 1470 Rat der artistischen Fakultät gewesen ist[55]. Aus diesem Grund und weil Aschbachs Angaben über Petrus Türk (Suck) auch sonst ungenau sind, neigen wir dazu, Petrus Gotfart für den Rektor zu halten. Dieser stammte aus einer der angesehensten Kronstädter Patrizierfamilien. Comes Valentin Gotfridi (greff Velletin) war der bedeutendste Kronstädter Stadtrichter am Anfang des 15. Jahrhunderts, mit dessen Namen der wirtschaftlich-politische Aufstieg der Stadt aufs engste verbunden war.

Petrus de Corona starb 1476. Zu dieser Zeit war Prokurator der ungarländischen Nation wieder ein Kronstädter, Magister Anthonius Bogner, der die Ausgaben verzeichnete, die anläßlich der Leichenfeier für den gewesenen Rektor im Stephansdom gemacht wurden[56].

Neben diesen schönen Erfolgen, die die Kronstädter Studenten an der Wiener Universität erzielten, sei es uns erlaubt, auch auf einige Mißerfolge hinzuweisen, von denen wir zufällig Nachricht haben. So meldete sich Jacobus von Zeiden nach vier Jahren Studium 1412 zum Baccalaureat-Examen, konnte es jedoch nicht

---

[54]) M.U.W., II. Band, S.60; K. S c h r a u f, A magyar nemzetének anyakönyve, a.a.O., S.100; d e r s e l b e, Magyarországi tanulók ..., a.a.O., S.70, S.225; V. F r a k n ó i, Magyarországi tanárok és tanulók a Bécsi egyetemen a XIV és XV században, a.a.O., S.27. — Als Professor an der theologischen Fakultät ist 1464 und 1467 leider wieder nur Petrus de Corona, ohne Familiennamen, eingetragen, ebenda, S. 29.

[55]) Die Nachrichten über Petrus Gotfart M.U.W., II. Band, S.10; K. S c h r a u f, A magyar nemzetének anyakönyve, a.a.O., S.20, 40, 68, 222, 225, 226; V. F r a k n ó i, a.a.O., S. 24, 31, 36.

[56]) K. S c h r a u f, A magyar nemzetének anyakönyve, a.a.O.,S.237f.

bestehen[57]. Wenig Ehre machten ihrer Vaterstadt aber vor allem die drei 1498 immatrikulierten Studenten Vincencius Trosch, Blasius Gayll und Gregor »eines Schusters Sun«, die von einem Magister größere Summen – zusammen über 22 rheinische Gulden – entliehen und nicht zurückgezahlt hatten. Der Rektor der Universität sah sich daraufhin veranlaßt, am 23. Dezember 1501 einen Brief an »Den Ersamen fursichtign weisn herren und Richter und Rat der Stat Chron In Subnburgn« zu richten. Er drückte darin sein Mißfallen über dieses Benehmen aus; »es sein auch die Maister In unnser uniuersitet solher verziehung von euren khinderen nit gewenet, und mecht auch solhs furan euren khindern zunachtail erwachsen, also daz ander an solher verziehung ein Ebnpild nemen mechten«[58]. Das Schuldenmachen war sicher auch zu jener Zeit unter den Studenten üblich, doch scheinen diese drei Taugenichtse es zu arg getrieben zu haben.

VII. Die Tätigkeit in der Heimat

Wenn, wie wir sahen, ein Teil der in Wien ausgebildeten Kronstädter Studenten ihre Heimat endgültig verlassen hatte und die akademische Laufbahn einschlug, so steht auf der anderen Seite doch fest, daß der weitaus größere Teil nach Siebenbürgen zurückkehrte und die erworbenen Kenntnisse im Dienste der Heimat anwandte. Die kulturelle Entwicklung bei den Siebenbürger Sachsen beruhte in großem Maße auf dieser Verbindung und Befruchtung durch die europäischen Kulturzentren.

Bei den meisten der Kronstädter, vor allem aber der Burzenländer Studenten war sicherlich das Pfarramt das Ziel ihres Studiums. Trotz unserer lückenhaften Dokumentation[59] konnten wir feststellen, daß 40 Burzenländer Plebane der untersuchten Zeit in Wien

---

[57]) G. D. T e u t s c h, Siebenbürger Studierende ..., a.a.O., Archiv, Band 16, S. 338.

[58]) Mitgeteilt von Fr. W. S e r a p h i n, a.a.O., Archiv, Band 23, S. 795.

[59]) Wir stützen uns vor allem auf das von J. T r a u s c h mitgeteilte, jedoch sehr unvollständige »Verzeichnis der Pfarrer im Burzenland«, a.a.O., aber auch auf andere Quellen aus dem »Urkundenbuch«, Band IV-VI.

studiert hatten, 12 von ihnen waren Dechanten des Burzenlandes. Von den Kronstädter Plebanen der vorreformatorischen Zeit hatten vier in Wien studiert, der Baccalaureus Johannes Petri (1422-1430) und die Magister Johannes Gut (1430-1446), Johannes Reudel (1446-1499) und Paul Benckner (1527-1535). Die drei letzteren hatten außer der artistischen auch die juridische Fakultät besucht.

Daraus geht hervor, daß der siebenbürgisch-sächsische Pfarrerstand schon lange vor der Reformation ein gebildeter Stand gewesen ist. Zwar wurde bis zur Mitte des 15. Jahrhunderts von den Pfarrern, die gemäß dem freien Pfarrerwahlrecht der Siebenbürger Sachsen von den Gemeinden, meist aus derselben Ortschaft, gewählt wurden, keine besondere Ausbildung verlangt. Laut einer Bulle von Papst Gregor IX. von 1371 war für die Weihe nur nötig, daß der Kandidat »gut lesen, singen und entsprechend lateinisch sprechen könne«[60]. Mißbräuche bei der Besetzung der Pfarrstellen, die mit reichen Pfründen dotiert und daher eine begehrte Einnahmequelle waren, sind sicher häufig vorgekommen. Aus dem 14. Jahrhundert sind Fälle bekannt, in denen führende Familien ihren Söhnen gegen den Willen der Gemeinde einträgliche Pfarrstellen sicherten. Auch Pfründenanhäufung, d.h. Besetzung mehrerer Pfarrstellen, kam vor, so daß die Inhaber dieser Stellen ihre Ämter gar nicht selber versahen, sondern nur die Einnahmen davon bezogen, während ein schlecht bezahlter Stellvertreter den geistlichen Dienst versah[61]. So war Nicolaus von Neustadt, Sproß einer reichen Burzenländer Landadelsfamilie, Pleban von Kronstadt (1351-1366), gleichzeitig Dechant des Burzenlandes, Kanonikus beim Weißenburger Bistum und dazu noch Hofkaplan König Ludwig I. Schließlich gab er das Kronstädter Plebanat auf und wurde zuerst Bischof von Tinin, dann von Csanad. Einer seiner Nachfolger, Thomas Sander, einer der bedeutendsten Kronstädter Plebane der vorreformatorischen Zeit (1376-1421), der Erbauer der heutigen Schwarzen Kirche, war ebenfalls durch den Einfluß der führenden Kronstädter Familien gegen den Willen des Dechanten in seine

---

[60]) »bene legere, cantare et congrue latinis verbis loqui«, zitiert nach F r i e d r i c h T e u t s c h, Geschichte der evangelischen Kirche in Siebenbürgen, Band 1, S. 155.
[61]) F r i e d r i c h T e u t s c h, Kirche und Schule der Siebenbürger Sachsen in Vergangenheit und Gegenwart, Hermannstadt 1923, S. 10 f.

Stelle eingesetzt worden, zu einer Zeit, da er wahrscheinlich noch nicht einmal das für dieses Amt erforderliche Alter erreicht hatte[62]. Es ist nicht anzunehmen, daß diese Plebane eine besondere Ausbildung für ihr Amt genossen hatten.
Auf der anderen Seite kennen wir jedoch schon am Ende des 14. und zu Beginn des 15. Jahrhunderts eine Reihe von Burzenländer Pfarrern, die bereits als geweihte Plebane die Wiener Universität besuchten. Es waren dies 1385 Conrad Conradi von Tartlau, 1402 Michael von Weidenbach, 1413 Nycolaus Wydener von Tartlau, 1416 Martinus Helman von Petersberg, 1429 Cristian von Heldsdorf. Drei von ihnen besuchten außer der artistischen auch noch die juristische Fakultät. Der erste Burzenländer Dechant, von dem wir wissen, daß er den Titel eines Magisters der freien Künste führte, war 1423 Nicolaus von Marienburg[63]. Die Nachfolger Thomas Sanders im Kronstädter Stadtpfarramt besaßen, wie schon erwähnt, alle akademische Grade.

Aus den Reihen dieser akademisch gebildeten Burzenländer Pfarrherren ging bereits 100 Jahre vor der Reformation eine Reformbewegung hervor, die sich gegen verschiedene Mißstände richtete, die innerhalb der Geistlichkeit ausgebrochen waren, darunter gerade auch die Mißbräuche bei der Stellenbesetzung, unsittliches Leben einzelner Geistlicher und mangelnde Kirchenzucht. Im Zuge dieser Reformbewegung gab sich das Burzenländer Kapitel 1444 neue Statuten, durch die auch die Bestimmungen bezüglich der Pfarrereinsetzung neu geregelt wurden[64]. Dabei wurde festgesetzt, daß die Plebane Kronstadts und der Burzenländer Ortschaften bei ihrer Wahl Hochschulstudium nachweisen und sich vom Dechanten einer Prüfung unterziehen lassen mußten.

Da also nach 1444 das Hochschulstudium für die Burzenländer Plebane verpflichtend war, müssen wir annehmen, daß der größte Teil der in Wien immatrikulierten Burzenländer Studenten nach

---

[62] M a j a P h i l i p p i, Die Plebane von Kronstadt im 14. und 15. Jahrhundert, in: Siebenbürgisch-sächsischer Hauskalender, Jahrbuch 1975, München 1974, S. 33 ff.

[63] Ub. IV. Nr. 1883, Nr. 1928; da er in den Wiener Immatriukalitonslisten nicht vorkommt, muß er an einer anderen Universität studiert haben.

[64] Ub. V. Nr. 2512.

Absolvierung ihres Studiums Plebane in ihren Heimatgemeinden wurden, auch wenn wir dieses im einzelnen nicht nachweisen können. Die Blüte des Humanismus bei den Siebenbürger Sachsen im 16. Jahrhundert kam nicht unvorbereitet. Sie ging hervor aus einem Bildungsstand, dessen Grund mindestens 100 Jahre vorher gelegt worden war und dessen wichtigster Träger die akademisch gebildete Geistlichkeit war.

Der bedeutendste unter den Kronstädter Geistlichen, die die Wiener Universität absolviert hatten, war J o h a n n e s R e u d e l, Sohn einer angesehenen Patrizierfamilie, 1438 zum erstenmal in Wien immatrikuliert, 1443 Magister der artistischen Fakultät, 1453 als Pleban von Kronstadt zum zweitenmal in Wien an der juridischen Fakultät eingeschrieben, wo er 1455 zum Baccalaureus der Rechte promovierte. Während dieses zweiten Wiener Aufenthaltes genoß er ein großes Ansehen an der Universität; 1454 wurde er zum Prokurator der ungarländischen Nation gewählt. Gleichzeitig unterhielt er enge diplomatische Beziehungen zum Hofe des ungarischen Königs Ladislaus Posthumus, der als Habsburger in Wien und Prag residierte, von dem er auch zu wiederholtenmalen in Angelegenheiten der Kronstädter Kirche und des Kronstädter Stadtrates empfangen wurde[65]. Als Pleban von Kronstadt (1446-1499) hat er auch in der politischen Geschichte seiner Vaterstadt eine Rolle gespielt. Er wurde dank des großen Vertrauens, das die Kronstädter in ihn hatten, auch mit politischen Missionen betraut und hat dreimal in entscheidenden Augenblicken in das Geschick seiner Vaterstadt eingegriffen. Johannes Reudel wurde der Vollender des von Thomas Sander begonnenen Baues der heutigen Schwarzen Kirche. In dem von ihm gestifteten gotischen Taufbecken dieser Kirche, einem der bedeutendsten Bronzegüsse der siebenbürgischen Kunstgeschichte, hat er sich in seiner Vaterstadt ein bleibendes Denkmal gesetzt[66].

Neben den Pfarrern waren es vor allem die L e h r e r, deren Tätigkeit eine große Bedeutung für die kulturelle Entwicklung

---

[65]) Ub. V. Nr. 2901, 2969.
[66]) Über Johannes Reudel siehe F r. W. S e r a p h i n, Das Taufbecken in der Kronstädter evangelischen Stadtpfarrkirche und sein Stifter Johannes Reudel, Archiv, Band 34, S.154-189; M a j a P h i l i p p i, Die Plebane von Kronstadt ..., a.a.O., S.40-44.

Kronstadts und des Burzenlandes hatte. Leider sind Nachrichten über Schulen und Lehrer viel weniger erhalten als über Pfarrer. Wir kennen kaum Namen von Lehrern. Die erste Nachricht über die Kronstädter Schule stammt, wie schon erwähnt, von 1388, über Burzenländer Schulen von 1429. Dabei machen wir die bemerkenswerte Feststellung, daß selbst die Leiter der Dorfschulen Männer mit abgeschlossenem Hochschulstudium waren. 1429 waren die Rektoren der Schulen von Marienburg, Rothbach und Hydvég (Hăghig) Magister Petrus, Magister Johannes und Magister Michael[67]. Der erste von ihnen hatte 1423 in Wien immatrikuliert. Von 1460 ist ein Empfehlungsschreiben erhalten, in dem der Bischof von Fünfkirchen (Pécs) den Anthonius Pellificis de Braschovia, Baccalaureus der freien Künste, als Schulmeister nach Tartlau empfiehlt[68]. Auch dieser findet sich 1456 in den Wiener Immatrikulationslisten.

Von den Kronstädter Lehrern des 15. Jahrhunderts ist uns ein einziger Name erhalten. Es ist J e r o n i m u s   R e w c h i n (Reiching), Magister der freien Künste, der als Rektor (scholasticus) der Kronstädter Stadtschule 1464 in einer Schenkungsurkunde als Zeuge erwähnt wird[69]. Gerade dieser Name aber zeigt uns, welche bedeutenden Persönlichkeiten an der Kronstädter Schule unterrichtet haben. Jeronimus, wahrscheinlich der Sohn des Kronstädter Ratsherrn Johannes Rewchin[70], hatte 1454 in Wien immatrikuliert, dort den Titel eines Baccalaureus und eines Magisters der freien Künste erworben, war dann, zurückgekehrt, Lehrer in Kronstadt geworden. 1471 schrieb er sich zum zweitenmal in Wien, an die juridische Fakultät ein. Während dieses zweiten Studienaufenthaltes war er 1472 Prokurator der ungarländischen Nation und gleichzeitig Mitglied in einer Prüfungskommission. Nach Beendigung auch des juristischen Studiums, wandte er sich dem geistlichen Beruf zu, wurde 1474 Pfarrer in Brenndorf, 1486 ist er als Dechant erwähnt[71].

Am Anfang des 16. Jahrhunderts begegnet uns in den städtischen Rechnungsbüchern 1506 ein scolaris (Hilfslehrer) Michael, wahr-

---

[67]) Ub. IV. Nr. 2075.
[68]) Archiv der Schwarzen Kirche, Tq, 80 II, S.461. Ub. VI, Nr. 3232.
[69]) Ebenda, »Liber promptuarii«, IE 144 S.190. Ub VI, Nr. 3350.
[70]) Ub. V. Nr. 2933.
[71]) J. T r a u s c h, Verzeichnis der Pfarrer im Burzenland, a.a.O.,S.84.

scheinlich derselbe, der 1514 als scolasticus (Rektor) Michael Fritsch baccalaureus erwähnt wird[72]. Möglicherweise hatte er seine Ausbildung auch in Wien genossen; 1503 ist ein Michael de Corona an der artistischen Fakultät immatrikuliert.

Genauere Daten über die Kronstädter Lehrer besitzen wir erst ab 1520, da von diesem Jahr angefangen die städtischen Schaffnerrechnungen erhalten sind, in denen die regelmäßige Besoldung der Lehrer der Stadtschule (schola huius civitatis) und der Bartholomäer Schule aufgezeichnet sind[73]. Aus diesen geht hervor, daß die Lehrer fast alle den Titel eines Baccalaureus, einige von ihnen auch den Magistertitel hatten[74]. Da sie aber meistens nur mit dem Vornamen genannt werden, ist es nicht möglich, mehr als Vermutungen darüber anzustellen, ob sie Schüler der Wiener Universität waren. Einen einzigen können wir mit Sicherheit als solchen bestimmen; es war J o h a n n e s K r e w c z, der 1516 in Wien immatrikuliert, 1519 das Baccalaureat bestanden hatte und 1525-1526 Rektor der Kronstädter Stadtschule war[75].

Auf jeden Fall können wir soviel festhalten, daß auch die Lehrer der vorreformatorischen Schule in Kronstadt akademische Bildung genossen hatten – ein Teil von ihnen wahrscheinlich in Krakau –, was auf das Bildungsniveau dieser Schule schließen läßt. Schließlich soll nicht unerwähnt bleiben, daß J o h a n n e s H o n t e r u s, der Begründer der berühmten Honterus-Schule, der dem siebenbürgischen Schulwesen neue Wege gewiesen hat, auch Schüler und Absolvent der Wiener Universität gewesen ist.

Zu den Intellektuellen der Stadt gehörten auch die N o t ä r e[76]. In Kronstadt wird der erste städtische Notar 1388 erwähnt, es ist der Magister Jacobus notarius civitatis Coronae. Schon zu dieser frü-

---

[72]) Quellen, I. Band, S. 178 und 203.

[73]) Siehe Fr. W. S e r a p h i n, Kronstädter Schulen vor der Reformation, a.a.O., S.747-797. Der Rektor der Schule erhielt ein Jahresgehalt von 50 fl., der Lehrer (campantor) 24 fl., der Rektor der Bartholomäer Schule 16 fl.; ebenda S. 762 ff.

[74]) Ebenda S. 796 f.

[75]) Ebenda.

[76]) Über die Notare in den sächsischen Städten siehe G. E. M ü l l e r, Stühle und Distrikte als Unterteilungen der Siebenbürgisch-Deutschen Nationsuniversität 1141-1876, Hermannstadt 1941, S. 52 ff.

hen Zeit also hatten die Notäre Hochschulbildung[77]. Seit etwa 1450 scheint dies dann die Regel gewesen zu sein; die seit dieser Zeit erwähnten Notäre tragen den Magistertitel[78]. Der von 1510-1514 des öfteren erwähnte städtische Notär Nicolaus de Segeschvar (Schäßburg) nennt sich stolz »arcium doctor«[79]. Da die Notäre alle nur mit Vornamen genannt werden, ist es leider nicht möglich, sie mit Bestimmtheit als Studenten der Wiener Universität nachzuweisen.

Neben den Notären beschäftigte die Stadt auch S t a d t s c h r e i b e r, die natürlich auch eine gewisse Bildung haben mußten. Als solcher ist uns Petrus Schram bezeugt, Sohn des Großkaufmanns gleichen Namens[80], der von 1522-1529 in einem besoldeten Beamtenverhältnis zur Stadt stand. Gelegentlich hat er auch die Stelle des Notärs vertreten und wurde auch in diplomatischer Mission an den Hof des Fürsten der Walachei gesandt[81]. Auch Petrus Schram hatte die Wiener Universität besucht, wo er 1496 immatrikulierte, jedoch scheint er keine Prüfungen abgelegt zu haben, da er niemals mit einem Titel erwähnt wird.

Nun wäre es aber falsch, die Absolventen der Wiener Universität nur unter den Geistlichen und den beamteten Intellektuellen der Stadt zu suchen. Wie wir oben sahen, besuchten zahlreiche Söhne führender Kronstädter Patrizierfamilien die Universität; nur wenige von ihnen gingen ins Pfarramt. Ein weitaus größerer Teil von ihnen wird später an der Stadtverwaltung teilgenommen haben. Im Unterschied zu den Pfarrern und Lehrern war es für die Patriziersöhne nicht erforderlich, ein abgeschlossenes Hochschulstudium nachzuweisen, um in führende Ämter gewählt zu werden. Jedoch trugen die an der Universität zugebrachten Jahre zur Erweiterung ihrer Bildung bei, was ihnen auch in der Ausübung ihrer

---

[77]) Ub. II. Nr. 1230. Die 1419 und 1431 erwähnten Notare Johannes und Leonhardus werden ohne Titel genannt. Ub.IV.Nr. 1838, 1839, 1864, 2106.

[78]) 1452 Magister Johannes protonotarius civitatis Brassoviensis, Ub.V. Nr. 2778, 2729, 2780; 1463 Magister artis facultatis Anthonius Notarius Brassoviensis, Archiv der Schwarzen Kirche IE 144, fol. 192 verso. Jetzt Ub VI Nr. 3325, 3333.

[79]) Ebenda IE fol. 78.

[80]) Quellen I. Band, S. 46.

[81]) Quellen I. Band, S. 444, 461, 503, 519, 522, II. Band, S. 171, 175.

politischen und Verwaltungsämter zugute kam. Wie geschätzt Bürger der Stadt waren, die akademische Grade besaßen, zeigt die Tatsache, daß sie in den Urkunden — ob es sich nun um Steuerregister, Rechnungsbücher oder ähnliches handelte — meist nicht mehr mit ihren Familiennamen, aber immer mit ihren Titeln — Baccalaureus, Magister, Doktor — genannt werden. In den Ratsherrenlisten des ausgehenden 15. und beginnenden 16. Jahrhunderts finden wir eine Reihe von Baccalauris und Magistern.

Von den in Wien immatrikulierten Kronstädter Studenten konnten wir mehrere in leitenden Ämtern der Stadt wieder finden, so Johannes Crispus, 1424 als Stadthann, Johannes Krauss, Paulus Purger, Paulus Benckner, Petrus Engel, Lukas Seiler (Funificis) als Ratsherren. Auch unter den Kronstädter Stadtrichtern lassen sich drei als Schüler der Wiener Universität nachweisen; es waren dies Petrus Anthonii, Johannes Schirmer und Valentin Kraus.

Petrus Anthonii, später unter dem Namen P e t r u s C o m e s (Greff) bekannt, hatte 1408 in Wien immatrikuliert, war von 1428-1463 Mitglied des Kronstädter Stadtrates und um die Mitte des Jahrhunderts zu wiederholten Malen Stadtrichter[82]. Seinen großen, von seinem Vater ererbten Besitz in Kronstadt und dem Burzenland, der ihn zum reichsten Manne der Stadt machte, hinterließ er, da er kinderlos starb, zum größten Teil der Stadt und der Kirche zu wohltätigen Zwecken. Die erhaltenen Schenkungsurkunden und sein Testament[83] sind in gewähltem Latein abgefaßt und gehören unter den Kronstädter Urkunden des 15. Jahrhunderts zu den schönsten literarischen Zeugnissen. Sie zeigen Petrus Comes nicht nur als einen tief religiösen, sondern auch einen durch die Bildung seiner Zeit geläuterten und gereiften Menschen.

J o h a n n e s S c h i r m e r, Sohn des Stadtrichters gleichen Namens, hatte 1479 in Wien immatrikuliert. Von 1491-1537 war er Ratsherr, 1494 Stadthann, von 1505-1522 zu wiederholten Malen Stadtrichter und schließlich Törzburger Kastellan[84]. 1507 war er

---

[82]) F r i e d r i c h S t e n n e r, Die Beamten der Stadt Brassó (Kronstadt), Kronstadt 1916, S. 104; Ub. V. Nr. 2325, 2391.

[83]) Ub. V. Nr. 2567, 2616; Arhivele Statului Braşov, Privilegii 157; Archiv der Schwarzen Kirche, Liber promptuarii, IE 144, S.192-193. Ub VI, Nr. 3325.

[84]) F r. S t e n n e r, a.a.O., S. 123.

von König Wladislaw in den Adelsstand erhoben worden[85], was ihn jedoch nicht hinderte, weiter ein höchst bürgerliches Geschäft, nämlich eine große Firma zur Lieferung von Baumaterialien, zu betreiben.

Der interessanteste dieser bis zum Amt des Stadtrichters aufgestiegenen Absolventen der Wiener Universität ist zweifellos V a l e n t i n K r a u s. Auch er entstammte einer angesehenen Kronstädter Patrizierfamilie und hatte 1479 in Wien immatrikuliert[86]. Im Gegensatz zu den beiden vorher Genannten aber können wir seine Tätigkeit schon an der Wiener Universität verfolgen, der er sich für Jahre seines Lebens verschrieben hatte. 1486 wurde er Baccalaureus, 1488 Magister der freien Künste; im selben Jahr schrieb er sich auch in die juridische Fakultät ein. Gleichlaufend mit seinem juristischen Studium hielt er Vorlesungen an der artistischen Fakultät[87], war 1491, 1493 und 1495 Mitglied einer Prüfungskommission und 1495 Rat der artistischen Fakultät; 1492 bekleidete er das Amt des Prokurators der ungarländischen Nation[88]. Während dieser seiner Lehrtätigkeit befreundete er sich mit den bedeutenden Humanisten an der Wiener Universität, vor allem mit Conrad Celtis. Es schien als würde er, gleich vielen seiner Vorgänger, ganz in Wien bleiben. 1499 jedoch kehrte er in die Heimat zurück.

Diesen schroffen Wechsel von der hochkultivierten freien geistigen Atmosphäre an der Wiener Universität zu den engen und schweren Verhältnissen eines Kolonistenvolkes hat er in zwei Briefen an seinen Freund Celtis festgehalten und damit ausgedrückt, was Generationen von siebenbürgischen Studierenden an ausländischen Universitäten vor ihm und nach ihm bei der Rückkehr in die

---

[85]) J. v. S e b e s t y é n, Wappenbriefe einiger Kronstädter Bürger, in: Mitteilungen des Burzenländer Sächsischen Museums, Kronstadt 1944, S.40.

[86]) Sein Vater Valentin Crusz ist 1486 und 1487 als Ratsherr im Quartal Portica bezeugt, Quellen III. Band, S. 645.

[87]) Die Titel seiner Vorlesungen: »Sphaeram Materialem«, »Tertiam partem Alexandri«, »Libros de anima«, »De anima«; V. F r a k n ó i, Magyarországi tanárok és tanulók ..., a.a.O., S. 27.

[88]) Ebenda, S. 30, 33, 36.

Heimat empfunden haben[89]. Nach fast fünfwöchiger abenteuerlicher Reise, schreibt er am 24. Dezember 1499, sei er zu Hause angekommen. In seinem Vaterland gefiele ihm nichts, als daß die Lebensmittel billig seien. Seine Mitbürger aber seien sehr ungebildet, besonders die, die nicht in Deutschland oder in anderen Ländern gewesen seien. Die Menschen plagen sich in Armut wegen der großen öffentlichen Lasten. Dann aber fährt er fort: »Wir haben in der Kirche eine neue Orgel, wie ich eine schöner gebaute noch nie gesehen, noch eine klangvollere je gehört habe. Der junge Organist ist ein Schüler Gruenpeks[90], aber seinem Lehrer in seiner Kunst in nichts nachstehend. Diese delphische Musik hat mich alles vergessen lassen, so daß ich glaubte, aus dem Fluß Lethe Vergessenheit getrunken zu haben.« Auch in seinem zweiten Brief an Celtis vom 25. Februar 1500 schreibt er noch, daß er am liebsten gleich nach Wien eilen würde, da er des Lebens mit seinen Kronstädter Mitbürgern, die noch barbarischer seien als die übrigen Sachsen, überdrüssig sei. .

Und doch blieb dieser Mann in Kronstadt und wuchs sehr bald in führender Stellung in die Verantwortung für seine Vaterstadt hinein. Von 1507-1535 war er Ratsherr, 1520 bekleidete er das Amt des Schaffners. Immer wieder wurde Magister Valentin, wie seine Landsleute ihn nannten, mit der Erledigung wichtiger öffentlicher Angelegenheiten betraut; er vertrat die Stadt bei der Nationsuniversität in Hermannstadt und beim siebenbürgischen Woiwoden. 1514 fuhr er im Auftrag der Stadt als Begleiter des damaligen Stadtrichters, seines früheren Wiener Studienkollegen Johannes Schirmer, zu König Wladislaw II. nach Ofen. 1525 stieg er bis zum höchsten Amt des Stadtrichters auf[91]. Als 1530 ein großes türkisches Heer unter Mehmet Beg, begleitet vom walachischen Woiwoden Vlad im Burzenland einfiel und gegen Kronstadt zog[92], wurde Magister Valentin ihm mit noch 3 Ratsherren nach Rucăr entgegengeschickt, wo es ihnen gelang, mit großen Geschenken die Türken

---

[89]) Die Briefe mitgeteilt von F r i e d r i c h T e u t s c h, Aus der Zeit des sächsischen Humanismus, Archiv, Band 16. S. 272 f.

[90]) I. Gruenpek war Hofkaplan und Leibarzt Kaiser Maximilians in Wien, ebenda S. 253.

[91]) Quellen I. Band, S. 545.

[92]) Über diesen Einfall siehe in der Wandchronik der Schwarzen Kirche, Quellen IV. Band, S. 7

von der Belagerung der Stadt abzuhalten[93]. Ähnlich wie sein bedeutender Nürnberger Zeitgenosse Willibald Pirckheimer war Magister Valentin Kraus – übertragen auf die kleineren Verhältnisse Kronstadts – Humanist und Staatsmann, bereit in beiden Eigenschaften seiner Vaterstadt zu dienen. Er war einer der Letzten jener zahlreichen Generationen, die ihre Bildung der Wiener Universität verdankten. Denn mit der Eroberung Ungarns durch die Türken und mit der Reformation riß die jahrhundertelange geistige Verbindung zwischen den Siebenbürger Sachsen und Wien ab, die so viel zu ihrer kulturellen Entfaltung beigetragen hatte. Aber selbst die Generation von Männern, die um die Mitte des 16. Jahrhunderts die Reformation einführten und die Entfaltung des Humanismus zu seiner Blüte brachten, in erster Linie Johannes Honterus, waren noch Schüler der Wiener Universität gewesen[94].

Vorliegende Untersuchungen verfolgten den Zweck, einen Beitrag zu der Geschichte des Kronstädter Bürgertums im 14. und 15. Jahrhundert zu geben. Sie zeigten uns die mittelalterliche Stadt zur Zeit ihrer höchsten Blüte, die Kronstädter Bürger als Führer und Mitglieder eines Gemeinwesens, das zu einem bedeutenden politischen und wirtschaftlichen Faktor im südosteuropäischen Raum geworden war. Sie zeigten uns jedoch gleichzeitig, daß die kulturelle Entwicklung der Stadt mit ihrer wirtschaftlichen und politischen Entwicklung Schritt hielt, daß das Streben nach Bildung in allen Schichten des Kronstädter Bürgertums tief verankert war, ja daß wir an der Stadtführung Männer fanden, die eine akademische Bildung genossen hatten. Trotz der scharfen Bemerkung von Valentin Kraus über seine Mitbürger müssen wir doch feststellen, daß das Kronstädter Bürgertum, den kulturellen Einflüssen der Zeit aufgeschlossen, neben den materiellen Werten auch Sinn und Verständnis für die Pflege geistiger Werte hatte. Dies beweist uns unter anderem die Tatsache, daß zum mindesten 18 Kronstädter des untersuchten Zeitraumes Universitätsprofessoren in Wien gewor-

---

[93]) Quellen II. Band, S. 205.
[94]) Über Johannes Hinterus siehe K a r l K u r t K l e i n, Der Humanist und Reformator Johannes Honter, Hermannstadt 1935; O s k a r W i t t s t o c k, Johannes Honterus, Göttingen 1970; G e r n o t N u s s b ä c h e r, Johannes Honterus. Sein Leben und Werk im Bild, 3. Aufl. Bukarest 1978.

den sind. In Kronstadt selber steht heute noch als Zeuge der kulturellen Blüte der Stadt der bedeutendste gotische Bau, nicht nur Siebenbürgens, sondern ganz Südosteuropas, die Schwarze Kirche, genau in demselben Zeitraum erbaut, am Ende des 14. Jahrhunderts begonnen, am Ende des 15. Jahrhunderts vollendet. Sicher gäbe es heute noch eine Reihe von anderen Zeugen des kulturellen Lebens jener Zeit, wären sie nicht durch den großen Brand von 1689 zerstört worden. Schließlich ist der eindeutigste Beweis für die geistige Aufgeschlossenheit der Kronstädter Bürger gerade die kulturelle Weiterentwicklung im 16. Jahrhundert. Die Blütezeit des Humanismus, deren bedeutendster siebenbürgischer Vertreter Johannes Honterus war, entfaltete sich, wie bereits erwähnt, nicht plötzlich und unvermittelt. Sie wuchs hervor aus einem Boden, der auf kulturellem Gebiet durch Generationen vorbereitet war und der nun selbst in der schweren, von ständigen Türkeneinfällen heimgesuchten Zeit seine Früchte trug.

Unsere Untersuchungen bezogen sich nur auf den Besuch der Kronstädter und Burzenländer Studenten an der Wiener Universität. Um das Bild zu vervollständigen, wäre es notwendig, in derselben Weise auch die Studenten an der Krakauer Universität zu verfolgen[95]. Jedoch muß dies einer gesonderten Arbeit vorbehalten

---

[95]) Meine oben (Anm.8) erwähnte Arbeit über die Kronstädter und Burzenländer Studenten in Krakau bezieht sich nur auf die Anzahl der Studierenden: 68 Kronstädter und 39 Burzenländer. Nach spätern Feststellungen erhöht sich die Zahl auf 216 Kronstädter und 149 Burzenländer, zusammen also 365. Der Besuch der übrigen europäischen Universitäten durch Kronstädter und Burzenländer Studenten scheint bis 1525 gering gewesen zu sein; siehe K a r l W a t t e n b a c h, Siebenbürger Sachsen in Bologna, Korrespondenzblatt 1890, S.25-29: A n d r e a s V e r e s s, A páduai egyetem magyarországi tanulóinak anyakönyve és iratai (1264-1864), Budapest 1915; V i l m o s F r a n k l, A hazai és külföldi iskolázás a XVI században, Budapest 1873; F r i e d r i c h T e u t s c h, Die Studierenden aus Ungarn und Siebenbürger auf der Hochschule in Heidelberg von der Gründung derselben [1386] bis 1810. Archiv,Band 10,S.182f.; Th. F a b i n i und F r i e d r i c h T e u t s c h, Die Studierenden aus Ungarn und Siebenbürgen an der Universität Leipzig, Archiv, Band 10, S.386ff.; J o s e f T e i g e, Studenten aus Ungarn und Siebenbürgen an der Prager Universität im 14. und 15. Jahrhundert, Korrespondenzblatt, 1883, S.19-20, S.29-30.

bleiben. Auch wäre es wünschenswert, wenn ähnliche Untersuchungen auch für die anderen siebenbürgischen Städte, vor allem Hermannstadt, das Kronstadt in nichts nachstand, gemacht würden, ebenso auch für die rumänische und ungarische Bevölkerung Siebenbürgens. Es könnten noch viele interessante Ergebnisse zutage gefördert werden, die das Bild über die kulturelle Entwicklung Siebenbürgens im Mittelalter in aufschlußreicher Weise bereichern würden.

Etudiants de Kronstadt et des communes du Burzenland à l'université de Vienne.

De 1385 à 1525, 213 étudiants de Kronstadt et des communes du Burzenland étudièrent à l'université de Vienne. Ce chiffre élevé s'explique par l'essor politique et économique de la ville au XIVe et XVe siècle. La présente étude examine l'origine sociale des étudiants des Kronstadt et des communes du Burzenland, montre que le pourcentage des étudiants des differéntes couches sociales reflète exactement la structure sociale de la bourgoisie de Kronstadt et son évolution au XVe siècle. Ensuite il est fait des recherches sur l'activité des étudiants à Vienne et, dans la mesure du possible, leur carrière ultérieure, ce qui permet d'établir des conclusions sur le développement culturel de la population de Kronstadt et du Burzenland au début de la Renaissance.

Kronstadt and Burzenland Students at Vienna University

From 1382 to 1525 there were 213 students from Kronstadt and 145 from the rural municipalities of Burzenland at Vienna University. One reason for this high figure was the political and economic upswing undergone by the town in the 14th and 15th centuries. This study looks at the social background of the students, finding that the different social groups represented at the university reflected exactly the social structure of the Kronstadt citizenry and consequent changes in the 15th century. Finally, attention is given to the activity of the students in Vienna and – as far as possible – to their later careers. This allows an insight into the cultural development of the Saxon population of Kronstadt and Burzenland on the eve of Humanism.

DER BÜRGERAUFSTAND VON KRONSTADT 1688

Ein Beitrag zur Geschichte Siebenbürgens am Ende des 17. Jahrhunderts

Von Maja Philippi

I. TEIL

Es ist die Eigenart historischer Forschung, wie schließlich jeder Forschung, daß sie niemals als abgeschlossen gelten kann. Als Friedrich Philippi, Professor am Honterusgymnasium in Kronstadt, seine Studie »Der Bürgeraufstand von 1688 und der große Brand von 1689 in Kronstadt« 1878 veröffentlichte, galt dieses Thema durch das überaus gründliche Quellenstudium und die ausführliche Darstellung als erschöpft und ist auch fast 8 Jahrzehnte von der Heimatforschung in Kronstadt nicht mehr aufgegriffen worden. Inzwischen ist viel Wasser über die Mühle der Weltgeschichte geflossen, die auch das Schicksal der Stadt Kronstadt umgemahlen hat. Wir können uns mit der Studie von Fr. Philippi nicht mehr begnügen, so sehr wir ihr, die durch ihre lebendige Darstellung auch heute noch lesenswert ist, zu Dank verpflichtet sind, vor allem auch, da sie unveröffentlichtes Quellenmaterial verarbeitete, das leider durch den teilweisen Verlust der Honterusbibliothek nach dem 2. Weltkrieg nicht mehr vorhanden ist. Aber die Quellenforschung in Kronstadt ist nach dem Tode Fr. Philippis sehr intensiv weitergetrieben worden. Durch die große Publikation der »Quellen zur Geschichte der Stadt Kronstadt« vom Anfang dieses Jahrhunderts ist zahlreiches neues Material bekannt geworden, das Philippi noch nicht benützt hat. Und auch heute noch wird am Kronstädter Staatsarchiv intensive Forschungsarbeit zur Fruchtbarmachung neuen Quellenmaterials betrieben. So sind in den letzten Jahren neue Dokumente zum Bürgeraufstand von 1688 aufgefunden worden[1]. Eines dieser Dokumente verdient besonderes Interesse, da es sich um den einzigen bisher bekannten offiziellen Akt über dieses Ereignis handelt. Es enthält ein Zeugenverhör von 21 Kronstädter Zeugen, die anläßlich des Prozesses, der im September 1689 stattfand, im Beisein einer vom Fürsten Apafi nach Kronstadt entsandten Kommission verhört wurden. Es liegt auf der Hand, daß durch die Aussagen von Augenzeugen dieses Aufstandes manche Einzelheiten seines Verlaufes klarer zutage treten; auch erlaubt uns dieses Dokument, manchen neuen Gesichtspunkt zu dem bereits bekannten Geschehen hinzuzufügen. So erscheint schon durch das neu erfaßte Quellenmaterial eine neue Darstellung des Kronstädter Bürgeraufstandes von 1688 gerechtfertigt.

Es kommt hinzu, daß die geistige Situation sich seit dem Tode Fr. Philippis grundlegend geändert hat, eine Tatsache, die sich selbstverständlich auch auf das geschichtliche Denken ausgewirkt hat. Wir sehen manche Dinge heute anders als unsere Großväter sie sahen.

Ein neues Herangehen an den Fragenkomplex »Bürgeraufstand von 1688« schien daher notwendig. Eine Reihe von Veröffentlichungen in der Sozialistischen Republik Rumänien hat diesem Bedürfnis bereits Rechnung getragen[2].

Der Bürgeraufstand von 1688 interessiert natürlich in erster Linie die Kronstädter Lokalforschung, heute um so mehr, als er in

---

[1]) Die Verfasserin möchte an dieser Stelle vor allem Herrn Hauptarchivar Gernot Nussbächer vom Kronstädter Staatsarchiv ihren Dank für seine Hilfe aussprechen.

[2]) J o a c h i m   C r ă c i u n, Răzvrătirea sașilor din Brașov la 1688, veröffentlicht in: Studii și materiale de istorie medie, Vol. I 1956, S.199-220.
M a j a   P h i l i p p i, Betrachtungen zum Bürgeraufstand von 1688 in Brașov (Kronstadt). In: Forschungen zur Volks- und Landeskunde 15/2, 1972, S.75-87.
M a j a   P h i l i p p i, Contribuție la cunoașterea răscoalei brașovenilor din 1688, veröffentlicht in: Studii și articole de istorie, Vol. VII, 1965, S.69-90.
M a j a   P h i l i p p i, Un nou document despre răscoala brașovenilor din 1688, in den: Veröffentlichungen des Kronstädter Kreismuseums Cumidava III, Brașov 1969, S.175 ff.
P a u l   B i n d e r, A Brassói felkelés és tűzrész (1688-1689) 280 éves évfordulója (unveröffentlicht).

der Geschichte dieser Stadt die einzige bekannte revolutionäre Bewegung ist, in der soziale Spannungen, die es freilich immer gegeben hat, gewaltsam aufbrechen.

Der Aufstand der Kronstädter Bürger von 1688 gegen die österreichische Herrschaft verdient Interesse aber auch in einem größeren Zusammenhang. Er ist ein Meilenstein in dem großen Ringen, das am Ende des 17. Jahrhunderts zwischen dem habsburgischen Kaiserreich und dem Osmanischen Reich um die Herrschaft über den südosteuropäischen Raum ausgetragen wurde. Der Aufstand rollt in seiner Tragik all die Probleme auf, vor die die Völker dieses Raumes sich durch den Wechsel der Herrschaft gestellt sahen.

Im Folgenden wollen wir versuchen, zunächst die politisch-militärische Situation, die zum Aufstand führte, dann den V e r l a u f des Aufstandes selbst, wie er uns aus den Quellen entgegentritt, zu schildern. Die Frage nach den U r s a c h e n des Aufstandes wird uns dazu führen, die Probleme, die an diesem Aufstand von allgemeinem Interesse sind, zu beleuchten.

I. Die politisch-militärische Lage

Es war im Juli 1686, – während des großen Türkenkrieges, der 1683 mit der Belagerung Wiens und der Niederlage der Türken am Kahlenberg begann, – noch während die kaiserlichen Truppen unter Karl von Lothringen die ungarische Hauptstadt Ofen belagerten, als ein Vortrupp dieser Armee unter General Friedrich von Scherffenberg nach Siebenbürgen bis unter die Mauern Hermannstadts vorstieß. Damit begann ein Ringen um dieses Land, das von beiden Seiten, Österreichern wie Türken, mit ungeheurer Zähigkeit geführt wurde, bis es schließlich 1699 im Frieden von Karlowitz durch den Verzicht der Türken auf Siebenbürgen abgeschlossen wurde. Diese 13 Jahre, in denen Siebenbürgen gleicherweise von der kaiserlichen Armee, von Türken und Tataren verwüstet wurde, in deren Folge die Pest ins Land einbrach, gehören zu den schwersten der Geschichte dieses Landes. Scherffenberg zog zwar nach kurzer Zeit aus Siebenbürgen wieder ab, um Karl von Lothringen zu der Eroberung Ofens zu Hilfe zu eilen, die im September 1686 gelang, und die Kämpfe des Jahres 1687 wurden zunächst nur in

Ungarn geführt. Die Schlacht von Mohács am 7. August 1687 brachte die Entscheidung: Ungarn geriet ganz in den Besitz der Habsburger, der Landtag von Preßburg erkannte die Erblichkeit der ungarischen Krone im habsburgischen Mannesstamme an und Joseph I., der Sohn Kaiser Leopolds, wurde zum König von Ungarn gekrönt. Um sich aber des Besitzes Ungarns zu versichern, war es notwendig, Siebenbürgen fest in der Hand zu haben. Daher wurde schon im Oktober 1687 Karl von Lothringen mit einem großen Heere nach Siebenbürgen entsandt.

Es ist bekannt, welche Rolle Siebenbürgen in all den Kämpfen des 16. und 17. Jahrhunderts um den Besitz Ungarns zukam. Ohne Siebenbürgen konnten die Habsburger Ungarn nicht behaupten, daher die ständigen Versuche, in Siebenbürgen die habsburgische Herrschaft wieder aufzurichten.

Der siegreiche Vormarsch der kaiserlichen Macht am Ende des 17. Jahrhunderts erwies erneut die große Bedeutung Siebenbürgens für die Beherrschung des südosteuropäischen Raumes. General Caraffa, der damals beste Kenner der siebenbürgischen Verhältnisse unter den kaiserlichen Generalen, hat dieses in einem Memorium an Kaiser Leopold klar ausgesprochen: »Denn eine unleugbare Wahrheit ist's auch, daß ohne Siebenbürgen Ungarn nicht zu zwingen ... weil sie die Vorwacht von Ungarn und von allen Ihrer Majestät jenseits der Donau liegenden Erbkönigreichen und Ländern, und nicht allein derselben, sondern dem ganzen Christentum das rechte, natürliche, von Gott befestigte antemrale ist ... Die Türken können Siebenbürgen nie aus den Augen und Herzen lassen, weil sie wissen, daß Ihro Majestät durch Siebenbürgen Ihren Thron und königliche Hoheit in Ungarn befestigen, und dieses Fürstenthum von der Natur zur Citadell dazu angelegt ist, von welcher aus Alles, was zwischen der Donau, Mähren, dem schlesischen und polnischen Gebirge geschlossen lieget, dominirt und im Zaum gehalten werden kann«[3].

Außer der Sicherung des Besitzes über Ungarn kam Siebenbürgen aber 1688 noch eine andere strategische Bedeutung zu. In die-

---

[3]) Caraffas Projekt: wie Siebenbürgen unter k.k österreichischer Devotion zu erhalten, mitgeteilt von A n d r e a s G r ä s e r im Archiv des Vereins für Siebenbürgische Landeskunde, Neue Folge, 1.Band, 1853, S.163 f. 168 f.

sem Jahr eröffnete die kaiserliche Armee ihre große Offensive auf dem Balkan, in deren Verlauf die starke Festung Belgrad durch Max Emanuel von Bayern eingenommen wurde (September 1688) und die kaiserlichen Heere nach Bosnien, Serbien und Bulgarien vordrangen (1689). In diesen Kämpfen war Siebenbürgen sowohl als Flankendeckung für die Operationen in Serbien als auch als Aufmarschgebiet für den geplanten Vorstoß über die Walachei nach Bulgarien von größter Wichtigkeit. Auf dem Hintergrund dieser Pläne und Kämpfe müssen die inneren Ereignisse von 1688 in Siebenbürgen verstanden werden.

Es ergibt sich die Frage, wie stand Siebenbürgen selbst zu diesen Kämpfen. Seit 1542, seit der Eroberung Ungarns durch die Türken, war Siebenbürgen ein selbständiges Fürstentum mit eigenen Fürsten, das aber, ähnlich den beiden rumänischen Nachbarländern, der Walachei und der Moldau, unter türkischer Oberhoheit stand. In der Mitte des 17. Jahrhunderts, während des dreißigjährigen Krieges und der Thronwirren in Polen, hatten die siebenbürgischen Fürsten Gabriel Bethlen und die beiden Georg Rákoczy es verstanden, die europäischen Konstellationen für ihre eigenen ehrgeizigen Pläne auszunützen. Damals hatte das kleine Fürstentum innerhalb der europäischen Mächte eine gewisse Rolle gespielt[4]. Diese Zeiten aber waren längst vorbei. Den Thron Siebenbürgens hatte in diesen schicksalsschweren Jahren Michael Apafi (1661-1690) inne, der erste Fürst, der ohne Mitwirkung des siebenbürgischen Landtages von den Türken allein eingesetzt worden war und den Friedrich Philippi folgendermaßen charakterisierte: »Ein großer Kenner der siebenbürgischen Weine, wovon er, wie Cserei erzählt, täglich einen Eimer zu vertilgen im Stande war, war er desto unerfahrener in der Regierung, und das künstliche Räderwerk seiner vielen Taschenuhren, die er täglich höchst eigenhändig aufzuziehen pflegte, interessierte ihn viel mehr, als das verworrene Getriebe der großen Staatsmaschine, deren Besorgung er gerne anderen überließ«[5]. Dieser andere aber war sein Kanzler Michael Teleki, der

---
[4]) siehe M a j a D e p n e r, Das Fürstentum Siebenbürgen im Kampf gegen Habsburg. Stuttgart 1938.
[5]) F r i e d r i c h P h i l i p p i, Der Bürgeraufstand von 1688 und der große Brand von 1689 in Kronstadt, Kronstadt 1878, S.7.
Siehe auch G. D. T e u t s c h, Geschichte der Siebenbürger Sachsen für das sächsische Volk, I.Band, 4.Auflage, Hermannstadt 1925, S.465.

während jener Jahre die Staatsgeschäfte führte. Auch dieser, ein Vertreter des oberungarischen protestantischen Adels, also gewiß kein Freund der habsburgischen Partei, hatte jedoch nicht das Format, der siebenbürgischen Politik eine eigene Linie zu geben. Sein einziges Interesse, so wie das seines Fürsten, war, sich in den verworrenen Verhältnissen der Türkenkriege durch allerlei Machenschaften, durch ständigen Wechsel der Partei, wie die Umstände es gerade erforderten, an der Macht zu erhalten. So war Siebenbürgen in diesen Jahren nichts als ein Spielball der beiden großen Mächte, bereit, sich nach beiden Seiten zu unterwerfen, dabei aber, soweit dies möglich, den Verpflichtungen nach beiden Seiten zu entziehen.

Kennzeichnend für diese Apafi-Teleki'sche Politik war, daß beide die habsburgische Herrschaft zwar mehr fürchteten als ersehnten, es jedoch, als der Halbmond nach 1683 im Sinken war, für gut erachteten, mit dem vermutlichen neuen Herren in Verhandlungen zu treten. So ging bereits im Oktober 1685 eine geheime Gesandtschaft unter der Führung von Johann Haller nach Wien ab. Am 28. Juni 1686 wurde ein geheimer Vertrag abgeschlossen, in welchem Apafi gegen die Versicherung des Kaisers, die Eigenständigkeit des siebenbürgischen Staates und die freie Religionsausübung zu achten, das Land dem kaiserlichen Schutz unterstellte, eine jährliche Zahlung von 25.000 Golddukaten oder 50.000 kaiserlichen Talern für die Zwecke des Krieges versprach und die Übergabe der Festungen Klausenburg und Deva an die kaiserliche Armee zusicherte[6]. Der erste Schritt zur Besitzergreifung Siebenbürgens durch die Habsburger war damit getan.

Da aber im Sommer 1686 die Kämpfe in Ungarn noch ganz unentschieden waren, dazu ein türkischer Pascha mit 40.000 Mann in Hermannstadt lag, beeilte sich Apafi und der ungarische Adel,

---

[6]) C a r o l u s   S z á s z   d e   S z e m e r i a , Sylloge Tractatum aliorumque actorum publicorum etc. Claudiopoli 1833, S.11-17. F r i e d r i c h   P h i l i p p i irrt, wenn er diesen Vertrag auf den 28. Januar datiert; siehe a.a.O. S.7. Siehe auch G. D. T e u t s c h a.a.O., Bd.I S.468 f.

der sich ebenfalls in Hermannstadt befand, der Pforte am 6. Juli 1686 den Eid der Treue zu schwören[7]. Er tat es zusammen mit dem Rat und den Hundertmännern der Stadt, die wahrscheinlich noch keine Kenntnis von der Unterzeichnung des Vertrages vom 28. Juni hatten. Auch die Truppen Scherffenbergs, die gerade damals in Siebenbürgen einbrachen, wurden keineswegs freundlich empfangen.

Anders sahen jedoch die Dinge im Herbst 1687 aus, nachdem die Kaiserlichen Ungarn erobert und die Theiss überschritten hatten. Karl von Lothringen, der inzwischen in Siebenbürgen eingedrungen war, dem Vertrag gemäß Klausenburg ohne Kämpfe besetzt hatte, erzwang in Blasendorf, bis wohin er vorstieß, am 27. Oktober 1687, einen zweiten Vertrag von Apafi und den Ständen, in dem diese sich verpflichteten, die kaiserlichen Truppen über den Winter zu unterhalten, zu diesem Zweck 700.000 Gulden in bar zu bezahlen, außerdem eine ungeheure Menge von Naturalien zu liefern, nämlich 66.000 Kübel Korn, 39.600 Zentner Fleisch, 28.000 Eimer Wein, 120.000 Kübel Hafer, 144.000 Zentner Heu, 480.000 Garben Stroh. Mit einem Schlag bekam des Land den Druck der neuen Herrschaft zu spüren. Wie diese Verpflichtungen sich auf Kronstadt auswirkten, werden wir weiter unten sehen. Außer dieser großen Kontribution aber mußte das Land sich verpflichten, kaiserliche Truppen außer in Klausenburg und Deva noch in Bistritz, Hermannstadt, Mühlbach und Broos aufzunehmen[8].

Es ist zu beachten, daß laut diesem Vertrag der Südosten des Landes, also auch Kronstadt, noch von der kaiserlichen Besatzung verschont blieb. Apafi zog sich daher auch mit seinem Hof aus Hermannstadt, das er den Kaiserlichen überließ, in die unbesetzten Gebiete zurück und schlug seinen Hof in Fogarasch auf. Von dort setzten er und Teleki ihre zweideutige Politik fort und unterzeichneten, ungeachtet ihrer Verpflichtungen gegen den Kaiser, im Dezember einen Vertrag mit der Pforte, in dem sie sich verpflichteten, alle Kräfte Siebenbürgens zur Verteidigung gegen die Kaiserlichen aufzubieten[9].

---

[7]) G. D. Teutsch, a.a.O., Bd. I, S.469.
[8]) Szasz, a.a.O., S.24-36. Vgl. G.D. Teutsch, a.a.O., I, S.470 f.
[9]) G. D. Teutsch, a.a.O., I, S.471.

Wenn wir später die Ursachen für den Aufstand der Kronstädter Bürger vom Mai 1688 untersuchen werden, so können wir schon jetzt dieser unklaren, schwankenden Politik der siebenbürgischen Regierung auch eine Mitschuld zusprechen. Die Bevölkerung Siebenbürgens — auch die Städte — wurde von der Regierung über die tatsächliche militärische Lage so wie über die vom Lande einzuschlagende Politik im Unklaren gelassen und mußte nur zu oft ihre eigenen Entscheidungen treffen.

Um nun aber diesem der kaiserlichen Regierung nur zu bekannten Doppelspiel des Fürsten und der Stände ein Ende zu machen, um Siebenbürgen strategisch in den oben erwähnten Plan der kaiserlichen Armee für das Jahr 1688 einzugliedern und fest in die Hand zu bekommen, wurde Anfang des Jahres 1688 Anton Graf Caraffa als kommandierender General nach Siebenbürgen entsandt. Dieser, für seine unbeugsame Energie wie für seine Rücksichtslosigkeit und Grausamkeit gleicherweise bekannt, erzwang nun von Apafi und den Ständen einen dritten Vertrag, der am 9. Mai 1688 in Hermannstadt abgeschlossen wurde. Der Inhalt dieses Vertrages zeigt, wie sehr die Verhältnisse sich in den letzten zwei Jahren geändert hatten. Denn durch diesen Vertrag entsagten der Fürst und die Stände feierlich der türkischen Oberhoheit und stellten sich unter den Schutz des Kaisers, den sie als rechtmäßigen König von Ungarn anerkannten, bereit, wann immer die Waffen gegen den gemeinsamen Feind zu ergreifen. Von einer Bestätigung der alten Rechte und Privilegien ist nur noch als ein Wunsch die Rede, den die Stände dem Kaiser untertänigst unterbreiten. Dagegen verpflichteten sie sich, außer in den schon erwähnten Ortschaften, zum Schutze des Landes gegen die Tataren die kaiserliche Armee auch noch in eine Reihe ostsiebenbürgischer Festungen, und zwar nach Kővár (Chioar in Nordsiebenbürgen), Huszt (heute in der Ukraine-Sowjetunion), Görgény (Gurgiu) und K r o n - s t a d t einzulassen[10]. Es muß erwähnt werden, daß am Landtag von Fogarasch, wo dieser Vertrag von den Ständen verhandelt wurde, Michael Filstich, der Stadtrichter von Kronstadt[11], anwesend war. Er gehörte auch der Abordnung der Stände an, die

---

[10]) S z a s z, a.a.O., S.40-45. Vgl. auch G. D. T e u t s c h, a.a.O., I, S. 473.

[11]) In Kronstadt wurde der oberste Stadtbeamte Stadtrichter genannt.

bevollmächtigt war, mit Caraffa zu verhandeln und den Vertrag zu unterzeichnen.
Dies ist der Augenblick, wo das kriegerische Geschehen in das Schicksal der Stadt Kronstadt eingriff.

II. Der Verlauf des Aufstandes

Nachdem General Caraffa sich nun auch der östlichen Gebiete Siebenbürgens versichert hatte, schickte er sich an, mit einem Teil seiner Armee nach Lippa (Lipova) vorzustoßen, um den kaiserlichen Angriff auf Serbien von Osten her zu unterstützen, während General Friedrich Veterani mit einem andern Teil der Armee über die Walachei nach Bulgarien vorstoßen sollte. Ohne an einen Widerstand von Seiten Kronstadts zu denken, wartete Caraffa das Ergebnis der Verhandlungen mit den Ständen gar nicht ab, sondern entsandte noch vor der Unterzeichnung des Vertrages vom 9. Mai einen Vortrupp zur Besetzung Kronstadts. Dieser erschien bereits am 10. Mai vor den Toren der Stadt und forderte im Namen Caraffas die Übergabe der Stadt und der Festung auf dem Schloßberg. Da man in Kronstadt von den Verhandlungen in Hermannstadt begreiflicherweise noch nichts wissen konnte, wurden die Kaiserlichen entschieden abgewiesen; der Bevölkerung aber bemächtigte sich eine große Erregung, dies um so mehr, als zur selben Zeit, schon am 9. Mai, Szekler Truppen ebenfalls gegen Kronstadt aufgebrochen waren[12]. Der Verdacht, daß der ungarische Adel und die Szekler, die Wirren der Zeit ausnützend, sich der Stadt bemächtigen wollten, hatte den Kronstädtern in der letzten Zeit wiederholt Anlaß zu Besorgnis gegeben[13]. Mit steigender Unruhe wurde daher die Rückkehr des Stadtrichters aus Hermannstadt erwartet.

[12] »Maii die 9 — sind die Zekel von Tartler Hattert wider Kronstadt zu streiten gezogen«. Ex Rustici Praesmariensis manuscripto recentiora quaedam. Quellen zur Geschichte der Stadt Kronstadt [hinfort: Quellen]. VI/ 1915, S.347.

[13] Joseph Teutsch, Kurzgefaßte Jahr-Geschichte von Siebenbürgen besonders Burzenland. Quellen VI. S. 109. — Asarelae Mederi Fragmenta, Quellen VI, S.300. — Ex Johannis Alzneri diario, Quellen VII, 1918, S.579.

Wir wollen im Folgenden die Quellen direkt sprechen lassen. Dabei folgen wir vor allem der Chronik des Asarela Mederus, der, zur Zeit des Aufstandes 28-jährig, Sekretarius in Kronstadt war. Seine Chronik ist, was die ersten Tage des Aufstandes betrifft, die ausführlichste und glaubwürdigste, da er als Augenzeuge berichtet und sich bemüht, ohne Haß gegen die Aufständischen die Ereignisse objektiv wiederzugeben.

»Die 10. Maii Abends gegen 10 Uhr kam unser Herr Richter spät an. Des folgenden Tages wurden die Bürgerinnen, als seie das Schloss der kaiserlichen Miliz übergeben, wurden unruhig und fingen an ins Schloss zu laufen«[14].

»11. Mai die Bürger unruhig wurden und verlangten zu wissen, wie sich die Sache verhielte, es wurde ihnen aber keine Antwort gegeben. Zu welchem kam, dass man bei der Waage Briefe gefunden, in welchen die Bürger gewarnt wurden, wohl zu wachen«[15].

»Die 12. Maii kamen die Weise Herren und Hundertmannschaft zusammen, und wurden 3 Brief verlesen, nach dem unser Herr Richter seine Reis nach Fogarasch und Hermannstadt erzählet; der erste war von Ihro Fürstlichen Gnaden ein Befehl, man sollt die Kaiserlichen annehmen, der andere von den plenipotentionierten Ratsherren des Fürsten, dass es beschlossen, in alle Festungen deutsches

---

[14]) M e d e r u s a.a.O., Quellen VI, S.304.

[15]) J o s e p h T e u t s c h , Kurzgefasste Jahr-Geschichte von Siebenbürgen besonders Burzenland, im Archiv der Schwarzen Kirche in Kronstadt, Tf 14 I, S.312. Joseph Teutsch, 1702 in Kronstadt geboren, hat diese Chronik erst 1743 verfaßt; sie ist also nicht ein direkter Augenzeugenbericht. Jedoch hat Teutsch, wie er im Vorwort zur Jahrgeschichte sagt, »aus gedruckten und geschriebenen Büchern, aus Privilegien und Inscriptionen« mit »viel Zeit und Mühe gesammelt«. Mit geradezu wissenschaftlicher Genauigkeit gibt er für alle Nachrichten aus der Zeit, die er noch nicht selber erlebte, immer auch die Quelle an, aus der er sie schöpfte; er führt 35 Quellen an, die er benützte, seine Chronik hat daher als Sammelwerk längst verlorener Schriften die allergrößte Bedeutung; siehe Quellen, IV, 1903, S.XXXVIII. Es ist sehr zu bedauern, daß die Quellen zur Geschichte der Stadt Kronstadt gerade seine Jahrgeschichte nur im Auszug bringen. Gerade der Bericht über den Aufstand von 1688 fehlt vollkommen. Wir entnehmen ihn der Handschrift im Archiv der Schwarzen Kirche zu Kronstadt.

Praesidium einzunehmen. Der 3-te Befehl war von Herrn General Caraffa mit Vermahnung und Dräuworten. Darauf die Weise Herren ihre Stimmen zuerst gaben und mit dem Landes-Schluss zufrieden waren. Etliche Hundert-Männer wollten nicht dran, aber wie sie vernahmen, in was terminis die Sachen stünden, wurden sie anders Sinnes, zumalen da sie höreten, dass Huszt, Görgény und Kövár über wäre, antworteten endlich mit Bewilligung. Unterdessen stunden die Bürger im Vorhaus und verlangeten den Ausspruch zu erfahren, wurden auch die Aeltisten eingelassen, und umständlich erzählet, wie gefährlich es um uns stunde. Aber da wollt nichts verfangen, sondern wurde alsobald Aufruhr und liefen dem Schloss und den Turnen haufenweis zu, sie zu besetzen. Die Weise Herren wussten kein Mittel, ihnen zu steuern, liessen in die Zunften warnen, trugen ihnen durch ihre abgeordnete Weise Herren vor, in was die Sache beruhete, brachten auch etliche auf ihre Seite, aber den folgenden

13. Tag Maii wurden sie anders Sinnes, sandten und zwangen sie mit Gewalt ihre Mitbrüder, ihnen nachzutun. Die Weise Herren schickten 6 der Aeltesten ins Schloss, sie auf bessere Gedanken zu bringen, aber alles umsonst; ja sie durften sich hören lassen, sie wollten bald einen und anderen hinunter werfen, wenn sie nicht mit ihnen halten würden, wurden also die Weise Herren froh, wieder herunter unverletzt zu gelangen, und sie sammelten sich ohn Unterlass.

Die 14. Maii richteten sie ihre Zehnschaften ein, schickten auf Begehren ihre Rädelsführer herunter mit starker Convoy und brennenden Lunten, so nun noch mit guten Worten etwas kunnte ausrichten, aber weniger als nichts. In der Betstunde wurde um 12 Uhr öffentlich von der Kanzel vor Gott und jedermann protestiert im Namen der geist- und weltlicher Obrigkeit, dass sie entschuldiget sein wollten am unschuldigen Blut, welches die Bürger stiften würden durch diesen Ungehorsam; aber es waren wenig zugegen und verfinge nichts, ja die Weiber dürften ihre Männer mit Gewalt fortjagen, das Schloss zu bewachen. Nach der Betstunde schickten sie ebnermal etliche Zehnschaften herunter, den Schlüssel zum Pulver zu fodern, welcher ihnen aber vom Rat versaget wurde. Darauf sie trotzig davon gingen mit Bedräuungen, sie wollten bald mit Stucken in die Stadt donnern, dass es jedermann verdriessen sollte. Die Weise Herren versammelten sich nach diesem nebenst etlichen Hundertmännern aufs Rathause, vermeineten durch Hülf der Herren Capitularen [der Pfarrherren], die Bürger auf ihre Seite zu bringen; indessen aber wurde der Schloss-Hauptmann Herr Stephan Letz und N. Closch, der Seiler, genötiget, der Bürger Willen nachzuleben. Dieser war der Unterhauptmann und hatte versehen, dass er das Schloss solchem Gesindel eingegeben hatte, welcher sich aber entschuldiget, er habe keine andere gehabt«[16].

Daß es den Aufständischen gelungen war, das Schloß auf dem Schloßberg in die Hand zu bekommen, eine Befestigung, die auf einem der Stadt vorgelagerten Hügel alle Zufahrtswege zur Stadt beherrschte, war für den weiteren Verlauf des Aufstandes von entscheidender Bedeutung. Dazu hat sich der Schloßhauptmann Stephan Letz, als Zeuge zum Prozeß von 1689 vorgeladen, selber geäußert: »Da ich damals Schloßhauptmann war, schickte mich ein Ehrwürdiger Rat hinauf auf das Schloß, um das rasende Volk davon abzuhalten, daß sie dieses besetzten; aber sie waren viele, so etwa 200, die schon vor mir hineingegangen waren, dann kam auch Martin Petersberger mit etwa 10 Schustern; da ich sie nicht einlassen wollte, zog ich die kleine Brücke hoch, aber die, die schon drinnen waren, umringten mich und ließen sie gegen meinen Willen ein«[17].

Ebenso leicht gelang es den Aufständischen, die Tore und Befestigungswerke der Stadtmauern, die sich in der Hand der Zünfte befanden, zu besetzen. Das Purzengässer Tor, das sich in der Obhut der Schusterzunft befand, wurde gleich übergeben, der Fleischermeister Andreas Lang zog an der Spitze einer Schar von Aufständischen »mit Trommel und Fahne« aus zur Besetzung der übrigen Tore[18]. Besondere Aufmerksamkeit wurde dem oberen oder wallachischem Tor (heute Katharinen-Tor) geschenkt, das sich in der Obhut der Schneiderzunft befand, da die Aufständischen befürchteten, die Kaiserlichen könnten auf einem Umweg hier eingelassen werden; auch lag vor diesem Tor die rumänische Vorstadt (Şcheii), deren Bewohner anfangs zum Rat hielten. Es war wichtig, diesen Teil der Bevölkerung unter Aufsicht zu halten. Aus diesem Grunde wurden auch Wachen in die Gärten vor diesem Tor gelegt[19].

Mit der Besetzung des Schlosses und der Befestigungsanlagen der Stadt waren die Aufständischen schon in den ersten Tagen Herr der Lage. Leider bricht der ausführliche Bericht des Asarela Mederus am 15. Mai plötzlich und unvermittelt ab; wir sind gezwungen,

---

[16]) M e d e r u s, a.a.O., S.304 f.
[17]) Prozeßakt, im Staatsarchiv Kronstadt, Colecţia [Sammlung] S t e n n e r, Seria lat.-germ.-magh. Vol.II Nr.64, Seite 2, 14.Zeuge.
[18]) ebenda, Seite 4.
[19]) M e d e r u s, a.a.O., Quellen VI, S.305.

den weiteren Verlauf des Aufstandes aus anderen Quellen, die zum Teil ohne Datumsangabe berichten, zu rekonstruieren.

In den folgenden Tagen können wir zwei nebeneinanderlaufende Bestrebungen verfolgen. Auf der einen Seite versuchte der Rat, der inneren Unruhen doch noch Herr zu werden. Dabei wurde er vor allem von der Geistlichkeit, sowohl von den Kronstädter Pfarrherren als auch von den Pfarrern der Burzenländer Gemeinden, unterstützt. »Und ist zumaln nicht genugsam zu rühmen, die vielfältige, unablässige, flehentliche Bitte des Grossachtbaren und Wohlerwürdigen Herrn Martini Harnungs, damals Pfarrers in Brenndorf und Decani, wie auch Herrn Magistri Martini Albrichi, Pfarrers in Rosenau, Prodecani, welche mit möglichster Hülfeleistung eines Hochweisen hiesigen Senats teils vor dem Klostergässer Tor unter denen Linden, teils in denen unter dem Schloßberg gelegenen Weingärten allerhand Persuasiones und zur Sache dienliche Mittel hervorgesuchet, sie von ihrem verstockten Sinn auf einen besseren Wege zu bringen nebst Vermeldung, daß es allen Rebellen zum Ende übel ergangen, wie ihnen mit Spieß, Rad, Schwert und dergleichen exemplarischen Abstrafungen sei gelohnet worden. Aber da hiess es: »Surdis narratur fabula«, alles war umbsonst. 'Ei warumb', gaben sie Antwort, 'haben unsere Voreltern unser Schloss mit so vielen Unkosten erbauet, mit so vielen groben und kleinen Geschützen, mit Wehr und Waffen versehen? Freilich darumb, dass man sich zur Zeit der Not wehren solle'. Und da hierauf bescheidentlich geantwortet wurden, sie wären zur Gegenwehr gar zu schwach; über dieses handelten sie wider des gnädigsten Fürsten, des ganzen Landes, ja unserer eigenen sächsischen Nation Willen und ernstlichen Befehl: sie sollten doch bedenken Ihro Kaiserlicher Majestät Macht, mit welcher er bisher die in aller Menschen Gedanken unüberwindliche und mit wohl exercierter türkischer Garnison besetzte Schlösser und Festungen als Buda, Griechisch Weissenburg u.s.w. einbekommen, wie würde es denn unserm kleinen Nest ergehn? Ja es würde ihnen des Herrn Grafen Caraffa ernstes Drohschreiben vorgehalten, darinnen falls einiger Widersetzung er das äusserste Garaus andräuete, mit eidlicher Beteuerung, dass, dafern er genötiget sollte werden, seinen Fuss aus der Hermannstadt zu setzen, er des Kindes im Mutterleib nicht verschonen wollte. Noch half dieses alles gar nichts; dieses war ihr letzter einmütiger Schluss: wenn auch ein Engel vom Himmel käme, der ihnen ein Widriges persuadieren wollte, so blieben sie doch bei ihrem Vorsatz steif und fest«[20].

Ebenso wandte sich der Rat von Kronstadt an die Richter und Hannen der Burzenländer Gemeinden, die am 15. Mai in die Stadt berufen wurden und ihrerseits versuchten, die Aufständischen zu beruhigen und von der Notwendigkeit der Übergabe des Schlosses zu überzeugen[21]. Aber auch dieses Bemühen blieb erfolglos.

Um nun der drohenden Gefahr eines feindlichen Angriffes durch die kaiserliche Armee vorzubeugen, waren schon am 13. Mai abends »2 Weise Herren hinausgeschickt nebst Proviant, die deutsche Miliz etwan aufzuhalten, bis vielleicht dieser Tumult gestillet würde«[22]. Um diesem Ansuchen den nötigen Nachdruck zu verleihen, wurden am 14. Mai dem »allhier kommenden Teutschen Presidio nach Apacza und Rothbach« auf Stadtrechnung eine große Sendung Lebensmittel und Wein geschickt[23]. Eine zweite Lebensmittelsendung, die der Rat an die kaiserlichen Truppen zu schicken versuchte, wurde jedoch von den Führern der Aufständischen am 17. Mai abgefangen[24].

Der Rat der Stadt mußte sehr bald erkennen, daß er nicht mehr in der Lage war, die Ruhe in der Stadt aus eigenen Kräften wiederherzustellen. In einem Brief vom 14. Mai wandten sich daher der Stadtrichter, der Rat und die Hundertmannschaft an den Fürsten Apafi mit der Bitte, sie bei der Niederschlagung des Aufstandes zu

---

[20] Martin Seewaldt, Kirchturmknopfschrift, Quellen VI, S.573.

[21] Mederus, a.a.O., Quellen VI, S.305; siehe auch Memoriale, in Sándor Szilágyi (Hg), Monumenta Comitialia Regni Transylvaniae/Erdély országgyülési emlékek, Band XIX, S.439.

[22] Mederus, a.a.O., Quellen VI, S.305.

[23] Nach Apacza »Weissbrot, Gebäckerl als Sehmehl, Pretzel, Rotbirn,. Aepfel« 170/8 Wein im Werte von 24.90 Gulden, nach Rothbach Wein im Werte von 6,78 Gulden. Villikats-(Honnen-)Rechnungen 1685-1688 im Staatsarchiv Kronstadt, Fondul Magistral Braşov, Socoteli alodiale V/31, S.1077, forthin zitiert als Honnenrechnungen.

[24] Der ungarische Fuhrmann Ioannes Fincsel aus der Blumenau, der als Bote im Dienste der Stadt stand, sagte beim Prozeß aus, daß der Richter ihn mit einem ganzen Wagen an General Caraffa geschickt habe, daß er aber von den Aufständischen aufgehalten wurde. Prozeßakt, S.3. Vgl. in den Honnenrechnungen, S.1078.

unterstützen, »da wir unvermögend sind von uns aus weiter Gutes zu tun«[25]. Als Antwort schickte der Fürst und der siebenbürgische Landtag am 15. Mai eine Gesandtschaft von vier Vertretern nach Kronstadt, um die »entstandene Spaltung zu sedieren«[26]. Am 16. Mai abends traf diese in Kronstadt ein und blieb bis zum 19. Mai in der Stadt, wo sie auf städtische Rechnung wahrhaft fürstlich bewirtet wurde[27], jedoch unverrichteter Dinge wieder abzog. Zur selben Zeit, am 17. und 18. Mai, hatte sich auch, wie aus den Stadtrechnungen hervorgeht, ein »Abgesandter und Kommissär der deutschen Völker, Harrinai Ferentz«, in der Stadt aufgehalten[28].

Am 18. Mai richtete der Rat neue Hilferufe an den Fürsten. Der Überbringer dieser Briefe wurde jedoch bei seiner Rückkehr von den Aufständischen festgenommen und auf das Schloß geführt, wo ihm auf das strengste untersagt wurde, weitere Briefe des Stadtrichters ohne Wissen der neugewählten Stadtführung zu befördern[29].

Als Antwort auf diese Hilferufe wandten sich der Fürst und der Landtag am 19.Mai zum zweitenmal mit ernsten Mahnbriefen an die Kronstädter, sie möchten doch »das grosse Verderben und die äusserste Gefahr bedenken, die ihr verwegenes Beginnen für sie selber, ihre Frauen, Kinder, alle Unschuldigen und für das ganze Land zur Folge haben würde«[30]. Diesen Briefen war sowohl vom Fürsten als auch von den Ständen eine feierliche schriftliche Amnestie für die Kronstädter beigegeben, falls sie doch noch von ihrer Rebellion abstehen würden[31].

Schließlich schickten am 20. Mai der Fürst und die Stände zum drittenmal Briefe an die aufrührerische Stadt, dieses mal schon mit

---

[25]) Erdély országgyülési emlékek XIX, S.436.

[26] Der Gesandtschaft gehörten an die Adligen B o l d i s á r M a c s - k á s i als Vertreter des Fürsten, M i h á l y T o r o c z k a i als Vertreter der Szekler und der Schäßburger Ratsherr G e o r g D r a u d t als Vertreter der Sachsen. Der Brief des Landtages in Erdély országgyülési emlékek XIX, S.438 f.

[27]) Honnenrechnung, S.1076-1079.

[28]) ebenda, S.1077.

[29]) Prozeßakt, Zeugenaussage des Miklos Gocz, S.4: vgl. auch Honnenrechnungen, S. 1079.

[30]) Erdély országgyülési emlékek XIX, S.444 f.

[31]) ebenda, S.448 f.

der ernsten Drohung, daß die kaiserliche Armee bereits gegen sie aufgebrochen sei[32].

Dieser große Eifer des Fürsten und der Stände, die Aufständischen zum Nachgeben zu bewegen, hatte nicht nur in der Sorge für die Stadt seine Ursache. Es war ihnen inzwischen zu Ohren gekommen und Caraffa hatte dies in drohender Form in Briefen an Apafi und seinen Kanzler Teleki direkt ausgesprochen, daß er die ungarischen Adligen in Verdacht habe, »dass sie an dieser Rebellion interessiert seien und die Kronstädter zu diesem Aufstand angestachelt hätten«[33]. Der Fürst und die Stände taten also alles, um sich von diesem Verdacht reinzuwaschen.

Jedoch blieben alle Versuche des Kronstädter Rates, der Geistlichkeit, des Fürsten und des Landtages, der ausgebrochenen Bewegung doch noch Herr zu werden, erfolglos. Die Kronstädter verharrten auf ihrem »freventlichen, tollsinnigen, halsstarrigen und vermessenen Beginnen«[34]. »Selbst wenn man vom Fürsten Wagen voll Briefe brächte«, soll der neue Stadthauptmann Kaspar Kreisch gesagt haben, »so würde dies zu nichts nützen ... bis man ihn nicht an den Füssen hinausziehen würde, würde er das Schloss nicht aufgeben«[35].

Wenden wir uns nun der anderen Seite, den Aufständischen selber zu, so können wir in denselben Tagen vom 12.-20. Mai verfolgen, wie aus dem anfangs entstandenen Tumult ein organisierter Aufstand wurde. Das Schloß wurde zum Sammelplatz des Widerstandes. »12. Mai liefen sie aufs Schloß und ungeachtet der bevorstehenden Gefahr wurde der Zulauf 13. noch grösser. 14. Mai richteten die Rebellen ihre Zehntschaften ein«[36].

Die Zehntschaften, die kleinste Organisationsform der städtischen Bevölkerung, werden in Kronstadt schon in früheren Jahrhunderten als zu kriegerischen Zwecken einberufen erwähnt. Es gehörten ihnen alle Bürger der Stadt an. Die »Einrichtung der

---

[32]) ebenda, S.453 ff.
[33]) ebenda, S.450 f. Siehe auch den Brief der fürstlichen Kommissare an Teleki, ebenda S.452 f.
[34]) S e e w a l d t, a.a.O., Quellen VI, S.572.
[35]) Prozeßakt, S.5, 17.Zeuge.
[36]) J o s e p h   T e u t s c h, Kurzgefasste Jahrgeschichte, im Archiv der Schwarzen Kirche Kronstadt, S.312 f.

Zehntschaften« kann also in diesem Falle einem allgemeinen Aufgebot gleichgesetzt werden. Der größte Teil der Stadtbevölkerung scheint diesem Aufgebot freiwillig gefolgt zu sein; »... gehen sie 12., 13. (Mai) haufenweis aufs Schloss«, andere »welche nicht gutwillig hinaufwollten, werden mit gewehrter Hand gewaltsamerweis hinaufgeführt«[37]. Der Aufruhr hat die ganze Stadt erfaßt.

Auch der Trabantenhauptmann der Stadt, Franz Czak, der Sohn des langjährigen Stadtrichters David Czak, trat auf die Seite der Aufständischen.

Stadtrichter und Rat, die bereit waren, die Stadt an die kaiserliche Armee zu übergeben, wurden abgesetzt und, ebenfalls durch die Zehntschaften, »eine neue Obrigkeit«[38] eingesetzt. Zum Führer wurde Kaspar Kreisch, ein Goldschmied, gewählt; ihm zur Seite standen als Räte der Hutmacher Stefan Stenner, die Schuster Stefan Beer und Jakob Gaitzer, der Fleischer Andreas Lang und der Lederer Martin Rothenbächer. Diese sechs Männer können als die Hauptanführer des Aufstandes angesehen werden. Dies geht eindeutig aus den Zeugenaussagen beim Prozeß hervor, sowie aus der Tatsache, daß sie – außer Martin Rothenbächer, dem es gelang zu entkommen, – nachträglich zum Tode verurteilt wurden. Als weitere Anführer werden in den Quellen noch genannt Martin Schwarz, Martin Petersberger, Hannes Girdo, Johann Rothenbächer, Franz Czak, Peter Gokesch u.a.[39].

Wer waren diese Männer und welche Stellung nahmen sie innerhalb der Kronstädter Stadtbevölkerung ein? Die Untersuchung zeigt, daß es sich bei den Hauptanführern ausschließlich um Handwerker handelte, und zwar um Männer aus den führenden Kreisen des Handwerkerstandes. Drei von ihnen, Kaspar Kreisch, Stefan Beer und Andreas Lang, waren Mitglieder der Huntertmannschaft, Andreas Lang war sogar »Gemeinwortmann«, also Vorstand dieser Körperschaft gewesen. Stefan Beer war Vorstand der Schuster-

---

[37]) Aus dem Diarium des Lucas Seyberger und Simon Blasius, Quellen VII, S.434.

[38]) A l z n e r, a.a.O., Quellen VII, S.580.

[39]) J o s e p h T e u t s c h, a.a.O., Quellen IV, S.110: S e y b e r g e r, a.a.O., Quellen VII, S.436ff. Unklar ist, um wen es sich bei dem in den Zeugenaussagen als einen der Hauptanführer genannten E t s e t e s B a l i n t handelt, dessen Namen wir in keiner Chronik und in keinem Zeitdokument gefunden haben.

zunft, Kaspar Kreisch gehörte der Goldschmiedezunft, also der vornehmsten Zunft der Stadt an. Wenn also die patrizischen Chronisten diese neue Stadtführung »eine Obrigkeit von schlimmem Gesindel«[40], »die allerliederlichsten und nichtswertesten Lotterbuben«[41] nennen, so müssen wir diesem Urteil das eines anderen Chronisten entgegenhalten, der selber nicht dem durch den Aufstand angegriffenen Patriziat entstammte. »Nicht die geringsten Bürger« der Stadt nennt sie Simon Christophori[42], und als solche treten sie uns auch aus den anderen Quellen entgegen: Männer, die Ansehen innerhalb der Stadtbevölkerung besaßen.

Die populärste Gestalt unter den Anführern war zweifellos der über 80-jährige Hutmacher Stefan Stenner. Trotz seines hohen Alters scheint er von einer ungeheuren Vitalität gewesen zu sein. Es wird berichtet, daß in seinem Hause Versammlungen abgehalten wurden, daß von diesen Versammlungen der Aufstand ausgegangen sei[43]. Bei allen wichtigen Aktionen des Aufstandes scheint er dabei gewesen zu sein. Ein unerschrockener Kämpfer für das, was er für Recht hielt, war er schon früher einmal als Führer einer ungestümen Volksbewegung hervorgetreten. Es handelte sich damals um den Versuch der Kalvinisten, sich in der Stadt festzusetzen. Es wurde bereits mit Bewilligung des Senates der Grund zu einer reformierten Kirche gelegt, als Stenner, sich an die Spitze eines Volksauflaufes stellend, bewirkte, daß die gesteckten Pfähle aus der Erde gerissen und die Vertreter der Kalvinisten vertrieben wurden. Diese Tat, die als Rettung der Religionsfreiheit der Stadt angesehen wurde, scheint viel zur Popularität des greisen Stenner, vor allem in den untersten Schichten der Bevölkerung, beigetragen zu haben[44].

Ebenfalls besonderer Beliebtheit — freilich nicht in den Reihen der Patrizier[45] — erfreute sich der zum Führer der neuen Stadtobrigkeit erwählte Goldschmied Kaspar Kreisch. Aus den Aussagen

---

[40]) A l z n e r, a.a.O., Quellen VII, S.288.
[41]) S e e w a l d t, a.a.O., Quellen VI, S.573.
[42]) Wahrhaftiger Bericht etc. 1683-1716, in: Quellen VI, S.288.
[43]) Prozeßakt, S.2.
[44]) Marci Fronii fatalis urbis exustio, Quellen VI, S.439 f.
[45]) J o h a n n A l z n e r schreibt über ihn, daß er »zwar von ehrlichen Eltern geboren, die ihm viele Güter hinterlassen, die er aber in seiner Ehe verpankrottiert hatte«, a.a.O., Quellen VII, S.580.

beim Prozeß geht hervor, daß er die Führung des Aufstandes zunächst nicht übernehmen wollte[46]. Nachdem er aber zum Führer gewählt worden war, hat er bewußt die ganze Verantwortung auf sich genommen, und dieses selbst nach dem Scheitern des Aufstandes. Mit Entschlossenheit und Leidenschaftlichkeit stellte er sich in den Dienst der neuen Aufgabe. Ein Zeuge beim Prozeß sagte von ihm aus, daß er persönlich am Schloßberg die Vereidigung der Zehntschaften auf die neue Stadtobrigkeit vornahm und solange den Eid selber vorsprach, »bis er heiser wurde«[47]. Mit rastlosem Eifer kümmerte er sich um alle Einzelheiten der Verteidigung, teilte selber die Waffen aus und gab persönlich alle wichtigen Befehle. Ohne seine Erlaubnis durfte niemand die Stadt verlassen[48]. Es zeugt für die Ehrenhaftigkeit dieses Mannes, daß er nach dem Mißlingen des Aufstandes nicht versuchte, die Schuld von sich abzuwälzen. In dem 14-strophigen »Klage und Valet-Lied«, das er vor seiner Hinrichtung verfaßte und in dem er sich von seiner Familie und von seinen Mitbürgern verabschiedete, bekannte er sich ausdrücklich zu seiner Tat.

.....
„Denn ich dachte dieser Stadt
Heil zu schaffen früh und spat,
Weil es aber hat gefehlet,
Bin ich gleich zum Tod erwählet«[49]
.....

Die Tatsache, daß dieses Lied in Kronstadt verbreitet war, öfter abgeschrieben wurde und heute noch in mehreren Kopien vorhanden ist, kann wohl als ein Beweis der Sympathie gelten, deren sich

---

[46]) Prozeßakt, S.2.

[47]) Ebenda, S.4.

[48]) Es bleibt freilich eine offene Frage, ob Kaspar Kreisch, bei aller Entschlossenheit, die richtige Führerpersönlichkeit in dieser schweren Zeit gewesen ist. Marcus Fronius, der ihn sonst mit großer Sympathie zeichnet, bezweifelt dies, gerade wegen seiner Leidenschaftlichkeit, von der er sich beherrschen ließ. »Von nicht zu verachtender Begabung« charakterisiert er ihn, »klug, aber nicht dort, wo es am nötigsten gewesen wäre...«, a.a.O., Quellen VI, S.441.

[49]) Das Lied zu singen im Ton »Freu dich sehr, o meine Seele«, abgedruckt in Quellen VI, p.XXIII-XXV. Es scheint uns nicht sicher, daß Kaspar Kreisch wirklich der Autor des Liedes gewesen ist.

Kreisch auch nach seinem tragischen Tod bei der Kronstädter Bevölkerung erfreute.

Eine von Anfang an problematische Erscheinung unter den Führern des Aufstandes war Stefan Beer, auch der große oder rote Bär genannt[50]. Er, der Vorstand der Schusterzunft, stand anfangs auf der Seite des Rates; von diesem wurde er bei Beginn des Aufstandes auf das Schloß geschickt, »um das Volk zu beruhigen«. Von Kreisch überzeugt, blieb er bei den Aufständischen[51] und wurde neben jenem, wie aus allen Zeugenaussagen hervorgeht, ihr leidenschaftlichster Anführer. Jedoch scheint er wegen seiner unbeherrschten Art der Sache des Aufstandes mehr geschadet als genützt zu haben. Marcus Fronius gibt ihm jedenfalls wegen seiner »Dreistigkeit und seiner Gewissenlosigkeit« die Hauptschuld am Mißlingen des Aufstandes[52]. Streitsüchtig, unbeherrscht und wankelmütigen Charakters tritt er uns aus den Quellen entgegen. Auch mit Kreisch geriet er schließlich in der Endphase des Aufstandes in Streit[53]. Es paßt zu dem Bild dieses Mannes, daß er beim Prozeß der einzige von den angeklagten Anführern war, der seine Unschuld beteuerte und versuchte, sich der Verantwortung zu entziehen[54-57].

Worin bestand nun die Aufgabe der neuen Stadtführung? Nachdem schon in den ersten Tagen des Aufstandes sämtliche Befestigungsanlagen der Stadt von den Aufständischen besetzt worden waren, galt es, diese für den bevorstehenden Angriff der Kaiserlichen in Verteidigungszustand zu versetzen. Die Hauptsorge galt der Befestigung des Schlosses, das zum Mittelpunkt des Aufstandes geworden war. Die Geschütze aus den Basteien an der Stadtmauer wurden z.T. hinaufgeschafft, das Schloß selbst mit Lebensmitteln für den Fall einer längeren Belagerung versorgt[58].

---

[50]) Im Prozeßakt Medve (= ungarisch: Bär).
[51]) Prozeßakt, S.3.
[52]) F r o n i u s, a.a.O., Quellen VI, S.441.
[53]) Ein Zeuge beim Prozeß berichtet, daß Beer bei der Beschießung der kaiserlichen Truppen Kreisch »beschimpft habe, daß er nicht gut schösse und selbst die Bedienung der Geschütze übernommen habe«. Prozeßakt, S.3. Dessen ungeachtet war er es, der kurz darauf auf der Schloßmauer erschien und die Übergabe des Schlosses anbot.
[54-57]) Siehe S e e w a l d t, a.a.O., Quellen VI, S. 567.
[58]) »Sie ... legten in die Festung bewaffnete Männer, bereiteten Kriegs-Munition, ließen viel Mundvorrat, Wein in die Festung schaffen, sahen sich

Martin Petersberger, der sich schon bei der Besetzung des Schlosses hervorgetan hatte, erbrach gegen den Willen der alten Stadtführung die »Zeughäuser und Provisions-Häuser«, um das Schloß zu verproviantieren[59]. In den Stadtrechnungen finden sich in diesen Tagen große Ausgaben für Eisen, Lebensmittel und Windkerzen für das Schloß und die Stadttore[60]. Alte Verteidigungsanlagen wurden instand gesetzt, neue Wälle aufgeworfen und mit Palisaden verstärkt. Die ganze Stadt glich schließlich einem einzigen Waffenlager und es scheint, daß die Bevölkerung sich in diesen Tagen von der begeisterten Entschlossenheit ihrer Führer, die Stadt nicht zu übergeben, mit fortreißen ließ.

Daß die Aufständischen an einen ernsten Widerstand gegen die kaiserliche Armee dachten, beweist auch die Tatsache, daß sich ihre Verteidigungsmaßnahmen nicht nur auf die Stadt selbst, sondern auch auf die Törzburg bezogen. Diese im Besitz der Stadt befindliche Burg liegt 25 km von Kronstadt entfernt am Ausgang des Törzburger Passes und sicherte den wichtigsten Verbindungsweg mit dem benachbarten Fürstentum der Walachei. Mit der Besetzung dieser Burg beauftragte Kaspar Kreisch eine Zehntschaft von Grautuchmachern[61], die vom Burggrafen von Törzburg Johannes Literati die Übergabe der Burg forderten. Dieser leistete keinen ernstlichen Widerstand und übergab die Burg, die sofort in Verteidigungszustand versetzt wurde[62].

Der Besitz der Törzburg war für die Aufständischen deshalb von besonderer Bedeutung, weil sie, wie schon erwähnt, den Verbindungsweg in die Walachei sicherte. An den Fürsten der Walachei,

---

für die Belagerung vor, und ein großer Krieg erhob sich in der ganzen Stadt«: Cserey Mihaly Historiája [Die Geschichte des Mihály Cserey], Quellen VI, S.260 f.

[59]) S e y b e r g e r , a.a.O., Quellen VII, S.436.
[60]) Honnenrechnungen, S.1076-1079.
[61]) Die Grautuchmacher besaßen in Kronstadt eine eigene Zunft, siehe Industria textilă în Brașov și Țara Bîrsei, București 1960, S.4.
[62]) Beim Prozeß als Zeuge vorgeladen, versuchte Johannes Literati sich für die Übergabe der Burg zu rechtfertigen, seine Verteidigung wirkt jedoch äußerst kläglich; Prozeßakt, S.4. Siehe darüber M a j a P h i l i p p i , Un nou Document ... Cumidava III, 1971, S.182 f.; d i e s e l b e , Betrachtungen (s.Anm.2), S.87.

Șerban Cantacuzino, aber wandten sich die Aufständischen mit der Bitte, der Stadt zur Verteidigung gegen die kaiserlichen Armee zu Hilfe zu eilen. Die Stadt Kronstadt hat im Laufe ihrer Geschichte immer enge Beziehungen, meist freundschaftlicher Art, zum Fürstentum der Walachei unterhalten. Es wäre nicht zum erstenmal gewesen — man denke an die Zeit des Stadtrichters Michael Weiss —, daß ein walachischer Fürst den Kronstädtern im Widerstand selbst gegen ihren eigenen Landesherren militärische Hilfe geleistet hätte. Mit Șerban Cantacuzino und seiner Familie aber verbanden die Kronstädter besonders enge Beziehungen, hatte doch sein Vater Constantin Cantacuzino, der Hofmarschall am Hofe Matei Basarabs, nach seiner Verbannung aus der Walachei mit seiner großen Familie Zuflucht in Kronstadt gefunden. Dem damaligen Rektor des Honterusgymnasiums Martin Albrich hatte er die Erziehung zweier seiner Söhne anvertraut[63]. Die Verbindung zum späteren Fürsten Șerban Cantacuzino war seither nicht mehr abgerissen, durch Briefe und zahlreiche Boten hatten die Kronstädter und der Fürst sich gegenseitig über die politischen und militärischen Ereignisse auf dem Laufenden gehalten[64]. Es war den Kronstädtern damals nicht unbekannt, daß Șerban Cantacuzino das Herannahen der kaiserlichen Macht an die Grenzen seines Landes mit Besorgnis erfüllte. Zwar hatte er nach der Niederlage der Türken am Kahlen Berg 1683 eine geheime Gesandtschaft nach Wien geschickt, um mit dem Kaiser Verhandlungen anzuknüpfen, in der Hoffnung, mit österreichischer Hilfe das verhaßte Türkenjoch abschütteln zu können. Diese Verhandlungen hatten sich aber in die Länge gezogen, der Fürst hatte eine abwartende Haltung eingenommen, vor allem, da er nach den Ereignissen in Ungarn und Siebenbürgen befürchten mußte, daß die Habsburger nicht als Befreier, sondern als Eroberer kommen und an der Karpatengrenze nicht Halt machen würden[65].

[63]) Siehe das Kapitel »Magistrul Albrichius din Corona«, in: C. D i m a - D r ă g a n — L. B a c â r u Constantin Cantacuzino Stolnicul, Bukarest 1970, S.63-71.

[64]) N i c o l a e I o r g a, Socotelile Brașovului și scrisori românești către sfat în secolul al XVII-lea, in: Analele Academiei Romăne, București 1889-1898, S.221-236; d e r s e l b e : Brașovul și Romănii, București 1905, S.295 f.

[65]) Istoria României, III, București 1964, S.202.

Besonders die Nachricht, daß Caraffa die Übergabe Kronstadts gefordert habe, erfüllte Şerban Cantacuzino mit großer Besorgnis, da der Besitz dieses befestigten Ortes den Kaiserlichen den Übergang über die Karpatenpässe und den Vorstoß in die Walachei ermöglichte.

Dieser Besorgnis hatte der Fürst in einem Brief Ausdruck gegeben, den er am 13. Mai 1688, also gerade in den Tagen des Kronstädter Aufstandes, an Michael Apafi gerichtet hatte. Noch ohne Nachricht über den in Kronstadt begonnenen Aufstand, bat er Apafi, (erstens) ihm mitzuteilen, ob es wahr sei, daß Caraffa auf Kronstadt rücke, und (zweitens) ihn auch weiter »über alle Truppenverschiebungen und über die dortige Lage väterlich zu unterrichten«[66].

Bei dieser den Kaiserlichen gegenüber nicht gerade freundlichen Einstellung des Fürsten war es nicht unbegründet, daß die Aufständischen sich Hoffnung auf seine Hilfe in ihrem Widerstand gegen das kaiserliche Heer machten. Zu diesem Zweck wurde aber eine Gesandtschaft an den Fürsten geschickt mit 2 Briefen, – einen für den Fürsten selber und einen für seinen jüngeren Bruder. Der glückliche Zufall will es, daß uns zwar nicht diese Briefe selber, aber doch ihr Wortlaut in großen Zügen bekannt ist. Unter den Zeugen, die zum Prozeß vorgeladen waren, befanden sich auch die beiden rumänischen Schreiber aus der Vorstadt, Logofăt Mihai und Logofăt Ioan, mit deren Hilfe Kreisch die Briefe in rumänischer Sprache abfassen ließ. Logofăt Ioan erklärte beim Prozeß folgendes: »So weit ich mich erinnern kann, war der Inhalt des an den Woiwoden geschriebenen Briefes dieser: Der Stadtrichter hätte das Schloß den Deutschen verkauft. Da auch der Vater des walachischen Woiwoden ein guter Nachbar der Stadt war, möge auch er einige tausend Mann Hilfe schicken, damit sie die Stadt gegen die Deutschen verteidigen könnten«[67].

Ein weiterer Zeuge gibt auch die Namen der drei Kronstädter Bürger an, die unter der Führung eines Vorstädter Rumänen die Reise zu dem Fürsten antraten[68]. Über das weitere Schicksal der

---

[66]) Erdély országgyülési emlékek, XIX, S.473.
[67]) Prozeßakt, S.3.
[68]) Es waren Simon Gutt, Johann Messerschmied (Késcsináló) und Johann Seb. Ebenda S.3.

Gesandtschaft ist uns nichts bekannt. Die Tatsache aber, daß Kreisch »frembde Völker ins Land zu kommen sollicitieret«, wird in seiner Urteilsbegründung als besonders belastend erwähnt[69]. Der schnelle Gang der Ereignisse scheint den Fürsten einer Antwort enthoben zu haben[70].

All diese Bemühungen um die Verteidigung der Stadt lassen die feste Entschlossenheit der neuen Führung erkennen, die Stadt den Kaiserlichen nicht zu übergeben. Dabei ist als merkwürdige Tatsache zu erwähnen, daß in den ersten 10 Tagen des Aufstandes die Verbindung zwischen der neuen Führung, die alles daran setzte, die Stadt zu verteidigen, und der alten Führung der Stadt, die diese übergeben wollte, nicht abriß. Verhandlungen zwischen beiden Parteien wurden geführt, blieben freilich erfolglos. Ausschreitungen gegen die alte Obrigkeit scheinen nicht vorgekommen zu sein. Am verwunderlichsten ist die Tatsache, daß die Verwaltung der städtischen Einnahmen weiter in der Hand der früheren Beamten blieb, wie aus den städtischen Rechnungsbüchern hervorgeht. Der Stadthann (Quaestor) Simon Draudt, verzeichnete weiter die täglichen Ausgaben; einerseits die Summen, die im Auftrag der »edlen Herren« z.B. für die fürstliche Gesandtschaft, für die Lebensmittelsendung an die kaiserliche Armee usw. ausgegeben wurden; zur selben Zeit aber registriert er mit beißender Ironie die Gelder, die er »auf sehr scharfes und ernstliches Kommando derer so vermeinten tapferen Vitézen (Helden) auf's Schloss geben musste«[71]. Der Aufstand der Kronstädter Bürger befand sich noch in seiner ersten, gemäßigten Phase.

Während dieser Ereignisse war die Nachricht vom Aufstand der Kronstädter Bürger und ihrer Weigerung, Stadt und Schloß an die kaiserliche Armee zu übergeben, begreiflicherweise sehr schnell nach Hermannstadt zu General Caraffa gelangt. Sie traf ihn in dem Augenblick, als er sich, – wie schon oben berichtet, – gerade anschickte, seine Truppen über Lippa zur Eroberung Belgrads

---

[69]) S e e w a l d t, Quellen VI, S.575.

[70]) Eine Untersuchung dieser Briefe und des Verhältnisses der Stadt Kronstadt zur Familie Cantacuzino, siehe M a j a P h i l i p p i, Un nou document ..., Cumidava III, 1971, S.179-187; ebenso in: Betrachtungen, (s.Anm.2), S.75-87.

[71]) Honnenrechnungen, S.1075-1080.

abgehen zu lassen. Wie ungelegen ihm diese Nachricht kam, geht aus dem Bericht seines Generals Friedrich Graf Veterani hervor: »Nach seiner Ankunft in Hermannstadt suchte Caraffa bei Zeiten die Mittel, Siebenbürgen den Sommer durch zu erhalten und begehrte zur Sicherheit Szamos Ujvár (Gherla), Györgyö (Gurgiu), das Schloß von Cronstadt, Deva, Hermannstadt, Fogarasch und Clausenburg. ..... Caraffa also bestimmte die zu jedem Ort nötigen Besatzungen, ernannte die Befehlshaber und gab ihnen die nötigen Instructionen. Allerwegen wurden diese Besatzungen eingelassen, ausser zu Cronstadt, welches stolz widerstand und sich mit dem ganzen District widersetzte und dies ist doch just der Hauptposten, um Siebenbürgen zu behaupten. Sowohl Caraffa als auch Teleki selbst schrieben an die Aufrührer. Aber vergebens !«[72]. Caraffa sah sich also genötigt, seine bereits nach Lippa abgegangenen Truppen zurückzubeordern und nach Kronstadt zu schicken[73]. »Da nun alles Besetzen umsonst«, fährt General Veterani fort, »solange Cronstadt nicht unser war, und Caraffa just nicht wohl war, so gab er mir den Auftrag, diesen Ort zu Paaren zu treiben und theilte mir 2 Regimenter Reiterey, 2 vom Fussvolk und dann die Hälfte des Regiments Baden zu, die zur Besatzung bestimmt war und schon voraus dorthin gesandt worden. Ich ging mit den Pferden voraus, in der Meinung, den Truppen diesen Marsch zu ersparen, der grad zur Unzeit kam, da der Befehl gekommen, diese Regimenter nach Belgrad abgehen zu lassen«[74].

Am 21. Mai erschien Veterani mit seiner berittenen Vorhut (100 Pferden) im Burzenland und begab sich noch am Abend, nachdem er sich mit dem vorausgeschickten halben Regiment Baden vereinigt hatte, direkt nach Kronstadt, wo er durch seinen Adjutanten General Dietrich die Stadt zur Übergabe auffordern ließ, welche jedoch von den Aufständischen abgelehnt wurde. Er selber wurde

---

[72]) »Aus des Grafen V e t e r a n i, kaiserl. Feldmarschalls Feldzügen in Ungarn und den angrenzenden Provinzen vom Jahre 1683-1694«. Aus dem Italienischen übersetzt Dresden 1788, zitiert nach der Handschriftensammlung von J o s e p h   F r a n z   T r a u s c h, Collectanea zu einer Particulär-Historie von Cronstadt, 2.Band, 1820, im Archiv der Schwarzen Kirche Kronstadt, Tq 101, S.407-409.

[73]) Originalbericht, Quellen VI, S.318.

[74]) V e t e r a n i, a.a.O.

von ihnen »sehr übel empfangen«[75]; denn, so schreibt er an Teleki, »während ich, um mich zu erholen und um diese zu besichtigen, entlang der Stadtmauern ritt, meinerseits wie ein Freund ohne schlechte Absichten, sah ich wie diese verführten Menschen wie Feinde gegen mich anrückten, mit Steingeschützen und Gewehren das Feuer gegen mich eröffneten, so dass ich mich schliesslich zurückziehen musste; ich sah also ein, dass ich diese Menschen nicht überzeugen könne, und dass es nötig sein werde, sie zu bekämpfen«[76]. Er begab sich bis nach Weidenbach zurück, »wo ich gute Wacht halten liess und meine übrigen Leute erwartete. Unterdessen liess ich an Schanzkörben, Faschinen und allem Nöthigen arbeiten, damit keine Zeit verloren ginge und ich bald das Schloss erobern könne«[77].

Am 24. Mai rückten auch die Truppen des Fürsten Apafi heran. Um jeden Verdacht zu vermeiden, daß er mit den Kronstädtern gemeinsame Sache mache, hatte Apafi seinen Kanzler Michael Teleki beauftragt, sich mit seinen Truppen und dem Szekler Aufgebot den Truppen Veteranis anzuschließen[78].

Die Kronstädter Chronisten schätzten das kaiserliche Heer auf 3.000, die ungarischen Truppen auf 5.000 Mann[79]. Eine beträchtliche Heeresmacht war also aufgeboten, die widerspenstige Stadt zu bezwingen. Am 25. Mai ging General Veterani zum Angriff über.

Kehren wir nun in die Stadt zurück und sehen wir, was sich in diesen Tagen hier ereignete. Aus den spärlichen Berichten gerade über diese letzten Tage des Aufstandes können wir doch so viel erkennen, daß die Stadt und der Aufstand in ihr plötzlich ein ganz anderes Bild bot. Beginnend vom 23. Mai muß hier ein Umschwung vor sich gegangen sein, durch den der Aufstand aus seiner ersten gemäßigten Phase, die wir bisher geschildert haben, heraustrat und

---

[75]) Ebenda.
[76]) Erdély országgyülési emlékek, XIX, S.457.
[77]) Veterani, a.a.O.
[78]) Erdély országgyülési emlékek XIX, S.458-461. »Almády István naplója 1687-1694« in: »Tököly Imre némely föbb hireinek naplói irási 1686-1699«, S.713 f.
[79]) A l z n e r, a.a.O., Quellen VII, S.581; Alte und neue siebenbürgische Chronik, Quellen VI, S.119.

einer immer radikaleren Entwicklung zutrieb. Das Fieber des Aufruhrs steigerte sich bis zum Äußersten. Es ist begreiflich, daß der Ratsherr Martin Seewaldt, der Schwiegersohn des damaligen Stadtrichters Michael Filstich, gerade für diese Tage seine härtesten Worte findet. »Da sahe man, wie die allerliederlichste und nichts werteste Lotterbuben, mit leibhaftigen Teufels-Mienen, mit angenommenen scheußlichen Gesichte, mit dräuenden fluchenden Schelt- und Lästerworten, in vollem Gewehr und Harnisch wohl bezecht nicht anders als die höllische Furien herumbliefen, abzufodern bald einen, bald den anderen Ratsgeschworenen«[80].

Jetzt erst, am 24. Mai, begann die Verhaftung der alten Stadtführung. »Viele (zumalen so die redlichsten waren) wurden gezwungen, durch gewaltsame geharnischte Begleitung auf das Schloß zu gehen. ..... Und was noch mehr ist, so war es jämmerlich zu sehen, die grausame und henkersmäßige Abforderung unseres damals regierenden Herrn Richters, Herrn Michaelis Fillstichs, welcher in seinem herbeinahenden hohen Alter (als im 63. Jahr) ohne einige Schuld (wie es denn die Rebellen selbst nachmals haben bekennen müssen) bloß aus einem teufelischen und falsch eingebildeten Wahn (als hätte er das hiesige Schloß denen Teutschen um eine große Summa Geldes verkaufet) abgefordert, und auf dem Schloß zur Verantwortung gestellet ward ...«[81].

Die Verhaftung des Stadtrichters bildete den Höhepunkt im Verlauf des Aufstandes. Da sie, wie begreiflich, einen der wesentlichsten Punkte der Untersuchung beim Prozeß bildete, ist sie uns von einer Reihe von Zeugenaussagen genau beschrieben. Die große Spannung dieser Tage klingt in dramatischer Weise in den Aussagen nach. Mit großem Volksaufgebot wurde der Stadtrichter aus seiner Wohnung abgeholt. An der Spitze von 100 Mann drang Jacob Gaitzer mit einem Spieß bewaffnet in sein Haus ein und forderte ihn auf, sich fertig zu machen und ihm auf das Schloss zu folgen. Der Stadtrichter versuchte noch einmal »inständigst« die Menge zu beruhigen, natürlich ohne Erfolg, worauf er in einen Wagen gesetzt und abgeführt wurde. Dabei wurden aus der umstehenden Menge Proteste gegen die Verhaftung laut. Dagegen soll Jacob Gaitzer gerufen haben: »Wozu ziehen wir ihn noch mit dem

---

[80]) S e e w a l d t, Kirchturmknopfschrift, Quellen VI, S.573.
[81]) Ebenda S.573.

Wagen hinauf, hier auf der Stelle müßten wir den Verräter der Stadt erschießen«[82]. Eine große Menge geleitete den verhafteten Richter zum Schloß; vor dem Zug schritt Stefan Stenner »wie ein Heerführer, mit einem Buzdugan«[83].

Allerdings gelang es in der folgenden Nacht dem Stadtrichter und dem ebenfalls verhafteten Ratsherrn Valentin Igel, aus dem Schloß zu entfliehen. »In dieser Nacht zwischen 11 und 12 Uhr erwagen sich diese beide Herr Fillstich und Herr Igell mit der größten Lebens-Gefahr vom Schloß zu entwischen und kriechen unter dem Rost des Lederer-Zwingers durch den Bach und kommen ganz naß und bestürzt zu den Ihrigten in die Stadt in des Herrn Igells Haus. Von hier aber werden sie den andern Morgen als die 25. unter der Wacht wiederum auf das Schloß abgeholet und in Verhaft genommen«[84].

Inzwischen waren auch noch der Altrichter Georg Draudt und andere Ratsherren sowie Gegner des Aufstandes verhaftet und auf das Schloß geführt worden. »Redete einer was und billigte nicht ihr böses Tun, der wurde alsbald von 40 oder 50 Mann hinaufgeschleppt, davon sie etliche auch in Eisen schlugen, einige mit den grausamen Worten bedrohten: einer, er wolle sie erschießen, der andere, er wolle sie zerhauen usw., daß also kein Mensch ihren bösen Taten einreden durfte«[85].

Auf dem Schloß wurden die Verhafteten, vor allem der Stadtrichter selbst, einem strengen Verhör unterworfen. Während dieses »strengen und ungebührenden Examens« wurde der Stadtrichter »mit mancherlei unziemlichen Schmachreden höhnisch traktieret«[86] und »mit Waffen bedroht, er möge doch sagen, warum er das Schloß verkauft hätte«[87]. Dieser Verdacht spielte bei dem Verfahren gegen den Stadtrichter die Hauptrolle, und obwohl er, nach dem Bericht von Martin Seewaldt, »helle und klare Documenta sei-

---

[82]) Prozeßakt, S.4., 17.Zeuge.

[83]) Der Buzdugan ist ein orientalischer Streitkolben, das Abzeichen der fürstlichen Macht; zitiert nach der Aussage des Schloßhauptmanns Stefan Letz, der am selben Tage auch verhaftet wurde. Prozeßakt, S.2.

[84]) M e r t e n S c h u l l e r, a.a.O., Quellen VI, S.74.

[85]) A l z n e r, a.a.O. Quellen VII, S.581.

[86]) S i m o n C h r i s t o p h o r i Wahrhaftiger Bericht etc., Quellen VI, S.88.

[87]) Aussage von Stephan Letz, Prozeßakt, S.2.

ner Unschuld dargetan«[88], wurde er am 26. Mai zusammen mit den Ratsherrn Georg Jekel, Johann Ziegler, Stephan Letz, Andreas Tartler, Stefan Zimmermann und Valentin Igel zum Tode verurteilt[89].

Inzwischen hatte sich auch das Bild auf den Straßen der Stadt vollkommen geändert. Während die Verhaftung der alten Stadtführung noch mit Billigung und unter Anführung der neuen Obrigkeit durchgeführt worden war, so müssen wir doch annehmen, daß das, was weiter an Ausschreitungen und Plünderungen in der Stadt geschah, von den untersten Schichten ausging, über die die Führer des Aufstandes selber die Kontrolle verloren hatten. Es berichtet darüber ausführlich der Kronstädter Bürger Lucas Seyberger, ein Augenzeuge des Aufstandes. Ohne sich zu so gehässigen Äußerungen wie Martin Seewaldt hinreißen zu lassen, berichtet er Dinge, die in keiner anderen Chronik enthalten sind und die den Aufstand plötzlich in einem ganz neuen Lichte erscheinen lassen. »Unter diesem unsinnigen Unwesen hat mancher viel Übels gestiftet. Mancher ist zu diesem und jenem Bürger gegangen, hat ihm das Pferd sampt Sadelzeug und Gewehr mit Gewalt genommen, auf Partei gegangen und nach eignem Gutdenken getan, was er gewollt. Es sind etliche zu den reichesten Bürgern mit Haufen gelaufen, denen hat man Wein, Essen und was sie verlangt, geben müssen, es hat niemand etwas sagen dürfen, wenn er sich nicht in Gefahr seines Lebens hat setzen wollen, ja manch Weiber sind so unsinnig gewesen, daß sie ihre Männer zu solcher Bosheit angehalten und solchem bösen Beginnen gestärket"[90]. Über einen gewissen Johannes Kroner erfahren wir, daß er »einer der ersten Rebellen gewesen, so sich dem Satan, gleichförmig mit Toben, Wüten, Rennen, Laufen gestellet, wider des Landes Artikel von eigenem Kopf ein Fahn aufgerichtet, es selber gemacht zu Hohn und Spott der ganzen Stadt, ein Compagnie zu Roß anrichten wollen, in der Stadt herumgerennet, den Leuten die Roß weggenommen, den Máttyás Deák auf der Maut gesucht, die Frau Majorin gefangen herumb geschlep-

---

[88]) S e e w a l d t, a.a.O., Quellen VI, S.573.
[89]) Marci Tartleri Coronensis Diarium, im Archiv der Schwarzen Kirche Kronstadt, Tq 180, S.407. Nach Seewaldt wurde auch Filstichs Sohn Stefan zum Tode verurteilt. Quellen VI, S.574.
[90]) S e y b e r g e r, a.a.O., Quellen VII, S.435.

pet, H. Majors Sachen und Herberge aufgeschlagen, das Sollet angetan, mit Pardutz-Fellen sich umbhangen und nochmals Freibeut ausgeschrien, manch ehrlich Gemüt verführen wollen, H. Sigeri Herberg aufgeschlagen, sie schändlichen ausgemacht und gescholten, bald in der Stadt, bald im Schloß gewesen und sich aufs allerböseste dem Teufel selbsten gleich geberdet...«[91].

Wir stellen fest, daß der Aufstand in diesen Tagen seinen Charakter änderte. Ganz neue Tendenzen traten hervor. Es ging jetzt nicht mehr nur gegen die alte Stadtführung, die des Verrates bezichtigt wurde, der Kampf ging jetzt gegen die besitzende Klasse der Stadt, gegen die die untersten Schichten der Bevölkerung sich erhoben. Dabei trafen diese Ausschreitungen nicht nur das Kronstädter Patriziat, sondern ebenso die ungarischen Adligen, die in der Stadt Quartiere (Herbergen) besaßen und sich hier mit ihren Familien aufhielten. Die Frau Major ist nämlich, wie wir aus einer anderen Urkunde wissen, die Frau des Burghauptmanns von Szilágysomlyo (Şimleul Silvaniei), Olasz Ferencz, der 1689 beim Kronstädter Rat gegen Johannes Kroner, Martin Rothenbächer und Martin Draudt Klage erhob, dass sie zur Zeit des Aufstandes »seine Frau aus dem Hause geschleppt, gefangen herumgeschleift und geschlagen hätten«[92].

Neben diesen Ausschreitungen, die sich gegen einzelne reiche Bürger der Stadt und des Adels persönlich richteten, wurde jedoch auch städtischer Besitz angegriffen. »Unter diesem Unwesen sind etliche auf die Maut (städtisches Zollhaus) gelaufen, die Maut geplündert, den Mautner gesucht und ihn tot haben wollen, des Mautners Bedienten mit harten Schlägen übel tractieret, welches sie aber nachmalen allzuteuer haben bezahlen müssen«[93]. Dabei tat sich der ehemalige »Stadtbediente« Simon Rehner besonders hervor, der, seinen Eid nicht beachtend, »die anvertraute Schlüssel und Tor der Rebellion untergeben, sich für einen Erzrebellen deklariert, in der Stadt herumbgeloffen, das Mauthaus aufgeschlagen, die allgemeine Stadt bediente und Torknecht zum Raub

---

[91]) Ebenda, S.440.

[92]) Klage des Olasz Ferencz an den Rat von Kronstadt, 1689, im Staatsarchiv von Kronstadt, Colecţia Stenner. Das Quartier des Olasz Ferencz befand sich in der Katharinengasse, also außerhalb der Stadtmauern.

[93]) S e y b e r g e r , a.a.O., Quellen VII, S.435 f.

ausgetrieben, den Weisen Herrn Rosenawer ins Gesicht geschlagen und sich sehr übel angelassen ...«[94].

In diesen Tagen, als der Pöbel die Straßen Kronstadts beherrschte, scheint jedes normale Leben in der Stadt aufgehört zu haben. Es sprechen dafür auch die Eintragungen in den städtischen Rechnungsbüchern, die, wie wir schon hörten, bis zum 22. Mai der alte Stadthann Simon Draudt gewissenhaft vornahm. Am 23. Mai hören sie plötzlich auf, obwohl Simon Draudt sich nicht unter den verhafteten Ratsherren befand. Nicht einmal der Torknecht, dessen Löhnung sonst täglich verzeichnet wird, erhielt seinen Sold. Erst vom 27. Mai findet sich folgende Eintragung: »Die 23, 24, 25, 26 Nihil«. Erst an diesem Tage erhielt auch der Torknecht rücklaufend für 4 Tage seinen Sold[95].

Wie haben wir diese Nachrichten zu deuten?

Die bisherige lokale Geschichtsschreibung von G e o r g   v o n H e r r r m a n n bis F r i e d r i c h   P h i l i p p i und I o a c h i m   C r ă c i u n hat den Kronstädter Bürgeraufstand von 1688 als ein einheitliches Ganzes gesehen, als einen bewaffneten Widerstand eines Teiles der Bevölkerung gegen die alte Stadtführung und gegen die kaiserliche Armee, der am 12. Mai begann und mit der Übergabe der Stadt am 26. Mai ruhmlos beendet wurde. Nun liegen die Dinge so einfach nicht. Gerade die Nachrichten, die wir aus den letzten Tagen des Aufstandes haben – sie waren Friedrich Philippi noch unbekannt – gestatten uns einen Einblick in seine innere Problematik. Dieser Aufstand hat eine Entwicklung mitgemacht, wie wir dies bei den meisten derartigen Bürgeraufständen des Mittelalters beobachten können.

Wir können deutlich zwei Phasen voneinander unterscheiden:
- die e r s t e   P h a s e, die vom 12.-22. Mai dauert und die wir die gemäßigte genannt haben, und
- die z w e i t e , d i e   r a d i k a l e   P h a s e, vom 23.-26. Mai.

Beide Phasen unterscheiden sich sowohl nach dem Inhalt des revolutionären Geschehens als auch nach den treibenden Kräften. In der ersten Phase steht im Vordergrund der Kronstädter Handwerkerstand, der sich gegen die alte Stadtführung, die in der Hand

---

[94]) Ebenda, S.439 f.
[95]) Honnenrechnungen, S.1080.

der patrizischen Geschlechter lag, erhob. Ausgelöst durch die Aufforderung, die Stadt an die Kaiserlichen zu übergeben, reißen die Handwerker die ihnen bisher vorenthaltene Führung der Stadt an sich und organisieren, im Vollbewußtsein ihrer neuen Verantwortung, den Widerstand. Daß sie dabei auch die niederen Schichten der Stadtbevölkerung mobilisierten, um ihrer Aktion Nachdruck zu verleihen, ist selbstverständlich[96]. Jedoch treten diese Schichten in der ersten Phase nur als Anhängsel des Handwerkerstandes und nicht als selbständige Kraft in Erscheinung.

Gerade dieses aber ändert sich in der zweiten Phase. Wahrscheinlich steht dieser Umschwung mit dem Erscheinen der kaiserlichen Armee vor den Toren der Stadt in Zusammenhang. Angesichts der nun unmittelbar drohenden Gefahr werden neue radikale Kräfte geweckt, jetzt tritt gerade diese unterste Bühne in den Vordergrund des Geschehens. Die »homines infimae sortis«, wie der Stadtprediger Paulus Trausch sie nennt, die »schlechtesten Leuthe, so wenig zu verlieren gehabt«, wie es an anderer Stelle heißt[97], treten nun selbständig hervor, lösen sich von der Vormundschaft der gemäßigten Kreise und werden selber zur treibenden Kraft. Dabei geht es nicht mehr, wie in der ersten Phase, um eine Auseinandersetzung um die F ü h r u n g d e r S t a d t. Hier bricht ein ganz neuer sozialer Gegensatz aus, hier beginnt der Kampf der Mittellosen, Armen, gegen all jene, denen die R e i c h t ü m e r d e r S t a d t zur Verfügung stehen. Es ist anzunehmen, daß diese Volksbewegung weiter ging als die Führer des Aufstandes, die doch selber dem bemittelten Handwerkerstand angehörten, es beabsichtigten, ja es scheint, daß diese die Zügel der Bewegung aus der Hand verloren und sich unter dem Druck der unteren Volksmassen zu Konsequenzen hinreißen ließen, vor denen sie selber schließlich zurückschreckten.

Das überraschend schnelle und unrühmliche Ende des Aufstandes scheint uns hierin eine seiner Ursachen zu haben. Denn wäh-

---

[96] S i m o n C h r i s t o p h o r i berichtet, daß die Aufständischen »nichts versäumten von alledem, wodurch sie die ganze Bürgerschaft in ihr schädliches Netz ziehen mochten«, Quellen VII, S.288.

[97] T r a u s c h in einem Brief an Andreas Gunnesch, mitgeteilt in Quellen VI, S.297; Gesuch der Schusterzunft an den Kronstädter Rat, im Staatsarchiv von Kronstadt, Fondul Primăria Brașov, seria acte bresle [Zunftakten], Vol.II, Nr.50.

rend die entfachte Volksbewegung nun auf diesem Weg weiter drängte und verlangte, das Schloß selbst angesichts der bevorstehenden Gefahr weiter zu verteidigen, scheinen die Führer des Aufstandes selber, wahrscheinlich gerade angesichts dieser radikalen Elemente, doch Bedenken gehabt zu haben, den eingeschlagenen Weg weiter zu gehen. Es sind uns Nachrichten erhalten, die auf eine gewisse Unsicherheit innerhalb der Führung, ja auf Uneinigkeit in ihren Reihen in den letzten Tagen des Aufstandes schließen lassen.

So gab es gerade bezüglich der Verurteilung und Hinrichtung des Stadtrichters Meinungsverschiedenheiten. Auf der einen Seite wurde energisch die Durchführung des Urteils gefordert; Peter Gokesch und Johann Rothenbächer boten sich direkt als Henker an[98]. Auf der anderen Seite aber erhoben sich Stimmen, die diese letzte Konsequenz zu verhindern suchten. Martin Schwarz, bis dahin als einer der Hauptanführer des Aufstandes bekannt[99], verließ nach der Verurteilung des Richters das Schloß mit den Worten: „Ich beschmiere mir nicht die Hände mit diesem unschuldigen Blut"[100].

Vor allem aber scheint es in den letzten Tagen Meinungsverschiedenheiten bezüglich des Widerstandes oder der Übergabe der Stadt gegeben zu haben. Wir besitzen einige Nachrichten, die darauf hindeuten. So wird berichtet, daß, als Veterani am 22. Mai seinen Adjutanten General Dietrich zu Verhandlungen mit der Stadt beauftragt hatte, Kaspar Kreisch selbst außerhalb der Stadt mit diesem verhandelt habe[101]. Weiter wird überliefert, daß als am 24. Mai der Rosenauer Pfarrer und Prodekan Martin Albrich, der gewesene Rektor des Honterusgymnasiums, der in Kronstadt großes Ansehen genoß, angesichts der drohenden Gefahr noch einen letzten Versuch unternahm, die Aufständischen zur Übergabe zu bewegen, »die Führer sich überzeugen liessen, aber die, die die Urheber des Uebels waren, wollten ihr Gewebe bis zu Ende

---

[98]) S e y b e r g e r , a.a.O., Quellen VII, S.438 f.
[99]) Als solcher erwähnt im Prozeßakt S.2., 3, 4.
[100]) Prozeßakt, S.2, 4.Zeuge; wegen dieser Stellungnahme wurde er, wie aus dem Urteilsspruch hervorgeht, nicht mit dem Tode, sondern nur mit einer Geldstrafe von 200 fl. bestraft;
S e y b e r g e r , a.a.O., Quellen VII, S.436 f.
[101]) »Alte und neue siebenbürgische Chronik«, Quellen VI, S.119.

weben«[102]. Daraus können wir schließen, daß in diesem Augenblick die Führer des Aufstandes nicht mehr Herr der Lage waren. Unter dem Druck der niedersten Schichten wurden sie gezwungen, den Widerstand fortzusetzen, an dessen Erfolg sie nicht mehr glaubten, ja ihn vielleicht nicht einmal mehr wünschten.

Wenden wir uns nun den Kämpfen um die Eroberung Kronstadts und dem Ende des Aufstands zu.

Am 25. und 26. Mai ging Veterani, nachdem er alle Vorbereitungen für die Erstürmung der Stadt getroffen hatte und die Regimenter, denen er am 21. Mai vorangeeilt war, inzwischen auch eingetroffen waren, zum Angriff über. Wir folgen wieder seinem Bericht: »Da die Cavallerieregimenter gekommen, die einige kleine Stück und auch Mörser mitbrachte, so richtete ich meinen Marsch also ein, daß diese 3 Regimenter von 3 verschiedenen Orten zu gleicher Zeit in den Vorstädten ankamen; ich ließ auf allen 3 Seiten Reiter absitzen und die Hauptpforten und die trockene Graben um das Castell herum besetzen, damit die Rebellen nicht ausfallen konnten. Meinerseits ging ich mit dem Baadenschen Infanterie Regiment gegen das Thor und begünstigt durch die zu nahen Hecken faßte ich bald vor selbigem Posten. Darauf ließ ich ohne Zeitverlust an einem dienlichen Orte einen Kessel für die Mortiers zurechte machen, auch an einer Stückbatterie arbeiten, unterdessen bis die Musquetieres ankamen. Und da man mit Bombenwerfen den Anfang machen mußte, so ergab sich das Castell unverzüglich auf Gnade oder Ungnade, nachdem es zwo Bomben und eine Carcasse ausgehalten. Nachdem das Thor in Besitz genommen, wandte ich die Mörser von dem Hügel, wo sie stunden auf die Stadt und bei der ersten Bombe waren Geistliche und Weltliche zu meinen Füssen und ergaben sich unter gleichen Bedingungen«[103].

Nach dem Bericht des Grafen Veterani scheint die Eroberung der Stadt dem kaiserlichen Heer keine sonderlichen Schwierigkeiten bereitet zu haben. Es ist der Bericht eines Feldherrn, der vom Erfolg ausgeht und der den Schwierigkeiten, die sich tatsächlich ergaben, nachträglich keine Bedeutung mehr beimißt. Von dem Widerstand, den die Kronstädter leisteten, spricht er überhaupt

---
[102]) G u n n e s c h, a.a.O., Quellen VI, S.297 f.
[103]) V e t e r a n i, a.a.O., S.407 f.

nicht, so wie er die Hilfe der ungarischen Truppen unter Graf Teleki ebenfalls nicht erwähnt, wahrscheinlich absichtlich, da zwischen den kaiserlichen und den siebenbürgisch-ungarischen Truppen nicht das beste Einvernehmen bestand[104].

Ein Teil der Kronstädter Chronisten schildern das Ende des Aufstandes und die Übergabe der Stadt in ähnlicher Weise, ohne den Widerstand der Aufständischen auch nur zu erwähnen. Ja, die Gegner des Aufstandes haben nachher nicht genug tun können, ihrer Schadenfreude über die schnelle Kapitulation in höhnischen Worten Ausdruck zu geben. So kann der Stadthann Simon Draudt es nicht unterlassen, seiner Eintragung in die Stadtrechnungen vom 27. Mai hinzuzufügen: »Hier werden unserer tapferen verzagten Ritter falsch eingebildeter arrogantz in einem Hui gäntzlich zu nichte, in dem sie auf ein Pahr Bomben so tapfer sich erzeigten, daß sowohl alle Hasen von ihrer Grausamkeit hätten können verzagen, wenn sie derer innen worden wären«[105].

Über die Chroniken ist diese Ansicht, daß die Aufständischen beim Heranrücken der Kaiserlichen keinen ernstlichen Widerstand versucht, sondern sich gleich ergeben hätten, auch in die Literatur eingegangen. Georg von Herrmann, Friedrich Philippi und auch noch Joachim Crăciun schließen sich dieser Ansicht an.

Nun gibt es jedoch auch noch andere Nachrichten, sowohl von Kronstädter Chronisten als auch aus dem feindlichen Lager, die die Ereignisse ausführlicher schildern. Vor allem verdienen in diesem Zusammenhang die Berichte zweier ungarischer Adliger Interesse, des fürstlichen Rates Bethlen Miklos und Almády Istváns, die beide in der Armee Telekis an der Belagerung Kronstadts teilgenommen haben. Sie schildern in übereinstimmender Weise mit einigen Chronisten den Kampf der letzten Tage, so daß es uns möglich ist, den Bericht Veteranis zu ergänzen, in gewissem Sinne auch zu korrigieren.

Es entspricht nicht den Tatsachen, daß die Aufständischen sich widerstandslos ergeben hätten. Wir hören von Kämpfen und Verteidigungsmaßnahmen, die die Einnahme der Stadt zwar nicht verhindern konnten, aber doch wesentlich erschwerten.

---

[104]) Darüber berichtet Bethlen Miklos, Offizier im Heere Telekis; Graf M i k l o s B e t h l e n, Önéletirása, S.424.
[105]) Honnenrechnungen, S.1080.

Zunächst suchten die Aufständischen das Vordringen der kaiserlichen Truppen durch die Vorstädte bis an die Stadtmauern und an das Schloß zu verhindern. Zu diesem Zweck wurde ein Ausfall in die Altstadt gemacht, an dem sich 300 Mann der Schloßbesatzung beteiligten. Diese wurden freilich von den überlegenen deutschen Truppen zurückgeschlagen[106]. Weiter sollte das Vordringen der Feinde dadurch verhindert werden, daß die beiden Vorstädte, Altstadt und Blumenau, in Brand gesetzt wurden, eine Maßnahme, die auch bei früheren Belagerungen Kronstadts getroffen worden war[107]. Vier als Zeugen beim Prozeß vorgeladene Stadtknechte sagten aus, daß sie von Kaspar Kreisch mit Brandpfeilen und Lunten ausgestattet wurden mit dem Befehl, die beiden Vorstädte damit anzuzünden. Alle vier versuchten nachträglich vor Gericht sich reinzuwaschen und die Wirkung dieser Maßnahme zu minimalisieren[108]. Daß die Wirkung nicht gerade so gering war, bezeugt der Stadtprediger Paulus Trausch, dessen Haus in der Altstadt zusammen mit 30 oder 40 anderen Häusern auch ein Raub der Flammen wurde[109].

Schließlich kam es am 25. Mai zu noch einem Verteidigungsversuch der Schloßbesatzung auf dem Schneckenberg, einem dem Schloßberg nach Süden vorgelagerten Berg. Nachdem Veterani bereits am 23. Mai einen Versuch unternommen hatte, das Schloß von hier aus anzugreifen[110], hatten die Aufständischen da in aller Eile eine Schanze aufwerfen lassen, die von 500 Stadttrabanten verteidigt werden sollte, um einen neuen Angriff Veteranis von dieser Seite zu verhindern. Freilich war die Maßnahme zu spät getroffen worden, so daß die Schanze beim neuerlichen Heranrücken der Kaiserlichen noch nicht fertig war. Sie wurde daher von diesen relativ leicht und ohne Blutvergießen genommen. »Seine Gnaden Herr Veterani nahm mit einigen Deutschen die Schanze, die die Kronstädter aufgeworfen hatten, und warf sie hinaus. Sie (die Kronstädter) schossen sehr stark auf uns, aber Gott sei Dank richteten sie

---

[106] Merten Schuller, a.a.O., Quellen VI, S.74; Alzner, a.a.O., Quellen VII, S.581.

[107] Z.B. 1612 während der Kämpfe gegen Gabriel Báthori. Joseph Teutsch Jahrgeschichte, Quellen IV, S.103.

[108] Prozeßakt, S.2, 4, – Zeugen Nr. 1, 18, 19, 20.

[109] Gunnesch, a.a.O., Quellen VI, S.298.

[110] Alzner, a.a.O., Quellen VII, S.581.

keinen Schaden an, obwohl die Kanonenkugeln zwischen den Herren niederfielen«, berichtet Almádi István und Graf Bethlen versichert: »Wäre die Schanze aber fertig und mit Kanonen versehen gewesen, wahrlich wir hätten Kronstadt schwerer einnehmen können«[111].

Aus all diesen Berichten sehen wir, daß die Aufständischen verzweifelte Versuche gemacht hatten, das Heranrücken der kaiserlichen Truppen an die Stadtmauern und an das Schloß zu verhindern, daß diese Bemühungen aber, wahrscheinlich weil sie zu spät und übereilt getroffen worden waren, erfolglos blieben. Und so begann nun am 26. Mai der letzte entscheidende Kampf. Dieser ist uns in verschiedenen Berichten erhalten.

Folgen wir zunächst einmal dem Bericht Almádi Istváns: »Am 25... [nach den Kämpfen um die Schanze am Schneckenberg] zogen wir [die ungarischen Truppen] nach Zeiden zurück ... Am 26. kamen wir von neuem nach Kronstadt. Dort trafen wir seine Gnaden Herrn Veterani, der mit den Truppen schon von allen Seiten her anrückte. Sie [die Kronstädter] schossen sehr, sehr stark, sowohl auf die Deutschen als auch auf die Ungarn, sowohl aus dem Schloß als auch aus der unteren Stadt; von 3 Uhr früh die ganze Zeit bis 6 oder 7 Uhr abends. Aber im Vergleich zu ihrem Schiessen, richteten sie wenig Schaden bei den Deutschen an, bei den Ungarn gar keinen[112].

In ähnlicher Weise berichtet auch der Kronstädter Chronist Merten Schuller, wie die kaiserlichen und ungarischen Truppen durch die Altstadt vordrangen, den Martinsberg (den westlichen Ausläufer des Schloßberges) besetzten und schließlich auch durch die Blumenau gegen das Schloß vordrangen[113].

Dies scheint der Augenblick gewesen zu sein, wo sich unter den Anführern des Aufstandes die Überzeugung durchsetzte, daß eine Fortsetzung des Widerstandes sinnlos sei. Das tatsächliche Heranrücken der feindlichen Übermacht bis an die Stadtmauern, das

---

[111]) I s t v á n A l m á d y, naplója 1687-1694, in: Tököly Imre némely föbb kireinek irási 1686-1699, S.714.
B e t h l e n, M i k l o s, a.a.O., S.423;
siehe auch A l z n e r, a.a.O., Quellen VII, S.581 und Cserey Mihály Historiája, Quellen VI, S.261.
[112]) I s t v á n A l m á d y, a.a.O., S.714.
[113]) M e r t e n S c h u l l e r, a.a.O., Quellen VI, S.74 f.

Ausbleiben der walachischen Hilfe, mit der man gerechnet hatte und schließlich das Versagen der eigenen Verteidigungsmaßnahmen, dazu vielleicht auch die Uneinigkeit im Inneren, hatte den Glauben an ihre eigene Kraft erschüttert. So richtete Kreisch am 26. Mai aus dem Schloß einen Brief an Veterani, in dem er sich bereit erklärte, zu verhandeln und ihn bat, einen Vertreter zu entsenden. Gleichzeitig schickte er aber auch einen Brief an Teleki mit der Bitte, mit diesem kaiserlichen Vertreter auch ein bis zwei ungarische Delegierte mitzuschicken[114]. Dieser letzte Brief ist erhalten und läßt die schwierige Lage erkennen, in der sich die verantwortlichen Führer der Schloßbesatzung damals befanden. Sie versichern hier, daß die Bevölkerung von Kronstadt, in deren Namen sie schreiben, bereit sei, »ihren Verpflichtungen so wie bisher auch weiter in allem gehorsam sein zu wollen, von dem Land und den adligen Herren sich nicht trennen zu wollen«. Sie bitten aber die adligen Herren »als unsere vertrauten Beschützer«, die Besetzung des Schlosses durch kaiserliche Truppen zu verhindern. »Denn unser Volk will auf keinen Fall von seiner Absicht, sich nicht zu ergeben, abstehen; es will von dem adligen Lande und den gnädigen Herren auf keinen Fall abfallen; nur wollen auch wir bei unseren Privilegien und ohne Besatzung bleiben«. Schließlich werden die adligen Herren »untertänigst« gebeten, alles zu tun, »um dem äußersten Verderben unserer Stadt, das für das ganze Land ein grosser Schaden wäre, vorzubeugen«[115].

Auf dieses Angebot der Kronstädter wurde nun mitten in den Kämpfen des 26. Mai ein zweistündiger Waffenstillstand abgeschlossen, »unter welchem der aufgeworfene Schloß-Commendant Caspar Kreisch unter Begleitung etlicher Zehntschaften herauskam, mit deren Kayserlichen zu traktieren«[116]. Wenn nun Kreisch aber gehofft haben mochte, durch seinen Appell an die ungarischen Adligen, die Versicherung seiner Treue den Landesgesetzen gegenüber und der Berufung auf die Privilegien der Stadt die Besetzung durch kaiserliche Truppen verhindern zu können, so mußte er

---

[114]) Über diesen Briefwechsel berichtet G r a f B e t h l e n, a.a.O., S.424.

[115]) Unterschrieben ist dieser Brief »Capitaneus supremus Viceceterique praesidiarii arcis Coronensis«, Erdély országgyülési emlékek, XIX, S.465 f.

sich während dieser Verhandlungen wohl sehr bald davon überzeugen, daß davon keine Rede mehr sein konnte. Es ist anzunehmen, daß Veterani sich auf all diese Dinge gar nicht einließ und kurz die Übergabe des Schlosses verlangte. Es ist auch anzunehmen, daß Kaspar Kreisch von der Aussichtslosigkeit jedes Widerstandes überzeugt, darauf eingegangen ist. »Wie er aber wiederkam«, so berichtet der Chronist, »und von seiner Verrichtung Bericht erstattete, so schlugen sie nochmals ab, sich zu ergeben und resolvierten hingegen, sich zu defendieren, fingen auch an die Kayserlichen .... zu beschiessen«[117]. Ein anderer Chronist fügt hinzu: »Wie Widder, die auf ihre Hörner vertrauen, antworteten sie, daß sie der Gewalt mit Gewalt beggenen werden«[118], ja einige von ihnen waren »so besessen, daß sie behaupteten jeder einzelne von ihnen würde dafür sorgen, daß 10 oder noch mehr deutschen Soldaten die Sonne nicht mehr scheinen würde«[119].

Es kann kein Zweifel sein: Die Führer des Aufstandes, zum mindesten Kaspar Kreisch, hatten die Zügel aus der Hand verloren. Gegen ihre eigene bessere Einsicht wurden sie von den aufgewühlten Volksmassen gezwungen, den Widerstand fortzusetzen.

Nun hatte aber Veterani den Waffenstillstand dazu ausgenützt, um ungehindert durch eine Beschießung vom Schloß bis an dieses vorzurücken. »Unter wehrendem Waffenstillstand waren die Kayserlichen durch die Blumenau erst bis an den Schloß-Berg gerückt und hatten schon einige Batterien aufgeworfen«[120]. Als Antwort eröffnete die Schloßbesatzung eine heftige Beschießung der heranrückenden deutschen und ungarischen Truppen. »Wahrlich die Sachsen schossen mit Kanonen und Pulver sehr gut auf uns«, bemerkt Graf Bethlen[121], und der Chronist berichtet, »... sie fingen

---

[116]) Marci Tartleri Coronensis Diarium, a.a.O., S.409.
[117]) Ebenda.
[118]) G u n n e s c h, a.a.O., Quellen VI, S.298.
[119]) G h e o r g h e B a r i ţ i u, Catastrofele Braşovului în anii 1688 şi 1689«, in: Transilvania III, 1870, S.59.
[120]) M a r c u s T a r t l e r, a.a.O., S.409. Auch die Alte und neue siebenbürgische Chronik berichtet: »Die Teutschen ... machen mit den Unsrigten einen Stillstand, ihnen nur zum Vorteil, bis sie allenthalben sich einschanzen«. Quellen VI, S.120.
[121]) M i k l o s B e t h l e n, a.a.O., S.423.

an auf die Kayserlichen .... zu schiessen, erstlich nur mit Düppel Hacken, darnach auch mit einem Stück, welcher Schuß dann denen beyden Generalen (Veterani und Teleki), so oben in einem Garten über Tisch sassen, bald das Leben gekostet hätte«[122].

Erbittert über diesen unerwarteten Widerstand, begann nun Veterani mit der Bombardierung des Schlosses. Zunächst »wurde über das Schloß nur zum Schein eine Bombe gespielet, welche auf den Platz vor die Altstadt niederfällt. Mit der anderten Bombe wurde ebenso verfahren. Unter dieser Zeit aber spareten die Cronstädter kein Pulver und schossen grausam unter die Teutschen ... Ueber dieses stete Abfeuern derer Rebellen auf die Kaiserlichen Völker wurde der General Veterani entrüstet und ließ die 3-te Bombe in das Schloß werfen«[123]. Diese »haben sie neben das Haus, worin Herr Filstich arrestiert gewesen, geworfen, welche bis in die Keller hineingeschlagen, endlich haben sie eine mitten ins Schloß geworfen, welche hart umb sich geschlagen, aber doch niemanden verletzet«[124]. Schließlich — gegen Abend nach 7 Uhr — gab Veterani den Befehl, eine Karkasse[125] auf das Schloß abzuschießen[126].

Und nun geschah das — wie Graf Bethlen bekennt — Überraschende: Mitten in diesem harten Feuerwechsel und obwohl noch keine dieser Bomben einen ernstlichen Schaden an den Befestigungsanlagen des Schlosses angerichtet hatte, wurde plötzlich ein Tischtuch als weiße Fahne gehißt[127] und Stefan Beer »kommt mit dem großen Schlacht-Schwert auf die Mauer und schreit: »Gnad! Gnad! Wir wollen das Schloß übergeben!«[128].

Was war hier vorgegangen? Es kann nicht nur der Schrecken über die beginnende Bombardierung des Schlosses, die doch schließlich zu erwarten war, zur plötzlichen und übereilten Übergabe geführt haben. Alle Berichte, sowohl der Chronisten als auch der Zeugen beim Prozeß, stimmen darin überein, daß sich gerade in

---

[122] M a r c u s   T a r t l e r, a.a.O., S.409; über die Beschießung der kaiserlichen Truppen siehe auch Prozeßakt, S.4.
[123] M e r t e n   S c h u l l e r, a.a.O., Quellen VI, S.75.
[124] S e y b e r g e r, a.a.O., Quellen VII, S.435.
[125] eine Brandbombe.
[126] I s t v á n   A l m á d y, a.a.O., S.714.
[127] M a r c u s   T a r t l e r, a.a.O., S.409.
[128] M e r t e n   S c h u l l e r, a.a.O., Quellen VI, S.75.

diesem Augenblick auf dem Schloß auch noch etwas anderes zutrug. Die erregte Volksmenge schickte sich an – gerade angesichts der drohenden Gefahr – das Todesurteil am Stadtrichter Michael Filstich zu vollstrecken. Die innere Spannung verbunden mit der äußeren Gefahr hatten ihren Höhepunkt erreicht.

Aber gerade hier bricht der Aufstand zusammen. Es scheint, daß die Führer des Aufstandes vor dieser äußersten Konsequenz doch zurückschreckten und es vorzogen, sich zu unterwerfen, dies um somehr, da sie von der Aussichtslosigkeit des Widerstandes sowieso überzeugt waren.

Darin liegt die innere Tragik des Aufstandes. Er hatte eine Entwicklung genommen, die seine Führer nicht vorausgesehen hatten und die sie schließlich selber nicht mehr verantworten konnten. Ob es in diesen letzten Augenblicken noch Auseinandersetzungen zwischen den Führern und dem Volk oder zwischen den Führern untereinander gegeben hat[129], und wer den Ausschlag für die Übergabe gab, wissen wir nicht. Tatsache ist, daß die schnelle Übergabe für alle – Belagerer und Belagerte – unerwartet kam. So wurde z.B. am Katharinen- oder Walachischen Tor, das von der Schneiderzunft verteidigt wurde, und wo man von den Vorgängen am Schloß nichts wußte, der Widerstand noch fortgesetzt. »Wie schon die Bürger auf dem Schloß sich ergeben, so haben die Schneider, die solches nicht gewußt, ihren posto wohl versehen und sich desperat gewehrt so lange bis sie von der Übergabe des Schlosses verständigt wurden«[130].

Nach der Kapitulation ließ General Veterani das Schloß sofort besetzen. Er erschien selber auf der Schloßbrücke und verlangte Einlaß durch das große Tor, »weil es aber verschanzt gewesen, eine Zeit sich verzogen, darauf mit einer Kartätsche abermalen in das Schloß hineingeschossen, bis endlich das Tor ist geöffnet können werden«[131].

---

[129]) Die Nachricht über den Streit zwischen Kreisch und Beer bei der Bedienung der Geschütze läßt darauf schließen; (siehe oben S.18).

[130]) Beschreibung des Wallachischen Tores, im Archiv der Schwarzen Kirche Kronstadt, Tq 100, S.57 f.

[131]) Stephan Filstichs Beschreibung der Kronstädter Begebenheiten, Quellen VI, S.293.

Inzwischen war Veterani schon zur kleinen Tür des Schlosses hineingelassen worden. Auf Wunsch der Führer des Aufstandes trat der Stadtrichter, soeben noch vom Tode bedroht, Veterani entgegen und bat im Namen der Stadt um Gnade[132]. Dem versammelten Volk rief Veterani zu: »Das Gewehr nieder, alle Bürger«, worauf alle die Waffen niederlegten[133]. Darauf wurden die Kanonen auf die Stadt gerichtet, die sich, wie Veterani berichtete, nach der Abfeuerung der ersten Bombe auch ergab.

Nach der Entwaffnung der Schloßbesatzung wurden alle Bürger in die Stadt »ausgejaget« außer Kaspar Kreisch und Franz Czak, die als Gefangene zurückgehalten wurden[134]. Die gefangenen Ratsherren wurden nach »ausgestandener Todesangst wieder auf freien Fuß gesetzt«[135] und ebenfalls in die Stadt entlassen. Dann wurden die Tore der Stadt, die inzwischen auch von kaiserlichen Truppen besetzt worden waren, wieder geschlossen, so daß einige, die sich verspätet hatten, »durch den Bach in der Schwarzengassen in die Stadt gekrochen, unter welchen sich auch etliche Ratsherren befunden, aus Furcht, daß es geheissen hat, man würde alle, die draußen wären, niederhauen«[136].

Am Tage nach der Kapitulation, am Himmelfahrtstag, »die 27. Maii gehet der Herr Richter benebst andern Ratsherrn mit denen Schlüssel zum Herrn General Veterani, welcher sie nach vieler Unterredung angenommen. Der Telleki hat sich auch in die Stadt herein ziehen wollen, allein der Herr General Veterani hat ihm solches gewehret und abgeschlagen. Denen Soldaten aber hat er erlaubet, 3 Täge in denen Vorstädten zu rauben und zu plündern, bei welcher Gelegenheit die Zekler viel mehreren Schaden und Mutwillen ausgeübet als die Teutschen«[137].

Aus allen Quellen jener Zeit spricht die Dankbarkeit Veterani gegenüber, daß er die Ungarn nicht, wie sie dieses verlangten, in

---

[132]) Ebenda; M e r t e n   S c h u l l e r, a.a.O., Quellen VI, S.75.
[133]) Ebenda.
[134]) Ebenda, S e e w a l d t, a.a.O., Quellen VI, S.574.
[135]) M a r c u s   T a r t l e r, a.a.O., S.409.
[136]) M e r t e n   S c h u l l e r, a.a.O., Quellen VI, S.75.
[137]) Ebenda.

die Stadt einließ. Auch sonst scheint sich der General der widerspenstigen Stadt gegenüber sehr menschlich bezeigt zu haben. Er verbot die Plünderung – außer in den Vorstädten – und ließ auch nur wenig Truppen in die Stadt selbst einquartieren. Natürlich entwaffnete er die Stadt, indem er »von allen Zechen, von ihren Zwingern, Pasteien, Türmen, sowohl die Stücke, Doppelhacken und Musqueten alles hinwegnehmen und auf das Schloß führen« ließ[138]. An Schloßbesatzung ließ er 600 Mann vom Baaden'schen Regiment unter dem Kommando des Oberstleutnant Baron Egk zurück[139] und zog selber mit seinen Truppen wieder ab. »Diese bekamen etliche Tage darauf Befehl, nach Lippa unter Caraffa zu marschieren«, während Veterani selbst ad interim zum kommandierenden General in Siebenbürgen ernannt wurde[140].

Inzwischen war in der Stadt die alte Ordnung wieder hergestellt worden. Im Namen des Fürsten und des Landtages hatte Apor István, ein ungarischer Adliger, den Rat der Stadt in das Haus Michael Filstichs berufen und diesem sein altes Amt wieder »überantwortet« und »im Namen des ganzen Landes Siebenbürgen anbefohlen, als einen Herrn Richter denselben zu respektieren«[141]. Alle männlichen Bürger der Stadt aber – selbst die Schüler des Gymnasiums und die Gesellen und Lehrlinge, – mußten auf Befehl Veteranis nach Zehntschaften geordnet dem Kaiser »den Eid der Treue auf dem Rathaus ablegen und zwar knieend, in Gegenwart 4 Herrn Offiziers«[142].

Nachdem die alte Stadtführung wieder eingesetzt war, wurde sofort mit der Fahndung nach den Urhebern und Schuldigen am Aufstand begonnen. »Die 30 Maii werden 20 Bürger auf das Schloss gefänglich geführt und über ein Jahr lang da gehalten. Diese waren nachfolgende: Stephan Beer, Caspar Kreisch, Martin Schwartz, Stephan Stenner, Simon Rhener, Martin Petersberger, Hannes Girdo, Georg Hiemesch, Jacob Gaitzer, Peter Gokesch,

---

[138]) F i l s t i c h, a.a.O., Quellen VI, S.293.
[139]) F r. P h i l i p p i, a.a.O., S.23.
[140]) V e t e r a n i, a.a.O., S.39.
[141]) F i l s t i c h, a.a.O., Quellen VI, S.293.
[142]) M e r t e n S c h u l l e r, a.a.O., Quellen VI, S.75.

Andres Lang, Peter Heltzdörfer, Thomas Tramiter, Franz Czak, Lucas Clostermann etc.« Zwei der Anführer,»so Lederer waren, nämlich der Birst und M. Rothenbacher, haben sich aus dem Staub gemacht«[143].

Der Aufstand hatte allerdings auch für einige Vertreter der alten Stadtführung noch ein sehr unangenehmes Nachspiel. Auf Beschluß des Senates und der Hundertmannschaft wurden 12 Vertreter der Stadt (sechs Senatoren und sechs Hundertmänner) »wegen des grossen Versehens unserer Bürger in die Hermannstadt zu Ihrer Excellenz General Carafa geschickt, um Pardon zu bitten«[144].

Hier wurden sie freilich sehr ungnädig empfangen. Erst wurden sie für 6 Tage eingesperrt und schließlich von Caraffa in Anwesenheit des Königsrichters empfangen »und folgenderweis angeredet:

Werd ich meinen Mars fortsetzen, sollt ihr wissen, daß die Commando dem Herrn General Veterani übergeben wird, (dass ihr) sowohl einer Sächsischen Nation folgen sollet, welche sich bis daher ganz gehorsam ergeben, nicht wie von Euch geschehen und in Historien gelesen wird, daß Ihr zum öfteren rebelliert hat, versteht ihrs, hab ichs gut geredt.

Ihr sollt auch darbei wissen, dass Stück und Munition, Duppeld-Hacken, alles aufs Schloß soll geführt werden, und schreibet solches gleich nach Hause, denn Ihr inskunftig nicht mächtig werd sein zu wehren mit denen Waffen und ja nicht contradiciert werde, wie denn was geschehen und mehr rebellieren werdet, so soll das Kind im Mutterleibe nicht verschonet werden und alles zu Staub und Asche gemacht werden ... Versteht Ihrs ? Und schreibet nach Hause, denn von Euch keiner nach Hause gelassen wird ... und wird sichs ausweisen bei den Zeugnissen, wer die meiste Schuld haben wird.« Dem Stadtrichter sollten sie ausrichten, »daß er sich in keiner Weise einlassen, einige Correspondenz mit dem Schorban Vayda zu halten, sonsten möchte er in grosses Unglück kommen«.

---

[143]) Ebenda, S.75. Über die weiteren Schicksale des Martin Rothenbächer siehe unten S. .

[144]) F i l s t i c h , a.a.O., S.293 f.
S e e w a l d t , a.a.O., Quellen VI, S.577. Seewaldt gibt auch die Namen der 12 Abgesandten an. Siehe auch Honnenrechnungen, S.1080.

Am selben Tag wurden sie auch vor den fürstlichen Kanzler Teleki geladen und »in ein scharfes Examen genommen«.
Es sollte aber noch ärger kommen. Am nächsten Tag kamen die von Caraffa von den Kronstädtern für die Belagerung Lippas geforderten Wagen an. Da sie aber mit Pferden, anstatt, wie von Caraffa gefordert, mit je 6 Ochsen bespannt waren, wurde dieser »derohalben dermaßen erzürnet«, daß er die 12 Vertreter der Stadt in »das ärgste stinkende Malefikanten-Gefängnis, darein sie an einer Leiter 5 Klafter tief hinunter steigen müssen«, werfen ließ. Als sie dagegen Einspruch erhoben, wurde ihnen von Caraffas Adjutanten geraten, sich still zu verhalten, »sonst wird es Kopfabschlagen geben«. Erst nachdem Caraffa von Hermannstadt nach Lippa aufgebrochen war, wurden sie von dem kaiserlichen Kommandanten von Hermannstadt Graf Gerger auf Bitten des Königsrichters »aus dem unerträglichen Gestank frei herausgelassen«, aber weiter gefangen gehalten bis die Kronstädter die geforderten Ochsenwagen nach Lippa nachgeschickt hätten. Ja selbst nachdem dies geschehen, wurde die Abordnung der Kronstädter Senatoren und Hundertmänner nicht freigelassen, sondern weiter in Hermannstadt gefangen gehalten bis, wie ihnen angezeigt wurde, Caraffa Lippa erobert habe. Sollte ihm dieses nicht gelingen, so wurde ihnen weiter gedroht, so würde er die Schuld an dem Mißlingen seines Planes der Verzögerung zuschreiben, die sein Anmarsch durch den Widerstand Kronstadts erlitten hätte und dann müßten sie — die Vertreter Kronstadts — dies mit dem Leben büßen. Es ist begreiflich, daß sie die Eroberung Lippas durch Caraffa am 12. Juni mit großer Freude begrüßten, »weil unser aller Heil darauf stunde«. Trotzdem wurden sie noch weiter gefangen gehalten. Erst am 21. Juli wurden acht von ihnen nach Hause entlassen, 4 noch weiter als Geiseln zurückgehalten, die dann von anderen abgelöst wurden. Erst im Dezember wurden die letzten endgültig entlassen[145].

---

[145]) Diese Ereignisse beschrieben in dem von einem der Abgesandten abgefaßten »Originalbericht«, Quellen VI, S.316 ff; die Darstellung, die die Kirchturmknopfschrift gibt, Quellen VI, S.577, scheint daraus entnommen zu sein.
Siehe auch A l z n e r, a.a.O., Quellen VII, S.581; Virorum Coronae eximiorum etc. vitae«, Quellen V, S.124 f.

Dieser Vorfall zeigt uns, mit welcher selbst von den anderen kaiserlichen Militärs nicht gebilligten Rücksichtslosigkeit Caraffa mit der unterworfenen Bevölkerung umging; andererseits aber zeigt gerade seine Wut, wie sehr der Aufstand der Stadt Kronstadt seine weiteren militärischen Pläne – die Eroberung Lippas und den Marsch auf Belgrad – durchkreuzt, ja ihr Gelingen direkt in Frage gestellt hatte.

Nun hatte Caraffa gerade die Unschuldigen getroffen. Denn einige der hier vertretenen Senatoren, nämlich Georg Jekel, Valentin Igel und Johann Ziegler, sowie die später entsandten Stefan Letz und Stefan Zimmermann, waren ja unter jenen Ratsherren gewesen, die am Schloß zum Tode verurteilt worden und gerade nur mit knapper Not der Hinrichtung entgangen waren. Darum kümmerte sich Caraffa wenig. Er wollte ein Exempel statuieren, um die Stadt vor weiterer Erhebung abzuschrecken und vor allem, wie es scheint, eventuelle Verhandlungen der Stadt mit dem Fürsten Şerban Cantacuzino, dem er nicht traute, zu verhindern.

Gegen die eigentlich Schuldigen am Aufstand hatten inzwischen schon die Untersuchungen eingesetzt. Diese zogen sich eineinhalb Jahre hin, während derer die Verhafteten im Schloß »in Eisen und Banden« gehalten wurden[146], bis ihnen Mitte September 1689 der Prozeß gemacht wurde.

Von den Dokumenten, die sich auf den Prozeß beziehen, sind uns erhalten:

1. Der 1967 im Kronstädter Staatsarchiv aufgefundene an den Fürsten Apafi adressierte Bericht seiner beiden zum Prozeß delegierten Abgesandten Franziskus M i k l o s d e D á l n a k und G e o r g B a r á t o s i über das Verhör von 21 Zeugen, in ungarischer Sprache[147].

2. Die Kirchturmknopfschrift der Schwarzen Kirche von Martin Seewaldt, die kurz den Verlauf des Prozesses berichtet und die

---

[146]) C h r i s t o p h o r i, a.a.O., Quellen VI, S.288.

[147]) Staatsarchiv von Braşov-Kronstadt, Colecţia Stenner, Seria lat.-germ.-magh., Vol.II, Nr.64. Die Besprechung dieses Dokumentes siehe M. P h i l i p p i Un nou document despre răscoala braşovenilor din 1688, Cumidava III, S.179 ff); d i e s e l b e: Betrachtungen ... (s.Anm.2).

Todesurteile über die 5 Hauptanführer des Aufstandes im Wortlaut enthält[148].
3. Das Diarium des Lucas Seyberger, das die am 25. Oktober 1689 gefällten Urteile über die 18 »kleinen Rebeller« im Wortlaut enthält[149].
4. Die Eintragungen in den Stadtrechnungen über die Ausgaben für die Soldaten, die die Angeklagten bewachten, die während des Prozesses vom Schloß auf das Rathaus gebracht worden waren, für die Mitglieder der Untersuchungskommission und schließlich für den Henker[150].

Leider fehlen weitere Dokumente, die uns vielleicht mehr Aufschluß geben könnten. Wichtig wäre es in erster Linie, die Aufnahme des Verhöres der Schuldigen zu kennen, da sich daraus sicher Schlußfolgerungen auf die Ursachen des Aufstandes ziehen ließen. Ebenso wären die Aussagen der vom Aufstand direkt Betroffenen, wie des Stadtrichters und der Ratsherren, von größtem Interesse.

Das erhaltene Zeugenverhör enthält außer den Aussagen des Schloßhauptmanns Stephan Letz und des Burggrafen von Törzburg nur die Aussagen kleinerer Leute, z.T. Stadtbedienstete, Schreiber, Fuhrleute und Stadtknechte, die, teilweise selber in den Aufstand verwickelt, in ihrer Aussage bestrebt waren, sich rein zu waschen. Es ist jedoch mit Bestimmtheit anzunehmen, daß diese nicht die einzigen vorgeladenen Zeugen beim Prozeß waren, sondern daß gerade die ausgesprochenen Gegner des Aufstandes auch verhört worden sind.

Aus den erhaltenen Dokumenten ist über den Prozeß folgendes zu entnehmen: Er wurde vom 13.-17.September vor dem Stadtrichter und dem Senat abgehalten. Es entsprach der Wichtigkeit des zu verhandelnden Falles, aber auch den veränderten politischen Verhältnissen, daß der Prozeß nicht nur vor den städtischen Behörden, sondern im Beisein einer Abordnung des Fürsten und der Landesstände verhandelt wurde und auch das Urteil mit ihrer Zustimmung gefällt wurde. Diese Kommission bestand aus dem fürstlichen Geheimrat M a c s k á s y Boltizár als Vertreter des Fürsten,

---

[148]) Quellen VI, S.574 ff.
[149]) Quellen VII, S.436 f.
[150]) Honnenrechnungen, S.277, 295, 304, 305.

aus dem Oberkönigsrichter der Szekler Stühle K a l n o k y Sámuel, aus dem Königsrichter von Miklosvár (Micloşoara) K á l n o k y Farkas als Vertreter der siebenbürgischen Stände und aus dem Hermannstädter Ratsherrn Gabriel H e n d l e r und dem Hermannstädter Hundertmann Georg S i m o n i s als den Vertretern der sächsischen Nationsuniversität. Daß Apafi außer dieser Abordnung noch seine privaten Beobachter zum Prozeß entsandte, geht aus dem oben erwähnten Bericht über das Zeugenverhör hervor.

Die Zusammensetzung dieses Gerichtshofes – die Kronstädter Hundertmannschaft blieb ausgeschlossen – bürgte für die Strenge des Verfahrens, bestand sie doch »gerade aus den Personen, die durch die Führer des Aufstandes mit dem Tode bedroht worden waren«[151]. Während des Prozesses blieben die Stadttore geschlossen, aus Furcht, – wie Marcus Fronius bemerkt, – daß neue Unruhen innerhalb der Stadtbevölkerung ausbrechen könnten[152].

Wie aus den im allgemeinen einförmigen Zeugenaussagen hervorgeht, scheinen den Verhörten folgende drei Fragen vorgelegt worden zu sein:
1. Wer waren die Führer des Aufstandes?
2. Wer waren diejenigen, die den Richter und die Ratsherren verhaftet haben und auf ihre Aburteilung drängten?
3. Wer waren diejenigen, die sich der Übergabe der Stadt widersetzten und welche Maßnahmen wurden zu diesem Zweck getroffen?

Die Tatsache, daß Richter und Verhörte der Frage nach dem Widerstand gegen die Stadtobrigkeit mehr Bedeutung zumaßen und diese wesentlich ausführlicher behandelten als den Widerstand gegen die kaiserliche Armee, zeigt uns, daß der Aufstand auch von dem Gericht in erster Linie als eine innere Auseinandersetzung der Stadt angesehen wurde.

Wie sich die Angeklagten selber bei dem Prozeß benahmen, geht aus der Kirchturmknopfschrift, wenn wir ihr in dieser Beziehung Glauben schenken wollen, hervor; daß »sie zwar anfangs allerhand Ausflüchten gesuchet, ihren gottlosen zweifelhaften Frevel zu beschönen, endlich aber auf augenklärliche Ueberweisung ihrer

---

[151]) G h. B a r i ţ i u, a.a.O., S.60.
[152]) F r o n i u s, a.a.O., Quellen VI, S.439.

Uebeltat bekennet«. Nur von Stefan Beer wird gesagt, daß er sich der Verantwortung zu entziehen suchte, indem er behauptete, »er sei nicht ein Anführer der Rebellion« gewesen.

Nachdem bei dem Prozeß nicht nur Einzelpersonen, sondern in gewisser Weise auch die Hundertmannschaft und die Zünfte, vor allem die Schusterzunft unter Anklage standen, haben diese 5 Hauptschuldigen »freiwillig, ungezwungen, aus einzigem Antrieb ihres anklagenden Gewissens« alle anderen »quitt und los gesprochen, das Verbrechen alles auf sich selbst fünfe gewendet und darauf um Gnade gebetten«[153].

Natürlich wurde die Bitte um Gnade abgelehnt und die 5 Anführer zum Tode durch Enthaupten verurteilt[154].

Marcus Fronius berichtet, daß das Urteil durch die Stadtbehörde auf Rad und Spieß lautete, aber auf Verwendung der Ungarn und der Kaiserlichen auf Enthauptung abgemildert wurde[155]. Das Urteil wurde den Angeklagten jedem einzeln verlesen und am 19. September auf dem Marktplatz von Kronstadt vollstreckt.

Bevor wir die Hinrichtung, wie sie uns in den Quellen geschildert wird, beschreiben, müssen wir uns das Bild vergegenwärtigen, das der Schauplatz der Hinrichtung, der Kronstädter Marktplatz, damals bot. Am 21. April 1689, elf Monate nach dem Aufstand, war die Stadt, dank ihrer Handelsverbindungen über die Karpaten, die blühendste und reichste Stadt Siebenbürgens, durch eine Feuersbrunst in Schutt und Asche gelegt worden. In nur 4 Stunden war die ganze Stadt vollkommen verbrannt, nur einige Häuser in der Klostergasse, sowie 2 Häuser in der Purzengasse, waren stehen geblieben. 300 Menschen waren dem Raub der Flammen zum Opfer gefallen. Die Berichte der Zeitgenossen sind sich in dem Verdacht einig, daß das Feuer an mehreren Stellen der Stadt von den kaiserlichen Soldaten gelegt worden ist und während des Brandes noch durch das Abfeuern von Feuerkugeln und glühenden Pechkränzen geschürt worden sei.

Die moralische Wirkung dieses Brandes war verheerend. Die Bürgerschaft hatte all ihr Hab und Gut verloren, der Lebensnerv der Stadt war gerissen. Jahrzehnte sollte es dauern, bis die Stadt

---

[153]) S e e w a l d t , a.a.O., Quellen VI, S.574 ff.
[154]) Ebenda.
[155]) F r o n i u s , a.a.O., Quellen VI, S.439.

wieder aufgebaut war und ihre normale Entwicklung fortsetzen konnte.

Der Marktplatz, auf dem die Hinrichtung 5 Monate nach dem großen Brande stattfand, war damals noch ein einziger Trümmerhaufen. Das große von Apollonia Hirscher der Stadt geschenkte Kaufhaus war niedergebrannt, das Rathaus und der »schön aufgebaute Marktturm ... sammt dem berufenen sehr kostbaren vier Zeiger weisenden Uhrwerk« stand nicht mehr. Die Ruinen der »herrlichen und in Europa unseres Wissens nicht dergleichen befindlichen großen und prächtigen« Marienkirche – seit dem Brand die »Schwarze Kirche« genannt –, deren Dachstuhl verbrannt und die Gewölbe eingestürzt waren, ragten schwarz auf den Marktplatz hinüber[156].

Dies war der Hintergrund, auf dem wir uns die am 19. September 1689 vollzogene Hinrichtung der 5 Hauptanführer des Aufstandes vorzustellen haben. Tief erschüttert »strömte alles Volk auf den großen Markt zusammen um ein in Kronstadt noch nie gesehenes entsetzliches Trauerspiel mit Augen anzusehen«[157]. Sterbelieder singende Schüler und Prediger geleiteten die Verurteilten zur Richtstätte. »Soweit dies möglich war, waren sie gefaßt angesichts des Todes und jeder einzelne sprach vor der Hinrichtung noch zur versammelten Menge« berichtet Marcus Fronius[158], und auch ein anderer Augenzeuge, der Leinweber Johannes Stamm, berichtet, daß sie »alle getrost gestorben«[159]. Die Abschiedsrede an seine Verwandten, die Martin Schnell in seiner Schilderung dem greisen Stefan Stenner in den Mund legt, und die Friedrich Philippi übernommen und noch erweitert hat[160], scheint uns zu sehr den Stempel des romantischen und nationalistischen 19. Jahrhunderts zu tragen,

---

[156]) Der Brand beschrieben von dem Augenzeugen Marcus Fronius Fatalis urbis exustio anno 1689, Quellen VI, S.408 ff. und Martin Seewaldt, Kirchturmknopfschrift, Quellen VI, S.570 ff.; in der Literatur von Georg Michael Gottlieb von Herrmann, Das Alte und Neue Kronstadt, 1.Band, S.10 ff; Martin Schnell Die Sachsen in Siebenbürgen, 1844, S.166 f; Fr. Philippi, a.a.O., S.27 ff.

[157]) Schnell, a.a.O., S.170.

[158]) Fronius, a.a.O., Quellen VI, S.439.

[159]) Tagbuch des Johannes Stamm, Quellen VI, S.213.

[160]) Schnell, a.a.O., S.169 f.; Fr. Philippi, a.a.O., S.34 f.

als daß wir sie als authentisch annehmen möchten, zumal wir sie in den Quellen nirgends belegt finden.

Als erster wurde, wie auch im Urteil vorgesehen war, Stefan Stenner enthauptet. »Seine Enkel sagen ... als er auf den Richtplatz gekniet, hätte er geseufzt und gesagt: 'Ach Herr! rette meine Unschuld und tue ein Zeichen'«[161]. Allen Augenzeugen blieb folgender Vorfall im Gedächtnis haften: »Nachdem das Haupt Stenners vom Leib getrennt worden war, sei es am Boden gerollt, mit dem Gesicht zum Rathaus gerichtet stehengeblieben und dann langsam aus eigenem Antrieb zur Seite gefallen«[162]. »Dieses Zeichen«, so fährt Marcus Fronius fort, »ist verschieden ausgelegt worden: die Richter behaupten fälschlich, dieses sei ein Zeichen, daß sich die Strafe als gerecht erwiesen habe; die anderen hielten es für den Vorwurf der Tyrannei und der Grausamkeit, schweigend ausgesprochen durch das weiße Haupt des über Achtzigjährigen«[163]. Bei diesem Anblick, so wird weiter berichtet, soll eine Frau ausgerufen haben: »Ach, ewiger Gott, welch schreckliches Schicksal betrifft die Armen! Was steht uns bevor? Ich glaube es erwartet uns derselbe Tod« und bei diesen Worten tot zusammengebrochen sein[164].

Nach Stefan Stenner wurden der Reihe nach Kaspar Kreisch, Jakob Gaitzer, Andreas Lang und zuletzt Stefan Beer enthauptet. Ihre Leichen wurden außerhalb der Stadtmauern »zu den Siechen« beerdigt, ihre Köpfe aber, wie im Urteil vorgesehen war, an verschiedenen Stellen der Stadt auf Spießen aufgesteckt, der des Stenner am Marktplatz auf dem Pranger[165], die anderen auf dem Klostergässer Tor gegen die Altstadt, dem Purzengässer Tor gegen die Blumenau, dem Oberen Tor gegen die Obere Vorstadt und auf dem Schloß. Die Schädel der Hingerichteten blieben jahrzehnte-

---

[161] A l z n e r, a.a.O., Quellen VII, S.581.

[162] F r o n i u s, a.a.O., Quellen VI, S.439; siehe auch A l z n e r, a.a.O., Quellen VII, S.581.

[163] F r o n i u s, a.a.O., Quellen VI, S.439.

[164] F r o n i u s, der diesen Vorfall berichtet, gibt an, daß es sich um »die Schwester des ehrwürdigen Herrn Trausch« gehandelt habe, deren Schwiegersohn auch zu der Gesandtschaft gehörte, die Kaspar Kreisch in die Walachei um Hilfstruppen geschickt hatte. Quellen VI, S.441.

[165] F r o n i u s, ebenda; siehe auch Honnenrechnungen, III C 33, S.318.

lang auf diesen Plätzen; so wurde derjenige Stenners erst 1718 vom Pranger heruntergeholt[166]. Nur den Kopf Langs, der am Schloß steckte, »hat bald hernach ein Musquetier, der zu des Langs seinem Sohn im Quartier lag, des Nachts verstohlen und seinem Wirten in dem Schnappsack heimgebracht, der ihm einen Dukaten zum Trinkgeld gegeben. Diese Tat ist verschwiegen blieben; und diesen Kopf verwahren noch die Enkel des Lang«[167].

Am Tage der Hinrichtung findet sich in den Stadtrechnungen folgende Eintragung: »Werden ihrer fünfe der verübter Rebellion allermeiste Rädelsführer mit dem Schwert exequieret, zahle dem Züchtiger 10 Gulden«[168].

Welche Stimmung nach der Hinrichtung in der Stadt herrschte, ist aus einer Nachricht ersichtlich, die Marcus Fronius überliefert. »Die 22. Septembris begann sich das Gerücht zu verbreiten, dass die Gestalten der Hingerichteten um Mitternacht am Marktplatz erschienen wären, den öffentlich zur Schau gestellten Kopf angesehen hätten und dann durch die Strasse, die Purzengasse genannt wird, zurückgeschritten wären, unablässig mit klagender Stimme seufzend: »Wehe, wehe, wehe«. Der spätere Stadtpfarrer Fronius distanziert sich zwar von solchem Aberglauben, vermerkt aber doch, daß sich in diesem Gerücht die gegen die Senatoren gerichtete feindliche Stimmung ausdrückte[169].

Alle diese Nachrichten über die Hinrichtung, die wir zum größten Teil dem durchaus glaubwürdigen Bericht des Marcus Fronius verdanken, zeigen die große innere Anteilnahme der Bevölkerung der Stadt an diesem traurigen Ereignis; sie sind ein Spiegelbild der öffentlichen Meinung und lassen unzweideutig erkennen, daß auch nach der Niederschlagung des Aufstandes die Sympathie des Volkes mehr auf der Seite der Hingerichteten als auf der der Richter lag. Sie sind uns, wie viele andere Nachrichten vor und während des Aufstandes, ein Beweis dafür, daß innerhalb der Stadt starke soziale Spannungen bestanden, auf die weiter unten eingegangen werden soll.

---

[166]) A l z n e r, a.a.O., Quellen VII, S.581.
[167]) Ebenda, S.582.
[168]) Honnenrechnungen, S.305.
[169]) F r o n i u s, a.a.O., Quellen VI, S.442.

Mit der Hinrichtung der Hauptanführer des Aufstandes war die Sache aber noch nicht erledigt. Im Schloß harrten noch 18 weitere Beschuldigte in Fesseln ihrer Aburteilung[170]. Diese erfolgte, nachdem die vom Fürsten und den Ständen entsandte Kommission nach dem ersten Prozeß Kronstadt verlassen hatte, nur durch den Kronstädter Rat. Am 25. Oktober 1689 wurde diesen Angeklagten das Urteil gesprochen[171].

Außer einem, Georg Seyberger, der »als unschuldig erkannt und absolvieret« wurde, wurden alle für schuldig befunden und mit größeren oder kleineren Strafen belegt. Neun von ihnen, Johannes Girdo, Martin Schwartz, Michael Hiemesch, Michael Fotschler junior, Petrus Heltzdörffer, Martin Petersberger, Franz Czak, Christian Seiler und Lucas Klostermann, wurden als schwerer belastet zu Geldstrafen von 100-300 fl. »zu allgemeinem Stadtnutzen« verurteilt; außerdem mußten sie sich schriftlich verpflichten, in Zukunft »Ihro Kaiserlichen und Königlichen Majestät, dem gnädigen Landesfürsten und der vorgesetzten Stadtobrigkeit getreu zu sein und zu verbleiben«. Sollten sie sich »der geringsten Untreuheit unterstehen«, so würden sie »ohne Gratie des vorigen Urteils unterworfen sein und an dem Leben gestraft werden«.

Drei weitere Angeklagte kamen mit kleineren Strafen davon. Michael Fotschler senior »in Erwägung seines hohen Alters« wurde zu einem Jahr Zwangsarbeit bei der Kirche verurteilt. »Wenn ers unterlässt, soll ihm toties quoties, so oft ers unterlassen wird, 25 Schläge gegeben werden«. Dieselbe Strafe erhielt Thomas Habermann; Petrus Kemmel dagegen sollte nur »mit der Bretsch geschlagen und losgelassen werden«.

Fünf der Angeklagten jedoch waren so schwer belastet, daß der Rat ihre Verurteilung aufschob. Zwei von ihnen, Petrus Gokesch und Johann Rothenbächer, hatten sich nämlich erboten, »Namhaft Fürsichtig Weisen Herrn Richters Henker sein (zu) wollen«. Die

---

[170]) Noch am 28. September verzeichnen die Stadtrechnungen die Ausgabe für die Anschaffung neuer Fesseln (Poyen und Flohen) für die Häftlinge; Honnenrechnungen S.311. Johannes Stamm berichtet: »Den 14. Octobris werden den Gefangenen vom Schloß die Eisen abgenommen, den Türken im Klostertor angelegt«. J o h a n n e s S t a m m, a.a.O., Quellen VI, S.213.

[171]) Die Urteile überliefert bei L u c a s S e y b e r g e r, a.a.O., Quellen VII, S.436-441.

drei anderen, Simon Rehner, ein Stadtbedienter, Thomas Trompeter und Johann Kroner gehörten zu jenen, die sich an den Plünderungen und Ausschreitungen der letzten Tage des Aufstandes beteiligt hatten. Ihr Verbrechen wurde für so groß befunden, »dass es auf diesmal nicht hat können decidieret werden, ob sie am Leben sollen gestraft werden oder was sonst ihr Pön sein wird«. Daher sollten sie »in Eisen und Band bis auf künftige Disposition im Turm verbleiben«. Das weitere Schicksal dieser 5 Verurteilten ist uns nicht bekannt.

Die Urteilssprüche gegen die Anführer des Aufstandes zeigen, wie die Beteiligung am Kronstädter Aufstand in die Breite ging. Unter den Verurteilten war der gewesene Wortmann der Hundertmannschaft Andreas Lang, es war der Stadthauptmann Franz Czak, der Sohn von David Czak, einem der angesehensten Patrizier der Stadt, der achtmal das Amt des Stadtrichters bekleidet hatte[172]. Es waren führende Zunftmitglieder wie der Wortmann der Schusterzunft Stefan Beer, Goldschmiede, also Angehörige der angesehensten Zunft, wie Kaspar Kreisch und Johannes Girdo, es waren Stadtebeamte wie Martin Schwarz, und kleinere Leute wie der Stadtknecht Simon Rehner und viele andere. Es kann keine Rede davon sein, daß es sich bei dem Aufstand um eine »Empörung e i n i g e r unruhiger Bürger« gehandelt hat, wie noch Georg von Herrmann in seiner Geschichte Kronstadts das Kapitel über den Aufstand überschreibt[173]. Alle Nachrichten, die wir über den Aufstand haben, weisen darauf hin, daß der größte Teil der Bevölkerung an ihm beteiligt war. Es war natürlich nicht möglich, alle Beteiligten mit Strafen zu belegen; man begnügte sich mit den Hauptschuldigen. Daß der Rat der Stadt aber selber der Meinung war, daß mit den fünf Todesurteilen und den 17 anderen Urteilen noch lange nicht alle Schuldigen erfaßt waren, beweist die Tatsache, daß er es für notwendig hielt, darüber hinaus der ganzen Schusterzunft eine kollektive Schuld beizumessen und sie vor der ganzen Bürgerschaft exemplarisch zu bestrafen. Da unter den Hauptanführern zwei Schuster waren (Beer und Gaitzer) und da „auch die

---

[172]) Über David Czak siehe S t e n n e r, a.a.O., S.26, und Chronik von Daniel Nekesch-Schuller, Quellen IV, S.250, 256, 262, 268, 275.
[173]) H e r r m a n n, a.a.O., S.1.

übrigen Schuster, ihre Weiber, Knechte oder Gesellen am meisten in der Stadt Unruhe gemacht"[174], beschloß „die hiesige Obrigkeit auch die gesamte Schuster-Zunft empfinden zu lassen, was entliche von ihren hartnäckigen Mitgenossen mißhandelt hatten; nahm ihr deswegen statt einer Strafe ein Erb-Grundstück, die im sogenannten Grund gelegene Korn-Mühle hinweg und concludierte, daß künftighin kein Mitgenoß aus der Schuster-Zunft zur Hundertmannschaft gelangen sollte[175].

Dieses ist der Grund, weshalb der Kronstädter Bürgeraufstand später im Volksmund der Schusteraufstand genannt wurde, was aber sicher — wie aus der führenden Beteiligung zahlreicher anderer Zunftmitglieder hervorgeht, — nicht ganz gerechtfertigt war. Tatsächlich wurde auch diese Strafe, vor allem das Verbot, ihre Mitglieder in die Hundertmannschaft zu entsenden, von der Schusterzunft als ungerecht und entehrend empfunden, »zumalen weil vorhin aus dieser Zunft nicht nur zum Hundert-Wortmann und Rats-Herren, sondern auch gar zum Honnen-Amt tüchtige Personen von Zeiten zu Zeiten gewürdigt worden«[176].

An dieser ihr aufgebürdeten Schuld hat die Schusterzunft lange tragen müssen. 1703 wurde die Mühle von ihr wieder erworben. Der entehrende Beschluß des Ausschlusses aus der Hundertmannschaft aber, wodurch die ganze Zunft in Kronstadt in Verruf geriet, wurde erst nach 30 Jahren aufgehoben, welche »hohe Gunst« man freilich durch »tätliche Erkenntlichkeiten erwidern« mußte, indem »an gehörige Oerter mit schuldiger Danksagung« 29 Dukaten erlegt werden mußten[177].

Diese Maßnahme gegen die Schusterzunft sowie die Köpfe der Enthaupteten auf dem Pranger und an den Stadttoren werden dazu beigetragen haben, die Erinnerung an den Aufstand im Gedächtnis der Bevölkerung noch jahrzehntelang wach zu halten.

---

[174]) A l z n e r, a.a.O., Quellen VII, S.582.
[175]) C h r i s t o p h o r i, a.a.O., Quellen VI, S.289.
[176]) Ebenda.
[177]) Ebenda. Hier auch das Gesuch der Schusterzunft an den Kronstädter Rat im Wortlaut.

III. Die Ursachen des Aufstandes

Der Bürgeraufstand von 1688 mit seinem tragischen Ausgang und der damit in ursächlichem Zusammenhang stehende große Brand von Kronstadt im Jahre 1689 sind sicher die traurigsten Ereignisse in der nun bald 750 Jahre alten Geschichte dieser Stadt. Nicht nur die Zeitgenossen dieser Begebenheiten, auch der Geschichtschreiber steht erschüttert vor dem großen Unglück, das die Stadt betraf und das sie in ihrer weiteren Entwicklung lange Zeit bestimmte. Trotz alledem sind beide Ereignisse in der siebenbürgischen Geschichte nur von lokaler Bedeutung, ohne Auswirkungen auf die Gesamtentwicklung des Landes. Erst die Frage nach ihren Ursachen gibt diesen Ereignissen ihren Platz in der gesamtsiebenbürgischen Geschichte, wirft ein Licht auf die sozialen Probleme der siebenbürgischen Städte im Allgemeinen sowie auf die politischen Probleme, die sich aus der Begründung der habsburgischen Herrschaft im Donau- und Karpatenraum nicht nur für die Deutschen, sondern für alle Nationen dieses Landes ergaben.

Welches waren die Ursachen für den Aufstand der Kronstädter Bürger von 1688? Sicher ist, daß der Aufstand spontan und ohne jede Vorbereitung ausbrach. Ebenso sicher ist, daß den Anlaß zum Aufstand der Befehl des Generals Caraffa gab, eine kaiserliche Besatzung in die Stadt aufzunehmen. Trotzdem wäre es verfehlt, in diesem Umstand die alleinige oder auch nur die wesentlichste Ursache für den Ausbruch des Aufstandes zu suchen. Wollen wir den Aufstand in seiner ganzen Tragweite verstehen, so müssen wir seine Ursachen in der inneren Entwicklung der Stadt, in den sozialen Spannungen suchen, die, wie in allen siebenbürgischen Städten, schon lange latent waren und hier nun zu einem gewaltsamen Ausbruch drängten.

Wir kommen dem Verständnis der Probleme, die der Fragenkomplex Bürgeraufstand von 1688 in sich birgt, am nächsten, wenn wir die Zeit, in der er spielt, – das Ende des 17. Jahrhunderts in Siebenbürgen – als das begreifen, was sie in weitestem Maße war: eine Zeit des Umbruches, in der das Alte unter Schmerzen stirbt und das Neue ebenfalls unter schweren Wehen geboren wird.

Das Mittelalter mit seinen ständischen Bindungen ging zu Ende, eine neue Zeit brach an. Und dies sowohl in der Entwicklung der Städte, wo die althergebrachte Ordnung fragwürdig wurde und neue Kräfte im Hochstreben begriffen waren, als auch in der verfassungsgeschichtlichen Entwicklung des Landes, in der die Auffassung vom Ständestaat dem Siegeszug des absolutistischen Herrschaftsanspruches weichen mußte. Diese Veränderungen, die im Westen Europas schon wesentlich früher stattgefunden hatten, bahnten sich in Siebenbürgen erst im 17. Jahrhundert an, wie ja im Allgemeinen die Länder, die jahrhundertelang unter der Türkenherrschaft standen, eine Verzögerung ihrer gesellschaftlichen Entwicklung aufzuweisen haben. Und nun fielen diese Umwandlungen zusammen mit einem politischen Umbruch, der den Zeitgenossen viel direkter und nachhaltiger zum Bewußtsein kam: dem Wechsel der Herrschaft vom Halbmond zum habsburgischen Doppeladler, ein Wechsel, der von manchem vielleicht gefürchtet, von den meisten sicher mit Hoffnung begrüßt, jedoch von Anfang an von großen Enttäuschungen begleitet war und zu schwerwiegenden Konflikten führte. Dieser allgemeine Übergang vom Mittelalter zur Neuzeit, vom Ständestaat zum Absolutismus, von der türkischen zur österreichischen Herrschaft macht die Probleme der Geschichte Siebenbürgens im 17. Jahrhundert so verworren und schwierig.

Wir bringen vielleicht am ehesten Klarheit in diese komplexen Probleme, wenn wir die Ursachen des Kronstädter Bürgeraufstandes von 1688 in drei Richtungen suchen:
– erstens in den sozialen Spannungen innerhalb der Stadt,
– zweitens in dem Kampf der Kronstädter Bürgerschaft um ihre althergebrachten Rechte und Freiheiten, und
– drittens in dem Widerstand gegen die heranrückende kaiserliche Macht.

Im Verlauf der Untersuchung wird sich herausstellen, wie sich im Kronstädter Bürgeraufstand revolutionäre Tendenzen mit streng konservativen Anschauungen in eigenartiger Weise mischen.

1. Sozialen Spannungen

Leider fehlen historische Vorarbeiten (sowohl was die soziale Zusammensetzung der Stadtbevölkerung als auch was die verfassungsrechtliche Entwicklung der Stadt betrifft) als Voraussetzung für die Klärung dieser Probleme fast vollkommen. Wir sind in dieser Beziehung z.T. auf Analogien mit der mittelalterlichen deutschen Stadt im Allgemeinen sowie der siebenbürgischen Städte im besonderen angewiesen[1]).

Die romantische These des 19. und beginnenden 20. Jahrhunderts, derzufolge in der sächsischen Nation Siebenbürgens „keiner Herr und keiner Knecht" gewesen sei, ist heute einer kritischen Beurteilung der wirklichen sozialen Verhältnisse gewichen. Während die frühere Forschung nur den Kronstädter „Bürger" kannte, der als Hausbesitzer im vollen Besitze aller bürgerlichen Rechte war, läßt uns die eingehendere Untersuchung innerhalb dieses „Bürgertums" große materielle, soziale und rechtliche Unterschiede erkennen. Wir gehen wohl nicht fehl, wenn wir die soziale Schichtung, die die neueste deutsche Forschung für die deutsche Stadt im Mittelalter annimmt, nämlich das Patriziat, die Handwerker und die sog. „Mitwohner", auch für die siebenbürgischen Städte gelten lassen [2]). In klassischer Weise hat bereits Friedrich Engels in seinem „Deutschen Bauernkrieg" die soziale Struktur der deutschen mittelalterlichen Stadt analysiert. Die Dreiteilung der städtischen Bevölkerung, die er für den Anfang des 16. Jahrhunderts angibt, trifft für Kronstadt in so überraschender Weise noch auf die Verhältnisse des späten 17. Jahrhunderts zu, daß wir sie an den Anfang unserer Untersuchungen stellen wollen.

Engels unterscheidet:
1.) „Die patrizischen Geschlechter, die sogenannte „Ehrbarkeit" ..., die reichsten Familien. Sie allein saßen im Rat und in allen städtischen Ämtern. Sie verwalteten daher nicht nur die Einkünfte der Stadt, sie verzehrten sie auch ... Sie exploitierten sowohl die Stadtgemeinde wie die der Stadt untertänige Bauern auf jede Weise [3]). Sie trieben Wucher in Korn und Geld,

---

[1]) Als wertvolle Vorarbeit in dieser Beziehung muß das sehr gründliche Werk von G. E. Müller, Stühle und Distrikte als Unterteilungen der Siebenbürgisch-Deutschen Nationsuniversität 1141 – 1876, Hermannstadt 1941, betrachtet werden.

[2]) Siehe Hans Planitz, Die deutsche Stadt im Mitttelalter, 1965. Die 4. Gruppe, die Planitz für die deutsche Stadt angibt, die Juden, fehlt in der mittelalterlichen sächsischen Stadt Siebenbürgens. Dafür gibt es in Kronstadt die Gruppe der außerhalb der Stadtmauer lebenden nichtdeutschen, hauptsächlich rumänischen Bevölkerung, die das Bürgerrecht nicht besaß, aber für die Lasten der Stadt weitgehend mit herangezogen wurde.

[3]) In Kronstadt gilt das für die der Stadt untertänigen Gemeinden.

oktoyierten sich Monopole aller Art, entzogen der Gemeinde nacheinander alle Anrechte auf Mitbenutzung der städtischen Wälder und Wiesen und benutzten diese direkt zu ihrem eigenen Privatvorteil ... trieben Handel mit Zunftprivilegien, Meisterschafts- und Bürgerrechten und mit der Justiz."
2.) „Die bürgerliche Opposition ... umfaßte die reicheren und mittleren Bürger ... Ihre Forderungen hielten sich rein auf verfassungsmäßigem Boden. Sie verlangten die Kontrolle über die städtische Verwaltung und einen Anteil an der gesetzgebenden Gewalt, sei es durch die Gemeindeversammlung selbst oder durch eine Gemeindevertretung, großer Rat, Gemeindeausschuß [4]); ferner Beschränkung des patrizischen Nepotismus und der Oligarchie einiger weniger Familien, die selbst innerhalb des Patriziats immer offener hervortrat ... Diese Partei ... hatte in allen ordentlichen Gemeindeversammlungen und auf den Zünften die grosse Majorität".
3.) „Die plebejische Opposition bestand aus den heruntergekommenen Bürgern und der Masse der städtischen Bewohner, die vom Bürgerrecht ausgeschlossen war; den Handwerksgesellen, den Tagelöhnern und den zahlreichen Anfängen des Lumpenproletariats, die sich selbst auf den untergeordneten Stufen der städtischen Entwicklung vorfinden ... Die Menge von Leuten ohne bestimmten Erwerbszweig oder festen Wohnsitz wurde gerade damals sehr vermehrt durch das Zerfallen des Feudalismus in einer Gesellschaft, in der noch jeder Erwerbszweig, jede Lebenssphäre hinter einer Unzahl von Privilegien verschanzt war."[5]).

Inwieweit finden diese drei von Engels so klar unterschiedenen Schichten der städtischen Bevölkerung im mittelalterlichen Kronstadt ihre Entsprechung?

Ein kurzer Überblick über die wirtschaftliche Entwicklung der Stadt erlaubt uns Schlüsse zu ziehen auf ihre soziale Struktur. Kronstadt, am Schnittpunkt zahlreicher Pässe gelegen, die von Siebenbürgen aus über die Ost- und Südkarpaten führten, hatte eine ideale Lage als Umschlagplatz für den Fernhandel. So erscheint uns Kronstadt, im 13. Jahrhundert gegründet, bereits im 14. Jahrhun-

---

[4]) In Kronstadt war es die Hundertmannschaft.
[5]) Friedrich Engels, Der Deutsche Bauernkrieg, Berlin, 1951, S. 45 - 48.

dert als eine blühende Handelsstadt. Aus einer Reihe von Handelsprivilegien, die die Stadt einerseits von den ungarischen Königen, andererseits von den rumänischen Fürsten der Walachei und Moldau im 14. und 15. Jahrhundert erhielt [6]) geht sowohl die Ausdehnung als auch der Umfang des Kronstädter Fernhandels hervor. Von Wien, Ofen/Buda und Zara am Adriatischen Meer im Westen, von Polen im Norden über die Moldau und Walachei, die Donau- und Schwarzmeer-Häfen dehnten sich die Handelsbeziehungen der Kronstädter Kaufleute bis in den vorderen Orient. Eine besondere Bedeutung für Kronstadt hatte der Handel mit den beiden rumänischen Fürstentümern der Moldau und der Walachei, der sich aber nicht nur auf einen Austausch der Waren innerhalb der benachbarten Länder beschränkte, sondern zum größten Teil ein Transithandel war. In dem Handelsprivileg, das Mircea der Alte, Fürst der Walachei, 1413 Kronstädter Kaufleuten verlieh, werden unter den angeführten Waren außer eigenen Kronstädter Erzeugnissen eine große Menge ausländischer Waren erwähnt, von feinen französischen Tuchen aus Ypern bis zu Pfeffer, Baumwolle oder Kamelhaarstoffen, die von „jenseits der Meere" gebracht wurden [7]).

Dieser Fernhandel großen Maßstabs bildete die wirtschaftliche Grundlage für die Entstehung eines starken und unternehmenden Kaufmannsstandes, der sich im 14. und 15. Jahrhundert, analog der Entwicklung in Mittel- und Westeuropa, zur städtischen Führungsschicht, dem sogenannten Patriziat, zusammenschloß. Als Blütezeit des Kronstädter Fernhandels und demzufolge der sozialen Stellung des Kronstädter Patriziats kann das Ende des 15. und der Beginn des 16. Jahrhunderts angesehen werden.

Weniger Bedeutung, sowohl wirtschaftlich als auch politisch – obwohl zahlenmäßig in der großen Mehrheit – hatte in den ersten Jahrhunderten der Geschichte der Stadt der Handwerkerstand, der ganz unter der Vormundschaft des Patriziats stand. Da nun aber vor allem im Warenaustausch mit den benachbarten rumänischen Fürstentümern der Absatz Kronstädter Handwerkserzeugnisse eine

---

[6]) 1353 von Ludwig von Ungarn, 1368 von Vlaicu Vodă, Fürst der Walachei, 1395 von Sigismund von Ungarn, 1413 von Mircea dem Alten, Fürst der Walachei usw. Vgl. zum folgenden Überblick auch die Seiten 34-91.
[7]) Siehe Constantin Giurescu, Transilvania în istoria poporului român, București 1967, S. 71 f.

immer größere Rolle zu spielen begann, beobachten wir seit dem 15. Jahrhundert eine steigende wirtschaftliche Bedeutung des Handwerkerstandes, die sich selbstverständlich auch politisch innerhalb der Stadtgemeinde auswirken mußte.

Das 16. Jahrhundert brachte wie für den ganzen Südosten Europas so auch für die Stadt Kronstadt schwerwiegende wirtschaftliche Veränderungen. Durch die großen geographischen Entdeckungen verlagerte sich das Schwergewicht der europäischen Handelszentren stärker nach Westeuropa. Dazu wurden durch den türkischen Vorstoß die Handelswege nach dem Orient zum großen Teil unterbrochen, während sich für Siebenbürgen, seit es nach 1542 zum türkischen Herrschaftsbereich gehörte, auch die Handelsbeziehungen nach dem Westen wesentlich lockerten. Die großen Zeiten für den sächsischen Kaufmann der siebenbürgischen Städte war vorbei. Die Handelsbeziehungen der Stadt Kronstadt beschränkten sich immer mehr auf den Warenaustausch zu den beiden benachbarten rumänischen Fürstentümern, die auch politisch in der selben Lage waren wie Siebenbürgen. Aber in diesem Handel nahm nun der griechische und allmählich auch der rumänische Kaufmann die führende Stellung ein. 1678 wurde in Kronstadt eine griechische Handelskompanie gegründet, der auch rumänische Kaufleute angehörten.

Trotzdem hielt sich in den sächsischen Städten Siebenbürgens das Patriziat als führende Oberschicht, ja es schloß sich vielleicht noch mehr als früher nach unten ab. So bestand es im 17. Jahrhundert aus einigen reichen Geschlechtern, deren Vermögen vor allem im Hausbesitz in der Stadt und Grundbesitz außerhalb der Stadt, und deren Einkünfte vor allem in der „Exploitierung" – wie Engels sagt – der städtischen Einnahmen bestanden, was dadurch möglich war, daß sie sich gegenseitig alle wichtigen Ämter in der Stadt zuschanzten [8]. Wir müssen annehmen, daß gerade der Verlust ihrer wirtschaftlichen Basis – des Orienthandels – der sie eigentlich zu Schmarotzern an der Stadtgemeinde machte, viel zur inneren Zersetzung dieser Schicht beigetragen hat, wie aus der erschreckenden Demoralisierung hervorgeht, die wir gerade im 17. Jahr-

---

[8]) Über diese Veränderung im Wirtschaftsleben der sächsischen Städte vgl. Gustav Gündisch, Soziale Konflikte in Hermanstadt um die Mitte des 17. Jahrhunderts, in Forschungen zur Volks- und Landeskunde III, 1960, S. 59 f.

hundert im Patriziat der sächsischen Städte beobachten können. Zwar haben wir in Kronstadt keine Kenntnis von so scheußlichen Verbrechen, wie sie in Hermannstadt anläßlich der Affäre Gottsmeister 1646 oder in Schäßburg anläßlich der Verurteilung des Bürgermeisters Johann Schuller von Rosenthal aufgedeckt wurden, oder wie sie die traurigen Ereignisse zeigen, die 1703 zur Verurteilung des Sachsengrafen Sachs von Harteneck führten. Wir lernen hier diese städtische Oberschicht als eine erschreckend korrupte Gesellschaft kennen, die vor keinem Verbrechen zurückschreckt, beginnend bei der Veruntreuung öffentlicher Güter bis zu Falschmünzerei und Mord. Aber auch in Kronstadt behauptet sich eine Gruppe von Familien an der Führung, deren Führungsanspruch nicht mehr – wie früher – auf der Bedeutung ihrer wirtschaftlichen Leistung für die Stadt beruhte. Daß auch in Kronstadt diese Schicht versuchte, den Rahmen des bürgerlichen Lebensstils zu sprengen, zeigen die zahlreichen Kleiderordnungen, die im 17. Jahrhundert meist von der Hundertmannschaft erlassen und vom Patriziat nicht eingehalten wurden.

Weniger betroffen von der Veränderung der wirtschaftspolitischen Verhältnisse im 16. und 17. Jahrhundert war der Handwerkerstand der sächsischen Städte. Dank der Güte seiner Erzeugnisse hatte er seine wirtschaftliche Stellung behauptet und durch die Handelsbeziehungen mit den beiden benachbarten Fürstentümern Moldau und Walachei in gewißer Weise auch noch vermehrt. Aber der durch den Zunftzwang organisierte Produktionsprozeß machte im Mittelalter eine übermäßige Bereicherung und Anhäufung von Vermögen für diesen Berufszweig unmöglich. So behielt das sächsische Handwerkertum auch im 17. Jahrhundert die Stellung des begüterten Mittelstandes, die es in früheren Jahrhunderten innegehabt hatte.

Wir können also auf Grund der wirtschaftlichen Verhältnisse im mittelalterlichen Kronstadt die beiden Schichten der städtischen Bevölkerung, das Patriziat und den Handwerkerstand, nachweisen. Aus den Quellen ist dieser Unterschied freilich nicht immer klar ersichtlich. Beide Gruppen erscheinen in städtischen Urkunden unter der gemeinsamen Gruppe der „Bürger" oder „Hauswirte", als derjenige Teil der Stadtbevölkerung, der auf Grund des Hausbesitzes in der Stadt im vollen Besitze der bürgerlichen Rechte war. Eine nähere Untersuchung laßt und jedoch erkennen, daß es sich dabei um zwei in ihren Berufsinteressen, Besitzverhältnissen und in dem Führungsanspruch der Stadtangelegenheiten deutlich voneinander unterschiedene Gruppen handelt.

Leider fehlen für Kronstadt auch die Vorarbeiten, die die Vermögensverhältnisse innerhalb der Stadtbevölkerung beleuchten. Gerade für die Zeit von 1688 aber besitzen wir zwei Dokumente, die den großen Vermögensunterschied zwischen den beiden obengenannten Gruppen beleuchten. Es handelt sich um zwei Teilungsprotokolle, wie sie anläßlich von Erbschaftsfällen vom Rat der Stadt aufgezeichnet wurden. Beide beziehen sich auf zwei uns aus den Ereignissen von 1688 wohlbekannte Persönlichkeiten, den 1690 verstorbenen Ratsherrn Stephan Letz und den 1689 hingerichteten Stefan Beer. Nach diesen Protokollen hinterläßt Stephan Letz, der außer der Stellung des Schloßhauptmannes noch verschiedene andere Ämter, wie Spitalsherr und Brunnenherr bekleidet hatte [9]), seinen Erben allein an Liegenschaften zwei Häuser am Kühmarkt, das eine im Werte von 1500 fl., das andere im Werte von 500 fl., ein Haus in der Purzengasse im Werte von 1000 fl., dazu drei Meierhöfe, einen Weingarten, einen Biengarten sowie noch 8 kleinere Grundstücke; außerdem werden neben zahlreichen anderen Hinterlassenschaften noch eine gute Kutsche, zwei große Wagen, zwei kleine Wagen, Vieh usw. verzeichnet, die erlauben, auf den Lebensstil dieses Herrn Schlüsse zu ziehen [10]). Stefan Beer dagegen, der doch immerhin Vorstand der Schusterzunft, also ein angesehener Handwerker war, hinterläßt nach seinem Tode nur ein kleines Haus in der Burggasse im Werte von 250 fl., dazu noch einige Habschaften wie kupferne und eiserne Kessel, Schüsseln und Pfannen, einige Zinngefäße, ein Büchsenrohr, einige Spieße und etliche Kleidungsstücke, darunter einen Mantel, einen „Kirschen" (Kirchenpelz), ein Bettgewand u.a., dieses alles zusammen mit dem Haus im Werte von 352,41 fl.[11]).

Diese Vermögensunterschiede machen selbstverständlich, daß – wie schon G.D. Teutsch feststellt – innerhalb der vollberechtigten

---

[9]) Siehe Friedrich Stenner, Die Beamten der Stadt Brassó (Kronstadt) von Anfang der städtischen Verwaltung bis auf die Gegenwart, Kronstadt, 1916, S. 90.

[10]) Divisoriats-Protokoll 1681–1702 im Staatsarchiv Kronstadt, S. 331.

[11]) Staatsarchiv Kronstadt, Fondul Primăria Braşov, Seria acte judecătoreşti, 1689.

Bürgerschaft der sächsischen Städte sich im 17. Jahrhundert „die kläglichste Spaltung zwischen ‚Herrn‘ und ‚Bürgern‘" herausbildete, daß sich „eine Geschlechterherrschaft, ein Patriziertum" entwickelte, „das ... fast alle Macht in Händen hatte, mit unbürgerlichem Stolz eines bevorzugten Standes auf das ‚Volk‘ herabsah, den Schnitt des Kleides, ja selbst den Rang in der Hundertmannschaft nach Stamm und Abkunft festsetzte, und im Besitz so großer Amtsgewalt der notwendigen Schranken und Beaufsichtigung nach oben und unten fast enthoben, diese leider zu vielfacher Ungesetzlichkeit und schwerer Bedrückung der Bürger in Stadt und Land mißbrauchte"[12]).

Diesen beiden besitzenden und – im Prinzip – politisch berechtigten Gruppen der städtischen Bevölkerung, den „Bürgern" oder „Hauswirten", stand die dritte Gruppe gegenüber, die sowohl des Besitzes als auch der politischen Rechte innerhalb der Stadtgemeinde entbehrte. Gerade diese Gruppe ist in der bürgerlichen Geschichtsschreibung arg vernachlässigt, wenn nicht ganz verschwiegen worden. Sie tritt uns jedoch in den Quellen in verschiedenster Form entgegen. Zu ihnen gehörten auch die ständig in der Stadt wohnenden, also auch in den Volkszählungen und Steuerregistern aufgenommenen Einwohner, die aber nicht Hausbesitzer waren, daher auch keinerlei bürgerliche Rechte in der Stadt besaßen. Diese werden in den Quellen als „Seddler" oder „inquilini" den „Hauswirten" oder „hospites" gegenüber gestellt [13]). Sie machten um das Jahr 1500 in Hermannstadt etwa ein Fünftel der Stadtbevölkerung aus[14]), in Kronstadt schwanken die Zahlen, sie können etwa auf ein Zehntel oder mehr geschätzt werden[15]). Es gehörten zu ihnen die Menge der Handwerksgesellen, die z.T. nicht in die Zünfte aufgenommen worden waren, z.T. sich auch nur auf der Wanderschaft vorübergehend in der Stadt aufhielten. Wir kennen sie unter der Bezeichnung „Schuhknechte", „Knechte" oder „Gesellen"[16]), als am Aufstand von 1688 wesentlich beteiligte

---

[12]) G. D. Teutsch, Sachsengeschichte I (s. Anm. 5, S. 520), S. 526.
[13]) G. E. Müller, a.a.O. S. 73.
[14]) Gustav Gündisch, Der Hermannstädter Aufstand des Jahres 1556, in: Forschungen zur Volks- und Landeskunde, I., 19 , S. 87.
[15]) Demény Lajos, Az 1437-38-as bábolnai népi felkelés [Der Volksaufstand von Babolna/Bobîlna 1437/38], Bukarest 1960, S. 24.
[16]) Alzner, a.a.O., Quellen VII, S. 580, 582.

Gruppe. Es gehörten weiter dazu verschiedene Tagelöhner und Dienstleute, die sich nicht ständig in der Stadt aufhielten[17]) oder die außerhalb der Stadtmauern ihren Wohnsitz hatten. In Kronstadt wurde 1606 eine Verordnung erlassen, die 1647 erneuert wurde, „daß alle Müßiggänger und Lumpengesindel von der Stadt soll hinweggetrieben werden ... so sich in der Altstadt aufhalten, und auch sonst viel verlaufenes Volk allhier sich menget"[18]). Die „plebejische Opposition", die „Anfänge des Lumpenproletariats", von denen Engels spricht, zeichnen sich hier klar ab[19]).

Im Verlauf des Bürgeraufstandes von 1688 treten, wie wir gesehen haben, alle drei dieser oben genannten Gruppen in Aktion, in ihren Interessen und Triebkräften klar voneinander unterschieden.

Aus dieser sozialen Differenzierung innerhalb der Stadtbevölkerung ergaben sich nun, wie ebenfalls aus der Geschichte der deutschen Stadt bekannt ist, eine Reihe von inneren Spannungen und Auseinandersetzungen, die schließlich im 16. Jahrhundert in einzelnen Städten in großen und blutigen Zusammenstößen gipfelten. Wir erinnern nur an die bekanntesten in Köln 1513 und Wien 1522, die in der siebenbürgischen Geschichte im großen Aufstand von Hermannstadt von 1556 ihre Entsprechung fanden[20]). Daß es in Kronstadt an derartigen Spannungen im 16. Jahrhundert nicht gefehlt hat, beweist die von Thomas Tartler überlieferte Nachricht: „1528 werden Sigismund Gross, Schmied und Martinus Maurer und Georg Reichesdörffer wegen einem Aufruhr, den sie in Kronstadt wider den Magistrat erreget, zu Ostern geköpft"[21]).

---

[17]) Gündisch, a.a.O., Forschungen I, S. 87.
[18]) J. Trausch, „Übersichtliche Darstellung der älteren Gemeinde-Verfassung der Stadt Kronstadt", Kronstadt 1865, S. 9, S. 24.
[19]) Welche Rolle diese Gruppe in Hermannstadt spielte, geht aus den oben genannten beiden Aufsätzen von Gündisch, Forschungen I. S. 75 ff und III. S. 57 ff, hervor.
[20]) Siehe Istoria României II, S. 895 f, und Gustav Gündisch, a.a.O., Forschungen I, S. 75 ff.
[21]) Collectanea zu einer Particulär-Historie von Cronstadt, im Archiv der Schwarzen Kirche zu Kronstadt, Tq 100, S. 423. Die von S. Goldenberg aufgezeigten Unruhen von 1557, hervorgerufen von einem gewißen Georg Kürschner, scheinen uns in ihren Motiven noch zu wenig geklärt, als daß wir darin, wie Goldenberg es tut, einen „Aufstandsversuch" anneh-

Daß sich diese Spannungen in den siebenbürgischen Städten im 17. Jahrhundert noch weiter steigerten, ja erst richtig zum Ausdruck kamen, beweisen die großen Unruhen in Hermannstadt von 1645 – 1646 im Zusammenhang mit der Affäre Gottsmeister[22]) und eben der Aufstand der Kronstädter Bürger von 1688.

Da es in eben diesen Kämpfen vor allem um die Beteiligung der einzelnen Gruppen an der Regierung der Stadt ging, ist es notwendig, auf die verfassungsmäßige Entwicklung Kronstadts kurz hinzuweisen.

Kronstadt besaß auf Grund seiner von den ungarischen Königen ausgestellten Privilegien das Selbstverwaltungsrecht, das in der großen Urkunde Ludwig II. von Ungarn aus dem Jahre 1353 bereits als die „früheren und althergebrachten Freiheiten" bezeichnet wird. Nach dieser stand der Spitze der Stadt ein Richter oder Landgraf (iudex sive comes terrestris), „den sie selbst [die Kronstädter Bürgerschaft] nach ihrem eigenen Willen gemeinsam zu wählen haben"[23]). Ihm zur Seite stand, wahrscheinlich auch seit den ältesten Zeiten, ein Rat von Geschworenen und Ältesten, der 1358 unter der Bezeichnung „iruati cives" zum erstenmal urkundlich erwähnt wird[24]). Dieser Körperschaft, die in späterer Zeit Rat, Senat und Magistrat genannt wurde, oblag die gesamte Verwaltung der Stadt, die Gesetzgebung und Gerichtsbarkeit, die Wehr- und Steuerhoheit, die Aufsicht über die öffentliche Ordnung sowie die Vertretung nach außen[25]). Die Zahl der ‚Ratsherren', ‚Senatoren' oder ‚Weise Herren' genannten Mitglieder des Rates scheint in Kronstadt geschwankt zu haben; 1397 waren es 16[26]), 1524 und 1525

---

men möchten; siehe Samuel Goldenberg, Brașovul la mjilocul secolului al XVI-lea și încercarea de răzvrătire din 1557, in: Buletinul Universităților N. Babeș și Bolyai, Cluj, Bd. I, s. 201 – 215.

[22]) G. D. Teutsch, Sachsengeschichte I, S. 413 ff., und Gündisch, a.a.O., Forschungen III, S. 57 ff.

[23]) Zimmermann-Werner-Müller, Urkundenbuch zur Geschichte der Deutschen in Siebenbürgen, Hermannstadt 1897, II. Band, S. 94.

[24]) Ebenda.

[25]) Gernot Nussbächer, Scurtă privire asupra instituților administrative ale sașilör din Transilvania [kurzer Überblick über die Verwaltungseinrichtungen der Sachsen in Siebenbürgen], Manuskript im Staatsarchiv von Kronstadt, 1965, S. 13 ff. Vgl. dazu das Kapitel 'Der Stadtrat' in Hans Planitz, a.a.O., S. 297 ff.

[26]) Urkundenbuch III, S. 175.

werden bloß 12 erwähnt[27]), im 17. Jahrhundert waren es 18. Die obersten Beamten der Stadt, der Stadtrichter und der Stadthann oder Quaestor, sowie der Stadtrat wurden jährlich von der Bürgerschaft gewählt, wie aus einem Freibrief hervorgeht, den König Sigismund 1428 der Stadt verlieh[28]).
Diese alte Stadtverfassung ist gegen Ende des 15. Jahrhunderts abgeändert worden. Es spricht sich darin die steigende Bedeutung des Handwerks im wirtschaftlichen Leben aus, die mit einer Steigerung des Ansehens der Handwerker innerhalb der Stadtgemeinde zusammenhing. Ebenso wie in den Städten Deutschlands im 14. und 15. Jahrhundert verlangte auch in Siebenbürgen der in Zünften organisierte Handwerkerstand die Mitbeteiligung an der Regierung der Stadt[29]). Daß diese Forderung wie in Deutschland in der Form von „Zunftkämpfen" auftrat, ist aus den Quellen nicht zu ersehen. Vielmehr scheint man sich in den Städten Siebenbürgens für eine Lösung entschieden zu haben, die in den übrigen ungarländischen Städten bereits früher gefunden worden war, nämlich die Begründung eines erweiterten Rates, Hundertmannschaft oder Kommunität genannt. Diese Körperschaft ist für die Städte Hermannstadt und Kronstadt am Ende des 15. Jahrhundserts belegt[30]). Durch sie, die aus den Reihen der Führer des Handwerkerstandes zusammengesetzt war, erhielten diese Schichten der städtischen

---

[27]) G. E. Müller, a.a.O., S. 60

[28]) „... quod communitates ... civitatis Brassouiensis ... habeant plenam et omnimodam facultatem eligendi sibi plebanos, iudices, villicos et consules, prout eis visum fuerit consilio omnium praematuro praecedente, nec aliquis ex incolis virtute iuvaminus amicorum suorum praesumat se tali electioni opponere, aut ipsam quovis modo impugnere, sed electio per maiorem partem communitatis facta, rata et valida habeatur", Gustav Gündisch, Urkundenbuch IV, Hermannstadt 1937, S. 366.

[29]) Vgl. Alois Meister, Deutsche Verfassungsberichte von den Anfängen bis ins 15. Jahrhundert, 1922, S. 180, und Planitz, a.a.O., S. 325 ff. Für die siebenbürgischen Städte siehe Ştefan Pascu, Voievodatul Translivaniei I, Cluj 1971, S. 242 f.

[30]) G. E. Müller, a.a.O, S. 76. Für Kronstadt siehe Decretale Coronensium 1555, Abschrift in Joseph Trausch: Collectanes zu einer Particulär Historie von Cronstadt, 2. Band, 1820, S. 44. In Klausenburg ist die Hundertmannschaft bereits 1458 erwähnt, siehe Ştefan Pascu – Viorica Marica, Clujul medieval, Bucureşti 1969, S. 26–27.

Bevölkerung, als Gegengewicht gegen das damals bereits gut entwickelte Patriziat, ein gewisses Mitregierungsrecht.

In Kronstadt hatte – wie aus den Quellen hervorgeht – die Hundertmannschaft seit 1520 das Recht, jährlich die beiden obersten städtischen Beamten, den Stadtrichter und den Stadthann, aus den Reihen der Mitglieder des Rates zu wählen. Weiter wird die Kontrolle der Rechnungsführung der oberen Stadtbeamten und die Beteiligung an der Besteuerung der Bürger als ausdrückliches Recht der Hundertmannschaft erwähnt[31]. 1614 wurden in einem Bescheid der Sächsischen Nationsuniversität die Aufgaben der Hundertmannschaft wie folgt umrissen: Sie sei „eine Vertretung des Gemeinwesens, die da inspizieren, damit Recht und Gerechtigkeit geübt und so vielleicht etwas Ungebührliches zu gemeinem Schaden gereichen wird, zuschauen, daß sie cum debito honore solches widersprechen, damit keiner seiner Autoritaet zwischen den Amtsleuten missbrauche"[32].

Durch diese Veränderungen in der Stadtverfassung, die sich am Ende des 15. Jahrhunderts zugetragen zu haben scheinen, wurde allerdings eine völlige Umschichtung in der Beteiligung am Stadtregiment vorgenommen; denn durch die Schaffung der Hundertmannschaft und die Heranziehung der führenden Handwerkerkreise wurde die Gesamtgemeinde von der Mitbestimmung an den öffentlichen Angelegenheiten ausgeschlossen. Das alte Recht, die obersten Stadtbeamten und den Rat zu wählen, ging ihr verloren; die Hundertmannschaft kann aber nicht als direkte Vertretung der Gemeinde angesprochen werden, da sie nicht von ihr in Urwahl gewählt, sondern ihre Mitglieder vom Rat – 25 aus jedem Stadtviertel – für lebenslänglich ernannt wurden[33]. Der Rat aber ergänzte sich hinfort selber jährlich aus den Reihen der Hundertmannschaft.

Wenn wir also durch diese Veränderungen einerseits eine wachsende Einflußnahme des Handwerkerstandes auf das Stadtregiment beobachten können, so müssen wir andererseits doch feststel-

---

[31]) Decretale Coroenensium, a.a.O., S. 42, S. 45; J. Trausch, Übersichtliche Darstellung ..., S. 6, S. 10; G. E. Müller, a.a.O., S. 60, S. 91, S. 94 f.

[32]) Friedrich Schuler v. Libloy, Siebenbürgische Rechtsgeschichte, Hermannstadt 1855, Bd. I, S. 436 – 439; G. D. Teutsch, Sachsengeschichte I, S. 519.

[33]) G. E. Müller, a.a.O., S. 77.

len, daß es dem Patriziat gelungen war, seine Schlüsselstellung in der Führung der Stadt zu behaupten. Der Rat hatte auch weiter die eigentliche Leitung der Stadt; nur aus seinen Reihen durften der Stadtrichter und der Stadthann gewählt werden; er ernannte die Mitglieder der Hundertmannschaft, aus deren Reihen er sich dann selbst ergänzte. Im 16. Jahrhundert – 1555 – stand der Hundertmannschaft noch ein gewisses Mitbestimmungsrecht bei der Ergänzung des Rates zu[34]); dieses Recht ist jedoch im 17. Jahrhundert verlorengegangen.

Überhaupt gelang es im 17. Jahrhundert dem Patriziat der sächsischen Städte, seine in gewissem Sinne ins Wanken geratene Stellung wieder zu befestigen, vor allem, wie wir schon gesehen haben, durch die Monopolisierung der führenden Beamtenstellen der Stadt. Trotz der Hundertmannschaft blieben die Zünfte von der eigentlichen Leitung der öffentlichen Angelegenheiten ausgeschlossen, ja es bestand die Gefahr, daß die Hundertmannschaft, als Kontrollorgan des Rates gedacht, zu ihrem Werkzeug wurde. Denn obwohl der Ausschluß aus der Hundertmannschaft an ganz bestimmte Vergehen gebunden war[35]), wurde diese Bestimmung durch die Praktiken der patrizischen Kreise auch willkürlich übertreten, wie z.B. der Ausschluß der beiden Hundertmänner Kaspar Kreisch und Stefan Beer zu Weihnachten 1687 beweist, der auf Betreiben des Stadtrichters Michael Filstich erfolgte[36]).

Nun ließ sich freilich der freie Bürgerstolz des sächsischen Handwerkers nicht so leicht unterdrücken. Durch das ganze 17. Jahrhundert blieb den Hundertmannschaften der sächsischen Städte das Bewußtsein ihrer Stellung und Aufgabe erhalten. Es war nicht zu vermeiden, daß sich dadurch ein Gegensatz gegen den Rat entwickelte, der sich zunächst in zahlreichen Klagen und Eingaben, dann aber in Hermannstadt und in Kronstadt in blutigen Aufständen Luft machte. Die „Postulata" der Hermannstädter Hundertmannschaft sind erhalten und zeigen, worin der Gegensatz dieser beiden

---

[34]) „Doch mit Bewilligung der Gemein sollen auch die andern Ratsherren, so noch gebrechen, erwählet werden". Decretale Coronensium, a.a.O., S. 42.
[35]) G. E. Müller, a.a.O., S. 81 f.
[36]) Benckner, a.a.O., Quellen VI, S. 280, Marcus Fronius, a.a.O., Quellen VI, S. 441.

Körperschaften bestand[37]). In Kronstadt aber gestatten uns die Protokolle der Hundertmannschaft, die vom Jahre 1602 an erhalten sind, einen Einblick in diese Auseinandersetzungen[38]). Leider fehlen diese Protokolle gerade für die Jahre vor dem Bürgeraufstand von 1688. Einen Ersatz dafür bieten die Berichte Paul Benckners, der, 1682 in die Hundertmannschaft aufgenommen, von diesem Jahr an bis 1698 die Beschlüsse dieser Behörde gewissenhaft verzeichnet[39]). Obwohl er selber einer wohlhabenden patrizischen Familie angehörte[40]), spiegeln sie doch die Stimmung der Kronstädter Hundertmannschaft wider. Sie sind uns eine wertvolle Hilfe bei der Untersuchung der Ursachen des Bürgeraufstandes von 1688, da sie uns direkt in die Gegensätze einführen, die kurz vor Ausbruch des Aufstandes zwischen dem Rat als der Vertretung der Patrizier und der Hundertmannschaft als Vertretung des Handwerkerstandes aufklafften.

Die Rechtsverletzungen und Mißbräuche, deren der Rat sich bei der Wahl der obersten Beamten, bei der Ergänzung des Rates und der Hundertmannschaft zuschulden kommen ließ, werden hier ganz offen gebrandmarkt. So hören wir 1686, daß der Rat sich nicht aus den Mitgliedern der Hundertmannschaft ergänzte und seine Zahl widerrechtlich erhöhte. „Letztlich peccierten ein amplissimus senatus im Borgermachen[41]) auf zweierlei Weis, erstlich dass sie

---

[37]) G. D. Teutsch, Sachsengeschichte I, S. 521 f; Gündisch, a.a.O., Forschungen III,S. 61.

[38]) Acta et Decreta Centumvirorum Coronensis, im Staatsarchiv Kronstadt.

[39]) Consignation aller der Sachen, davon so oft er aufm Rathaus als ein Mitglied der löblichen Communität zugegen gewesen, traktiert worden ist, Quellen VI, S. 275 ff.

[40]) Paul Benckner (1653 – 1719) war der Sohn eines 1667 verstorbenen Ratsherren, 1688 besaß er mit seiner Mutter zusammen 2 ansehnliche Häuser in der Klostergasse, er war der Schwager des Senators Valentin Igel. Sein Beruf war der eines Weinhändlers, der ihn auf ausgedehnte Geschäftsreisen in das siebenbürgische Weinland und in die Walachei führte, 1711 – 1717 war er selber Senator, 1719 wurde er zum Wortmann der Hundertmannschaft gewählt, starb aber kurz darauf. Über sein Leben siehe Quellen IV, S. LXVI ff., Friedrich Stenner, a.a.O., S. 11. Über seinen Hausbesitz vgl. die Steuerregister des Quartals Katharina im Staatsarchiv von Kronstadt, S. 293.

[41]) Wahl der Ratsherrn.

wider die alte löbliche Constitutiones einen Freund oder Schwager des Herrn Doctoris Hermanni einnehmen. Zum andern, dass sie über die völlige Zahl 18 noch den 19. machten. Ja was noch mehr, dass man hören musste, dass das ganze Register der 100 Männer fleissig wäre übersehen worden und keiner erfunden" etc. Ebenso hielt sich der Senat nicht an die gesetzlichen Bestimmungen bei der Ergänzung der Hundertmannschaft. „Item das fürm Jahr gemachte Gestz dass man nämlich keinen ehe denn drei Jahren in Ehestand lebenden in die Hundertmannschaft einziehen solle, würde gebrochen von unseren Weisen Herren denn sie nebst andern ihrer 12 fast mit Jungen procurrieret". Im Jahre 1684 wird festgestellt, daß auch bei der Richterwahl „es laut unser Statut p. 2.I.1 unrecht wäre gehandelt worden". Es geht aus den Eintragungen hervor, daß bei all diesen Mißbräuchen immer wieder die Begünstigung der eigenen Geschlechter mit im Spiel ist.

Es paßt zu diesem Bild, daß auch Marcus Fronius am Ende des 17. Jahrhunderts klagt, daß die Beamtenstellen der Stadt nur an Mitglieder der führenden Patrizierfamilien vergeben wurden, ja daß sie begannen, erblich zu werden[42]. Dasselbe gilt auch für die Bestzung der durch den kirchlichen Zehnten sehr rentablen geistlichen Stellen, die – wie Fronius klagt – an die Mitglieder oder Günstlinge der herrschenden Familien verkauft wurden[43]. So berichtet auch Paul Benckner für das Jahr 1686, daß bei der Wahl des Tartlauer Pfarrers die bestehenden Bedingungen „gebrochen wurden" und „der Herr Jakobus Jekelius, des Herrn Richter Eidam, anstatt Herrn Thomae Graffii zum Tartler Pfarrer erwählet worden".

Weiter wird über die unredliche Berichterstattung und die Unterschlagung städtischer Einnahmen durch die Ratsmitglieder Klage geführt. So wird 1684 verlangt, „der Senat sollte berichten, wohin der so vieler Frembden sich hieher setzenden Insinuationsgeld vor das Bürgerrecht ... komme, und wer es percipiere". 1686 aber finden wir die Eintragung: „Item der Hundertmänner Postulata wurden in dieser argen praktischer, böser und verfluchter Welt auch fast spöttisch abgesagt, insonderheit dieses, daß die Herren Senatores das Lösegeld von denen der Stadt zugehörigen Acker- und Wiesenlandes, item von den Stellen aufm Markt und im Gebäu

---

[42] Markus Fronius, Leben und Schriften, herausgegeben von Julius Gross, Kronstadt 1925, S. 3 f.
[43] Ebenda S. 4.

die vielen Kammern (welches Gebäu in der Zeit nicht den Herrn Senatoribus sondern der Stadt von der gottseligen, daselbst angezeichneter Matron ist verehret worden)[44], nicht unter sich zum Christtag aufteilen, sondern es der Stadt zuwenden sollte. Was ist nicht sonst unzählbar mehr, daß ihrer vielen unwissend verpracticieret wird, aber Gott der ins Verborgene siehet, wird jedem noch seinen Verdienst lohnen".

Angesichts dieser Klagen, die offen gegen den Rat der Stadt erhoben wurden, scheint uns auch das Mißtrauen und der Verdacht, der 1688 gegen den Stadtrichter Michael Filstich erhoben wurde, verständlich, er habe Stadt und Schloß gegen eine hohe Bestechungssumme an die Kaiserlichen verkauft. Seinen Beteuerungen, daß es der Beschluß des Fürsten und des siebenbürgischen Landtags sei, das Schloß zu übergeben, wurde einfach kein Glauben geschenkt. „Kompt, lasset uns nicht diesen Lügen glauben, kompt, wir wollen aufs Schloß"[45], waren die Rufe, die von Anfang an den Vorstellungen der Ratsherren entgegengehalten wurden[46].

Dieser Verdacht scheint uns um so verständlicher, da es, wie aus den Klagen hervorgeht, immer wieder vorkam, daß der Hundertmannschaft über die öffentlichen Belange nicht ehrlich Bericht erstattet wurde. So hören wir 1678 „die 18. Martii wurde die Hundertmannschaft convociert und vom Herrn Judice der Verlauf des Landtags satis prolixe erzählt, doch das Beste ausgelassen".

Im Allgemeinen wird darüber geklagt, daß der Rat sich über die Rechte und Befugnisse der Hundertmannschaft hinwegsetze. So werde z.B. bei der Besteuerung der Bevölkerung, die doch ein Recht der Hundertmannschaft war, willkürlich nach dem Gutdün-

---

[44] Es handelt sich um das 1545 von Apollonia Hirscher, der Witwe des Stadtrichters Lukas Hirscher, der Stadt geschenkte Kaufhaus.
[45] Seyberger, a.a.O., Quellen VII, S. 437.
[46] Friedrich Philippi weist darauf hin, daß ein ähnlicher Fall sich 7 Jahre vorher, 1681, in der freien Reichsstadt Straßburg zugetragen hatte, wo die Bürgerschaft bereit gewesen war, die Stadt gegen die französische Armee zu verteidigen, Der Rat sie aber angeblich gegen eine Bestechungssumme von 300.000 Talern an Ludwig XIV. übergeben hätte. „Die Kunde davon", nimmt Philippi an, „war auch nach Kronstadt gedrungen und hatte den Argwohn des Volkes erregt, auch hier sei die Obrigkeit durch Bestechung gewonnen, Stadt und Schloss an die Teutschen verkauft worden", a.a.O., S. 14.

ken der Beamten vorgegangen. Deshalb forderte die Hundertmannschaft 1684 in einer Eingabe an den Rat unter anderem: „Die Leute sollen aufs neue limitiert werden im Zinsen, damit ein jeder nach Vermögen und nicht nach Gunst der Quartalsherren zinsen möge".

Ein weiterer Umstand, der mit der Besteuerung zusammenhing und zu ständiger Unzufriedenheit Anlaß gab, war die Tatsache, daß nach altem Recht die Ratsmitglieder und städtischen Beamten von der Besteuerung und von allen öffentlichen Lasten befreit waren[47]). Diese Bestimmung wurde von den Ratsherren dazu mißbraucht, ständig neue Beamtenstellen zu schaffen, die dann natürlich mit den Mitgliedern der führenden Geschlechter besetzt wurden, wobei es sich sicher oft nur um eine formale Erfüllung des betreffenden Amtes handelte. So berichtet Benckner 1682, daß die Hundertmannschaft in einer Eingabe an den Rat gefordert habe, „es sollten nicht so viele Zinsbefreiten sein, als: Brucken-Beführer, Steghalter, Pujchtáschen, Szulinár-Führer, Bier-Leutscherer, Morasthalter etc."; 1686 wurde diese Forderung wiederholt mit dem ausdrücklichen Hinweis, „nicht so viele wie vorher, besonders von den vornehmsten und vermöglichsten Leuten" mit diesen Ämtern zu bekleiden.

Diese zahlreichen Beschwerden der Hundertmannschaft bekräftigen die Annahme, die wir oben ausgesprochen haben, daß allmählich, nach Verlust ihrer eigentlichen wirtschaftlichen Basis, die Verwaltung und die Verzehrung der städtischen Einkünfte eine der Haupteinnahmequellen der patrizischen Familien wurde. Einen Beweis dafür liefert der Lebenslauf von Stefan Filstich (1657-1737), dem Sohn des 1688 amtierenden Stadtrichters Michael Filstich, über den wir genau informiert sind. Mit 16 Jahren wurde Stefan Filstich von seinem Vater zu dem befreundeten Goldschmied und Ratsherren Valentin Igel in die Lehre gegeben, wo er nach 4 Jahren „freigesprochen" wurde. nach 4-jähriger Wanderschaft kehrte er

---

[47]) Decretale Coronensium, S. 44 f. Dieses Recht wurde 1526 vom ungarischen König Ludwig II. bestätigt, indem er den Bürgermeistern, Stadtrichtern, Geschworenen und Konsuln (Senatoren) und allen öffentlichen Beamten Steuerfreiheit für ihre Häuser gewährleistete; Siehe G. v. Herrmann und J. H. Benigni v. Mildenburg, Die Grundverfassungen der Sachsen und ihr Schicksal, 1839, S. 34. Vgl. auch G. E. Müller, a.a.O., S. 64 f.

heim und wurde 1682 in die Goldschmiedezunft als Meister aufgenommen. Daß der junge Mann weder in seiner Lehrzeit, noch in seinen Wanderjahren viel gelernt hatte und daß die Aufnahme in die vornehmste Zunft der Stadt nur eine Formsache bzw. eine Geldsache war, beweist die Tatsache, daß er bei seiner Installation außer 48 Gulden – der üblichen Taxe – noch 24 Gulden „Strafe" zahlen mußte, „8 Gulden, weil er 2 Gegenstände von den 3 Meisterstücken nicht gut gemacht hat, 4 Gulden für „Freyschaft", weil er, als er die Meisterstücke gemacht hatte, schon verheiratet war, 12 Gulden, weil er 12 Wochen länger, als die Artikel vorschreiben, an dem Meisterstücke gearbeitet hatte"[48]. Sein Handwerk übte Stefan Filstich weiter nicht mehr aus, sondern trat als Beamter in den Dienst der Stadt. So wurde er 1694 Weinherr, 1696–1708 Senator, 1700–1703 Brunnenherrr, 1702–1705 Zins-Exactor im Quartal Catherinae, 1705–1708 Kastenherr, 1704–1711 Getreide-Inspektor, 1707–1709 Tisztherr in Vladein/Vladeni, 1709–1710 Stadthann, 1711–1714 Bier-Inspektor, 1714–1717 Stadtrichter, 1718–1736 Gubernialrat, 1718–1737 mit einigen Unterbrechungen (also bis zu seinem 80. Lebensjahr – Inspektor auf Törzburg[49]. 1737 ist er gestorben.

Die Befreiung der Ratsherren und städtischen Beamten von jeder Abgabe mochte in normalen Zeiten tragbar sein; in einer Zeit aber, in der der Steuerdruck durch den Krieg und die unerhörten Forderungen der kaiserlichen Armee jedes gewohnte Maß überschritten, konnte die Bevölkerung dieses nicht mehr ruhig hinnehmen. So forderte die Hundertmannschaft nach Bencknerrs Bericht schon 1684, „dass alle Beampten zur Contribution des Zinses (weil er soviel gefallen) 1 Taler geben sollten". In den nächsten Jahren jedoch steigerten sich, wie aus den städtischen Rechnungsbüchern hervorgeht, die Ausgaben der Stadt in ungeahntem Maße weiter. Während 1685 die Jahresausgaben der Stadt noch 36.287,75 Gulden ausmachten[50]), betrugen sie 1686 bereits fast das Doppelte, nämlich 68.283,41 Gulden[51]). Im Jahre 1687 steigerten sie sich auf 75.819,13 Gulden[52]) um schließlich 1688, im Jahre der österreichi-

---

[48]) Quellen, a.a.O., VI, S. XXII f.
[49]) Stenner, a.a.O., S. 39 f.
[50]) Honnenrechnungen, s. 203.
[51]) Ebenda S. 486.
[52]) Ebenda S. 816.

schen Kriegsoperationen in Siebenbürgen und der Bestzung der Stadt, auf 263.445,48 Gulden hinaufzuschnellen, zu welcher Summe der Stadthann die Bemerkung einträgt, daß „diese ungewöhnlich große Summe Geldes hatt müssen herbey geschaffet werden, derer gleichen von erbauhung dieser Statt in einem Jahre gegeben zu seyn schwerlichen zu glauben"[53]). Diese unerhörte Erhöhung der Ausgaben ist den Kontributionen zuzuschreiben, zu denen Fürst Apafi und die Stände sich seit 1686 den Kaiserlichen gegenüber vertraglich verpflichtet hatten. Da der ungarische Adel von jeder Besteuerung befreit war, mußten diese Kontributionen zum großen Teil von den Sachsen, in erster Linie von ihren Städten, aufgebracht werden. Diese Städte sind dadurch finanziell so ruiniert worden und so verschuldet, daß an dieser Verschuldung noch im 18. Jahrhundert Generationen abzutragen hatten.

In Kronstadt verzeichnen ab 1686 die Stadtrechnungen große Ausgaben für das kaiserliche Heer. So mußte die Stadt Ende des Jahres 18.000 Taler, 500 Eimer Korn und 500 Eimer Hafer liefern. „Diese Summe alsobald vom Armut zu exigieren, war unmöglich. Derowegen so wurden Ratsherren, Hundertmänner, alle limitiert und müssen kontribuieren", bemerkt Paul Benckner in seinen Aufzeichnungen. Am 27. Januar 1687 verzeichnen die Stadtrechnungen wieder „zur Befriedigung derer in Maramarosch liegenden Völker 17.122 Gulden"[54]).

Im Folgenden schwollen diese Abgaben lawinenartig an. Infolge des Vertrages, den Apafi und die Stände am 27. Oktober 1687 mit Karl von Lothringen in Blasendorf unterzeichnet hatten, und in dem sie sich zu einer Zahlung von 700.000 Gulden und großen Mengen Lebensmitteln verpflichtet hatten, wurden im November vom Landtag der Stadt neue Abgaben auferlegt. „Die 22. Novembris brachten unsere Weise Herren ausm Landtag den greuligen Anschlag: Vom Kapu fl. 200, welches unserm Distrikt fast fl. 91.000 machet"[55]). Im Januar 1688 mußte die Stadt von neuem große Men-

---

[53]) Ebenda S. 1346.
[54]) Ebenda S. 808.
[55]) Benckner, a.a.O., Quellen VI, S. 280. Am 15. November hatte die Stadt bereits „zur Befriedigung in unserem Land quartierenden teutschen Völker" 10.000 Gulden geschickt, eine Zahlung, die sie am 15. Dezember mit 11.480 wiederholte; Honnenrechungen, S. 815.

Im Folgenden schwollen diese Abgaben lawinenartig an. Infolge des Vertrages, den Apafi und die Stände am 27. Oktober 1687 mit Karl von Lothringen in Blasendorf unterzeichnet hatten, und in dem sie sich zu einer Zahlung von 700.000 Gulden und großen Mengen Lebensmitteln verpflichtet hatten, wurden im November vom Landtag der Stadt neue Abgaben auferlegt. „Die 22. Novembris brachten unsere Weise Herren ausm Landtag den greulichen Anschlag: Vom Kapu fl. 200, welches unserm Distrikt fast fl. 91.000 machet"[55]). Im Januar 1688 mußte die Stadt von neuem große Mengen Naturalien an die kaiserliche Armee liefern; um den weiten Transport zu ersparen, kauften die Kronstädter diese von den ungarischen Magnaten jener Gegend; diese lieferten ihnen jedoch verdorbenes Heu, das von den Kaiserlichen nicht akzeptiert wurde. Durch diese Lieferungen, verbunden mit diesem Mißgeschick, geriet die Stadt bereits Anfang 1688 in eine Schuld von fast 100.000 fl.[56]).

Es ist verständlich, daß bei diesen unerhörten Kontributionen die Bevölkerung der Stadt in große Aufregung geriet. Um sie zu beschwichtigen, wurde unbedachter Weise das Gerücht verbreitet, daß diese Summen als Lösegeld an die kaiserliche Armee gezahlt werden müßten, damit sie die Stadt nicht besetzten[57]). Um so verständlicher war daher der Unwille der Bevölkerung, als vier Monate später die Übergabe der Stadt doch verlangt wurde.

Inwieweit die Ratsherren und Beamten der Stadt zu der Aufbringung dieser großen Summen beigetragen haben, ist nicht bekannt, während ausdrücklich erwähnt wird, daß auch die Dienstmägde mit besteuert wurden, indem sie von jedem Gulden, den sie verdienten, 10 Pfennige geben mußten[58]). Wie wenig sich aber die führende Schicht der Stadt dieser in ihrer Not verpflichtet fühlte, geht uns aus dem großen Skandal hervor, den die neue Kontribution vom März 1688 hervorrief. Wir sind hier bereits sehr nahe an die

---

[56]) Joseph Teutsch, Kurzgefaßte Jahrgeschichte von Siebenbürgen, besonders Burzenland, Quellen IV, S. 109.
[57]) „ ... Wobei sich etliche unvorsichtige Zins-Exactores zuweilen unbedächtlich vernehmen liessen, man sollte mit solchen Geldsummen der Bürgerschaft den Frieden kaufen", C h r i s t o p h o r i, a.a.O., Quellen VI, S. 288, Siehe auch S e y b e r g e r, a.a.O., Quellen VII, S.434.
[58]) Stamm, a.a.O., Quellen VI, S. 211.

Ereignisse vom Mai 1688 herangerückt, so daß wir nicht fehl gehen dürften, wenn wir diese Begebenheiten als direkte Ursache für den Ausbruch des Aufstandes ansehen.

Nachdem General Caraffa im Februar 1688 in Hermannstadt eingezogen war, verlangte er vom Land neue große Abgaben für die kaiserliche Armee, die er gewillt war, auf jede Weise zu erpressen. Die Stadt Kronstadt, die, wie wir sahen, an den ungarischen Adel bereits stark verschuldet war, geriet in große Verlegenheit, wie sie diese neue große Summe aufbringen sollte. Der Rat schlug der Hundertmannschaft, die ja das Recht der Besteuerung hatte, am 8. März vor, diesesmal die Bürgerschaft mit einem Zehntel ihres Vermögens zu besteuern. Die Hundertmannschaft antwortete darauf in ihrer Versammlung vom 10. März: „die Weisen Herren sollten von Ersten anfangen und sich limitieren lassen, denen Bürgern dadurch besseren Anlass zu geben". Darüber kam es zum offenen Streit. Stadtrichter und Ratherren hatten „durchaus keine Lust und wollten, ihre Privilegia vorschützend, durchaus nicht einwilligen". Ja, der Richter soll sich geäußert haben, „er bekomme nicht soviel, daß er Fleisch könne kaufen, item er hätte iudicis titulum, aber nicht vitulum". Da der Wortmann der Hundertmannschaft diesmal nicht nachgab, die Ratsherren aber sich „nicht wollten schätzen lassen", unterblieb auch die allgemeine Schätzung. Aus andern Einnahmen der Stadt wurden zunächst 10.000 fl. an die kaiserliche Armee nach Fogarasch geschickt, „bis das Uebrige folgen solle"[59]).

Natürlich ließ sich Caraffa nicht damit abfinden, sondern schickte durch die zu ihm entsandten Ratsherren „unterschiedliche Dräu-Schreiben ... darinnen mit schwerer Execution und Verheerung des Landes gedräuet ward bei Ausbleibung des verheissenen Geldes und Proviant". Diese Briefe wurden der Bürgerschaft, um sie auf das drohende Unheil aufmerksam zu machen, öffentlich vorgelesen, ja am 21. März „verkündigt der Stadtpfarrer auf Ersuchen des Raths dem Volk die Gefahren, wie es geben würde, wo man das aufgesetzte, d.i. 850 Stück Schlachtvieh und 50.000 fl. nicht geben würde. Die Reichen aber wollten nicht, die Armen konnten nicht", bemerkt der Chronist trocken[60]).

---

[59]) Der Vorfall wird in ähnlicher Weise berichtet von Paul Benckner, a.a.O., Quellen VI, S. 281 und Asarela Mederus, der damals Sekretarius der Stadt war, Quellen VI, S. 301.

[60]) Joseph Teutsch, Kurzgefaßte Jahrgeschichte von Siebenbürgen.

Da also die geforderte Summe weiter ausblieb, schickte Caraffa zwei Kommissare mit dem Befehl, das Geld und das geforderte Vieh „ohne Verzug zu exigieren und da zu nehmen, wo etwas zu bekommen seie". Sie hatten den Auftrag, „erst mit der Güte, darnach mit etwas Strenge zu verfahren, aber ohne Frucht nicht wiederkehren; wollte man sich ihnen widersetzen, so sollte die ganze Székelység ihnen beistehen; würde dieses nicht haften, so habe der Herr Caraffa geschworen, sein Volk mit des Landes höchstem Verderben auf die Execution zu schicken ... Fogarasch und Kronstadt samt anderen Örtern einzuäschern"[61]).

Angesichts dieser Gefahr wurde nun doch eine neue Schätzung der Bürgerschaft durch die Hundertmannschaft vorgenommen, und am 27. März mit der Eintreibung des Geldes begonnen. Da Bargeld aber „bei den meisten ermangelte ... weilen man auch zu entlehnen nicht bekommen konnte", brachten die Bürger ihre Silbergeräte. Zwar war es ausdrücklich verboten worden, Silber zu geben, da aber nichts anderes zu bekommen war, „musste es endlich angenommen werden ... Das Lot wurde pro Denar 80 eingenommen, kam aber wenig ganzes, indem der Unart die Burger dazu anreizet, dass sie ihr Geschmeid zerschlugen, die schon geguldete Becher zerschmelzten und so eingaben". Die Verzweiflung und Erbitterung der Kronstädter Bürger kommt in der Schilderung dieses Vorfalles zum Ausdruck. Und der Chronist fügt hinzu: „Es schiene, als wollte es anders anfangen. Doch blieb es noch so still, und war wunder, dass die Burgerschaft nicht etwas anfingen"[62]).

Die meisten Chroniken, die den Bürgeraufstand von 1688 beschreiben, verschweigen diesen Vorfall, der sich 6 Wochen vor seinem Ausbruch ereignete. Er ist aber aus dem Gesamtbild des Aufstandes nicht wegzudenken, wie er auch der Bürgerschaft noch lange in Erinnerung blieb. Noch nach Jahrzehnten fügte der Chronist Johannes Alzner in sein Diarium der Beschreibung des Aufstandes die Bemerkung bei: „N.B. Sonsten erzählen alte Leute, die zu der Zeit gelebet, dass diese Leute niemalen auf dergleichen

---

besonders Burzenland, im Archiv der Schwarzen Kirche in Kronstadt, Tf 14 I, S. 312. Diese Chronik ist im Auszug auch in den Quellen veröffentlicht, Band IV, S. 98–153; leider fehlen in der Veröffentlichung gerade die Teile, die sich auf diese Begebenheiten beziehen.

[61]) Mederus, a.a.O., Quellen VI, S. 302.
[62]) Ebenda, S. 303 f.

rebellische Gedanken geraten wären, wenn man mit Manier die Bürger traktieret hätte; sonderlich die Zinsherrn, welche den grossen Aufschlag von ihnen nicht nur mit Gewalt erpresset, sondern auch noch dieselbigen verfluchte, lumpene Leute gescholten, wie sie nicht flugs den Zins oder, wie es dazumal geheissen, das Geld, womit der Friede solle erkaufet werden, erlegen konnten"[63]).

In den oben geschilderten Begebenheiten haben wir vor allem das Kronstädter Patriziat näher kennengelernt, die Gruppe der städtischen Bevölkerung, die durch den Aufstand direkt angegriffen war. Von wem aber ging diese Bewegung aus?

Wir kommen der Frage nach den Ursachen und dem Wesen des Aufstandes näher, wenn wir untersuchen, wer eigentlich die Anführer des Bürgeraufstandes von 1688 gewesen sind. Wir haben schon oben darauf hingewiesen, daß es sich bei den Hauptanführern, die 1689 hingerichtet wurden, ausschließlich um Handwerker handelte, und zwar um Männer aus den führenden Reihen des Handwerkstandes; „nicht die geringsten Bürger" der Stadt[64]). Die Anteilnahme, die die Kronstädter Bevölkerung an ihrem tragischen Ende nahm, sowie die Sympathie, deren sie sich auch nach ihrem Tod bei dieser erfeute, ist uns ein Zeichen dafür. Wir können die Reihe der oben angeführten Hauptanführer des Aufstandes noch durch das Bild zweier Männer ergänzen, die das Glück hatten, sich dem Strafgericht zu entziehen und die – trotz ihrer Teilnahme am Aufstand – es später im öffentlichen Leben der Stadt zu Ansehen gebracht haben. Es waren dies Martin Rothenbächer, in allen Quellen als einer der Hauptschuldigen am Aufstand genannt[65]), und Simon Gaitzer, der Sohn des hingerichteten Jakob Gaitzer.

Von Martin Rothenbächer berichten die Quellen, daß er ein „grosser, aber auch raffinierter Mann" war, „der gut schreiben und Latein hat reden können", was ihn schon als einen der gebildeten Mitglieder des damaligen Kronstädter Handwerkerstandes ausweist. Diesem war es gelungen, nach Aufgabe des Schloßes in sein Haus in die Schwarzgasse zu entkommen, „da ihn sein Weib in den Keller unter die Loh-Bitte ... in die Erde versteckt, darinnen er über ein Jahr verborgen gewesen, so dass kein Mensch, ausser sein Weib, es gewußt, die ihn allezeit mit Essen und Trinken versehen,

---

[63]) Alzner, a.a.O.,Quellen VII, S. 582 f.
[64]) Christophori, a.a.O., Quellen VI, S. 288.
[65]) Im Prozeßakt Veresmarti Marton genannt.

und daraus er Nachts, wie seine Kinder geschlafen, auch herauskommen". Als die Stadt im April 1689 abbrannte, gelang es ihm bei der allgemeinen Panik, die Stadt zu verlassen. Er begab sich nach Wien, „da er selbst eigenhändig ein Memorial an Ihro Kaiserl. Majestät aufgesetzt und auch wirklich Pardon erhalten. Als er retourniert und ins Porzel-Tor kommt, haben ihn die Torknechte, die ihn allsogleich erkannt, fangen wollen; allein er hat den Gnadenbrief gezeigt und so sein Leben erhalten". Martin Rothenbächer hat sich in der späteren Geschichte Kronstadts einen Namen gemacht; er wurde Verfasser der Nachbarschaftsartikel der unteren Schwarzgasse[66]).

Simon Gaitzer gehörte, seiner Jugend entsprechend, nicht zu den Hauptanführern des Aufstandes. Er war zur Zeit des Aufstandes 18-jährig, Absolvent des Kronstädter Gymnasiums. Nach den Unruhen mit seinem Vater zusammen verhaftet, wurde er aber wieder freigelassen und begab sich, um weiteren Verfolgungen zu entgehen, zum Studium ins Ausland, nach Polen, Frankreich und schließlich 1695 nach Wittenberg, wo er sich hauptsächlich dem Studium der Rechtswissenschaften widmete. Bereits 1696 kehrte er als „studiosus academicus der beiden Rechte" nach Kronstadt zurück, wo er aus begreiflichen Gründen den Namen Gaitzer ablegte und sich Simon Christophori nannte. Als solcher ist er in der Geschichte Kronstadts am Anfang des 18. Jahrhunderts ein wohlbekannter Mann. Er stellte vor allem seine juridischen Kenntnisse in den Dienst der Stadt, und wurde als „Literat", d.h. als Jurist[70]) zum Mitglied der Hundertmannschaft ernannt. Als solches vertrat er öfter die Stadt bei Gesandtschaften in die Walachei, an den siebenbürgischen Landtag und nach Hermannstadt, wo ihm bei den Verhandlungen mit dem kaiserlichen Oberkommandierenden, General Rabutin, seine französischen Sprachkenntnisse zustatten kamen. 1707 war er Kommandant der Kronstädter Bürgerwehr im Kampf gegen die Kurutzen, 1713–1718 bekleidete er das Amt des Kronstädter Marktrichters. Als solcher führte er 1714 das neue Marktrecht in Kronstadt ein. Als 1718–1720 in Kronstadt die Pest wütete und die meisten Mitglieder des Rates sich auf das Land

---

[66]) Über Martin Rothenbächer siehe Alzner, a.a.O., Quellen VII, S. 582.

[70]) Über die „Literaten" in der Hundertmannschaft siehe G. E. Müller, a.a.O., S. 79.

flüchteten, wurde er Mitglied des aus 4 Männern bestehenden Direktoriums, das für die Zeit der Abwesenheit des Rates die öffentlichen Angelegenheiten leitete. Er erwarb sich „durch seine in dieser Eigenschaft, bei steter Gefahr des eigenen Lebens, pünktlich versehenen Geschäfte", so sehr das Vertrauen seiner Mitbürger, daß er 1725 zum Wortmann, d.h. Vorstand der Hundertmannschaft gewählt wurde. Als solcher starb er am 18. Oktober 1726. Bei allem Ansehen, das er in der Stadt genoß, blieb sein Verhältnis zu den führenden Schichten der Stadt ein gespanntes, vor allem während seiner Zeit als er Marktrichter war und als solcher auch die Unterschleife der Ratsherren nicht durchließ. Außer mit juristischen, befaßte sich Christophori auch mit historischen Studien und dem Sammeln von Quellenmaterial zur Geschichte der Siebenbürger Sachsen. Er hinterließ drei wertvolle Chroniken über die Jahre 1683 – 1716. Wie aus den zahlreichen in die Chroniken eingeflochtenen Gedichten hervorgeht, war er ein tiefreligiöser Mensch pietistischer Prägung. Einige seiner Gedichte wurden im Kronstädter Gesangbuch von 1713, andere als Anhang zu einem 1713 gedruckten Katechismus veröffentlicht[71]).

Untersuchen wir nun, wer außer den Hauptbeteiligten die achtzehn sog. „kleinen Rebellen" waren, so sehen wir, daß auch sie „nicht zu den geringsten Bürgern" der Stadt gehörten. Einen Teil von ihnen konnten wir als Handwerker, andere als Angestellte der Stadt, 12 von ihnen als Hausbesitzer, darunter einige in den „vornehmeren" Straßen wie Klostergasse, Nonnengasse u.a. nachweisen. Auch die Höhe der zu erlegenden Geldstrafen beweist, daß es sich um Mitglieder des bemittelten Handwerkerstandes gehandelt haben muß.

Aus den bisherigen Untersuchungen ist ersichtlich, daß die Führer des Aufstandes führende Zunftleute, ja Mitglieder der Hundertmannschaft waren, Männer, die in der Verantwortung für die Stadt standen. Hinter ihnen aber standen die Zünfte, der Kronstädter Handwerkerstand. Man hat den Aufstand von 1688, – wie wir bereits gehört haben – später auch den „Schusteraufstand"

---

[71]) Über Simon Christophori siehe Quellen VII, S. I - LX; Joseph Trausch, Schriftstellerlexikon Bd. I, S. 212 ff., und Stenner, a.a.O., S. 22. Seine Chroniken veröffentlicht in Quellen VI, S. 286 - 291, Quellen VII, S. 1 - 100, und im Beiheft II der Quellen Band VII.

genannt. Aber man würde den Aufstand falsch beurteilen, würde man in ihm nur eine Erhebung der Schuster sehen. Die Mehrzahl der Führer gehörten anderen Zünften an; alle Zünfte wurden am 14. Mai vom Rate einberufen, um mit ihnen über die Beschwichtigung des Aufstandes zu verhandeln. Es wäre auch nicht möglich gewesen, daß der Rat die Führung der Stadt so schnell aus der Hand verloren hätte, wenn es sich nicht um einen Aufstand aller Zünfte gehandelt hätte, in deren Hand sich doch die gesamten Verteidigungswerke der Stadt befanden.

Wir müssen also im Kronstädter Bürgeraufstand von 1688 einen Ausbruch der Gegensätze erkennen, die sich innerhalb der Stadtbevölkerung zwischen dem Patriziat und dem Handwerkerstand im 17. Jahrhundert herausgebildet hatten. Die Kronstädter Zünfte erhoben sich gegen die Vormachtstellung des Patriziats, das sich die Herrschaft in der Stadt allein angemaßt hatte und diese, der Kontrolle durch die Bürgerschaft weitgehend enthoben, willkürlich zu allerlei Ungesetzlichkeiten, Bedrückung der Bürger und persönlicher Bereicherung mißbrauchte. Der Aufstand war eine gewaltsame Reaktion gegen die Entwicklung der letzten Jahrzehnte, ein Versuch, das Recht der Zünfte auf Mitregierung, so weit diese im 16. Jahrhundert errungen worden war, wieder herzustellen.

Dieser Gegensatz zwischen den beiden Gruppen der städtischen Bevölkerung spiegelt sich auch, wenn man sie mit Aufmerksamkeit liest, in den Kronstädter Chroniken wider, die den Bürgeraufstand schildern. Natürlich finden wir keinen Chronisten, der das Geschehen von 1688 nachträglich gut heißen würde. Das erscheint durch den unglücklichen Ausgang und durch den Druck, den die österreichische Armee nachher in der Stadt ausübte, wohl verständlich. Trotzdem unterscheiden sich die Chronisten in ihrer Einstellung zum Aufstand ganz deutlich voneinander. Da stehen auf der einen Seite die Patrizier, allen voran der Verfasser der Kirchturmknopfschrift Martin Seewaldt, der Schwiegersohn des regierenden Stadtrichters, selbst Senator und Inhaber der verschiedensten öffentlichen Ämter der Stadt[72]). Es ist selbstverständlich, daß er – wie schon oben berichtet – den Aufstand und seine Führer auf das heftigste verurteilt[73]). Im selben Sinne beschreibt natürlich sein

---

[72]) Über seine Ämter siehe Stenner, a.a.O., S. 135.
[73]) Mit welcher Anmaßung Seewaldt die Stellung des Patrtziats in der

Schwager Stefan Filstich, der Sohn des Stadtrichters, der von den Aufständischen auch verhaftet worden war, die Ereignisse[74]), ebenso Johannes Alzner, der Sohn des gleichnamigen Senators[75]). Ein Teil der übrigen Chronisten kopieren in Bezug auf den Schusteraufstand einfach die oben genannten Chroniken.

Auf der anderen Seite gibt es aber auch einige Chronisten, die als Zeitgenossen eine andere Stellung einnehmen. Bezeichnenderweise sind dieses Handwerker in führender Stellung, wie z.B. der Wortmann der Leineweberzunft Johannes Stamm[76]) und der Lederer Merten Schuller, auch ein Mitglied der Hundertmannschaft[77]). Zu dieser Gruppe gehört auch Lukas Seyberger, dessen Beruf wir nicht kennen, der sich selber aber als „einfältigen" Mann bezeichnet, der seine Schriften ohne „Kunst noch Geschicklichkeit" verfaßt, „welche ich auch nicht gelernet"[78]).

Während die patrizischen Chroniken, wenigstens z.T. wie die Kirchturmknopfschrift, der Öffentlichkeit bestimmt waren, also von vorneherein einen tendenziösen Charakter hatten, sind die Schriften dieser Männer, wie z.B. die Lukas Seybergers, „nicht für gelehrte oder practizierte Historicos, sondern einzig und allein für mich und die Meinigen zur künftigen Nachricht aufgezeichnet und beschrieben", haben also einen privaten Charakter. In ihnen werden die Ereignisse schlicht erzählt, zwar nicht gebilligt, aber ohne jede Anschuldigung und Ausfälligkeiten dargestellt.

Nun gibt es außer diesen beiden durch ihre soziale Herkunft deutlich getrennten Gruppen von Chronisten noch eine dritte, die wir als die akademische Jugend von 1688 bezeichnen möchten. Es ist interessant, daß diese für den Aufstand das meiste Verständnis aufbringt, ja direkt eine gewiße Sympathie für die Aufständischen durchblicken läßt. Unter diesen ist in erster Linie der oben genannte Simon Christophori zu nennen, der Sohn des hingerich-

---

Stadt beurteilte, geht aus seiner Bemerkung hervor, daß die Anführer des Aufstandes nicht wußten oder nicht wissen sollten, „dass, wer der Obrigkeit widerstrebet, Gott selbsten widerstrebet". Seine Chronik in Quellen VI, S. 570 ff.

[74]) Quellen VI, S. 291 ff.
[75]) Quellen VII, S. 580.
[76]) Über Johannes Stamm vgl. Quellen VI, S. XVII.
[77]) Über Merten Schuller siehe Quellen VI, S. IX.
[78]) Über Lukas Seyberger siehe Quellen VII, S. CXXX.

teten Jakob Gaitzer, der, obwohl als Jüngling selber am Aufstand beteiligt, sich nachträglich von den Vorgängen distanziert und sie nur mit Bedauern schildert. Mehr Mut beweist der spätere Stadtpfarrer Marcus Fronius, Sohn des Neustädter Pfarrers Petrus Fronius, der, als Magister von der Wittenberger Universität zurückgekehrt, zur Zeit des Aufstandes 29-jährig Hauslehrer in seiner Vaterstadt war[79]). Ihm verdanken wir die ausführliche Beschreibung der Hinrichtung der Hauptangeklagten[80]), wobei er treffend die Stimmung des Volkes und die dem Rat feindliche Atmosphäre innerhalb der Stadt wiedergibt. In diese Gruppe gehört auch der junge Asarela Mederus, der Sohn des früheren Stadtpfarrers Petrus Mederus, der zur Zeit des Aufstandes 28-jährig Sekretarius der Stadt war. Er ist der glaubwürdigste Augenzeuge des Aufstandes, da er nicht aus der Erinnerung nach vielen Jahren, sondern entweder gleich oder kurz nachher aufgezeichnet hat; Ende 1689 ist er bereits gestorben[81]).

Aus den drei zuletzt genannten Chroniken können wir also entnehmen, daß die Sympathie dieser quasi akademischen Kreise der Stadtbevölkerung in der Auseinandersetzung zwischen Patriziat und Handwerkerstand mehr auf der Seite des letzteren lag.

Daß dieser Kampf des Kronstädter Handwerkerstandes offen von den untersten, mittellosen Schichten der Stadtbevölkerung

---

[79]) Über Marcus Fronius vgl. Julius Gross, Marcus Fronius Leben und Schriften, S. 6 ff.

[80]) Quellen VI, S. 439 ff.

[81]) Über Asarela Mederus vgl. Quellen VI, S. XXV. Ihm verdanken wir die ausführliche und objektive Beschreibung der ersten Tage des Aufstandes, die freilich am 15. Mai plötzlich abbricht. Erst am letzten Tag des Jahres 1688 findet seine Chronik ihre Fortsetzung, Quellen VI, S. 305. Es ist auffällig, daß nicht nur in der Chronik des Asarela Mederus die entscheidenden Tage des Aufstandes fehlen. So fehlen auch in der oben erwähnten Chronik des Johannes Stamm die Eintragungen für die Monate April und Mai 1688, Quellen VI, S. 211, bei Joseph Teutsch, einem Chronisten des 18. Jahrhunderts, fehlen die Nachrichten von Januar bis Ende Mai 1688. Am bedauerlichsten ist das Fehlen der Eintragungen für die Monate April bis Mai 1688 in den für die Ursachen des Aufstandes so wichtigen Berichten über die Verhandlungen in der Hundertmannschaft von Paul Benckner, Quellen VI, S. 281. Da alle diese Chroniken nur in Abschriften vorhanden sind, hat man fast den Eindruck, daß es sich um absichtliche Auslassungen aus dem Originaltext handeln könnte.

unterstützt wurde, geht aus dem geschilderten Verlauf des Aufstandes klar hervor. Als die „Leute aus dem niedrigsten Stande"[82]), die „schlechtesten Leute, so wenig zu verlieren gehabt"[83]), „alles was Lumpengesindel war, ja auch alle Schuhknechte"[84]) erscheinen sie in den Urkunden. Die „plebejische Opposition" – im Sinne von Engels – schloß sich der bürgerlichen Opposition an. Ja zunächst wurde sie von dieser selber aufgerufen, um ihren Forderungen mehr Nachdruck zu verleihen; denn nur die Beteiligung dieser Schichten konnte dem Aufstand von Anfang an seinen tumultuarischen und revolutionären Charakter geben. Aber von Mitläufern der Bewegung verwandelten sie sich in der zweiten Phase in die treibenden Kräfte und gaben damit dem Aufstand einen ganz neuen Charakter. „Die Weiber, Knechte und Gesellen" waren es, die „am meisten in der Stadt Unruhe gemacht, die Maut aufgeschlagen und geplündert hatten"[85]). In dieser Phase des Aufstandes ging es nicht mehr, wie anfangs, um die Führung der Stadt, sondern um deren Reichtümer, die diesen Kreisen vorenthalten waren. Es ging damit, allerdings noch ganz ohne klar ausgesprochene Zielsetzung, um den Umsturz einer bestehenden Ordnung.

Aber diese Wendung der Dinge lag nicht mehr in der Absicht der Führer des Aufstandes, die selber der gehobenen, der führenden Schicht des Handwerkerstandes angehörten, die sich bereits ein gewisses Mitregierungsrecht erworben hatte. Um diese Rechte ging es in diesem Kampf. Die Auseinandersetzung zwischen den Handwerkern und dem Patriziat, die innerhalb der Stadtbevölkerung beide zum bemittelten, bevorrechteten Bürgerstand gehörten, spielte sich auf rein verfassungsmäßigem Boden ab und hatte nicht den Umsturz der Besitzverhältnisse, ja auch nicht den Sturz der bestehenden und Aufrichtung einer neuen politisch-sozialen Ordnung zum Ziel, sondern gerade die Erhaltung bzw. Wiederherstellung der städtischen Verfassung wie sie sich im 16. Jahrhundert herausgebildet hatte.

Der Bürgeraufstand von 1688 hatte daher, vom sozialen Standpunkt aus gesehen, doch nur einen beschränkten Charakter. Die

---

[82]) Gunesch, a.a.O., Quellen VI, S. 297.
[83]) Gesuch der Schusterzunft an den Kronstädter Rat, Staatsarchiv von Kronstadt, Fondul Primăria Brașov, Seria acte bresle vol. II, Nr. 50.
[84]) Alzner, a.a.O., Quellen VII, S. 580.
[85]) Ebenda, S. 582.

mittellosen und entrechteten Schichten der Stadtbevölkerung waren in den mittelalterlichen Städten – so auch im Kronstadt des 17. Jahrhunderts – noch nicht so entwickelt, daß sie diesem Kampf den Charakter eines echten Klassenkampfes hätten aufprägen können.

Der Sieg des Kronstädter Patriziats unterstützt durch das österreichische Regime war von langer Dauer. Über eineinhalb Jahrhunderte hören wir in der Stadt nicht mehr von sozialen Unruhen. Erst 1848 – 1849 brechen sie gewaltsam wieder hervor, dann freilich bedingt durch die veränderten wirtschaftlichen, politischen und sozialen Verhältnisse unter völlig neuen Voraussetzungen.

2. Kampf um alte Rechte und Freiheiten.

Betrachten wir nun im Folgenden den Kronstädter Bürgeraufstand als einen Kampf der Stadt um ihre alten Rechte und Freiheiten, so sehen wir, daß auch in diesem Kampf bezeichnenderweise der Kronstädter Handwerkerstand die treibende Kraft war und nicht das Patriziat, das aus der neuen staatlichen Ordnung und aus der Zusammenarbeit mit den Behörden des habsburgischen Absolutismus mehr zu profitieren hatte.

Es ist verständlich, daß in der 2. Hälfte des 19. Jahrhunderts, in einer Zeit, in der das sächsische Volk in Siebenbürgen in einem Lebenskampf um seine alten Rechte und Freiheiten gegen den ungarischen Staat begriffen war, diese Ursache für den Aufstand auch in der Geschichtsschreibung auf mehr Verständnis stieß. Waren doch in dieser Zeit die sächsischen Geschichtsschreiber die Vorkämpfer des Volkes in seinem Kampf für die Selbsterhaltung. So sehen sowohl Georg Daniel Teutsch in seiner Sachsengeschichte, als auch die Kronstädter Geschichtsschreiber Martin Schnell und Friedrich Philippi in der Verletzung der verfassungsmäßigen Freiheiten der Stadt die wichtigste Ursache für den Ausbruch des Aufstandes[86]).

Tatsache war, daß nach der damaligen Auffassung, nicht nur der Sachsen[87]), die Forderung der heranrückenden kaiserlichen

---

[86]) G. D. Teutsch, Sachsengeschichte I, S. 474; Martin Schnell, a.a.O., S. 161 f.; Friedrich Philippi, a.a.O., S. 15 f.

[87]) Der ungarische Adelige Mihály Cserey, ein Zeitgenosse des Aufstandes, vertritt dieselbe Auffassung, vgl. Quellen VI, S. 261, die noch im

Armee, die Stadt und die Befestigungsanlagen zu übergeben, im Gegensatz stand zu der siebenbürgischen Verfassung und zu den Privilegien, die die Stadt besaß. „Seit dem Bestehen der Stadt", schreibt Friedrich Philippi, „waren Mauer und Schloß, Thor und Turm immer in den Händen der Bürger gewesen. Seit der Väter Zeiten in den Waffen geübt und mit denselben wohl versehen, hatten sie ihre Stadt, Ihre Befestigungen, Weib und Kind, Hab und Gut, Leben und Freiheit ... gegen Tartaren und Türken, gegen äußere und innere Feinde immer wieder selbst verteidigt. Und weder zur Zeit der ungarischen Könige, noch unter den eigenen, einheimischen Wahlfürsten, ja nicht einmal von den Türken war eine solche Forderung an sie gestellt worden. Nicht einmal der eigene Landesfürst durfte an der Spitze seiner Truppen eine freie sächsische Stadt betreten ... Jedes derartige Ansinnen war stets mit gutem Recht und nöthigenfalls auch mit Waffengewalt zurückgewiesen worden. Gegen ihren Willen durfte ihnen daher auch keine fremde, bewaffnete Macht als Besatzung aufgedrungen werden"[88]).

Es ist ein Wesenszug der sächsischen Geschichte – dem die Sachsen in hohem Maße ihre Selbstbehauptung verdanken – daß sie immer bereit waren, für ihre alten Rechte und Freiheiten zu kämpfen; ein ausgesprochenes Geschichtsbewußtsein war dabei eine ihrer stärksten Waffen. Das war schon da im 16. Jahrhundert und fand seinen schönsten Ausdruck in der Rede Albert Huets vor dem Fürsten und dem ungarischen Adel[89]); es war im 19. Jahrhundert im Kampf gegen den ungarischen Staat noch genauso lebendig. Die Sachsen kannten ihre Privilegien, auf denen ihre verfassungsmäßig-rechtliche Sonderstellung in Siebenbürgen beruhte.

Welches war diese Stellung, die sicher auch 1688 jedem Kronstädter Bürger bewußt war? Die Sachsen siedelten in Siebenbürgen auf dem sog. „Königsboden", d.h. auf dem Boden, der ihnen bei der Einwanderung von den ungarischen Königen als freies Eigentum verliehen worden war. Durch zahlreiche Privilegien, von denen der Adreanische Freibrief von 1224 das wichtigste war, hatten sie sich ihrer Rechte auf diesem Königsboden versichern lassen.

---

19. Jahrhundert der rumänische Historiker Gheorghe Barițiu wiedergibt, a.a.O., Transilvania III, S. 60.
[88]) Fr. Philippi, a.a.O., S. 15.
[89]) Siehe G. D. Teutsch, Sachsengeschichte I, S. 335 ff.

Nach dem Adreanischen Freibrief durfte niemand, auch der König nicht, ein Stück Landes von dem Königsboden entfremden, und für den Fall, daß er dies doch täte, besaßen die Sachsen das Recht des Widerstandes. Auf dem Königsboden hatten die Sachsen das Recht der Selbstverwaltung, also freie Beamtenwahl, freie Pfarrerwahl, eigene Gerichtsbarkeit[90]. Diesen und noch anderen Rechten entsprachen als Pflichten die Zahlung von jährlich 500 Mark Silber an den König und die genaue Festlegung der im Kriegsfall zu stellenden Truppen; die Aufteilung dieser Lasten untereinander war dem freien Ermessen der Sachsen überlassen. Was in unserem Zusammenhang aber besonders interessiert, war, daß die Sachsen nur in ganz beschränktem Maße verpflichtet waren, den Landesherren oder sein Heer auf ihrem Boden aufzunehmen oder zu bewirten. Diese Verpflichtung ist im Adreanum genau festgelegt. „Wenn es sich träfe, daß wir gelegentlich eines Feldzuges zu ihnen kämen, so sollen sie uns zu drei Bewirtungen verpflichtet sein. Wenn aber der Woiwode im Dienste des Königs zu ihnen oder durch ihr Gebiet geschickt wird, so sollen sie ihm zwei Bewirtungen, die eine beim Eintritt, die andere beim Austritt, nicht verweigern"[91]. Von der Aufnahme königlicher Besatzung auf sächsischem Gebiet kann also keine Rede sein und ist auch später, nachdem die Sachsen sich befestigte Städte gebaut hatten, nie die Rede gewesen. Für Kronstadt speziell, für das der Adreanische Freibrief bei seiner Ausstellung noch nicht galt – in späteren Jahrhunderten war auch Kronstadt und das Burzenland in den Königsboden und die damit verbundenen Rechte mit eingeschlossen – hat König Ludwig I. in seinem der Stadt verliehenen Freibrief von 1377 ausdrücklich betont, daß, wenn sein Vertreter – der Szeklergraf – nach Kronstadt oder in das Burzenland käme, „sie nur verpflichtet sein sollten, ihm im Jahr

---

[90] 1583 wurde das alte sächsische Gewohnheitsrecht aufgezeichnet und vom Fürsten Stefan Báthory als Eigen Landrecht der Siebenbürger Sachsen anerkannt. Vgl. Das Eigen-Landrecht der Siebenbürger Sachsen, unveränderte Wiedergabe des Erstdruckes von 1583. Hrsg. vom Arbeitskreis für siebenbürg. Landeskunde, Einführung von A. Laufs (1973).

[91] Der Adreanische Freiheitsbrief bei Zimmermann-Werner, Urkundenbuch I, S. 34 f. Jetzt auch lateinisch und deutsch in: Siebenbürgisches Archiv, Band 8/1971: Zur Rechts- und Siedlungsgeschichte der Siebenbürger Sachsen, S. 48 - 53.

ein Mittagessen, ein Abendessen und ein Pferd im Wert von 20 Gulden als Geschenk zu geben"[92]).

Nun hat man sich an diese Bestimmungen natürlich nie so genau gehalten; vor allem die Könige, mit denen die Kronstädter in einem ausgesprochen freundlichen Verhältnis standen, wie Sigismund und Mathias Corvin, sind von ihnen anstandslos viel länger bewirtet worden. So hielt sich z.b. Sigismund 1427 über ein halbes Jahr mit seinem Hof in Kronstadt auf[93]). Aber im Grunde galten die Bestimmungen des Adreanums weiter und sind auch in der Zeit, als Siebenbürgen sich von Ungarn löste und ein eigenes Fürstentum wurde, selbst unter den völlig veränderten Verhältnissen von den Fürsten eingehalten worden. So schloß der Eid jedes Fürsten bei seinem Amtsantritt folgende Formel ein: „Die Herren, die Adeligen, die Städte und Märkte, die Szekler, die Sachsen sollen bei ihren alten und gesetzlich erflossenen Privilegien in Kraft gelassen ... werden"[94]). Stefan Báthory, der gleichzeitig auch König von Polen war, hatte den Sachsen auf deren Bitten ihre „Privilegien, so sie von alten seligen Königen in Hungarn erlanget", bestätigt[95]). In der Urkunde, die er ihnen am 13. März 1583 ausstellte, wird ihr Boden ausdrücklich „res Saxonum propria" genannt[96]).

Die Sachsen galten also in dem mittelalterlichen Ständestaat Siebenbürgen neben dem ungarischen Adel und den Szeklern als eine der drei privilegierten Nationen, sie waren am Landtag vertreten und ohne ihre Zustimmung konnten keine rechtsgültigen Gesetze erbracht werden.

Im 17. Jahrhundert jedoch begannen die Grundlagen des mittelalterlichen Ständestaates auch in Siebenbürgen zu wanken. Sie sind nicht zuerst von den Habsburgern, sondern bereits vorher von den siebenbürgischen Fürsten selbst angegriffen worden, die, dem

---

[92]) Urkundenbuch II, S. 480.
[93]) G. D. Teutsch, Sachsengeschichte I, S. 124. Vgl. auch oben die Seiten 65 ff.
[94]) Approbates Constitutiones pars II, titulus III; deutsch bei G. D. Teutsch, Urkundenbuch der ev. Landeskirche A. B. in Siebenbürgen, I, S. 117 ff.
[95]) Siehe die Einleitung des Eigenlandrechts der Siebenbürger Sachsen, a.a.O., S. XXXVII - XXXIX.
[96]) Georg v. Herrmann und J. H. Benigni von Mildenberg, Die Grundverfassungen der Sachsen und ihre Schicksale, 1839, S. 172.

Zuge der Zeit folgend, ihre Stellung auch im absolutistischen Sinne auszubauen trachteten. In dieser Zeit sind auch die Privilegien der Sachsen zum erstenmal ernstlich angefochten worden. Handelte es sich aber um die Einschränkung der Rechte der Sachsen, so wurden die Fürsten von dem ungarischen Adel, aus dem sie ja hervorgegangen waren, jedesmal bereitwillig unterstützt. Damals erreichte der Kampf um die Konzivilität seinen Höhepunkt (d.h. um das Recht des ungarischen Adels, in den sächsischen Städten Häuser zu kaufen und sich dort niederzulassen, wogegen sich die Sachsen jedoch bis ins 19. Jahrhundert erfolgreich gewehrt haben).

Der erste Fürst, dem es gelang, die alte Rechtsgrundlage zu brechen und – die Freiheiten der Sachsen verletzend – seine absolutistischen Tendenzen durchzusetzen, war Gabriel Báthory (1607 – 1613), der mit Gewalt und List Hermannstadt besetzte, die Bewohner zum größten Teil auseinandertrieb und sich mit seinem Hof und seinem Heer dort niederließ. Als er aber versuchte, Kronstadt dasselbe Schicksal zu bereiten, stand die Stadt unter ihrem Stadtrichter Michael Weiss wie ein Mann auf und verteidigte sich mit den Waffen. Ja, auch als Michael Weiss mit dem größten Teil des Heeres in der Schlacht von Marienburg am 16. Oktober 1612 gefallen war, behielt die Stadt die Tore geschlossen und lehnte die Übergabe selbst angesichts einer großen feindlichen Übermacht ab. Dieses Ereignis ist durch die Jahrhunderte als die größte Heldentat in der Geschichte Kronstadts gefeiert worden. Die dankbaren Mitbürger hatten ihrem gefallenen Stadtrichter eine Gedächtnismünze geprägt, auf der einen Seite Namen und Todesjahr, auf der anderen Seite die Aufschrift: Er tat die Pflicht, die er dem Vaterland schuldig war[97]. Dabei hatten die Kronstädter durchaus das Bewußtsein, im Recht zu sein und ihre alten Freiheiten und die Verfassung gegen den Fürsten, der sie verletzte, zu verteidigen.

Es ist selbstverständlich, daß 76 Jahre später – 1688 – diese Tat, die als Symbol der Verteidigung der alten Rechte galt, unvergessen war. Der greise Stenner war zu jener Zeit ein Knabe von 9 Jahren gewesen; es ist anzunehmen, daß jene Ereignisse einen nachhaltigen Eindruck auf ihn gemacht und seinen Charakter geformt hatten. Alles was wir über ihn wissen, zeigt, daß er ein Kind jener freiheitsbewußten und kämpferischen Generation von 1612 gewesen ist.

---

[97] G. D. Teutsch, Sachsengeschichte I, S. 390.

Die Zeit Báthorys hatte die Sachsen gegen ähnliche Bestrebungen der Fürsten wachsam gemacht, obwohl der Nachfolger Báthorys, Gabriel Bethlen, Hermannstadt zurückgegeben hatte, die Sachsen in ihren alten Rechten wieder bestätigte und sich ihnen immer gewogen zeigte. Aber als er 1616 in Schäßburg Quartier nehmen wollte, „lief das Volk zusammen und schlug den Quartiermacher mit ‚Wasserbäumen' zur Stadt hinaus"[98]). Als er daraufhin ins Burzenland zog, und „mit viel Volk" in Kronstadt einziehen wollte, „wollten ihn die Herren Kronstädter mit nicht mehr als 200 Mann in die Stadt ziehen lassen; darauf zog der Fürst in allem Unmute schnurstracks auf Tartlau zu ... Und was sein Koch in der Stadt zubereitete, mußte er alles auf Tartlau bringen"[99]). Ja noch 1622 ließen die Hermannstädter Bethlen auf sein Ansuchen nicht in die Stadt[100]). 1626 allerdings, nachdem die Sachsen ihr Mißtrauen gegen den Fürsten überwunden hatten, haben ihn die Kronstädter in freundschaftlicher Weise in ihre Stadt aufgenommen. „11 Apr. ist unser Landfürst Bethlen Gabor mit vielem Volk bei uns kommen mit seiner Gemahl und vielen teutschen Herren und Ungeren. 15 Apr. ist unser Fürst mit seinem vielen Volk ganz friedlich hinweg gezogen kegen Türtzburg, daher zurück kegen Tartelen"[101].

Unter dem Nachfolger Bethlens, Georg Rákoczy I., verschärfte sich das Verhältnis zwischen den Sachsen und dem Fürsten wieder, da dieser, als überaus habgierig bekannt, des öfteren versuchte, sich über ihre Privilegien hinwegsetzend, die Städte ihrer Einkünfte aus Zöllen, Grundherrschaft u.a. zu berauben. So hatte gerade Kronstadt mit diesem Fürsten einen schweren Konflikt, der, ähnlich wie der Kampf gegen Gabriel Báthory, im Gedächtnis der Bürger noch lange lebendig blieb. Als er nämlich „auf Einladung des ehrsamen Rates" 1637 nach Kronstadt kommen wollte, verbreitete sich das Gerücht, daß er die Stadt plündern wolle. Daraufhin beschloß die Hundertmannschaft, „den eingeladenen Fürsten von Czeyden umbzukehren und nicht mehr hereinzulassen", ja sie schrieben ihm einen Brief, daß sie „ganzlich entschlossen wären, Ihro Fürstliche Gnaden nicht in die Stadt zu lassen". Als er dann am

---

[98]) Ebenda, S. 402.
[99]) Tartlauer Chronik von Thomas Tartler, Quellen IV, S. 67.
[100]) Teutsch, Sachsengeschichte I, S. 402 f.
[101]) „Kalenderaufzeichnungen von Michael Forgats". Quellen IV, S. 49.

nächsten Tage unter dem Schutze zweier Ratsherren doch eingelassen wurde, und er selber schon „über die Brücke ist, ziehet die Croner Wacht (am Klostergässer Tor) den Schlagbaum nieder und schließen dessen Gefolge aus". „Darüber ist Ihro Fürstliche Gnaden dermaßen ergrimmet, daß er den anderen Tag nach dem Essen wiederumb ausgezogen". Zur Strafe für diese Widersetzlichkeit verlangte Rákoczy vier Wochen später auf dem Landtag von Mediasch den Kronstädtern „200 Stück Mitteltuch und ... fl. 6000 ... nebst starkem Revers von dem Rat und der ganzen Hundertmannschaft, dass hinfüro in Ewigkeit keinem Fürsten möge vorgeschrieben werden, wie, wann und mit wem er in die Stadt einziehen sollte"[102]). Der Konflikt steigerte sich 1641 noch weiter, als der Fürst der Stadt die untertänigen Gemeinden Schirkanyen und Mikesdorf (Schnakendorf), sowie die Einnahmen aus der Kronstädter Maut wegnahm[103]). Trotzdem beweisen spätere Nachrichten, daß das Verhältnis zwischen Rákoczy und den Kronstädtern wieder ein normales wurde. Der Fürst weilte noch des öfteren in der Stadt; 1646 vermerkte der Chronist sogar über seinen Besuch, daß er „mit Freuden angenommen" wurde[104]). Ebenso wird berichtet, daß sein Sohn, Georg Rákoczy II., sich in Kronstadt aufhielt, „wird mit großer Pomp acceptieret und tractieret, daß man mit 3 großen Stücken aufm Markt hat müssen schiessen, wenn er hat wollen trinken"[105]). Auch die Einkünfte aus der Maut und die entfremdeten Gemeinden sind den Kronstädtern später wieder zurückgegeben worden.

Es hing also ganz von dem Verhältnis zu dem Fürsten und vom freien Ermessen der Sachsen ab, ob sie einen Fürsten mit seinem Gefolge in ihre Städte einließen oder nicht. Und dieses blieb auch unter den spätern Fürsten so, obwohl um die Mitte des Jahrhunderts ein neuer Vorstoß des Fürsten und des ungarischen Adels gegen das freie Verfügungsrecht der Sachsen über ihre Städte erfolgte. 1652 war vom Landtag beschlossen worden, alle Land-

---

[102]) Dieses Ereignis erzählt in „Historische Anmerkungen", Quellen VI, S. 49 f.: „Excerpta quaedam ex Johannis Sigeri", Quellen VI, S. 13; „Kurzgefaßte Jahrgeschichte ..." von Joseph Teutsch, Quellen IV, S. 104; Chronik von D. Nekesch-Schuller, Quellen IV, S. 226.
[103]) D. Nekesch-Schuller, a.a.O., Quellen IV, S. 227.
[104]) Ebenda, S. 230.
[105]) Ebenda.

tagsbeschlüsse seit 1540, seit der Trennung Siebenbürgens von Ungarn, duchzusehen und aus ihnen ein gültiges Gesetzbuch – die sog. Approbaten – zu schaffen. Bei dieser Gelegenheit kamen alle Streitfragen wider zur Sprache, die freie Gerichtsbarkeit der Sachsen, das Recht des Häuserkaufs für die ungarischen Adeligen, ihr Recht auf unentgeltliche Bewirtung und Vorspann auf Sachsenboden und auch das Besatzungsrecht der sächsischen Städte durch die Fürsten. Die Stimmung auf diesem und auf dem folgenden Landtag von 1653, auf dem die Approbaten tatsächlich beschlossen wurden, war für die Sachsen außerordentlich ungünstig und so konnten sie zwar die freie Gerichtsbarkeit behaupten und das Recht des Adels auf unentgeltliche Bewirtung auf Sachsenboden abwenden, trotz allen Protestes und Berufung auf die alten Rechte aber nicht verhindern, daß die beiden Artikel bezüglich des Rechtes auf Häuserkauf und auf die fürstliche Besatzung in den Städten in das neue Gestzbuch aufgenommen wurden. Nach diesem Gesetz wurden alle, auch die freien privilegierten Städte, verpflichtet, wann immer „in Friedens- und Kriegszeiten" eine Besatzung des Fürsten oder des Landes in ihre Mauern aufzunehmen[106]. Der Fürst bestätigte diese beiden Artikel, obwohl sie von den Sachsen nicht bewilligt worden waren. Die sächsischen Abgeordneten am Landtag aber „legten feierlich und förmlich Verwahrung hiegegen ein" und ließen sich vom Fürsten darüber ein schriftliches Zeugnis ausstellen[107]. Dadurch aber waren nach dem gültigen Landesbrauch, der forderte, daß die Beschlüsse von allen drei Nationen einstimmig gefaßt werden müßten, diese beiden Artikel nicht gesetzmäßig. Sie sind von den Sachsen niemals anerkannt und praktisch auch niemals eingehalten worden[108]. Auch weiterhin öffneten die Städte nur dann den Fürsten die Tore, wenn es ihnen behagte, und niemals

---

[106] Pars III, tit. 81, art. I und II der Approbaten. Über die Verhandlungen und den Streit im Zusammenhang mit den Approbaten siehe G. D. Teutsch, Sachsengeschichte I, S. 418–434.

[107] Ebenda, S. 433.

[108] Der Artikel, der den ungarischen Adligen das Recht auf Häuserkauf in den sächsischen Städten gab, ist in habsburgischer Zeit wieder aufgehoben worden, siehe G. v. Herrmann – J. H. Benigni, a.a.O., S. 140, während der Streit um das fürstliche Besatzungsrecht sich in der Zeit der Habsburgerherrschaft, als die Kaiser selbstverständlich in den Städten Truppen hielten, von selbst erübrigte.

ihrem bewaffneten Gefolge. Noch im November 1687, also ein halbes Jahr vor dem Bürgeraufstand, war es in Kronstadt zu einer „Rebellion" gekommen, weil Fürst Apafi und der ungarische Adel Winterquartier in der Stadt verlangt hatten[109]).

Es ist auf diese Ereignisse so ausführlich eingegangen worden, weil sie die Weigerung der Kronstädter Bevölkerung, 1688 eine kaiserliche Besatzung in die Stadt aufzunehmen, verständlich machen. Der greise Stenner hatte als Kind noch die Zeiten des Michael Weiss miterlebt; die älteren unter den Führern des Aufstandes waren noch dabei gewesen, als man 1637 den Schlagbaum vor dem Gefolge Rákoczys I. herabgezogen hatte, – ein Ereignis, das begreiflicherweise ganz großes Aufsehen erregte und in allen Chroniken der Zeit verzeichnet ist. Aber auch die Jüngeren waren in diesem Geiste erzogen worden: Die Stadt war das freie Eigentum ihrer Bewohner, sie selber hatten sich die Befestigungswerke gebaut, sie selber hatten sie verteidigt. Niemand hatte das Recht, eine derartige Forderung an sie zu stellen, wie Caraffa das jetzt tat.

Es muß hier noch ausdrücklich bemerkt werden, daß das Befestigungssystem der Stadt, Mauern, Türme, Tore und Schloss, so wie sie 1688 standen, nicht allein das Werk früherer Jahrhunderte gewesen war, das man einfach von den Vorfahren übernommen hatte. Die Befestigung der Stadt war zwar im Großen und Ganzen im 16. Jahrhundert abgeschlossen, aber schon Michael Weiss hatte am Anfang des 17. Jahrhunderts, den veränderten Anforderungen der Kriegstechnik entsprechend, die Befestigungsanlage der Stadt als unzulänglich empfunden und ihren weiteren Ausbau geplant. Dieser ist dann im 17. Jahrhundert durchgeführt worden. Durch das ganze Jahrhundert, ja auch noch in seinen letzten Jahrzehnten, hatten die Kronstädter unter großen Opfern ihre Stadtmauer weiter befestigt. So war die vierte, stärkste Festungsmauer, zwischen dem Klostertor und dem Purzentor, erst nach 1639 erbaut worden. An diesem Abschnitt, dem gefährdetsten der ganzen Stadtmauer, war 1639 – 1641 die große Goldschmiedebastei, – eine der größten der Stadt, – errichtet worden. Die Seilerbastei, die 1641 abgebrannt war, war noch im selben Jahr wiederhergestellt worden, 1688 war die Schmiedebastei neu aufgebaut worden, 1677 der durch eine Pulverexplosion beschädigte Messerschmiedturm wieder hergestellt

---

[109]) Alzner, a.a.O., Quellen VII, S. 579.

worden. Ebenso waren auch die Stadttore erst im 17. Jahrhundert endgültig ausgebaut und befestigt worden. 1650-1651 war der Torturm des Purzengässer Tores erbaut worden, 1659 noch ein Turm an das Ende der Purzengasse hinzugefügt worden. Das Schloss aber, um dessen Verteidigung es sich 1688 vor allem handelte, war, nachdem die alte Anlage 1618 abgebrannt war, erst 1625 errichtet worden, 1630 erst waren die äußeren Mauern um das Schloß fertiggestellt worden. Für den Fall einer Belagerung war 1623 dort ein 81 m tiefer Brunnen gegraben worden. Zur Erhaltung und Ausbesserung der Stadtmauern waren ständig kostspielige Bauarbeiten nötig gewesen[110]). Die Generation von 1688 betrachtete sich also mit Recht noch als Miterbauer ihrer Stadtmauern, denen nun erst recht die Pflicht ihrer Verteidigung oblag. „Ei warumb" war 1688 die Antwort auf die Ermahnungen des Rates, „haben unsere Voreltern unser Schloss mit so vielen Unkosten erbauet, mit so vielen groben und kleinen Geschützen, mit Wehr und Waffen versehen? Freilich darumb, daß man sich zur Zeit der Not wehren solle"[111]).

Die freiwillige Übergabe der Stadt mußte diesen Menschen wirklich wie ein Verrat, wie die Preisgabe ihrer alten Rechte und Freiheiten erscheinen. Dieses geht auch aus dem einzigen Zeugnis, das von der Hand der Führer des Aufstandes selbst erhalten ist, aus dem oben erwähnten Brief vom 26. Mai an Michael Teleki hervor. Hier berufen sie sich ausdrücklich auf ihre Treue dem Lande gegenüber, versichern, daß sie „so wie bisher auch weiter alle Verpflichtungen einhalten wollen" und erklären, daß sie „auf keinen Fall vom adligen Lande ... abfallen wollen; nur wollen wir auch bei unseren Privilegien und ohne Besatzung bleiben"[112]).

Schließlich muß auch noch berücksichtigt werden, daß die Kronstädter damals den deutschen Kaiser noch in keiner Weise als ihren Landesherren ansehen konnten, was er ja tatsächlich auch noch gar nicht war. Um so unerhörter mußte also die Forderung Caraffas erscheinen. „Nicht die geringste Ursache für unseren Widerstand",

---

[110]) Die Daten über den Bau der Befestigungsanlagen im 17. Jahrhundert in: Kurzgefasste Jahrgeschichte von Siebenbürgen, besonders Burzenland, von Joseph Teutsch, Quellen IV, S. 98 ff., „Barcenser Memorabilien", Quellen IV, S. 174 ff. und in der Monographie „Das Burzenland", III. Band: Kronstadt, 1928, S. 77 ff.
[111]) Seewaldt, a.a.O., Quellen VI, S. 573.
[112]) Erdély ország Gyülési emlékek XIX, S. 466.

erklären die Aufständischen weiter an Teleki, „ist, daß man diesen der Gemeinschaft gehörenden Ort ... ohne Wissen der ganzen Gemeinde aus unseren Händen einer anderen Herrschaft übertragen hat"[113]). Es war also das freie Verfügungsrecht über ihre Stadt verletzt. Nach den alten Gesetzen des Landes hatten sie das Recht auf Widerstand. Daß tatsächlich mit dem Vertrag vom 9. Mai 1688, durch den die Stände der türkischen Herrschaft entsagten und sich dem Kaiser unterstellten, eine völlig neue Situation für Siebenbürgen geschaffen war, war den Kronstädtern – selbst wenn der Stadtrichter darüber berichtet haben mochte – noch gar nicht zum Bewußtsein gekommen. Aber selbst durch diesen Vertrag waren die früheren Privilegien in keiner Weise aufgehoben worden. Daß freilich mit der österreichischen Herrschaft ein ganz neues Prinzip im Staatsleben seinen Einzug hielt, das der absoluten Regierung, vor der alle ständischen Privilegien nicht mehr galten, war etwas, was allen Sachsen erst sehr allmählich zum Bewußtsein kommen sollte. Nicht nur die Sachsen, sondern noch viel mehr der ungarische Adel haben sich dagegen gewehrt. Es ist daher nicht sehr verwunderlich, daß der Aufstand in seiner Beurteilung durch die Zeitgenossen, nicht bei den Sachsen selber, sondern gerade bei dem ungarischen Adel Verständnis und Rechtfertigung gefunden hat. So schreibt Graf Miklos Bethlen in seinen Erinnerungen an die Kämpfe vor Kronstadt voller Verständnis: „Kronstadt war zur Steuerkontribution und zu allen Lasten bereit und versprach auch weiter alles, nur die Besatzung baten sie von ihnen abzuwenden"[114]).

Noch weiter geht der Szekler Adlige Mihály Cserey in seinem Geschichtswerk, das er gerade in den Mauern Kronstadts, wo er zur Zeit der Kuruzzenkriege Zuflucht gefunden hatte, verfaßt hat. Er schreibt hier:„Sie (die verurteilten Anführer) hätten um dieser Sache willen den Tod nicht verdient, denn sie waren vorher dem Deutschen Kaiser zu Treue nicht verpflichtet, und weil sie das Ihre nicht leicht herausgeben wollten, wer könnte sie deshalb verurteilen? Dennoch mußten die Armen sterben. So ergehts denen, welche für eine allgemeine Sache die Waffen ergreifen"[115]).

---

[113]) Ebenda.
[114]) Bethlen, a.a.O., , S. 433.
[115]) Cserey, a.a.O., Quellen VI, S. 261 - 262.

3. Widerstand gegen den landesfremden Absolutismus.

Der Bürgeraufstand von 1688 in Kronstadt fällt in die für Siebenbürgen so bedeutungsvolle Zeit des Überganges von der türkischen unter die österreichische Herrschaft. Wir müssen anerkennen, daß der Vormarsch der kaiserlichen Heere für die Völker des Donau- und Karpatenraumes die Befreiung vom jahrhundertealten Joch der Türkenherrschaft gebracht hat, weiter muß anerkannt werden, daß der Anschluß dieser Länder an die habsburgische Monarchie, d.h. an ein mitteleuropäisches Machtzentrum, ihre wirtschaftliche und kulturelle Entwicklung in entscheidender Weise positiv beeinflußt hat. Trotzdem ist die neue Herrschaft in diesen Ländern nicht beliebt gewesen. Eine Reihe von Aufständen im 18. und 19. Jahrhundert gerade auch in Siebenbürgen haben dieses bewiesen. Die Stadt Kronstadt ist es gewesen, die die Reihe dieser Aufstände mit ihrem Widerstand gegen das kaiserliche Heer eröffnet hat.

Wir kommen damit zu der Untersuchung der dritten Ursache des Kronstädter Aufstandes: dem Widerstand gegen die heranrückende kaiserliche Macht. Die Kronstädter Bürger wollten nicht nur ihre Stadt nicht übergeben, weil dieses den alten Rechten und Freiheiten widersprach, sie wollten sie ganz ausgesprochen dem deutschen Kaiser nicht übergeben.

Diese Ursache des Aufstandes ist in der frühen Literatur zwar erkannt, aber nicht genügend unterstrichen worden. Dies darf uns nicht wundern; waren doch die Sachsen im 19. und beginnenden 20. Jahrhundert eine habsburgtreue Nation, so daß ihre Geschichtsschreiber den Gegensatz, der sich in früheren Jahrhunderten gegen die kaiserliche Herrschaft geltend gemacht hatte, nicht besonders hervorheben wollten. Verschwiegen wurde er jedoch damals nicht, weder bei Friedrich Philippi noch bei Friedrich Teutsch im 2. Band der Sachsengeschichte[116]).

Wesentlich unbefangener aber als die sächsischen Geschichtsschreiber beurteilt den Bürgeraufstand und seine Ursachen Gheorghe Barițiu (1812 – 1892), der Kronstädter rumänische Gelehrte, der, in enger Beziehung mit den Kronstädter Sachsen lebend und wirkend, auch ein guter Kenner ihrer Geschichte war. Auch er schrieb eine Arbeit über den Bürgeraufstand und den großen Brand von Kronstadt, in dem er die Ursachen des Aufstandes

---
[116]) Friedrich Teutsch, Geschichte der Siebenbürger Sachsen für das sächsische Volk, Band II, Hermannstadt 1907, S. XXXII und passim.

und die Wesensart der Sachsen in so freier und zutreffender Weise kennzeichnet, daß wir seine Worte zum Ausgangspunkt der Untersuchungen über diese dritte Ursache des Aufstandes nehmen wollen.

„Nachdem die Kronstädter gesehen hatten, wie die deutschen Soldaten alle möglichen Verbrechen und Ausschreitungen sich zuschulde kommen ließen, wie sie stahlen, raubten, brandschatzten, die Ehre und die Reinheit der Familien angriffen, wie mit und unter dem Schutze dieser brutalen Soldateska die Jesuiten tapfer ins Land eindrangen, um alle nichtkatholischen Konfessionen zu vernichten, beschlossen sie, sich der Invasion der Deutschen zu widersetzen und ihre Freiheiten gegen sie zu verteidigen. Besonders der General Caraffa war ein barbarisches Werkzeug des deutschen Kaisers, der das Recht vieler Völker und alle Verträge mit Füßen trat". · „Denen die wissen", so fährt Barițiu fort, „daß die Siebenbürger Sachsen Deutsche sind wie alle Deutschen, und daß sie schon oft dem österreichischen Hause geholfen hatten, ihren Fuß auf dieses Land zu setzen, muß es als unglaubliche Sache erscheinen, daß gerade eine Stadt, wie damals Kronstadt es war, in einen so verhängnisvollen und tragischen Konflikt mit den österreichischen Generalen geraten ist. Wir können aber einige Umstände anführen, die diesen scheinbaren Widerspruch erklären. In Österreich herrschte der härteste Absolutismus, der neben sich keinerlei städtische Freiheiten duldete, natürlich auch nicht die der Sachsen. Wir wissen, daß die Sachsen, so wie viele Städte in Deutschland, nicht einmal den Landesfürsten erlaubten, in ihren befestigten Städten zu wohnen, außer in außergewöhnlichen Fällen und nur mit gewissen Garantien, da sie die Verletzung ihrer städtischen Immunitäten und die Brutalität der Hofleute fürchteten. Aber wo hätte die Hofart der deutschen Generale solche Rücksichten gekannt? Außerdem bekannten sich die Sachsen, so wie heute, zur lutherischen Konfession, welche von Österreich mit Feuer und Schwert verfolgt wurde, daher entstanden schon von Anfang an religiöse Konflikte zwischen der deutschen Soldateska, die von Jesuiten begleitet war, und den Sachsen. Schließlich müssen wir auch noch die kalte, immer argwöhnische Natur der Sachsen berücksichtigen, ihren separatistischen Geist, der keinen Fremden neben sich duldet, um wieviel weniger diese Soldateska, vor allem die Wallonen aus Belgien, dann die Italiener, die Böhmen und wie viel andere Rassen noch, die den Sachsen so wie allen anderen Bewohnern des Landes fremd waren ... Ja diese Österreicher verhöhnten in jeder Weise den Dialekt und die alten Gebräuche der Sachsen. So viele Ursachen schürten den Haß und den Widerwillen der Kronstädter"[117]).

Gheoghe Barițiu spricht also ganz offen aus, welches die Gründe dafür waren, daß die Kronstädter eine österreichische Besatzung in ihrer Stadt ablehnten: es war die bekannte Grausamkeit des Generals Caraffa, die Auschreitungen der kaiserlichen Soldateska, die absolutistische Regierungsart, die alle historischen Rechte mißachtete, und die religiösen Verfogungen aller Nichtkatholiken. Was er nicht erwähnt, ist der ungeheure Steuerdruck und die erbarmungslose Auspressung der Bevölkerung.

Fragen wir uns nun, ob diese Tatsachen den Kronstädtern vor ihrer Weigerung, die kaiserliche Besatzung zu aufzunehmen, bekannt waren, oder ob Barițiu dies aus einer späteren Schau der Ereignisse geschrieben hat.

Die Österrreicher waren den Kronstädtern, so wie allen siebenbürgischen Völkern, nicht nur seit 1687 bekannmt. Kaiserliche Truppen waren in den letzten eineinhalb Jahrhunderten oft genug in Siebenbürgen eingefallen, vor allem während der Thronkämpfe zwischen Ferdinand I. und Johan Zápolya in der Mitte des 16. Jahrhunderts und dann während der heftigen Machtkämpfe um die Jahrhundertwende zum 17. Jahrhundert, als Kaiser Rudolf versucht hatte, gegen den Anspruch des siebenbürgischen Adels und gegen den des rumänischen Fürsten Michaels des Tapferen, dieses Land unter seine Herrschaft zu bringen. Der Name des Generals Basta war damals zum Fluch im Munde der siebenbürgischen Völker geworden. Kein Geringerer als der berühmte Kronstädter Stadtrichter Michael Weiss hatte damals gesagt, „daß die Völker des Kaisers nicht Defensores, sondern devastatores und devoratores wären"[118]).

Man muß sich heute hüten, der Stellungnahme der Siebenbürger Sachsen in diesem Machtkonflikt nationale Tendenzen zu unter-

---

[117]) Gh. Barițiu, Catastrofele Brașovului în anii 1688 și 1689, in: „Transsilvania" III, 1870, S. 57 ff.
[118]) G. D. Teutsch, Sachsengeschichte I, S. 356.

schieben, obwohl auch diese vor allem bei der mehr habsburgfreundlich gesinnten Politik der Hermannstädter nicht ganz gefehlt haben. Die Kronstädter haben die habsburgische Politik im Allgemeinen viel nüchterner, vom Standpunkt der jeweiligen Zweckmäßigkeit aus, beurteilt. So waren sie bereits 1530 die Ersten, die aus dem habsburgfreundlichen Lager zu Zápolya überschwenkten und noch 1848 standen sie im Lager des Gegners des Kaisers. Der Widerstand von 1688 reiht sich also natürlich in diese Stellungnahme Kronstadts dem Hause Habsburg gegenüber ein.

Natürlich wußte man in Kronstadt, wer General Caraffa war und wie seine Truppen sich bei der Besetzung des Landes benommen hatten. Seine furchtbaren Grausamkeiten in Ungarn die im „Eperieser Blutgericht" gipfelten, wo er „unter dem Vorwand, Anführer zu strafen, eine Menge von Schuldlosen seiner Grausamkeit und Habsucht geopfert hatte"[119]), waren auch in Siebenbürgen nur zu gut bekannt. Ein Kronstädter Chronist jener Zeit nennt ihn „italienischer verfluchter Bösewicht, welcher, nachdem er erst von den Vornehmsten durch unerhörte Martern als: Hauptbredeln bis ihnen die Augen wie Eier dick herausgekommen, die Haut an Füßen heruntergezogen, mit Essig und Salz besprenget und hernach wieder an die Stelle gezogen; item Rohr zwischen die Nägel an Händen und Füßen eingeschlagen; item den Weibern die Brüste gelöchert und die Arme ihnen da durchgereiht, sie gebrennet und was sonsten der abscheulichen Martern mehr gewesen – eine große Summe Geldes zusammengebracht, hernach auch an unterschiedlichen Oertern dieses Landes über die Massen viel ausgesogen und ausgepreßt"[120]).

General Caraffa ging nach Siebenbürgen ein Ruf voraus wie seinerzeit dem Herzog Alba in die Niederlande. „Die Nachricht über sein Kommen erfüllte die Bewohner mit Furcht und Schrecken. Es verbreitete sich das Gerücht, daß er mit sich mehrere Wagen voller Marterinstrumente brächte und wehe denen, die nicht seines Glaubens waren"[121]).

Man wußte in Kronstadt, wie Caraffa das Land behandelte, seit er in Siebenbürgen eingezogen war. In Hermannstadt, wo er alle Rechte der Stadt mißachtend seine Residenz aufschlug, hatte er

---
[119]) G. v. Herrmann, a.a.O., S. 7.
[120]) J. Trausch, zitiert bei Fr. Philippi, S. 10.
[121]) Barițiu, a.a.O., S. 57.

sein Wirken damit begonnen, daß er auf dem Großen Ring einen Galgen hatte aufrichten lassen[122]). Als unerbittlicher Vertreter des habsburgischen Machtanspruchs, mißachtete er die Rechte der legitimen Fürsten und der Landstände und setzte das absolutistische Prinzip wie in einem nach Kriegsrecht eroberten Lande durch. Wie es den anderen sächsischen Städten gegangen war, wo man das kaiserliche Heer eingelassen hatte, war den Kronstädtern ebenfalls bekannt. So berichtet bereits 1687 Asarela Mederus in seiner Chronik, daß Bistritz „sich anfangs mit ziemlicher Herzhaftigkeit" der Aufnahme einer kaiserlichen Besatzung widersetzt hatte, dann „aber auf ein starkes Zuschreiben der Stände und Königs-Richters in Hermannstadt die Tore öffnete" und die Truppen einließ, „welche sich aber hart erzeigeten gegen die Einwohner und sie auf allen Seiten, wo es nur möglich, Übel traktierten"[123]).

Ebenso waren natürlich den Kronstädtern auch die Verfolgungen der Lutheraner, überall dort, wo das kaiserliche Heer hinkam, bekannt. Der Chronist Marcus Tartler fügt in seiner Chronik den Ereignissen von 1688 hinzu: „Wollte jemand hier fragen, welches doch die eigentliche Ursach dieser Rebellion gewesen sei, so hat allem Anschein nach ... nichts mehr unsere Bürger bewogen sich zu widersetzen, als das Gericht und die Nachrichten von dem üblen Verhalten dieser Kaiserlichen in Ungarn. Denn es war ja weitkundig, wie übel sie daselbst mit Einwohnern, sonderlich mit den Lutheranern und Calvinern umgingen und selbige durch allerhand Drangsal und Verfolgungen zur katholischen Religion suchten zu zwingen. Insonderheit hatten sich hierinnen der General Caraffa, welcher jetzt in Siebenbürgen das Commando führen sollte, vor anderen so grausem erwiesen, daß man ihm daher auf ungarisch den Zunamen Káró-fa, d.i. ein spitzes Holz oder hölzerner Spieß zu geben pflegte"[124]).

Der große Steuerdruck, der sich in Siebenbürgen gleich beim Einzug der Truppen bemerkbar machte, vor allem die ungeheuren Geldforderungen Caraffas vom Frühjahr 1688, die, wie wir hörten, die Stadt Kronstadt bereits an den Rand des finanziellen Ruins gebracht hatten, sowie die erpresserische Art, mit der das Geld ein-

---

[122]) G. D. Teutsch, Sachsengeschichte I, S. 472.
[123]) Mederus, a.a.O., Quellen VI, S. 300.
[124]) Marcus Tartler, Quellen VII, S. CXXXIII f.

getrieben wurde[125]), mußten dann noch ein Übriges tun, um die Erbitterung der Kronstädter zu erregen, und den Entschluß zu festigen, dieser Macht ihre Stadt nicht zu übergeben.

Nach all dem, was die Kronstädter damals bereits über die kaiserliche Herrschaft wußten und von ihr erwarten konnten, darf es uns nicht weiter Wunder nehmen, daß sie ihrer Stadt das Schicksal der kaiserlichen Besatzung ersparen wollten und sich von der Hilfe des walachischen Fürsten, ja selbst von den Türken, mehr versprachen als von diesen „Befreiern".

Es würde den Rahmen dieser Arbeit überschreiten, wollten wir die Verhältnisse nach der Besetzung der Stadt schildern, die zeigen, daß die Befürchtungen der Kronstädter nicht ohne Grund gewesen waren. Einige Berichte aus der unmittelbar dem Aufstand folgenden Zeit mögen aber doch angeführt werden. Zwar hatte General Veterani die Stadt zunächst sehr gnädig und schonend behandelt. Aber nachdem er schon nach kurzer Zeit abberufen wurde, lernten die Kronstädter unter seinen Nachfolgern die kaiserlichen Truppen als eine durch den Krieg verwilderte, zuchtlose Soldateska kennen. Die Berichte jener Zeit sind voll davon, „wie die Bürger vom Kommandanten hart geplaget", von den Soldaten beraubt und verhöhnt wurden. „Wie nun die Soldaten öffentliche Dieberein zu begehen keine Scheu trugen, also hörte man fast täglich, wie sie heimlich den Bürgern aus ihren Kammern und Kellern die verschlossenen Sachen bei der Nacht entwendet hätten ... Da mußte mancher (der Bürger) ein rebellischer Hund, ein verfluchter Mensch usw. heißen ... Einige, die sich verantworten wollten, mußten auch Schläge und Stöße erleiden". Einmischungen in die freie Gerichtsbarkeit der Stadt, ja sogar Todesurteile und Hinrichtungen wegen geringer Anlässe waren an der Tagesordnung[126]). Marcus Fronius schildert in seinen Chroniken das unerhörte Benehmen der kaiserlichen Soldaten samt ihren Frauen in der Stadt, er schildert die Bedrängnis und Verschüchterung der Bürger, die, wie er sagt, „vor Angst krank wurden"[127]). Dazu kam der große materielle Druck, die, neben den Kosten der Einquartierung, ständig neuen Forderungen der Kaiserlichen an Geld und Naturallieferungen. So mußte im

---

[125]) Siehe oben Seite 301 f.
[126]) „Tökölys Einfall im Burzenland", Quellen VI, S. 604 ff.
[127]) Fronius, a.a.O., Quellen VI, S. 260.

Januar 1689 „das Land der teutschen Miliz in barm Geld geben dreizehnmal 100 Tausend Gulden ... davon unsers Distrikts Portion machet 114.000 fl."[128]). Um diese Summe aufzubringen, wurden auf jedes Haus – Kronstadt zählte damals 456 Häuser – 250 Gulden aufgeschlagen, außerdem mußten von jedem Haus noch 6 Kübel Weizen, 10 Kübnel Hafer, 25 Eimer Wein, 300 Pfund Fleisch und 5 Fuhren Heu geliefert werden[129]). Kurz darauf berichtet ein Tartlauer Chronist, daß von Kronstadt und den Burzenländer Gemeinden „binnen 14 Tagen bei einer harten Militärexecution 5000 Stück Schlachtochsen" gefordert wurden. Was das hieß, geht aus derselben Chronik hervor, in der berichtet wird, daß Tartlau, eine der größten Gemeinden des Burzenlandes, damals 303 Ochsen besaß[130]).

Die Berichte der Chronisten sind sich darüber einig, daß die allgemeine Erbitterung in Kronstadt im Frühjahr 1689 so groß war, daß eine zweite Erhebung gegen die Kaiserlichen erwartet wurde. „Öffentlich wurde erzählt, 4 Bürger seien ausgezogen, um die Tartaren in's Land zu rufen"[131]). Ähnliche Gerüchte schürten die Stimmung gegen die Kaiserlichen. Daß es zu einer neuen Erhebung nicht mehr kam, lag daran, daß durch den verheerenden Brand vom 21. April 1689 der Lebensnerv der Stadt gebrochen war. Ganz allgemein, selbst in der offiziellen Kirchturmknopfschrift Martin Seewaldts, wird angenommen, daß das Feuer von den kaiserlichen Soldaten gelegt worden sei. Der Verdacht wurde bestärkt durch das Benehmen der Soldaten während des Brandes, die, anstatt zu löschen und retten zu helfen, „nur geraubt, geplündert und gestohlen haben, daß man weder vom Feuer noch von den Dieben etwas hat retten können", ja, „was vom Feuer übrig geblieben, von denen damals anwesenden Soldaten ist entwandt worden"[132]). Es ist erklärlich, daß die Bevölkerung bei der Hinrichtung der Führer des Aufstandes, die 5 Monate nach dem Brand stattfand, ihre Sympathie für die Hingerichteten, wie wir oben sahen, kaum noch verheimlichte.

---

[128]) Benckner, a.a.O., Quellen VI, S. 281.
[129]) Fr. Philippi, a.a.O., S. 26.
[130]) „Auszug aus der Tartlauer Chronik", Quellen VI, S. 80.
[131]) Fr. Philippi, a.a.O., S. 26.
[132]) Merten Schuller, a.a.O., Quellen VI, S. 76. Seewaldt, a.a.O., Quellen VI, S. 572; Siehe auch Fronius, a.a.O., Quellen VI, S. 417 ff.

Der geeignete Augenblick für eine neue Erhebung – wäre die Kraft der Stadt damals nicht gebrochen gewesen – hätte sich im Sommer 1690 nach der Schlacht von Zărneşti ergeben. Damals war die Lage auf dem südosteuropäischen Kriegsschauplatz eine völlig andere als 1688. Die Türken, im Bündnis mit Ludwig XIV, der damals in die Pfalz eingedrungen war, waren zum Gegenangriff übergegangen und hatten die Gebiete südlich der Donau zurückerobert. Der Nachfolger Şerban Cantacuzinos in der Walachei, Constantin Brîncoveanu (1688 – 1714), hatte im Bündnis mit den Türken das österreichische Heer unter General Heisler aus seinem Lande vertrieben und war, vereint mit dem von den Türken zum neuen Fürsten von Siebenbürgen ernannten Emerich Tököly, überraschend in Siebenbürgen eingefallen. Bei Zărneşti – 25 km vor Kronstadt – hatte er im August 1690 die Kaiserlichen vernichtend geschlagen. General Heisler geriet in Gefangenschaft, Graf Teleki fiel in der Schlacht[133]. Jetzt stand der Fürst der Walachei, unterstützt von Türken, Tartaren und ungarischen Insurgenten, wirklich siegreich vor der Stadt. Jetzt war die Situation eingetreten, mit der die Aufständischen zwei Jahre vorher gerechnet hatten. Der kaiserliche Kommandant von Kronstadt, von Guttenstein, geriet „in die größte Konfusion und Bestürzung" und zog – eine neue Erhebung der Stadt fürchtend – noch in der Nacht fluchtartig seine Truppen aus der Stadt hinaus in das befestigte Schloß, „die Stadt dem Magistrat überlassend"[134]. Dieser aber schickte, mit der Einwilligung des kaiserlichen Kommandanten, Tököly eine Gesandtschaft entgegen, „Ihro Hochgräfliche Gnaden im Namen des Rates und der ganzen Stadt zu komplementieren"[135].

> Wie geschieht mir? Bin ich trunken?
> Oder schlaff ich alle noch?
> Sind die Deudschen denn versunken?
> Dass ich keinen sehe noch.
> Gestern war es alles voll,
> Kaum man heut drei finden soll.
> Wie geschieht uns? Darf man trauen
> Unsern Augen oder nicht?

---

[133] Istoria României III, S. 208.
[134] Continuatio der Kirchturmknopfschrift, Quellen VII, S. 584.
[135] „Tökölys Einfall im Burzenland", Quellen VI, S. 600. Siehe auch G. v. Herrmann, a.a.O., S. 19.

Man hört diese Nacht mit Grauen
Und sah bei dem Monden-Licht
So viel Spiess und Lunten-Funken
Wie denn nu? Sind sie versunken?
Wie geschieht Euch, deudsche Helden?
Wo kommt Ihr so gehlig hin?
. . . .
Gestern wollt Ihr Eisen fressen.
Habt Ihrs heute denn vergessen?
Wie geschieht Euch, liebe Bürger?
Wie kommt Ihr der Gäste los?
Eure Henker, Eure Würger
Hat getroffen einst das Los.
Die Euch wollten gar verbrennen
Sind die Nacht heimlich entronnen.
. . . .
Hierin kann ich mich nicht finden,
Meine Sinn vor Freud verschwinden
usw. usw.[136]).

Die Einstellung der Kronstädter Bürger der kaiserlichen Armee gegenüber zwei Jahre nach dem Aufstand spricht klar aus diesen Zeilen, die der spätere Stadtpfarrer von Kronstadt – Marcus Fronius war nach Johannes Honterus der bedeutendste Stadtpfarrer von Kronstadt – verfaßt hat. Ein anderer Bürger der Stadt, Chrestels Hannes, soll bei der Nachricht von der Schlacht von Zărneşti gesagt haben: „Würden die Heuslerischen im Feld den Kürzeren ziehen, so wollte er auch noch irgendwo einen verrosteten Säbel finden"[137]).

Die Freude war zu früh, der Einfall Tökölys brachte nicht den gewünschten Erfolg. Die Kaiserlichen zogen nach dem ersten Schrecken wieder ein. „Sie ziehen sich allmählich wieder in die Stadt, und ehe man sichs versiehet, so wird des Gesindels gnug da sein". „Sie gehen auf und nieder mit ihren Büchsen, die Pistole unterm Gürtel"[138]).

Während dieser Ereignisse hatten die Kaiserlichen tatsächlich mit einem neuen Ausbruch des Aufstandes gerechnet. Aber die

---

[136]) Aus den Tagebüchern des M. Fronius, Quellen VII, S. 254 f.
[137]) Ebenda, S. 255 f.
[138]) Ebenda, S. 256.

Stadt war still geblieben. „Es wird insgeheim beklagt", berichtet Marcus Fronius, „warum unsere Obrigkeit nicht dem Ueberwinder (Tököly) entgegenschickte und sich zur Zeit insinuierete. ... Wird zwar gemeinet, als ob selbe dessen nicht sonders Verlangen trage, weiss nicht weswegen, möchte vielleicht lieber sehen das Trübe bei den Deutschen, darinnen sicherer zu fischen ist"[139]). Das Kronstädter Patriziat hatte damals bereits seine Vorteile in der Zusammenarbeit mit den habsburgischen Behörden erkannt. Der übrige Teil der Stadtbevölkerung aber war durch die traurigen Ereignisse von 1688 und 1689 so gebrochen, durch die kaiserliche Besatzung so eingeschüchtert, daß es zu keiner neuen Erhebung kam. „Der alte Muth, das alte starke Selbstbewußtsein und Selbstvertrauen", schreibt Friedrich Philippi, „welches von jeher die Kronstädter ausgezeichnet hatte, und welches noch einmal, wie die Flamme vor dem Erlöschen, im Bürgeraufstande von 1688 hell aufflackerte, war gebrochen. Feuer und Schwert hatte furchtbar unter den Bürgern gewütet"[140]).

Der Sommer 1690 wäre die letzte Gelegenheit gewesen, den Widerstand gegen die kaiserliche Armee zu versuchen. Gelungen wäre er auf die Dauer auch dann nicht. Denn nach diesem Rückschlag erfolgte ein neuer Vorstoß der kaiserlichen Armee, der ihre Herrschaft über Ungarn und Siebenbürgen endgültig sicherte. Im Frieden von Karlowitz 1699 wurde der schon Jahre vorher bestehende Zustand auch auf internationaler Ebene rechtsgültig. Die habsburgische Herrschaft zog ein im Zeichen und unter dem Druck des kaiserlichen Dreigestirns (wie Ioachim Crăciun dies ausdrückt:) „des Generals, des Steuereinhebers und des jesuitischen Mönches, die jeder für sich und alle zusammen die alten Freiheiten und Privilegien der Sachsen angriffen"[141]).

Damit war der Kampf, für den die Kronstädter 1688 gekämpft hatten, endgültig verloren. Verloren war für Siebenbürgen die Hoffnung, nach Abschüttelung des türkischen Joches in irgendeiner Form die staatliche Selbständigkeit zu bewahren. Verloren war – nicht nur für die Sachsen, sondern auch für die anderen privilegierten Nationen – der Kampf für die alten Rechte und Freiheiten.

---

[139]) Ebenda, S. 256 f.
[140]) Fr. Philippi, a.a.O., S. 32.
[141]) Crăciun, a.a.O., S. 201.

Das neue Prinzip des absoluten Staates stand gegen sie. Und verloren war auch endgültig der Kampf des Kronstädter Handwerkerstandes um die Führung der Stadt. Das Kronstädter Patriziat hat seither unangefochten die Führung behauptet, gestärkt und unterstützt in seinem Herrschaftsanspruch gerade durch die kaiserlichen Behörden. Bereits am Anfang des 18. Jahrhunderts waren eine Reihe von Kronstädter Patrizierfamilien, darunter auch der uns bekannte Martin Seewaldt, in den erblichen österreichischen Adelsstand erhoben worden.[142]).

Aus oben Gesagtem wird ersichtlich, daß der Kronstädter Bürgeraufstand von 1688 nicht nur in seiner lokalen Tragik verstanden werden kann. Er war, wie wir anfangs schon sagten, ein Meilenstein in dem großen Ringen um eine neue Ordnung in diesem Land am Ende des 17. und zu Beginn des 18. Jahrhunderts. Er war der erste von den Widerstandsversuchen der siebenbürgischen Völker gegen die neue Herrschaft, er war nicht der größte und blieb nicht der letzte; der Kampf ging weiter. Aber schon das Scheitern des Kronstädter Aufstandes zeigt, wo die Mächte der Zukunft lagen.

Denn die Kronstädter Bürger kämpften für eine Ordnung, die der Vergangenheit angehörte. Neue Formen des staatlichen Lebens bildeten sich aus im Zeitalter des Absolutismus. Sie hatten zu den Waffen gegriffen, im Bewußtsein dessen, daß sie ein Erbe ihrer Väter verteidigten, für das sie den Nachkommen verantwortlich wären. Aber vieles von dem, was den Sachsen aus der Vergangenheit ans Herz gewachsen war und was ihnen für Ihre Selbsterhaltung notwendig erschien, mußte fallen. Nicht der Kampf um das Althergebrachte war entscheidend für die Zukunft, sondern die Fähigkeit, sich an die neuen Verhältnisse anzupassen, in neuen Formen den Kampf für die sächsische Selbsterhaltung weiterzuführen. Das Fallen der Köpfe der fünf Anführer des Aufstandes unter dem Richterbeil war symbolisch dafür, daß eine neue Zeit eingezogen war, für Siebenbürgen wie für die sächsische Stadt.

Trotz alledem aber und obwohl sie die Unterliegenden im Kampfe waren, ist die Sympathie der Kronstädter Bevölkerung für die Anführer des Aufstandes nie erloschen. Als Vorkämpfer für Gerechtigkeit und Freiheit gegen Unrecht und Bedrückung sind sie im Bewußtsein der Kronstädter lebendig geblieben. So schildert sie

---

[142]) Stenner, a.a.O., S. 135.

voller Begeisterung und Teilnahme „ohne Furcht noch Scheu" 1844, am Vorabend der Revolution, Martin Schnell, der Kronstädter Geschichtsschreiber[143]). So schildert sie auch, nur nüchterner und mit mehr Zurückhaltung, nachdem die Wogen der Revolution längst geglättet waren, 1878 der Kronstädter Gymnasialprofessor Friedrich Philippi. Und so treten sie uns in der Kronstädter Heimatdichtung entgegen. Ihr bedeutendster Vertreter, Adolf Meschendörfer[144]), der Verfasser der „Stadt im Osten" (1931), in der er den Aufstand auch schildert, läßt einen greisen Kronstädter zu seinem Enkel über Stefan Stenner die Worte sagen: „Der Geist dieses Mannes, mein Junge, darf in uns Kronstädtern nie ersterben, sonst sind diese fünf Blutzeugen umsonst gestorben."

La révolte populaire de Kronstadt

Lorsque les Habsbourg tentèrent pendant la guerre ostro-turque (1683 – 1699) de s'emparer de la Transylvanie, Kronstadt fut la seule ville à leur opposer résistance. Tandis que le conseil municipal, composé de patriciens était prêt à se rendre à la sommation du Général Caraffe et à remettre les clés de la ville, les artisans et la population pauvre de la ville se soulevèrent, destituèrent les conseillers, fermèrent les portes de la ville et refusèrent de laisser entrer les troupes impériales. En dehors de l'hostilité des habitants de Kronstadt à l'égard des Habsbourg, la révolte (12-26 mai 1688) avait aussi des causes sociales, qui sont examinées dans cette étude. Toutefois la ville ne put résister à l'armée impériale nettement supérieure et soutenue par les troupes du Prince Apafi. La révolte échoua, le Général Veterani occupa la ville. L'ancien conseil municipal fut remis dans ses fonctions par l'Empereur, les chefs de la révolte, des membres honorables des corporations artisanales, furent décapités le 17 septembre 1688. Après ces événements et en particulier après l'incendie du 21 avril 1689, que l'on supposait avoir été mis par les troupes impériales, la population de Kronstadt resta hostile aux Habsbourg.

---

[143]) Martin Schnell, a.a.O., S. 171.
[144]) Adolf Meschendörfer, 1877 – 1963, wurde 1957 mit dem Arbeitsorden 1. Klasse der Rumänischen Volksrepublik ausgezeichnet.

The Kronstadt Citizens' Uprising of 1688

When the Habsburgers set out to conquer Transylvania in the Austrian-Turkish war of 1683-99 Kronstadt was the only city to offer any resistance. While the council, composed of patricians, was prepared to surrender the city on the order of the imperial General Caraffa, the craftsmen rebelled, supported by the poorer classes, deposed the old city council, closed the gates and refused to let the imperial army in. The rebellion of 12 to 26 May 1688 was due to social factors, which are examined in the study, as well as to the anti-Habsburg attitude of the citizenry. The city could not resist the superior weapons of the imperial army, also reinforced by Prince Apafi's troops. The rebellion collapsed and General Veterani occupied Kronstadt. The patrician Council was reinstated by the imperial forces, and the leaders of the uprising, highly esteemed, prominent craftsmen were beheaded on September 1681. The anti-Habsburg mood remained prevalent in the city, particulary after the great fire of April 1689, which the occupying soldiers were suspected to have laid.

SYNOPTISCHES VERZEICHNIS
DER MEHRSPRACHIGEN ORTSNAMEN

deutsch	rumänisch	ungarisch
Bistritz	Bistriţa	Beszterce
Blasendorf	Blaj	Balázsfalva
Blumenau	Blumena	Bolonya
Brenndorf	Bod	Botfalva, Botfalu
Broos	Orăştie	Szászváros
Brünn	Brno (tschechisch)	Brünn
Burzenland	Ţara Bîrsei	Barcavidék, Barcaság
Diemrich	Deva	Déva
Fogarasch	Făgăraş	Fogaras
Fünfkirchen		Pécs
Fürstenburg, -berg	Hăghig	Hydvég, Hidvég
	Giurgiş	Györgyöd
Gran	Strigoniu	Esztergom
Großwardein	Oradea (Mare)	Nagyvárad
Heldsorf	Hălchiu	Höltövény, Heltevény
Hermannstadt	Sibiu	Nagyszeben
Honigberg	Hărman	Szászhermány, Hermány
Hopfenseifen, Hopzifn	Hopşu	Komlos
Jassy	Iaşi	
Kaschau	Caşovia	Kassa
Krakau	Cracovia	Krakkó
Klausenburg	Cluj(-Napoca)	Kolozsvár
Klein-Schlatten	Zlatna	Zalatna
Kronstadt	Braşov	Brassó
Langenau (Walachei)	Cîmpulung (Walachei)	
Lippa	Lipova	Lippa
Marienburg	Feldioara	Földvár
Mikesdorf	Pîrîu (?)	
Mühlbach	Sebeş(ul Săsesc)	Szászsebes
Neudorf	Satu Nou	Barcaújfalu
Neuschloß	Gherla	Szamosújvár
Neustadt	Cristian	Kereszténvfalva
Niklasmarkt	Gheorgheni	Gyergyószentmiklós
Nussbach	Măieruş	Szászmagyarós
Obere Vorstadt (Kronstadt)	Schei(ul Braşovului)	Bolgárszeg (Brassó)
Ofen		Buda
Petersberg	Sînpetru	(Barca-)Szentpéter
Preßburg	Bratislava	Pozsony
Raab		Györ
Reps	Rupea	Köhalom
Rosenau	Rîşnov	(Barca-)Rozsnyó
Rotbach	Rotbav	(Szász-)Veresmart

Synoptisches Verzeichnis

Rothberg	Roşia	Veresmart
Schäßburg	Sighişoara	Segesvár
Schirkanyen	Şercaia	Sárkány
Schnakendorf	Dumbrăviţa, Tînţari	Szúnyokszék
Scholten	Cenade	Csanád, Szászcsanád
Schulerau	Poiana Braşovului	
Siebenbürgen	Transilvania	Erdély
Szegedin		Szeged
Tartlau	Prejmer	Prázsmár
Temeschburg	Timişoara	Temesvár
Törzburg	Bran	Törcsvár
Tschernowitz, Czernowitz	Cernăuţi	
Tohan	Tohanu	Tohány
	Topliţa	Toplicza
Warmwasser, -brunn	Hoghiz	(Olt-)Héviz
Weidenbach	Ghimbav	Vidombák
Weissenburg, Karlsburg	Alba Julia	Gyulafehérvár
Wien	Viena	Bécs
Wolkendorf	Vulcan	(Szász-)Volkány
Zernescht, Zernen	Zărneşti	Zernest, Zernyest
Zeiden	Codlea	Feketehalom